中央财经大学中央高校基本科研业务费专项资金资助
教育部人文社会科学研究规划基金项目(24YJA790106)
中央财经大学教育教学改革基金专题研究项目资助

研究阐释青年丛书

股票量化投资策略

——基于中国A股市场的新发现

朱一峰 ◎ 著

中国财经出版传媒集团

经济科学出版社

Economic Science Press

·北 京·

图书在版编目（CIP）数据

股票量化投资策略 ： 基于中国 A 股市场的新发现 ／
朱一峰著. -- 北京 ： 经济科学出版社，2025. 2.
（研究阐释青年丛书）. -- ISBN 978 - 7 - 5218 - 6327 - 7

Ⅰ. F832. 51

中国国家版本馆 CIP 数据核字第 202494Y2T7 号

责任编辑：王　娟　徐汇宽
责任校对：李　建
责任印制：张佳裕

股票量化投资策略

——基于中国 A 股市场的新发现

GUPIAO LIANGHUA TOUZI CELÜE

——JIYU ZHONGGUO A GU SHICHANG DE XINFAXIAN

朱一峰　著

经济科学出版社出版、发行　新华书店经销

社址：北京市海淀区阜成路甲 28 号　邮编：100142

总编部电话：010 - 88191217　发行部电话：010 - 88191522

网址：www. esp. com. cn

电子邮箱：esp@ esp. com. cn

天猫网店：经济科学出版社旗舰店

网址：http：//jjkxcbs. tmall. com

北京季蜂印刷有限公司印装

710 ×1000　16 开　19. 5 印张　330000 字

2025 年 2 月第 1 版　2025 年 2 月第 1 次印刷

ISBN 978 - 7 - 5218 - 6327 - 7　定价：78. 00 元

（图书出现印装问题，本社负责调换。电话：010 - 88191545）

（版权所有　侵权必究　打击盗版　举报热线：010 - 88191661

QQ：2242791300　营销中心电话：010 - 88191537

电子邮箱：dbts@ esp. com. cn）

前　　言

从 1990 年沪深两市交易所成立以来，中国股票市场经历了突飞猛进的发展。30 多年来，中国 A 股市场上市公司数量从 2 家增加到了 2022 年底的 5000 多家；市场规模从当年的不到 25 亿元扩大到近 90 万亿元。越来越大的市场规模为投资者的资产选择提供了更多可能性，同时，以多因子模型为代表的量化投资技术传入我国，为选择最优资产组合提供了技术保障。

然而，A 股市场从成立到发展仅仅经历了 30 余年的时间，客观上与欧美数百年历史的股票市场相比还不够成熟，在市场机制、市场参与者的行为等方面也存在着较大的差别，直接应用国外的投资方法会产生一系列问题。因此，国内外众多学者和投资者纷纷对 A 股市场的特点及对应的投资策略专门进行研究。

本书在对因子模型和 A 股市场已有的投资策略进行简要介绍的基础上，用实证的方法系统介绍了 A 股市场最近发现的投资策略以及公共因子，便于学者和投资者更好地了解 A 股市场的复杂性和特殊性。全书共 9 章，除第 1 章外，每一章选取一个最新发现的市场异象进行介绍和检验。具体每章的主要内容如下：

在第 1 章中，本书对因子模型进行回顾，介绍我国股票市场相对美股市场的特点，并简要梳理了 A 股市场已有的投资策略，使读者对 A 股市场特点及因子模型投资方法有较为清楚的认识。

第 2 章主要介绍了与在险价值（VaR）和预期亏损相关的投资策略，并讨论了这些策略在中国股市中的差异与美国研究结果之间的区别，此外还探讨了在不同消费者信心水平下在险价值与预期收益率的关系的差异。

第 3 章相对上一章更进一步，从变化而非绝对量的角度对市场左尾风险进行讨论，强调了投资者在评估股票时需要关注左尾风险的变化，同时探讨了长期与短期因子对左尾风险影响的区别，此外还基于左尾风险变化因子构建新的投资策略。

第 4 章分别使用传统的偏度度量方法和新的基于分布的度量方法来研究 A 股市场的不对称效应，比较两种度量方法下的不对称性与平均收益之间的关系，并基于上述研究结果构建因子、改善因子模型定价表现。

第 5 章主要介绍了 A 股市场存在的最大日回报（MAX）效应，提出 MAX 效应的驱动因子，并从机构投资者与个人投资者角度分析 MAX 效应的经济机制。

第 6 章在讨论 A 股市场中凸显理论有效性的基础上，介绍了中国市场适用的突出部效应因子，并检验其相对于其他因子的有效性。

第 7 章构建了一种新的基于分位数的彩票指标（QBL），以评估股票的彩票偏好特征。该章对美国和中国股票市场进行研究，发现 QBL 与预期收益呈负相关，且在投资者情绪高涨的时期具有显著的负预测能力，同时探讨了不同市场下 QBL 效应的解释方式的差异。

第 8 章研究了中国股市中特质波动率（IV）对预期收益的影响，并发现 IV 效应无法通过其他变量解释。同时在融资和非融资交易目标股中进行了比较，发现两组股票中都存在 IV 效应，但非融资交易目标股的 IV 效应无法用其他变量解释。此外，非融资交易目标股更具彩票特征，其投机行为也更明显。

第 9 章介绍了趋势因子（Trend factor）的构建和其在中美市场上的表现。中国市场与美国市场上趋势因子的构造不同，美国市场上其构造基于价格移动平均，中国市场上则基于价格移动平均和交易量移动平均。研究发现，中美市场上趋势因子表现优秀，且加入了趋势因子的中国四因子模型的解释能力优于现有的因子模型。

本书内容中涉及笔者和王辉教授、吴轲副教授、毕嘉博士、孙开斯博士、陈冬旭博士、桂平舒同学合作的论文，在此对他们的支持表示感谢。

本书的写作前后经历近一年的时间，其间不断校对，多位博士生和硕士生承担了大部分章节的校对修改工作，他们是范宗锐、王瑾喆、蒋文杰、韦余诚、张嘉涵、朱若兰、韩英琦、桂焱、谢彦博、谭嘉敏、赵霆钧、吴丽霞、周子昂等同学，在此对他们的辛苦付出表示感谢。

目　　录

第 1 章

A 股市场现有投资策略
与因子模型概述

1.1　简　　介

自 20 世纪 50 年代马科维茨等学者提出均值 - 方差理论（Mean - Variance Theory）以来，金融学研究方法逐渐引入科学逻辑和数学方法，定量分析在相关研究中得到应用，这一理论的提出也因此被认为是现代金融学的开端。1964 年，夏普等在均值 - 方差理论的基础上提出了资本资产定价模型（The Capital Asset Pricing Model，CAPM），为资本市场中的证券产品定价提供了可行方法。1976 年，罗斯基于一价定律突破性地提出了著名的套利定价模型（Arbitrage Pricing Theory，APT），将更多的系统性风险引入定价过程，进一步提高了资产定价的准确性与可行性。

此后的研究发现，部分公司自身特征对股票收益率有相似的解释性。1993 年，法玛（Fama）和弗伦奇（French）建立三因子模型，从市场和公司两个角度出发，使用市场（MKT）、规模（SMB）、账面市值比（HML）三个因子来为资产定价。使用多因子模型在股票市场进行量化投资逐渐被学界和业界广泛采用。2013 年，两位学者在三因子模型基础上加入盈利能力（RMW）和投资风格（CMA）因子形成五因子模型，再次提高了模型的解释力。

1.2 A 股 市 场 的 特 殊 性

作为世界第二大股票市场，中国 A 股市场虽然表现出诸多与欧美等地的股票市场相似的特征，但其历史仅有 30 多年，客观上与国外数百年历史的股票市场相比还不够成熟。在投资者结构、公司价值影响因素、因子有效性等方面，A 股市场也表现出一些不一样的特征。

以投资者结构为例，A 股市场中机构投资者的比例呈上升趋势，但与成熟市场相比仍处在较低的水平。此外，做市机制尚未在 A 股市场建立，因此股价的变动更易受投资者情绪的影响，市场效率相较成熟市场也比较低。此外，国外投资者进入 A 股的通道有限，资本的进出受到严格管制，也使得我国股票市场的投资者类型不够丰富，限制了股票定价效率的提高。陆蓉等（2022）发现 A 股市场存在处置效应，即投资者倾向于"售盈"而"持亏"，并且具有与美国市场完全不同的、独特的处置效应形状。

在股价决定因素中，A 股市场中存在着特殊的"壳效应"。在中国，由于公司 IPO 受到严格管制且证券监管部门审核上市申请的能力有限，在股票市场成功上市的难度极高。因此，市值较小、收购难度较低的公司便容易成为寻求上市企业"反向并购"的对象。这些上市公司被称为"壳公司"，其股价中也包含了作为"壳"的价值。屈源育等（2018）证明了壳价值含量与股票回报率显著正相关，并进一步检验表明，壳溢价来源于与管制政策相关的系统性风险而不是股票市场的错误定价。赖黎等（2022）则证明了注册制的推行能够有效抑制"炒新""炒概念""炒壳"等问题，引导投资者回归理性，提高资本市场定价效率。

就因子模型而言，经典的 Fama - French 三因子模型在 A 股市场的适用性也不尽如人意。在该模型中，价值因子的最佳代理变量为盈利 - 市值比（EP），而非账面 - 市值比（BM）。此外，在我国，规模因子和价值因子对股价变动的解释能力也有所下降。

上述特点只是 A 股市场特殊性的几个主要表现。这类特点的存在也使得在 A 股市场中寻找有效的公共因子和投资策略变得更有学术价值和实践意义。因此，在 1.3 节，我们将简要总结 A 股市场中已有的因子模型和主要投资策略。

1.3　A 股市场已有的因子模型和投资策略

1.3.1　中国三因子模型与中国四因子模型

上文提到，原始的三因子模型无法直接用于中国股票市场，而改造后的中国三因子模型适用性更强——基于中国数据构建的规模因子和市值因子不仅能够获得 12% 的年化回报，还能够解释 A 股市场中包括盈利和波动率异象在内的绝大多数异象。相比之下，原始三因子模型获取回报和解释异象的能力都明显更弱。即使中国三因子模型无法解释的反转异象与异常换手率异象，都可以通过添加一个情绪驱动的换手率因子来解释，添加新因子后的模型被称为中国四因子模型（CH4）（Liu et al.，2019）。这不仅证明了在 A 股市场进行基于多因子模型的量化投资的可行性，也为开发新的因子和投资策略有效性提供了评价的工具。

1.3.2　单变量策略

总的来说，用于开发 A 股投资策略的信号可以分为两类：基于交易数据的信号和基于财务数据的信号。其中，基于交易数据的信号包括三种，即流动性（如成交量、换手率）、风险（如 β、波动率）和历史回报（如动量、反转、季节效应）；基于财务数据的信号包括四种，分别为盈利能力（如净资产收益率、总资产收益率）、价值（如市净率、市盈率）、投资（如资产增长率）和其他基本面信号。每一细分信号种类下，还包括若干具体信号。

基于已有信号，投资者可以使用算术平均方法或市值加权平均方法来构建分位数组合，并将最高分位数组合收益率减去最低分位数组合收益率，从而获得具体单变量策略的收益率序列。策略的有效性可以通过中国 CAPM 模型、CH3 或 CH4 模型或交叉检验的方式得到验证。感兴趣的读者可以通过阅读陈等（Chen et al.，2022）和侯等（Hou et al.，2023）的论文来具体了解中国股市上常用的单变量投资策略。

1.3.3　多变量策略

使用多个信号来构建多变量策略有四种可用方法。第一种方法是综合打分，我们可以对单个信号涉及的所有股票在该信号取值的排名进行标准化处理，并将单个股票涉及的所有信号的标准化排名取算术平均值，并以该均值的分位数作为对股票分组的依据。组内股票同样可以以算术平均或市值加权平均的方法进行组合。这种方法计算简单，它可以将单个股票的多个信息结合，同时分散多个信号中的噪音。

第二种方法是多元回归。我们可以在每一期将股票收益率与各信号的标准化排名进行回归，使用各期各回归系数在扩展窗口内的均值作为下一期的预期系数对股票收益率进行预测。对预期收益排序并分组后，使用算术平均或市值加权平均的方法对组内股票进行组合，得到策略的收益率序列。

第三种方法是基于 LASSO 回归的方法。与方法二的多元回归类似，LASSO 也是一种线性的回归方法，不同之处在于 LASSO 在回归时加入惩罚项，使模型可以自动选择需要的信号，从而在保证准确性的同时最大可能地减少过拟合的发生。

最后，基于随机森林等的非参数估计也可以对多信号输入的股票收益进行预测。类比方法二，我们同样能够得到分组相减后的策略收益率序列。与基于回归的方法不同的是，基于随机森林方法可以捕捉信号与收益之间的非线性关系，并将信号之间的相互影响包括在模型内。这种机器学习方法导致过拟合的可能性较低。

第 2 章

在险价值与预期
亏损的相关投资策略

本章发现，与最近在美国的研究结果不同，在中国股市中，风险价值（VaR）与预期收益之间的横截面关系不明确。此外，在消费者信心较高时期在险价值与预期收益呈负相关，并且无法用特质波动率、动量、短期反转或最大日收益来解释。相比之下，在消费者信心较低的时期，在险价值与预期收益之间没有显著的关系。

2.1 简　介

在金融领域，存在一个普遍的概念，即资产的风险越大，应实现的回报就越高。然而最近许多实证研究证明了横截面上风险和回报之间的负相关关系（李少育等，2021；熊和平等，2018；赵胜民和刘笑天，2020；左浩苗等，2011；Ang et al.，2006，2009；Atilgan et al.，2020；Bi and Zhu，2020；Nartea et al.，2013）。其中，洪崇理等（Ang et al.，2006，2009）和纳尔提亚等（Nartea et al.，2013）使用特质波动率（IVOL）作为风险的指标，发现这一现象存在于包括美国在内的所有股票市场。最近，阿蒂尔甘等（Atilgan et al.，2020）以及毕和朱（Bi and Zhu，2020）也发现，具有较高在险价值（VaR）的股票往往具有较低的预期收益。与 IVOL 相比，VaR 集中于收益分布的左尾也就是亏损部分，并且在业内用于风险管理。[1]

阿蒂尔甘等（2020）与毕和朱（2020）主要是以美国股市为分析对象。阿蒂尔甘等（2020）也将其研究扩展到23个国家和地区的股票交易，他们发现不仅在美国，在国际上也存在在险价值和未来股票收益之间的负相关关系。然而，他们的研究并没有涵盖中国的股票市场。我们的研究填补了这一空白，研究了中国股票市场的在险价值和预期亏损之间的横截面关系。[2]

在险价值（VaR）的定义为在持有期内，在预定概率水平上投资的最小预期损失。具体来说，1%的VaR（VaR1）意味着投资有1%的概率出现超过指定VaR值的损失。换言之，VaR1是收益分布的下百分位数。另一种常用的左尾或下行风险的测量方法被称为预期缺口（ES）。ES以持有期间的损失大于VaR为条件来估计预期损失，有时被称为条件在险价值（CVaR）。因此，在本章中，继阿蒂尔甘等（2020）与毕和朱（2020）之后，我们使用VaR和ES（CVaR）作为VaR或左尾风险的代理指标。结果主要基于1%的在险价值（VaR1）进行展示，而其他代理指标结果可见本章附录B网络表格中。

首先，通过单一排序和Fama－MacBeth回归分析，我们发现，中国股票市场中具有较高VaR的股票并未显著存在较低预期收益。这一结果与美国和其他国家的实证发现有所不同。在单次排序分析中，从1997年1月到2019年12月，每月根据VaR对股票进行排序，最高和最低VaR1十分位组合之间的月度价值加权平均超额收益差为−0.62%。需要注意的是，收益差距并不显著，而与之相关的α值（在常用的CAPM，Fama French五因子模型和刘等（2019）提出的中国四因子模型中）在5%的水平上具有经济和统计显著性。根据单变量Fama－MacBeth回归结果，我们发现VaR1与预期收益之间的关系不显著。单一排序和Fama－MacBeth回归结果均表明，VaR对中国股票市场预期股票收益横截面的预测力尚不明确。

---

[1] VaR概念被广泛用于许多资产类别的投资，例如巴利等（2007）和白等（2019）分别发现VaR对期货对冲基金收益和债券收益有预测能力。

[2] 中国证券市场在当今世界上发挥重要作用，构成包括上海证券交易所、深圳证券交易所和北京证券交易所。截至2024年9月1日，中国证券市场在市值方面排名第二大股票市场。中国股市的投资者构成与美国股市不同，中国的平均机构持股比例远低于美国的平均机构投资者持股比例。个人投资者较多的特点使中国股市具有特殊性，中国股市的实证结果可能不同于美国当时的记录结果。

其次，受到文献中混合观测值的启发，[①] VaR 和预期股票收益之间的关系可能因不同的子样本而改变。因此，我们试图去检验消费者信心水平是否会影响 VaR 对预期收益的预测力。在本章中，我们将消费者信心指数[②]高于其均值或中位数的月份定义为高消费者信心期，消费者信心指数低于其均值或中位数的月份定义为低消费者信心期。我们观察到，在消费者信心高的时期，VaR 与预期收益呈负相关，且不能用特质波动性、动量效应、短期反转或最大日收益来解释。为了进一步提高稳健性，VaR 对预期收益的影响不能被 CAPM、法玛和弗伦奇（2015）的五因子模型或刘等（Liu et al.，2019）提出的中国四因子模型解释。相比之下，消费者信心低的时期，VaR 和预期收益之间的关系不明确。做多最高 VaR1、做空最低 VaR1 得到的多空零成本投资组合的加权或等权重平均收益、CAPM alpha 和刘等（2019）的中国四因子模型下得到的 alpha 在统计上并无显著差异，而多空零成本投资组合的价值加权平均收益在法玛和弗伦奇（2015）五因子模型下得到的 alpha 则显著为负。结合所有发现，我们认为在消费者信心高的时期，中国投资者低估了具有较大损失（更高 VaR）的股票的损失概率。投资者具有 VaR 偏好是因为他们倾向于持有较高 VaR 的股票，这一现象被称为处置效应。投资者在信心较高时更可能持有较高 VaR 的股票。谢弗林（Shefrin）和斯塔曼（Statman）1985 年提出的处置效应是指投资者倾向于卖出处于资本收益区域的股票，而持有处于资本损失区域的股票，这是由"前景理论"引起的（Barberis and Xiong，2009）。前景理论（prospect theory）由特沃斯基和卡尼曼（Tversky and Kahneman，1979，1992）提出，该理论认为当投资者的财富高于或低于某一参考点时，他们会改变风险行为。

最后，与美国股票市场的观察结果不同，我们发现，在中国股票市场中，股票的机构持股比例变化时，VaR 对预期股票收益的影响保持不变。高消费者信心时期的结果与全样本结果相似；然而，在消费者信心低的时期，任何程度的机构持股比例的股票投资组合均不存在 VaR 效应。此外，我们还测试了 VaR 效应在

[①]　巴利和卡基奇（2004），伊克巴尔（Iqbal）、阿泽尔（Azher）和伊贾兹（Ijaz）（2013），陈等（Chen et al.，2014）揭示了 VaR 和预期收益之间的正相关关系。相比之下，最近的论文，包括阿蒂尔甘等（2020）与毕和朱（2020），发现 VaR 与预期收益之间的关系是负向的。此外，陈和蒋（2016）发现这种关系在 2008 年金融危机后发生了变化，毕和朱（2020）进一步观察到这种关系在不同的投资者情绪水平上有所不同。这些论文所分析的样本周期和股票市场有所不同。

[②]　消费者信心指数来自 Wind 财经数据库。

国有股权比例（SOR）变化时是否会发生变化。我们发现，在 SOR 最下五分位数中，VaR 对预期股票收益的负面影响更强，而在 SOR 最上五分位数中，VaR 效应较弱（尽管由于时间周期较短，差异有时可能在统计上并不显著）。

我们的研究对现有文献作出了以下四方面的贡献。第一，我们率先研究了中国股票市场中在险价值对预期股票收益的负向预测力。第二，这种预测力的存在并不明确，这与美国最近的研究发现不同。第三，我们观察到 VaR 与预期收益之间的关系随消费者信心水平的不同而变化。VaR 对预期收益的负向影响是存在的，而且不能用特质波动率、动量效应、短期反转或消费者信心较高时期的最大日收益来解释。第四，与美国股票不同的是，在中国市场上股票机构所有权比例在预期收益率的 VaR 效应中并没有起到重要作用。

本章其余部分安排如下：2.2 节描述了我们实证分析中使用的数据和变量，2.3 节阐明了风险价值与中国股票市场预期股票收益的截面数据之间的关系，2.4 节总结本章内容。

2.2　数据和变量

公司层面的每日和每月股票数据来自 CSMAR 数据库。法玛和弗伦奇（2015）的市场（MKT）、规模（SMB）、价值（HML）、盈利能力（RMW）和投资（CMA）因子的月度超额收益来自中央财经大学中国资产管理研究中心。研究样本包括 1997 年 1 月至 2019 年 12 月上海和深圳证券交易所的所有 A 股。为了减少异常值的影响，我们删除了以下股票：（1）首次公开发行（IPO）日之后 6 个月内的所有交易数据，以减少 IPO 效应；（2）账面比率为负数的公司；（3）金融行业的公司；（4）具有"ST"状态的公司；（5）过去 12 个月内交易记录不足 120 天的股票；（6）最近一个月内交易记录不足 15 天的股票[①]。由于中国限价制度的限制，每个交易日股票收盘价的涨跌幅度为 [-10%，10%]，或者前一个交易日的收盘价乘以 0.9 和 1.1。因此，当一个异常值删除后，价格波动范

---

① 当交易正常时，交易日少于 15 天的月份包括 1997 年 2 月（10 天）、1999 年 2 月（7 天）、2000 年 2 月（12 天）、2001 年 1 月（14 天）、2002 年 2 月（10 天）、2004 年 1 月（13 天）和 2005 年 2 月（13 天）。因此，我们排除了在这些月份少于其正常交易日的股票。

围被四舍五入到小数点后两位。此外，刘等（2019）提出的 2000 年 1 月至 2018 年 12 月的中国四个因子，包括市场（MKT）、规模（SMB）、价值（VMG）和营业额（PMO）的月度超额收益，都是从 Robert Stambaugh 的网站获得的。

根据巴利等（2011）和纳尔提亚等（2011）的研究，计算股票在一个月内的最大日回报率（MAX）。按照邹（Zou）等（2011）的做法，我们用月度累计交易额除以月末流通市值，计算出成交率（TURN）。公司市值（SIZE）和账面市值比率（BM）是按照法玛和弗伦奇（1992）以及杰加代什（Jegadeesh）和提特曼（Titman）（1993）的方法计算的。CAPMbeta（β）是股票收益与市场收益的协方差除以市场收益的方差。短期反转（REV）、动量（MOM）和特质偏度（ISKEW）是按照白（Bai）等（2016）的方法计算的。特质波动率（IVOL）的计算也是按照巴利等（2016）的方法，其定义为月内每日特质回报的标准差。

消费者信心指数来自 Wind 金融数据库，本章从 1997 年 1 月到 2019 年 12 月的数据均可由此获得。应用的两个情绪指数：投资者综合情绪指数（CICS）和投资者情绪指数（ISI）是从 CSMAR 数据库中获得的。[①] 中国股市的机构持股数据也是从 Wind 金融数据库中获得的，时间为 1999 年 1 月至 2019 年 12 月。国家的持股信息可从 CSMAR 数据库中获得，时间为 2003 年至 2019 年。

每只股票的 1% 在险价值（VaR1）、5% 在险价值（VaR5）、1% ES（ES1）和 5% ES（ES5）是根据当前一年的日收益率计算的，要求有 200 个无遗漏的观测值，并且每个月更新。q% 的在险价值（VaRq）是从一年期日收益率的经验分布的左尾部估计出来的，等于原始的第 q 百分位数的负值;[②] q% 的预期亏损（ESq）等于超过 q% 在险价值阈值的所有损失的平均值。我们首先展示了 1% 在险价值（VaR1）的总统计，并研究了不同方式衡量的在险价值与其他股票特征或市场贝塔之间的相关性。

对 1997 年 1 月至 2019 年 12 月的股票根据 1% 在险价值（VaR1）的一个月滞后值进行排序，每月形成的十等分股票的汇总统计如表 2 - 1 的 A 组所示。组

---

　　① 在本章中，我们使用消费者信心指数来区分整个样本期。我们也尝试了两个常用的投资者情绪指数（CICSI 和 ISI），但在中国只有较短时期的可得数据。CICSI 是由易（Yi）和毛（Mao）（2009）提出的，存在 2003 年 2 月至 2019 年 12 月的可得数据。ISI 是由韦（Wei）、夏（Xia）和孙（Sun）（2014）提出的，可获得从 2003 年 1 月到 2019 年 12 月的数据。消费者信心指数和投资者情绪指数之间的时间序列相关性为 0.30 或 0.17，本章附录 B 的图 A1 说明了这一点。

　　② 我们也尝试用非参数方法来估计 VaR1，并将其表示为 $VaR1_{np}$。基于 $VaR1_{np}$ 的结果与定性结果类似。

合1（10）是具有最低（最高）已实现VaR1的股票组合。它显示了每个十分位数的股票的各种特征和市场贝塔值在每个月内的样本中的平均值，包括1%的在险价值（VaR1），1%的预期亏损（ES1）、市值（SIZE）、账面市值比（BM），过去12个月的累积回报率（跳过一个月），周转率（TURN），市场贝塔（β），特质偏度（ISKEW），前一个月的最大日回报率（MAX）以及特质波动率（IVOL）。从最低到最高的VaR1分位数，中位数的时间序列平均值从4.95%增加到9.27%，ES1从5.78%单调地增加到9.80%。对于其他特征，当股票的VaR1增加时，TURN、β、ISKEW、MAX和IVOL也增加而SIZE和BM则减少。MOM和VaR1之间的关系尚不清楚，因为MOM在极端的VaR1分位数上更高。因此，具有较高风险价值或预期亏损的股票往往具有较高的周转率、市场贝塔、特质偏度、最大日回报值和特质波动率。此外，在险价值较高的股票可能是小型和成长型公司。我们还通过相关矩阵检验了在险价值和其他控制变量之间的相关性。同一时期VaR和其他股票特征或市场贝塔的截面相关性的时间序列平均数如表2-1的B组所示。VaR1、VaR5、ES1和ES5都是高度相关的，因为它们的相关值都高于0.61。这些风险代用指标与TURN、β、ISKEW、MAX和IVOL呈正相关，与SIZE和BM呈负相关，这与面板A中的十等分组合的汇总统计结果一致。此外，VaRs与过去12个月的业绩（MOM）呈负相关性，但其量级很小。

表2-1　　　　　　　　　　描述性统计和相关性检验

Panel A：按VaR1排序的十分位股票投资组合的汇总统计

十分位组	VaR1	ES1	SIZE	BM	MOM	TURN	β	ISKEW	MAX	IVOL
1（lowest）VaR1	4.953	5.781	8.145	6.565	13.773	0.208	0.879	0.337	4.110	1.492
2	5.923	6.833	7.730	6.552	11.540	0.270	1.008	0.355	4.544	1.650
3	6.368	7.303	7.579	6.538	11.573	0.307	1.062	0.378	4.772	1.741
4	6.702	7.632	7.474	6.506	11.622	0.342	1.104	0.386	4.959	1.825
5	7.000	7.935	7.388	6.493	11.667	0.370	1.128	0.391	5.011	1.877
6	7.296	8.221	7.352	6.462	13.958	0.389	1.153	0.395	5.148	1.929
7	7.613	8.512	7.300	6.431	13.117	0.408	1.170	0.387	5.241	1.982

Panel A：按 VaR1 排序的十分位股票投资组合的汇总统计

十分位组	VaR1	ES1	SIZE	BM	MOM	TURN	β	ISKEW	MAX	IVOL
8	7.991	8.835	7.272	6.404	14.091	0.437	1.194	0.389	5.371	2.056
9	8.478	9.244	7.201	6.385	13.806	0.473	1.223	0.389	5.546	2.143
10（highest）VaR1	9.272	9.803	7.198	6.322	16.502	0.540	1.237	0.387	5.796	2.299

Panel B：相关系数矩阵

变量	VaR1	VaR5	ES1	ES5	SIZE	BM	MOM	TURN	β	ISKEW	MAX	IVOL
VaR1	1.000											
VaR5	0.708	1.000										
ES1	0.868	0.611	1.000									
ES5	0.896	0.892	0.828	1.000								
SIZE	−0.280	−0.315	−0.255	−0.319	1.000							
BM	−0.086	−0.122	−0.067	−0.113	−0.175	1.000						
MOM	−0.041	−0.015	−0.052	−0.032	0.214	−0.302	1.000					
TURN	0.307	0.362	0.262	0.361	−0.236	−0.041	0.128	1.000				
β	0.428	0.495	0.387	0.496	−0.142	0.044	−0.114	0.225	1.000			
ISKEW	0.012	0.022	0.008	0.017	−0.041	0.013	−0.074	0.014	0.043	1.000		
MAX	0.186	0.221	0.167	0.218	−0.037	−0.121	0.055	0.436	0.170	0.236	1.000	
IVOL	0.295	0.338	0.263	0.342	−0.098	−0.196	0.166	0.585	0.126	0.121	0.697	1.000

注：变量定义在本章附录 A 中提供。

2.3 实 证 结 果

2.3.1 全样本

在本小节中，我们首先利用 1997 年 1 月至 2019 年 12 月的中国股市数据，对 1% 的在险价值（VaR1）进行单变量组合分析。如表 2 - 2 所示，该表列出了在前一个月估计的按 VaR1 排序的十等分投资组合的月度股票收益率、CAPM alpha、法玛和弗伦奇（2015）的五因子（FF5）alpha 与刘等（2019）的中国四因子（CH4）alpha 以及它们的 t 值（括号内给出）。最高的投资组合与最低的投资组合的回报率差也被列出。从表中我们观察到，当 VaR1 增加时，预期收益就会减少，无论它是等权还是价值加权的。最高和最低 VaR1 十分位组合的价值加权（等权）收益率平均值之间的差额等于每月 - 0.62%（ - 0.40%），t 统计量为 - 1.50（ - 1.24），即在统计意义上不显著。然而，CAPM、Fama - French 五因子的回报率差值在统计上仍然显著。① 结果表明，VaR1 和预期收益之间的关系是混合的。②

表 2 - 2　　　　　　　　　　　　　　　十分位数组合

组合	Equal-weighted				Value-weighted			
	Excess return（%）	CAPM alpha（%）	FF5 alpha（%）	CH4 alpha（%）	Excess return（%）	CAPM alpha（%）	FF5 alpha（%）	CH4 alpha（%）
1（lowest）	1.191 ** (2.50)	0.474 *** (3.44)	0.293 ** (1.98)	0.257 (1.43)	0.880 * (1.90)	0.252 (1.23)	0.241 (1.40)	0.402 * (1.89)
2	1.364 *** (2.63)	0.574 *** (4.38)	0.298 ** (2.48)	0.339 ** (2.58)	0.834 * (1.67)	0.121 (0.74)	0.068 (0.41)	- 0.092 (- 0.47)
3	1.403 ** (2.57)	0.572 *** (4.16)	0.233 ** (2.36)	0.370 *** (3.56)	0.835 (1.64)	0.089 (0.70)	- 0.016 (- 0.12)	0.097 (0.62)
4	1.359 ** (2.42)	0.512 *** (3.15)	0.256 ** (2.25)	0.464 *** (3.77)	1.035 * (1.88)	0.232 * (1.66)	0.203 (1.36)	0.250 (1.38)
5	1.412 ** (2.46)	0.556 *** (3.06)	0.211 ** (2.02)	1.412 ** (2.46)	0.155 (1.13)	0.102 (0.74)	0.125 (0.70)	0.155 (1.13)
6	1.255 ** (2.16)	0.369 * (1.95)	0.056 (0.48)	1.255 ** (2.16)	- 0.023 (- 0.15)	- 0.020 (- 0.13)	0.025 (0.14)	- 0.023 (- 0.15)
7	1.274 ** (2.14)	0.389 ** (2.04)	0.045 (0.45)	1.274 ** (2.14)	- 0.057 (- 0.39)	- 0.068 (- 0.49)	0.109 (0.60)	- 0.057 (- 0.39)

① 回报差额的价值加权 CH4 阿尔法在统计上是显著的，而回报差额的等权 CH4 阿尔法在统计上是不显著的。

② 基于非参数方法估计的 VaR1$_{np}$ 的结果在定性结果类似，在本章附录 B 的表 IA - 1 中有记录。当我们考虑 1% ES（ES1）、5% VaR（VaR5）和 5% ES（ES5）的分位数时，结果也是相似的，除了 ES1 十分位数的价值加权平均数，这在本章附录 B 的表 IA - 2 中有记载。极端的 ES1 分位数之间的价值加权平均回报率差异在经济上和统计上都很重要。

续表

组合	Equal-weighted				Value-weighted			
	Excess return（%）	CAPM alpha（%）	FF5 alpha（%）	CH4 alpha（%）	Excess return（%）	CAPM alpha（%）	FF5 alpha（%）	CH4 alpha（%）
8	1.071* (1.80)	0.195 (0.93)	−0.095 (−0.84)	1.071* (1.80)	−0.181 (−1.08)	−0.233 (−1.58)	−0.080 (−0.43)	−0.181 (−1.08)
9	1.052* (1.73)	0.165 (0.71)	−0.084 (−0.71)	1.052* (1.73)	−0.392** (−2.09)	−0.408*** (−2.80)	−0.125 (−0.68)	−0.392** (−2.09)
10（highest）	0.788 (1.25)	−0.107 (−0.40)	−0.405** (−2.50)	0.788 (1.25)	−0.574** (−2.35)	−0.605*** (−3.11)	−0.413* (−1.90)	−0.574** (−2.35)
10−1 spread	−0.403 (−1.24)	−0.581* (−1.90)	−0.699*** (−2.88)	−0.203 (−0.70)	−0.825** (−1.50)	−0.846*** (−2.11)	−0.814** (−3.05)	−0.825** (−2.51)

　　此外，在险价值对预期收益的影响是用 Fama－MacBeth 回归来研究的，如表 2-3 所示。该表列出了从 1997 年 1 月（2 月）到 2019 年 11 月（12 月）的月度数据 t（t+1）对各种定价变量（见第一列）进行的超额股票收益或风险调整后的股票收益[①] Fama－MacBeth 回归的斜率系数及其 t 值的时间序列平均数（括号内给出）。在单变量回归中，1% 在险价值（VaR1）的平均斜率系数为 −0.01 并且在统计上不显著。当使用风险调整后的股票收益率而非超额收益率作为因变量时，单变量回归结果变为具有统计学意义。表 2-3 的第（7）栏显示 VaR1 的平均斜率系数为 −0.16，而且 t 统计量为 −3.13。但是如果我们把特质波动率（IVOL）加入回归中，VaR1 的平均斜率系数在统计上变得不显著（如第（9）栏所示）。在 VaR1 和其他控制变量的完整规格下，VaR1 的平均斜率系数也不显著。使用 1% 的预期亏损（ES1）时有类似结果。Fama－MacBeth 回归结果证实了 VaR1 对预期收益影响的混合结果。而且，即使在某些规格中存在 VaR 和预期收益之间的负面关系，在控制了特质波动率之后，这种关系也将消失。[②]

---

　　① 为进行稳健性检查，我们通过去除 Fama－French 市场（MKT）、规模（SMB）和价值（HML）因子（这三因子通常用来描述系统性风险）的成分来调整收益，并按照布伦南、乔迪亚（Chordia）和苏布拉马亚姆（Subrahmanyam）（1998）的做法，将股票 i 的风险调整收益表示为 RA_i。
　　② 我们只剔除以下国内股票：（1）账面市值比为负的公司；（2）过去 12 个月内交易记录少于 120 天的股票；（3）最近一个月内交易记录少于 15 天的股票。换句话说，我们仍然将 IPO 股票与金融行业的股票或具有"ST"状态的股票一起纳入样本中。通过基于这个大样本的排序和 Fama－MacBeth 回归分析（记录在本章附录 B 的表 IA-3、表 IA-4 和表 IA-5 中），我们观察到 VaR 和预期收益之间的负相关关系，但这种关系可以被另一个风险代理变量 IVOL 完全解释（在中国 VaR 效应将被 IVOL 效应所侵蚀）。

Fama - MacBeth 回归

表 2-3

变量	(1) RA	(2) R	(3) R	(4) R	(5) R	(6) R	(7) R	(8) RA	(9) RA	(10) RA	(11) RA	(12) RA
VaR1	-0.0135 (-0.15)		0.0985 (1.04)		0.0882 (1.11)		-0.1620*** (-3.13)		-0.0274 (-0.47)		-0.0311 (-0.44)	
ESI		-0.0134 (-0.14)		0.0684 (0.68)		0.0620 (0.82)		-0.1092* (-1.95)		-0.0158 (-0.25)		-0.0388 (-0.55)
IVOL			-0.6579*** (-8.97)	-0.6506*** (-9.17)	-0.3894*** (-3.69)	-0.3861*** (-3.72)			-0.7376*** (-10.82)	-0.7436*** (-11.27)	-0.3863*** (-3.81)	-0.3836*** (-3.81)
SIZE					-0.7993*** (-4.82)	-0.8067*** (-4.87)					-0.4550*** (-4.83)	-0.4571*** (-4.89)
BM					0.0480 (0.46)	0.0444 (0.43)					0.0885 (1.17)	0.0931 (1.24)
MOM					0.0075*** (2.95)	0.0075*** (2.92)					0.0072*** (2.83)	0.0072*** (2.75)
TURN					-2.3195*** (-9.06)	-2.2930*** (-8.77)					-2.3874*** (-9.92)	-2.3834*** (-9.78)
β					-0.5663 (-0.75)	-0.5600 (-0.79)						
ISKEW					-0.2168*** (-4.56)	-0.2140*** (-4.49)					-0.2278*** (-4.85)	-0.2261*** (-4.82)
MAX					0.0354** (2.23)	0.0356** (2.24)					0.0216 (1.44)	0.0214 (1.40)
Constant	0.9111 (1.05)	1.0971 (1.20)	1.5527* (1.76)	1.8735* (1.91)	8.6394*** (3.90)	8.8338*** (3.83)	1.1316** (2.43)	0.8284 (1.54)	1.7557*** (3.57)	1.7304*** (2.83)	5.0442*** (3.71)	5.0576*** (3.78)
R^2	0.024	0.020	0.039	0.036	0.138	0.136	0.012	0.010	0.025	0.024	0.066	0.065

注：对于第 (1) ~ (6) 列，因变量是超额收益 (R)。风险调整后的回报 (RA) 是第 (7) ~ (12) 列的因变量。风险调整后因变量，我们使用纽威 (Newey) 和韦斯特 (West) (1987) 的修正方法对 Fama - MacBeth 的标准误差进行了调整，有六个滞后期。在 1%、5% 和 10% 水平上的显著性分别用 ***、** 和 * 表示。

2.3.2 条件结果

受阿蒂尔甘等（2020）与毕和朱（2020）的启发，我们对 VaR 对预期收益的预测能力在不同的子时期是否存在变化也同样感兴趣。毕和朱（2020）将他们的全部样本期按投资者情绪指数分为两部分。他们发现在情绪高涨时期，VaR 的负面效应更强。在本章中，我们使用消费者信心指数来划分整个样本期，它从1991 年 1 月至今，这个时期涵盖了我们对中国股票市场分析的整个时间段。这里高消费者信心期是指消费者信心指数高于其平均值或中值的月份，低消费者信心期是指消费者信心指数低于其平均值或中值的月份。[①] 为了证明 VaR 和预期股票收益之间的变化关系，我们对于不同的消费者信心水平进行单变量和双变量组合分析，并将在本小节中进行描述。

我们首先对 1997 年 1 月至 2019 年 12 月消费者信心高涨和低迷时期的 1% 在险价值（VaR1）分别进行单变量组合分析，分析结果如表 2 - 4 所示。该表显示了按 VaR1 排序的十等分投资组合的月度股票回报率、CAPM alpha、Fama - French 五因子（FF5）alpha 和刘等（2019）的中国四因子（CH4）alpha 及其 t 值（括号中给出），这是在高或低消费者信心期间对前一个月估计得到的。A 组显示的是高消费者信心期的结果。处于最低 VaR1 分位数的股票每月价值加权平均超额收益为 1.55%，是所有分位数中最高的；而处于最高 VaR1 分位数的股票每月价值加权平均超额收益为 0.15%，是最低的。当 VaR1 增加时，价值加权的平均预期收益率会下降。另外，最高和最低 VaR1 十分位数投资组合的价值加权平均回报率之差为 - 1.41%，t 统计值为 - 2.31。其相关的 CAPM、FF5 指数和 CH4 alpha 分别为 - 1.62%（t 值为 - 2.75）、- 1.00%（t 值为 - 2.37）和 - 1.43%（t 值为 - 3.12），在 5% 的水平上都具有经济和统计学意义。相比之下 B 组报告了消费者信心不足时期的结果。极端 VaR1 十分位数的价值加权回报平均值之间的差异为 0.17%。t 统计量为 0.31，是正数，统计上不显著。回报差额的 CAPM 和 CH4 alpha 在统计上也都不显著（分别为 - 0.02% 和 - 0.11%，t 统计量分别为

---

① 消费者信心指数的平均值和中位数分别为 109.22 和 109.30，它们非常接近。而高消费者信心期对于应用平均值或中位数来定义样本期都是一样的。低消费者信心期也是如此。

-0.03 和 -0.24），FF5 alpha 在统计上显著 （ -0.67%，t 统计量为 -181）。平均加权的结果与价值加权的表现相似。因此，表 2 - 4 的结果表明，在高消费者信心期，VaR 与预期收益负相关，而在低消费者信心期，VaR 与预期收益不相关。当我们利用非参数方法来估计 VaR1 或使用 ES1 时，实证结果在质量上仍然相似 （本章附录 B 的表 IA - 6 和表 IA - 7）。①

表 2 - 4   十分位数组合

Panel A：高消费者信心时期

组合	Equal-weighted				Value-weighted			
	Excess return（%）	CAPM alpha（%）	FF5 alpha（%）	CH4 alpha（%）	Excess return（%）	CAPM alpha（%）	FF5 alpha（%）	CH4 alpha（%）
1（lowest）	1.463** (2.12)	0.561*** (2.77)	0.332 (1.57)	0.582** (2.21)	1.553** (2.26)	0.773** (2.43)	0.424 (1.55)	0.859** (2.56)
2	1.457* (1.97)	0.478** (2.53)	0.255 (1.44)	0.375* (1.68)	1.032 (1.44)	0.187 (0.67)	-0.051 (-0.18)	-0.097 (-0.29)
3	1.342* (1.73)	0.308* (1.73)	0.130 (0.97)	0.309* (1.98)	0.897 (1.26)	0.022 (0.11)	-0.108 (-0.54)	-0.151 (-0.67)
4	1.207 (1.51)	0.158 (0.69)	0.159 (0.86)	0.359* (1.81)	1.181 (1.51)	0.224 (1.01)	0.222 (0.92)	0.119 (0.42)
5	1.309 (1.64)	0.265 (1.09)	0.235 (1.64)	0.519*** (2.86)	1.118 (1.46)	0.160 (0.95)	0.194 (1.11)	0.149 (0.62)
6	1.137 (1.38)	0.024 (0.09)	0.088 (0.47)	0.190 (1.23)	1.009 (1.24)	-0.039 (-0.18)	0.168 (0.76)	0.028 (0.12)
7	1.241 (1.48)	0.151 (0.56)	0.147 (0.91)	0.402** (2.34)	0.747 (0.95)	-0.221 (-1.02)	-0.113 (-0.53)	-0.104 (-0.41)
8	0.913 (1.07)	-0.178 (-0.59)	-0.058 (-0.33)	0.334* (1.68)	0.743 (0.91)	-0.260 (-1.16)	-0.061 (-0.31)	0.014 (0.06)

---

① 我们还应用两个投资者情绪指数 （CICSI 和 IS1） 将样本期分为两个。高情绪期被定义为投资者情绪指数高于其中位数的月份，而低情绪期被定义为投资者情绪指数低于其中位数的月份。然而，我们无法发现 VaR 对高投资者情绪期或低投资者情绪期的预期收益的预测能力。这些结果记录在本章附录 B 的表 IA - 8 和表 IA - 9 中。

Panel A：高消费者信心时期

组合	Equal-weighted				Value-weighted			
	Excess return（%）	CAPM alpha（%）	FF5 alpha（%）	CH4 alpha（%）	Excess return（%）	CAPM alpha（%）	FF5 alpha（%）	CH4 alpha（%）
9	0.827 (0.95)	-0.285 (-0.88)	-0.152 (-0.91)	0.256 (1.43)	0.295 (0.35)	-0.738 *** (-2.82)	-0.475 ** (-2.53)	-0.251 (-1.12)
10 (highest)	0.411 (0.46)	-0.702 * (-1.86)	-0.630 *** (-2.74)	-0.278 (-1.16)	0.148 (0.17)	-0.849 ** (-2.33)	-0.578 ** (-2.01)	-0.566 ** (-1.99)
10-1 spread	-1.051 ** (-2.38)	-1.263 *** (-3.02)	-0.962 *** (-2.80)	-0.860 ** (-2.15)	-1.405 ** (-2.31)	-1.623 *** (-2.75)	-1.002 ** (-2.37)	-1.425 *** (-3.12)

Panel B：低消费者信心时期

组合	Equal-weighted				Value-weighted			
	Excess return（%）	CAPM alpha（%）	FF5 alpha（%）	CH4 alpha（%）	Excess return（%）	CAPM alpha（%）	FF5 alpha（%）	CH4 alpha（%）
1 (lowest)	0.915 (1.39)	0.379 ** (2.03)	0.229 (1.15)	-0.070 (-0.30)	0.203 (0.33)	-0.280 (-1.13)	0.055 (0.27)	-0.055 (-0.23)
2	1.269 * (1.74)	0.668 *** (3.65)	0.195 (1.30)	0.298 ** (2.13)	0.635 (0.91)	0.059 (0.35)	0.083 (0.46)	-0.142 (-0.76)
3	1.465 * (1.90)	0.835 *** (4.00)	0.222 (1.63)	0.410 *** (2.99)	0.772 (1.05)	0.163 (1.00)	0.005 (0.03)	0.357 (1.62)
4	1.513 * (1.91)	0.867 *** (3.83)	0.277 ** (2.08)	0.560 *** (3.75)	0.888 (1.14)	0.242 (1.42)	0.113 (0.63)	0.418 * (1.88)
5	1.517 * (1.84)	0.853 *** (3.17)	0.063 (0.46)	0.257 (1.65)	0.799 (1.01)	0.153 (0.71)	-0.108 (-0.52)	0.134 (0.50)
6	1 373 * (1.67)	0 714 ** (2.56)	-0.024 (-0.18)	0 336 ** (2.13)	0.642 (0.81)	-0.009 (-0.04)	-0.259 (-1.22)	0.033 (0.12)
7	1.308 (1.55)	0.629 ** (2.34)	-0.100 (-0.85)	0.280 * (1.96)	0.805 (0.97)	0.118 (0.60)	-0.020 (-0.12)	0.400 (1.64)

Panel B：低消费者信心时期

组合	Equal-weighted				Value-weighted			
	Excess return（%）	CAPM alpha（%）	FF5 alpha（%）	CH4 alpha（%）	Excess return（%）	CAPM alpha（%）	FF5 alpha（%）	CH4 alpha（%）
8	1.231 (1.48)	0.568 * (1.97)	−0.135 (−0.91)	0.303 * (1.75)	0.561 (0.68)	−0.102 (−0.41)	−0.397 * (−1.75)	−0.099 (−0.36)
9	1.280 (1.50)	0.612 * (1.86)	−0.021 (−0.12)	0.408 * (1.90)	0.606 (0.74)	−0.051 (−0.19)	−0.270 (−1.22)	0.085 (0.29)
10 (highest)	1.171 (1.32)	0.491 (1.28)	−0.221 (−0.95)	0.435 (1.58)	0.375 (0.44)	−0.295 (−0.91)	−0.610 ** (−2.24)	−0.165 (−0.49)
10−1 spread	0.255 (0.54)	0.112 (0.25)	−0.450 (−1.28)	0.505 (1.22)	0.172 (0.31)	−0.015 (−0.03)	−0.666 * (−1.81)	−0.110 (−0.24)

注：在 1%、5% 和 10% 水平上的显著性分别用 ***、** 和 * 表示。

我们进一步分析 VaR 和预期收益之间的负面关系是否可以用特质波动率、动量、短期反转或中国股市高消费者信心期的最大收益来解释。基于低消费者信心期的结果也被提出来进行比较。

我们根据 1997 年 1 月至 2019 年 12 月的数据，分别对高和低消费者信心期的特质波动率（IVOL）和 1% 的在险价值（VaR1）进行双重排序分析。结果如表 2−5 和表 2−6 所示。股票按 IVOL 分类为五个五分位数组合，然后根据每个 IVOL 组内的 VaR1 进一步分成五个五分位数组合。文中展示了每月等值和价值加权的超额收益或收益差异以及平均 Fama−French 五因子预期收益。

对于高消费者信心期，每个 IVOL 五分位内最高和最低 VaR1 组之间的平均回报率差异及其相关的 Fama−French 五因子 α 总是负的。对于 Avg（IV1−IV5），表 2−5 两组的中间底部的 V5−V1 条目显示了控制 IVOL 后的 VaR1 回报差异。VaR1 的影响仍然存在，因为最高和最低 VaR 组合之间的价值加权（等权）平均超额收益差异在 5% 的水平上具有统计学意义，每月系数为 −1.04%（−0.66%）。当考虑到 FF5 的 α 时，这个结果是稳健的，这证实了投资者在高消费者信心期间有一个 VaR 偏好。这种偏好不能用特质波动率来解释。

相比之下，在消费者信心低迷时期，表 2−6 显示出回报率差异或 VaR 价差，对任何 IVOL 组来说都不具有统计学意义，甚至是正向意义。结合本章附录 B 的表 IA－6 和表 2－5 的结果，在高消费者信心期，存在一个不能用特质波动率解释的 VaR 偏好。①

表 2－5　　　消费者信心高涨期间 IVOL 和 VaR1 排序双变量分组结果

Panel A：Equal-weighted（%）

VaR1	Excess Return				FF5 alpha			
	V1	V3	V5	V5－V1	V1	V3	V5	V5－V1
IVOL1	1.378 ** (2.02)	1.362 * (1.69)	1.178 (1.42)	－0.200 (－0.57)	0.367 (1.54)	0.186 (0.78)	0.051 (0.22)	－0.317 (－1.03)
IVOL2	1.363 * (1.91)	1.492 * (1.83)	1.183 (1.36)	－0.180 (－0.47)	0.212 (1.02)	0.352 ** (2.12)	0.105 (0.45)	－0.107 (－0.33)
IVOL3	1.542 ** (2.08)	1.024 (1.23)	0.938 (1.07)	－0.605 (－1.47)	0.469 ** (2.03)	0.108 (0.52)	－0.169 (－0.74)	－0.638 * (－1.72)
IVOL4	1.458 * (1.91)	1.233 (1.45)	0.504 (0.53)	－0.954 ** (－2.07)	0.451 * (1.96)	0.167 (0.47)	－0.485 * (－1.81)	－0.936 ** (－2.58)
IVOL5	0.687 (0.88)	0.037 (0.04)	－0.669 (－0.73)	－1356 *** (－3.16)	－0.330 (－1.23)	－0705 ** (－2.60)	－1436 *** (－5.00)	－1106 *** (－2.98)
Avg (IV1－IV5)	1.286 * (1.79)	1.030 (1.27)	0.627 (0.72)	－0.659 * (－1.90)	0.234 (1.52)	0.022 (0.14)	－0.387 ** (－2.19)	－0.621 ** (－2.40)

Panel B：Value-weighted（%）

VaR1	Excess Return				FF5 alpha			
	V1	V3	V5	V5－V1	V1	V3	V5	V5－V1
IVOL1	1.442 ** (2.04)	1.112 (1.39)	0.774 (0.96)	－0.668 (－1.45)	0.340 (0.95)	－0.026 (－0.09)	－0.340 (－1.22)	－0.681 (－1.60)
IVOL2	1.269 * (1.73)	1.455 * (1.75)	0.702 (0.82)	－0.567 (－1.07)	0.044 (0.13)	0.428 (1.56)	－0.241 (－0.90)	－0.285 (－0.62)
IVOL3	1.851 ** (2.49)	0.872 (1.11)	0.552 (0.65)	－1.299 ** (－2.00)	0.940 *** (2.63)	0.154 (0.59)	－0.428 (－1.44)	－1.368 ** (－2.55)

---

① 基于 ES1 的结果在质量上是相似的（见本章附录 B 的表 IA－10 和表 IA－11）。

Panel B：Value-weighted（%）

VaR1	Excess Return				FF5 alpha			
	V1	V3	V5	V5 - V1	V1	V3	V5	V5 - V1
IVOL4	1. 364 * (1. 74)	1. 238 (1. 51)	0. 203 (0. 22)	- 1. 162 * (- 1. 91)	0. 313 (0. 91)	0. 263 (0. 64)	- 0. 638 ** (- 2. 09)	- 0. 951 ** (- 2. 08)
IVOL5	0. 829 (1. 08)	- 0. 008 (- 0. 01)	- 0. 654 (- 0. 73)	- 1. 483 ** (- 2. 56)	- 0. 207 (- 0. 62)	- 0. 607 * (- 1. 72)	- 1. 206 *** (- 3. 51)	- 0. 999 ** (- 2. 17)
Avg (IV1 - IV5)	1. 351 * (1. 95)	0. 934 (1. 19)	0. 315 (0. 37)	- 1. 036 ** (- 2. 29)	0. 286 (1. 62)	0. 042 (0. 25)	- 0. 571 *** (- 2. 92)	- 0. 857 *** (- 2. 99)

注：IVOL1 和 IVOL5 分别表示 IVOL 的最低和最高五分位数。V1 和 V5 表示 VaR1 的最低和最高五分位数。V5 - V1 价差表示平均等加权（面板 A；面板 B 的价值加权值）同一 IVOL 五分位数内最高和最低 VaR1 之间的超额收益差或五个 IVOL 组合的平均值（Avg（IV1 - IV5））。该表还报告了法玛和弗伦奇（2015）5 因子（FF5）alpha。Avg（IV1 - IV5）报告了五个 IVOL 五分位数的回报平均值或回报价差平均值。在 1%、5% 和 10% 水平上的显著性分别用 ***、** 和 * 表示。

表 2 - 6　　消费者信心低迷期间 IVOL 和 VaR1 排序双变量分组结果

Panel A：Equal-weighted（%）

VaR1	Excess Return				FF5 alpha			
	V1	V3	V5	V5 - V1	V1	V3	V5	V5 - V1
IVOL1	1. 109 * (1. 73)	1. 884 ** (2. 43)	1. 733 ** (2. 13)	0. 624 * (1. 69)	0. 657 *** (3. 12)	0. 709 *** (4. 30)	0. 636 *** (2. 80)	- 0. 021 (- 0. 07)
IVOL2	1. 513 ** (2. 17)	1. 758 ** (2. 17)	1. 839 ** (2. 17)	0. 326 (0. 94)	0. 587 *** (2. 95)	0. 279 (1. 51)	0. 537 ** (2. 46)	- 0. 051 (- 0. 17)
IVOL3	1. 010 (1. 41)	1. 587 * (1. 92)	1. 611 * (1. 82)	0. 601 (1. 61)	- 0. 024 (- 0. 12)	0. 206 (1. 21)	0. 146 (0. 71)	0. 170 (0. 54)
IVOL4	0. 962 (1. 30)	1. 274 (1. 51)	1. 158 (1. 30)	0. 196 (0. 53)	- 0. 164 (- 0. 77)	- 0. 156 (- 1. 01)	- 0. 135 (- 0. 57)	0. 028 (0. 08)
IVOL5	0. 435 (0. 56)	0. 318 (0. 37)	0. 370 (0. 39)	- 0. 065 (- 0. 13)	- 0 796 *** (- 2. 99)	- 1277 *** (- 5. 38)	- 1037 *** (- 2. 99)	- 0. 241 (- 0. 52)
Avg (IV1 - IV5)	1. 006 (1. 44)	1. 364 * (1. 68)	1. 342 (1. 56)	0. 336 (1. 02)	0. 052 (0. 34)	- 0. 048 (- 0. 47)	0. 029 (0. 18)	- 0. 023 (- 0. 09)

Panel B：Value-weighted（%）

VaR1	Excess Return				FF5 alpha			
	V1	V3	V5	V5 – V1	V1	V3	V5	V5 – V1
IVOL1	0.384 (0.62)	0.792 (1.05)	0.958 (1.18)	0.574 (1.21)	0.288 (1.12)	0.075 (0.31)	0.271 (0.98)	– 0.017 （– 0.05）
IVOL2	0.983 (1.46)	1.068 (1.34)	1.166 (1.44)	0.183 (0.40)	0.650 ** (2.58)	0.204 (0.72)	0.262 (1.02)	– 0.388 （– 0.96）
IVOL3	0.196 (0.28)	0.943 (1.14)	0.911 (1.07)	0.715 (1.50)	– 0.161 （– 0.59）	0.034 (0.13)	– 0.279 （– 1.07）	– 0.118 （– 0.30）
IVOL4	0.308 (0.43)	0.666 (0.82)	0.494 (0.58)	0.187 (0.43)	– 0.447 （– 1.61）	– 0.289 （– 1.26）	– 0.375 （– 1.42）	0.072 (0.18)
IVOL5	0.100 (0.12)	0.048 (0.06)	– 0.262 （– 0.29）	– 0.363 （– 0.65）	– 0.830 ** （– 2.04）	– 1.173 *** （– 3.82）	– 1.275 *** （– 3.31）	– 0.445 （– 0.81）
Avg (IV1 – IV5)	0.394 (0.59)	0.704 (0.90)	0.653 (0.79)	0.259 (0.66)	– 0.100 （– 0.61）	– 0.230 * （– 1.71）	– 0.279 （– 1.41）	– 0.179 （– 0.59）

注：IVOL1 和 IVOL5 分别表示 IVOL 的最低和最高五分位数。V1 和 V5 表示 VaR1 的最低和最高五分位数。V5 – V1 价差表示平均等加权（面板 A；面板 B 的价值加权值）同一 IVOL 五分位数内最高和最低 VaR1 之间的超额收益差或五个 IVOL 组合的平均值（Avg（IV1 – IV5））。该表还报告了法玛和弗伦奇（2015）5 因子（FF5）alpha。Avg（IV1 – IV5）报告五个 IVOL 五分位数的回报平均值或回报价差平均值。在 1%、5% 和 10% 水平上的显著性分别用 ***、** 和 * 表示。

接下来，我们对 1997 年 1 月至 2019 年 12 月这一时间段的消费者信心高位和低位时期的动量（MOM）或短期反转（REV）和 VaR1 分别进行类似的双重排序分析，结果如表 2 – 7 至表 2 – 10 所示。每个月，我们首先按 MOM 或 REV 将股票分为五个五分位数，然后在每个 MOM 或 REV 五分位数中，根据 VaR1 将股票进一步分为五个子五分位数，展示了每月等额和价值加权的超额收益或收益差异以及平均 FF5 alpha。

表 2 - 7　　　　消费者信心高涨期间 MOM 和 VaR1 排序双变量分组结果

Panel A：Equal-weighted（%）

VaR1	Excess Return				FF5 alpha			
	V1	V3	V5	V5 - V1	V1	V3	V5	V5 - V1
MOM1	1.271 (1.62)	1.015 (1.20)	0.607 (0.65)	- 0.663 * (- 1.82)	0.318 (1.29)	0.143 (0.54)	- 0.365 (- 1.20)	- 0.683 ** (- 2.01)
MOM2	1.302 (1.65)	1.107 (1.35)	0.792 (0.88)	- 0.510 (- 1.46)	0.170 (0.62)	0.169 (0.81)	- 0.260 (- 1.05)	- 0.431 (- 1.40)
MOM3	1.338 * (1.78)	1.097 (1.32)	1.077 (1.25)	- 0.260 (- 0.82)	0.295 (1.32)	- 0.080 (- 0.38)	0.060 (0.34)	- 0.234 (- 0.83)
MOM4	1.046 (1.52)	1.190 (1.43)	0.579 (0.65)	- 0.467 (- 1.20)	0.043 (0.22)	- 0.117 (- 0.64)	- 0.559 ** (- 2.45)	- 0.601 * (- 1.88)
MOM5	1.571 ** (2.16)	1.508 * (1.82)	- 0.199 (- 0.23)	- 1.770 *** (- 3.78)	0.364 (1.29)	0.507 * (1.67)	- 1.068 *** (- 3.16)	- 1.432 *** (- 3.49)
Avg （M1 - M5）	1.305 * (1.82)	1.180 (1.47)	0.571 (0.66)	- 0.734 ** (- 2.36)	0.238 (1.65)	0.110 (0.84)	- 0.438 ** (- 2.55)	- 0.676 *** (- 2.87)

Panel B：Value-weighted（%）

VaR1	Excess Return				FF5 alpha			
	V1	V3	V5	V5 - V1	V1	V3	V5	V5 - V1
MOM1	0.924 (1.25)	0.580 (0.69)	0.446 (0.47)	- 0.479 (- 0.94)	0.254 (0.72)	0.080 (0.27)	- 0.478 (- 1.43)	- 0.733 * (- 1.74)
MOM2	1.079 (1.38)	0.829 (1.06)	0.679 (0.77)	- 0.400 (- 0.82)	0.144 (0.42)	- 0.008 (- 0.04)	- 0.128 (- 0.44)	- 0.271 (- 0.65)
MOM3	1.062 (1.31)	0.765 (0.93)	1.028 (1.19)	- 0.035 (- 0.07)	- 0.031 (- 0.07)	- 0.325 (- 1.12)	0.185 (0.72)	0.216 (0.43)
MOM4	0.642 (0.95)	1.029 (1.22)	0.178 (0.21)	- 0.464 (- 0.86)	- 0.252 (- 0.79)	- 0.016 (- 0.06)	- 0.632 ** (- 2.11)	- 0.380 (- 0.89)
MOM5	1.515 ** (2.09)	0.922 (1.13)	- 0.176 (- 0.21)	- 1.691 *** (- 3.04)	0.394 (1.24)	- 0.031 (- 0.10)	- 0.934 ** (- 2.48)	- 1.329 *** (- 2.86)
Avg （M1 - M5）	1.044 (1.53)	0.819 (1.06)	0.431 (0.51)	- 0.613 * (- 1.70)	0.102 (0.56)	- 0.083 (- 0.57)	- 0.397 ** (- 2.05)	- 0.499 * (- 1.85)

　　注：MOM1 和 MOM5 分别表示 MOM 的最低和最高五分位数。V1 和 V5 表示 VaR1 的最低和最高五分位数。V5 - V1 价差表示平均等加权（面板 A；面板 B 的价值加权值）同一 MOM 五分位数内最高和最低 VaR1 之间的超额收益差或五个 MOM 组合的平均值（Avg（M1 - M5））。该表还报告了法玛和弗伦奇（2015）5 因子（FF5）alpha。Avg（M1 - M5）报告了五个 MOM 五分位数的回报平均值或回报价差平均值。在 1%、5% 和 10% 水平上的显著性分别用 ***、** 和 * 表示。

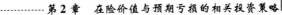

表 2 - 8　　　　消费者信心低迷期间 MOM 和 VaR1 排序双变量分组结果

Panel A：Equal-weighted（%）

VaR1	Excess Return				FF5 alpha			
	V1	V3	V5	V5 - V1	V1	V3	V5	V5 - V1
MOM1	0.875 (1.15)	1.418 (1.64)	1.180 (1.31)	0.304 (0.85)	-0.100 (-0.39)	0.110 (0.49)	-0.262 (-1.00)	-0.162 (-0.51)
MOM2	1.117 (1.51)	1.392* (1.66)	1.256 (1.47)	0.139 (0.39)	0.185 (0.87)	-0.091 (-0.50)	-0.261 (-1.39)	-0.447 (-1.58)
MOM3	1.193* (1.69)	1.654** (2.02)	1.647* (1.93)	0.454 (1.28)	0.165 (0.82)	0.207 (1.33)	0.059 (0.31)	-0.106 (-0.35)
MOM4	1.078 (1.52)	1.463* (1.80)	1.428 (1.65)	0.350 (0.91)	0.169 (0.81)	0.022 (0.13)	0.176 (0.78)	0.007 (0.02)
MOM5	0.886 (1.30)	1 458* (1.78)	0.861 (0.97)	-0.025 (-0.05)	0.175 (0.60)	0.139 (0.52)	-0.123 (-0.38)	-0.298 (-0.72)
Avg (M1 - M5)	1.030 (1.48)	1.477* (1.81)	1.275 (1.49)	0.245 (0.76)	0.119 (0.87)	0.077 (0.69)	-0.082 (-0.50)	-0.201 (-0.82)

Panel B：Value-weighted（%）

VaR1	Excess Return				FF5 alpha			
	V1	V3	V5	V5 - V1	V1	V3	V5	V5 - V1
MOM1	-0.038 (-0.05)	0.840 (0.95)	0.596 (0.67)	0.634 (1.35)	-0.450 (-1.38)	0.079 (0.25)	-0.488 (-1.63)	-0.038 (-0.09)
MOM2	0.218 (0.30)	0.710 (0.85)	0.484 (0.59)	0.266 (0.61)	-0.258 (-1.05)	-0.240 (-0.81)	-0.677** (-2.60)	-0.419 (-1.19)
MOM3	0.369 (0.54)	0.857 (1.08)	0.913 (1.13)	0.544 (1.22)	-0.272 (-1.02)	-0.235 (-1.05)	-0.256 (-1.19)	0.016 (0.05)
MOM4	0.567 (0.84)	0.710 (0.91)	0.890 (1.05)	0.323 (0.67)	0.032 (0.12)	-0.194 (-0.80)	0.002 (0.01)	-0.030 (-0.07)
MOM5	0.388 (0.58)	0.993 (1.23)	0.309 (0.37)	-0.079 (-0.15)	0.133 (0.40)	0.022 (0.06)	-0.465 (-1.25)	-0.598 (-1.25)
Avg (M1 - M5)	0.301 (0.46)	0.822 (1.04)	0.638 (0.78)	0.338 (0.87)	-0.163 (-1.16)	-0.114 (-0.77)	-0.377** (-2.00)	-0.214 (-0.78)

　　注：MOM1 和 MOM5 分别表示 MOM 的最低和最高五分位数。V1 和 V5 表示 VaR1 的最低和最高五分位数。V5 - V1 价差表示平均等加权（面板 A；面板 B 的价值加权值）同一 MOM 五分位数内最高和最低 VaR1 之间的超额收益差或五个 MOM 组合的平均值（Avg（M1 - M5））。该表还报告了法玛和弗伦奇（2015）5 因子（FF5）alpha。Avg（M1 - M5）报告了五个 MOM 五分位数的回报平均值或回报价差平均值。在 1%、5% 和 10% 水平上的显著性分别用 ***、** 和 * 表示。

表 2 - 9　　　　消费者信心高涨期间 REV 和 VaR1 排序双变量分组结果

Panel A：Equal-weighted（%）

VaR1	Excess Return				FF5 alpha			
	V1	V3	V5	V5 - V1	V1	V3	V5	V5 - V1
REV1	1. 348 * (1. 71)	1. 458 * (1. 67)	0. 706 (0. 76)	- 0. 642 * (- 1. 87)	0. 316 (1. 06)	0. 527 (1. 65)	- 0. 321 (- 0. 92)	- 0. 637 * (- 1. 94)
REV2	1. 410 * (1. 81)	1. 531 * (1. 83)	0. 736 (0. 82)	- 0. 674 ** (- 2. 03)	0. 321 (1. 40)	0. 505 ** (2. 33)	- 0. 119 (- 0. 41)	- 0. 440 (- 1. 42)
REV3	1. 268 * (1. 68)	1. 222 (1. 47)	0. 454 (0. 52)	- 0. 814 ** (- 2. 24)	0. 174 (0. 81)	0. 194 (1. 01)	- 0. 416 ** (- 2. 24)	- 0. 591 * (- 1. 95)
REV4	1. 560 ** (2. 14)	1. 026 (1. 26)	0. 476 (0. 53)	- 1. 084 *** (- 2. 89)	0. 562 ** (2. 28)	- 0. 050 (- 0. 23)	- 0. 540 ** (- 2. 37)	- 1. 102 *** (- 3. 81)
REV5	1 662 ** (2. 22)	0. 562 (0. 69)	- 0. 460 (- 0. 52)	- 2 122 *** (- 4. 97)	0 527 * (1. 74)	- 0. 430 (- 1. 47)	- 1 388 *** (- 4. 26)	- 1 915 *** (- 4. 97)
Avg （R1 - R5）	1. 450 ** (1. 98)	1. 160 (1. 43)	0. 382 (0. 44)	- 1. 067 *** (- 3. 54)	0. 380 ** (2. 55)	0. 149 (1. 12)	- 0. 557 *** (- 3. 38)	- 0. 937 *** (- 4. 10)

Panel B：Value-weighted（%）

VaR1	Excess Return				FF5 alpha			
	V1	V3	V5	V5 - V1	V1	V3	V5	V5 - V1
REV1	0. 770 (0. 96)	1. 269 (1. 44)	0. 348 (0. 39)	- 0. 422 (--0. 88)	- 0. 172 (- 0. 39)	0. 436 (1. 15)	- 0. 586 (- 1. 43)	- 0. 414 (- 0. 89)
REV2	1. 216 (1. 63)	1. 378 * (1. 67)	0. 481 (0. 55)	- 0. 735 (- 1. 61)	0. 452 (1. 29)	0. 498 * (1. 93)	- 0. 362 (- 1. 13)	- 0. 814 ** (- 2. 04)
REV3	1. 198 (1. 60)	0. 828 (1. 07)	0. 204 (0. 23)	- 0. 994 ** (- 2. 02)	0. 165 (0. 56)	- 0. 155 (- 0. 55)	- 0. 527 * (- 1. 96)	- 0. 693 * (- 1. 67)
REV4	1. 736 ** (2. 40)	1. 104 (1. 42)	0. 396 (0. 44)	- 1. 340 ** (- 2. 42)	0. 764 ** (2. 01)	0. 364 (1. 14)	- 0. 476 (- 1. 61)	- 1. 240 *** (- 2. 96)
REV5	1. 744 ** (2. 31)	0. 999 (1. 18)	- 0. 428 (- 0. 50)	- 2. 173 *** (- 3. 88)	0. 619 * (1. 75)	0. 004 (0. 01)	- 1. 150 *** (- 2. 94)	- 1. 769 *** (- 3. 37)
Avg （R1 - R5）	1. 333 * (1. 92)	1. 115 (1. 44)	0. 200 (0. 24)	- 1. 133 *** (- 2. 89)	0. 366 * (1. 93)	0. 229 (1. 53)	- 0. 620 *** (- 3. 16)	- 0. 986 *** (- 3. 55)

　　注：REV1 和 REV5 分别表示 REV 的最低和最高五分位数。V1 和 V5 表示 VaR1 的最低和最高五分位数。V5 - V1 价差表示平均等权加权（面板 A；面板 B 的价值加权值）同一 REV 五分位数内最高和最低 VaR1 之间的超额收益差或五个 REV 投资组合的平均值（Avg（R1 - R5））。该表还报告了法玛和弗伦奇（2015）5 因子（FF5）alpha。Avg（R1 - R5）报告五个 REV 五分位数的回报平均值或回报价差平均值。在 1% 、5% 和 10% 水平上的显著性分别用 *** 、** 和 * 表示。

表 2 - 10 消费者信心低迷期间 REV 和 VaR1 排序双变量分组结果

Panel A：Equal-weighted（%）

VaR1	Excess Return				FF5 alpha			
	V1	V3	V5	V5 - V1	V1	V3	V5	V5 - V1
REV1	1.438 * (1.94)	2.087 ** (2.40)	1.715 * (1.91)	0.277 (0.75)	0.571 ** (2.39)	0.719 *** (2.97)	0.422 (1.47)	- 0.149 (- 0.45)
REV2	1.266 * (1.79)	1.807 ** (2.15)	1.664 * (1.91)	0.398 (1.17)	0.485 ** (2.26)	0.389 ** (2.10)	0.315 (1.37)	- 0.170 (- 0.62)
REV3	1.413 ** (2.06)	1.718 ** (2.06)	1.697 * (1.96)	0.283 (0.80)	0.517 ** (2.58)	0.315 (1.59)	0.362 * (1.81)	- 0.155 (- 0.55)
REV4	1.221 * (1.77)	1.208 (1.47)	0.913 (1.03)	- 0.308 (- 0.71)	0.352 (1.51)	- 0.279 (- 1.64)	- 0.563 ** (- 2.34)	- 0.915 ** (- 2.43)
REV5	0.416 (0.61)	0.425 (0.52)	- 0.444 (- 0.52)	- 0 860 * (- 1.87)	- 0 495 * (- 1.71)	- 0800 *** (- 3.46)	- 1893 *** (- 6.13)	- 1398 *** (- 3.47)
Avg （R1 - R5）	1.151 * (1.69)	1.449 * (1.76)	1.109 (1.29)	- 0.042 (- 0.12)	0.286 ** (1.98)	0.069 (0.60)	- 0.271 (- 1.52)	- 0.557 ** (- 2.17)

Panel B：Value-weighted（%）

VaR1	Excess Return				FF5 alpha			
	V1	V3	V5	V5 - V1	V1	V3	V5	V5 - V1
REV1	0.478 (0.69)	1.464 * (1.73)	1.208 (1.34)	0.729 (1.58)	0.044 (0.15)	0.413 (1.36)	0.081 (0.25)	0.037 (0.09)
REV2	0.679 (1.02)	1.109 (1.36)	0.796 (0.98)	0.117 (0.26)	0.366 (1.33)	0.253 (0.92)	- 0.111 (- 0.41)	- 0.477 (- 1.27)
REV3	0.634 (0.92)	1.245 (1.49)	1.102 (1.34)	0.468 (0.91)	0.338 (1.18)	0.349 (1.36)	0.154 (0.59)	- 0.184 (- 0.46)
REV4	0.576 (0.92)	0.722 (0.90)	0.241 (0.28)	- 0.335 (- 0.62)	0.308 (1.09)	- 0.317 (- 1.32)	- 0.713 ** (- 2.42)	- 1.021 ** (- 2.33)
REV5	- 0.052 (- 0.07)	0.041 (0.05)	- 0.875 (- 1.04)	- 0.822 (- 1.52)	- 0.396 (- 1.16)	- 0.687 * (- 1.95)	- 1.941 *** (- 5.39)	- 1.545 *** (- 3.27)
Avg （R1 - R5）	0.463 (0.73)	0.916 (1.16)	0.494 (0.60)	0.031 (0.07)	0.132 (0.84)	0.002 (0.02)	- 0.506 ** (- 2.35)	- 0.638 ** (- 2.09)

注：REV1 和 REV5 分别表示 REV 的最低和最高五分位数。V1 和 V5 表示 VaR1 的最低和最高五分位数。V5 - V1 价差表示平均等加权（面板 A；面板 B 的价值加权值）同一 REV 五分位数内最高和最低 VaR1 之间的超额收益差或五个 REV 投资组合的平均值（Avg（R1 - R5））。该表还报告了法玛和弗伦奇（2015）5 因子（FF5）alpha。Avg（R1 - R5）报告五个 REV 五分位数的回报平均值或回报价差平均值。在 1%、5% 和 10% 水平上的显著性分别用 ***、** 和 * 表示。

与基于 IVOL 和 VaR1 的双变量组合结果类似，在消费者信心高涨期间，任何 MOM 和 REV 组合的回报差和其 FF5 的 α 在最高和最低 VaR1 之间总是负的。最高的 MOM 组合的价值加权（等权）平均收益差或 VaR 差值为每月 – 1.69%（– 1.77%），t 统计量为 – 3.04（– 3.78），这在经济上和统计上都有意义。因此，在消费者信心高涨时期，对过去业绩最好的股票的 VaR 偏好是最强的。如果这些股票以前有良好的表现，投资者倾向于保留风险值较高的股票，因为投资者对股票价格在未来会升值有信心。相反，表 2 – 8 显示，在低置信水平下任何 MOM 投资组合的 VAR1 和未来股票收益之间没有明显的关系，因为在最高和最低 VaR1 子五分位数之间没有统计学上明显的等值和价值加权平均超额收益差异。对于 REV 组合来说，VaR1 差值在 REV 最高的组合中也是最大的，价值加权（等权）的平均收益差值为每月 – 2.17%（– 2.12%），t 统计量为 – 3.88（– 4.97），表明在消费者信心高涨时期，上个月业绩较好的股票的风险值效应更强。同样的，当投资者有信心时，他们更有可能保留风险值较高的股票，而这些股票已被证明是过去的赢家。相比之下，表 2 – 10 显示除了在消费者信心低迷时期的等权最高 REV 组合，任何 REV 组合的 VaR1 和未来股票收益之间都不存在明显的关系。此外，根据表 2 – 7、表 2 – 9 中 Avg（M1 – M5）或 Avg（R1 – R5）、V5 – V1 的值，在控制了消费者信心高涨时期的 MOM 或 REV 后，VaR1 对预期收益的负面影响依然存在。当考虑 FF5 alpha 时，结果也是稳健的。[①] 在本章附录 B 的表 IA – 16 到表 IA – 19 中，我们显示了双重排序的投资组合的结果，这些投资组合分别按前一个月内的最大日收益率（MAX）和高、低消费者信心期的 VaR1 或 ES1 排序。同样，VaR 和预期收益之间的负面关系也不能完全由 MAX 来解释。[②]

因此，在本小节中，我们发现，在消费者信心高涨时期，风险值与未来股票收益之间存在负相关关系，而且风险值的这种预测能力不能用特质波动、动量、短期反转或最大日收益来解释。

[①] 基于 ES1 的结果在定性结果上是类似的，但按 MOM 和 ES1 排序的价值加权双变量组合除外（见本章附录 B 的表 IA – 12、表 IA – 13、表 IA – 14 和表 IA – 15）。

[②] 在本章附录 B 的表 IA – 20 和表 IA – 21 中，我们显示了双重排序的投资组合的结果，这些投资组合分别按照协偏度（COSKEW）和 VaR1 对高和低消费者信心时期进行排序。根据结果，我们知道 VaR 对预期收益的负面作用不能用 COSKEW 来解释。

2.3.3　机构所有权

阿蒂尔甘等（2020）发现，对于更有可能被散户持有的股票，左尾风险（VaR）的异常现象要强得多。根据毕和朱（2020）的观察，这种现象主要发生在高情绪期。这些结果是基于美国股票市场的。在中国的股票市场上，不同的机构所有权水平的 VaR 效应如何变化，以及这一结果是否主要发生在消费者信心高涨或低迷时期，也是值得关注的。

我们开始进行基于 1999 年 1 月至 2019 年 12 月的机构所有权比率（IOR）和 1% 风险值（VaR1）的相关双重排序的双变量组合分析。在每个月的月初，我们首先按 IOR 将股票分为五个五分位数。在每个五分位数中，我们进一步根据 VaR1 将股票分为五个子五分位数，每月的等值和价值加权超额收益或收益差异以及平均 FF5 的 α 如表 2 – 11 所示。根据该表记录的结果，我们发现在最低 IOR 的五分位中，VaR 偏好不是最强的。最高 IOR 组合（IOR5）的价值加权（等权）平均收益差异，或 VaR 差值及其 α 值，每月分别为 – 0.43%（ – 0.41%）和 – 0.64%（ – 0.69%）。然而，随着机构持股水平的降低，VaR 差值及其 α 值的大小并没有均匀增加。最低 IOR 组合（IOR1）的价值加权（等权）VaR 差值及其 α 值分别为每月 – 0.65%（ – 0.45%）和 – 0.66%（ – 0.37%）。根据 DIFF，最高和最低 IOR 组合之间的 VaR 效应差异在统计上是不显著的。综上所述，研究结果表明，在中国股市中，对于主要由机构投资者和散户持有的股票，VaR 对预期收益的影响在数量上是相似的，这与美国股市中的观察结果不同。[①]

表 2 – 11　　　　机构持股比例（IOR）和 VaR1 排序双变量分组结果

Panel A：Equal-weighted（%）

VaR1	Excess Return				FF5 alpha			
	V1	V3	V5	V5 – V1	V1	V3	V5	V5 – V1
IOR1	1.527 ** (2.37)	1.624 ** (2.40)	1.073 (1.49)	– 0.454 (– 1.56)	0.407 ** (2.00)	0.328 (1.49)	0.038 (0.15)	– 0.368 (– 1.26)

---

① 基于 ES1 的结果在定性结果上是类似的（见本章附录 B 的表 IA – 22）。

Panel A：Equal-weighted（%）

VaR1	Excess Return				FF5 alpha			
	V1	V3	V5	V5 – V1	V1	V3	V5	V5 – V1
IOR2	1.463** (2.47)	1.243* (1.89)	1.100 (1.53)	– 0.363 (– 1.10)	0.433** (2.10)	0.211 (1.05)	0.243 (0.96)	– 0.190 (– 0.61)
IOR3	1.283** (2.33)	1.061* (1.70)	0.717 (1.08)	– 0.566* (– 1.85)	0.437** (2.40)	0.028 (0.13)	– 0.105 (– 0.44)	– 0.542* (– 1.86)
IOR4	1.077** (1.99)	1.347** (2.16)	0.569 (0.86)	– 0.509* (– 1.66)	0.338* (1.84)	0.461** (2.26)	– 0.148 (– 0.59)	– 0.486 (– 1.64)
IOR5	1 203** (2.54)	1 192** (2.09)	0.797 (1.29)	– 0.405 (– 1.13)	0 751*** (3.18)	0 551** (2.52)	0.065 (0.23)	– 0 687** (– 2.08)
DIFF				0.049 (0.13)				– 0.318 (– 0.83)

Panel B：Value-weighted（%）

VaR1	Excess Return				FF5 alpha			
	V1	V3	V5	V5 – V1	V1	V3	V5	V5 – V1
IOR1	1.255* (1.97)	1.240* (1.87)	0.610 (0.86)	– 0.645* (– 1.81)	0.378 (1.49)	0.137 (0.55)	– 0.286 (– 1.03)	– 0.663* (– 1.85)
IOR2	0.928* (1.67)	1.092* (1.66)	0.551 (0.77)	– 0.377 (– 0.87)	0.183 (0.71)	0.379 (1.53)	– 0.014 (– 0.05)	– 0.197 (– 0.51)
IOR3	0.901 (1.64)	0.861 (1.35)	0.281 (0.43)	– 0.619* (– 1.79)	0.187 (0.78)	0.045 (0.17)	– 0.379 (– 1.49)	– 0.566* (– 1.77)
IOR4	0.950* (1.80)	1.077* (1.69)	0.140 (0.21)	– 0.810* (– 1.97)	0.314 (1.23)	0.430* (1.89)	– 0.397 (– 1.43)	– 0.710* (– 1.83)
IOR5	0.790 (1.62)	0.924 (1.60)	0.361 (0.59)	– 0.430 (– 1.06)	0.407* (1.76)	0.469* (1.94)	– 0.231 (– 0.80)	– 0.638* (– 1.72)
DIFF				0.215 (0.51)				0.025 (0.06)

注：IOR1 和 IOR5 分别表示 IOR 的最低和最高五分位数。V1 和 V5 表示 VaR1 的最低和最高五分位数。V5 – V1 价差表示平均等加权（面板 A；面板 B 的价值加权值）同一 IOR 五分位数内最高和最低 VaR1 之间的超额收益差。该表还报告了法玛和弗伦奇（2015）5 因子（FF5）alpha。DIFF 报告 IOR5 和 IOR1 投资组合之间的 V5 – V1 价差或 FF5 alpha 差。在 1%、5% 和 10% 水平上的显著性分别用 ***、** 和 * 表示。

基于 IOR 和 VaR1 的从属双排序的双变量组合分析分别在消费者信心高和低的时期进行。在消费者信心高涨或低落时期的每个月初，我们首先按 IOR 将股票分为五个组合。在每个 IOR 组合中，我们按 VaR1 将股票分为五个五分位数组合。控制了高消费信心期和低消费信心期的 IOR 后，VaR1 与预期收益之间的关系分别如表 2 - 12 和表 2 - 13 所示。高消费者信心期的结果与全样本的结果相似。最高 VaR1 和最低 VaR1 之间的价值加权（等权）平均收益差值及其 FF5α 值总是负的。此外，这两个极端的 IOR 组合之间的 VaR 效应没有统计学差异。相反，在消费者信心低迷时期，任何 IOR 组合都不存在 VaR 效应。[①]

表 2 - 12　　消费者信心高涨期间机构持股比例（IOR）和 VaR1 排序双变量分组结果

Panel A：Equal-weighted （%）

VaR1	Excess Return				FF5 alpha			
	V1	V3	V5	V5 - V1	V1	V3	V5	V5 - V1
IOR1	1. 526 (1. 60)	1. 418 (1. 47)	0. 448 (0. 43)	- 1. 078 ** (- 2. 40)	0. 613 * (1. 84)	0. 417 (1. 19)	- 0. 149 (- 0. 38)	- 0. 762 (- 1. 64)
IOR2	1. 513 * (1. 73)	0. 819 (0. 89)	0. 550 (0. 53)	- 0. 963 ** (- 1. 99)	0. 483 (1. 38)	0. 110 (0. 33)	- 0. 118 (- 0. 33)	- 0. 600 (- 1. 29)
IOR3	1. 084 (1. 36)	0. 655 (0 75)	0. 016 (0 02)	- 1. 068 ** (- 2 24)	0. 397 (1 37)	- 0. 061 (- 0 17)	- 0. 446 (- 1 11)	- 0. 843 * (- 1 77)
IOR4	0. 972 (1. 24)	1. 165 (1. 35)	- 0. 158 (- 0. 17)	- 1. 130 ** (- 2. 44)	0. 326 (1. 14)	0. 370 (1. 15)	- 0. 744 * (- 1. 90)	- 1. 070 ** (- 2. 28)
IOR5	1. 153 (1. 63)	0. 876 (1. 09)	0. 281 (0. 32)	- 0 872 * (- 1. 72)	0 599 * (1. 70)	0. 290 (0. 83)	- 0. 283 (- 0. 64)	- 0 882 * (- 1. 79)
DIFF				0. 206 (0. 34)				- 0. 120 (- 0. 18)

Panel B：Value-weighted （%）

VaR1	Excess Return				FF5 alpha			
	V1	V3	V5	V5 - V1	V1	V3	V5	V5 - V1
IOR1	1. 523	1. 029 (1. 10)	0. 160 (0. 16)	- 1. 363 ** (- 2. 46)	0. 696 * (1. 69)	0. 197 (0. 55)	- 0. 392 (- 0. 92)	- 1. 089 * (- 1. 91)
IOR2	1. 486 * (1. 72)	0. 846 (0. 91)	0. 213 (0. 21)	- 1. 272 ** (- 2. 25)	0. 453 (1. 22)	0. 290 (0. 73)	- 0. 239 (- 0. 59)	- 0. 692 (- 1. 33)

---

① 基于 ES1 的结果在定性结果上是类似的（见本章附录 B 的表 IA - 23 和表 IA - 24）。

Panel B：Value-weighted（%）

VaR1	Excess Return				FF5 alpha			
	V1	V3	V5	V5 – V1	V1	V3	V5	V5 – V1
IOR3	0.892 (1.13)	0.720 (0.78)	– 0.184 (– 0.20)	– 1.076** (– 2.03)	0.303 (0.78)	0.038 (0.09)	– 0.567 (– 1.32)	– 0.870* (– 1.66)
IOR4	1.277 (1.60)	1.202 (1.37)	– 0.336 (– 0.35)	– 1.613** (– 2.51)	0.473 (1.15)	0.466 (1.34)	– 0.935** (– 2.25)	– 1.408** (– 2.28)
IOR5	1.021 (1.45)	0.961 (1.16)	0.122 (0.14)	– 0.899 (– 1.52)	0.428 (1.16)	0.361 (0.97)	– 0.493 (– 1.09)	– 0.920* (– 1.67)
DIFF				0.464 (0.66)				0.168 (0.24)

注：本表显示了1999年1月至2019年12月高消费者信心期，按机构持股比例（IOR）和VaR1排序的五分位投资组合的月股票回报及其t值（括号中所示）的等量加权平均值和价值加权平均值。IOR1和IOR5分别表示IOR的最低和最高五分位数。V1和V5表示VaR1的最低和最高五分位数。V5–V1表示平均等加权（面板A；面板B的价值加权值）同一IOR五分位数内最高和最低VaR1之间的超额收益差。该表还报告了法玛和弗伦奇（2015）5因子（FF5）alpha。DIFF报告IOR5和IOR1投资组合之间的V5–V1价差或FF5 alpha差。在1%、5%和10%水平上的显著性分别用***、**和*表示。

表2-13 消费者信心低迷期间机构持股比例（IOR）和VaR1排序双变量分组结果

Panel A：Equal-weighted（%）

VaR1	Excess Return				FF5 alpha			
	V1	V3	V5	V5 – V1	V1	V3	V5	V5 – V1
IOR1	1.529* (1.76)	1.839* (1.94)	1.726* (1.74)	0.197 (0.54)	0.095 (0.44)	0.108 (0.46)	0.324 (1.04)	0.229 (0.65)
IOR2	1.411* (1.76)	1.685* (1.80)	1.673* (1.67)	0.262 (0.59)	0.289 (1.42)	0.260 (1.24)	0.689* (1.87)	0.400 (0.94)
IOR3	1.491* (1.97)	1.485 (1.64)	1.448 (1.58)	– 0.043 (– 0.11)	0.395* (1.84)	0.051 (0.22)	0.182 (0.71)	– 0.212 (– 0.62)
IOR4	1.187 (1.60)	1.537* (1.71)	1.327 (1.44)	0.140 (0.36)	0.300 (1.28)	0.367 (1.52)	0.417 (1.32)	0.118 (0.33)
IOR5	1.254** (1.99)	1.523* (1.87)	1.336 (1.52)	0.082 (0.16)	0.796** (2.49)	0.652*** (2.63)	0.368 (1.09)	– 0.428 (– 0.95)
DIFF				– 0.115 (– 0.27)				– 0.657 (– 1.60)

Panel B：Value-weighted（%）

VaR1	Excess Return				FF5 alpha			
	V1	V3	V5	V5 – V1	V1	V3	V5	V5 – V1
IOR1	0.975 (1.17)	1.459 (1.55)	1.079 (1.08)	0.104 (0.24)	− 0.065 (− 0.23)	0.057 (0.17)	0.004 (0.01)	0.069 (0.16)
IOR2	0.346 (0.50)	1.349 (1.43)	0.904 (0.89)	0.558 (0.86)	− 0.101 (− 0.30)	0.437 (1.47)	0.445 (0.96)	0.545 (0.95)
IOR3	0.909 (1.19)	1.009 (1.14)	0.766 (0.84)	− 0.143 (− 0.32)	0.084 (0.29)	− 0.026 (− 0.09)	− 0.214 (− 0.79)	− 0.298 (− 0.79)
IOR4	0.608 (0.88)	0.946 (1.02)	0.636 (0.71)	0.027 (0.05)	0.054 (0.20)	0.288 (0.99)	0.187 (0.50)	0.133 (0.29)
IOR5	0.549 (0.81)	0.886 (1.10)	0.609 (0.70)	0.060 (0.11)	0.412 (1.43)	0.455 (1.44)	0.065 (0.18)	− 0.346 (− 0.67)
DIFF				− 0.044 (− 0.09)				− 0.415 (− 0.78)

注：本表显示了 1999 年 1 月至 2019 年 12 月消费者信心低迷期间，按机构持股比例（IOR）和 VaR1 排序的五分位投资组合的月股票回报及其 t 值（括号中所示）的等量加权平均值和价值加权平均值。IOR1 和 IOR5 分别表示 IOR 的最低和最高五分位数。V1 和 V5 表示 VaR1 的最低和最高五分位数。V5 – V1 价差表示平均等加权（面板 A；面板 B 的价值加权值）同一 IOR 五分位数内最高和最低 VaR1 之间的超额收益差。该表还报告了法玛和弗伦奇（2015）5 因子（FF5）alpha。DIFF 报告 IOR5 和 IOR1 投资组合之间的 V5 – V1 价差或 FF5 alpha 差。在 1%、5% 和 10% 水平上的显著性分别用 ***、** 和 * 表示。

2.3.4　国家所有权

与基于机构所有权比率（IOR）和 VaR 的条件分析类似，我们使用国家自有股份的数量除以总股份来得到国家所有权比率（SOR）。然后，我们感兴趣的是，对于不同的国家所有权水平，特别是在消费者信心高涨时期，VaR 效应是否发生变化。

与基于 IOR 和 VaR1 的从属双分类分析的双变量组合分析类似，我们首先将股票按 SOR 分为五个五分位数。在每个 SOR 五分位数中我们进一步根据 VaR1 将股票分为五个子五分位数。表 2 – 14 中显示了每月等值和价值加权的超额收益或收益差，以及 FF5 的平均 alpha。与最低的五分位数的 VaR 效应相比，最高的

SOR 五分位数对预期收益的负 VaR 效应更弱（尽管两个 SOR 五分位数的 VaR 效应都没有统计学意义）。如果我们把几个月分成高消费信心期和低消费信心期，并在高消费信心期和低消费信心期根据 SOR 和 VaR1 重新进行双变量组合分析。结果如表 2 - 15 和表 2 - 16 所示。高消费者信心期的结果与全样本的结果相似。虽然 VaR 效应在最低的 SOR 五分位数中存在，[①] 但在最高的 SOR 五分位数中则完全消失。根据 DIFF，最高和最低的 SOR 五分位数之间的 VaR 效应差异为价值加权的每月 1.071%，或平等加权的每月 0.845%。作为对比，在消费者信心低迷时期，任何 SOR 投资组合都不存在 VaR 效应。

表 2 - 14　　　国家所有权比率（SOR）和 VaR1 排序双变量分组结果

Panel A：Equal-weighted（%）

VaR1	Excess Return				FF5 alpha			
	V1	V3	V5	V5 - V1	V1	V3	V5	V5 - V1
SOR1	1.636*** (2.61)	1.508** (2.07)	1.249 (1.55)	-0.387 (-1.11)	0.454*** (2.72)	0.002 (0.01)	-0.198 (-1.14)	-0.652** (-2.36)
SOR2	2.283* (1.71)	2.833* (1.92)	2.345 (1.41)	0.062 (0.09)	0.071 (0.16)	0.584* (1.93)	-0.388 (-0.80)	-0.460 (-0.71)
SOR3	2.705** (2.04)	3.149** (2.19)	2.377 (1.55)	-0.329 (-0.61)	0.591* (1.81)	0.724* (1.81)	0.219 (0.63)	-0.373 (-0.75)
SOR4	1.412* (1.77)	1.805* (1.77)	0.531 (0.49)	-0.730 (-1.41)	0.375 (1.38)	0.538 (1.56)	-0.603* (-1.68)	-0.910** (-2.07)
SOR5	1.163* (1.90)	1.451* (1.94)	1.150 (1.46)	-0.014 (-0.04)	0.253 (1.37)	0.203 (1.12)	-0.090 (-0.38)	-0.343 (-1.11)
DIFF				0.373 (1.46)				0.309 (1.11)

Panel B：Value-weighted（%）

VaR1	Excess Return				FF5 alpha			
	V1	V3	V5	V5 - V1	V1	V3	V5	V5 - V1
SOR1	1.196** (2.05)	1.097 (1.61)	0.773 (0.99)	-0.424 (-0.98)	0.290 (1.54)	-0.185 (-1.03)	-0.405* (-1.75)	-0.695** (-2.26)

---

① 价值加权的 VaR 价差为每月 -1.002%，t 值为 -1.42，即并不显著（这可能是由于样本期较短，因为在 2004 年至 2019 年只有 83 个月属于高消费期）。

续表

Panel B：Value-weighted（%）

VaR1	Excess Return				FF5 alpha			
	V1	V3	V5	V5－V1	V1	V3	V5	V5－V1
SOR2	1.488 (1.17)	2.595* (1.75)	1.794 (1.10)	0.306 (0.29)	－0.310 (－0.45)	0.602 (1.08)	－0.825 (－1.33)	－0.515 (－0.53)
SOR3	2.556* (1.98)	2.924** (2.07)	2.085 (1.37)	－0.472 (－0.71)	0.663* (1.90)	0.815* (1.81)	0.136 (0.28)	－0.527 (－0.89)
SOR4	1.119 (1.44)	1.493 (1.50)	0.012 (0.01)	－0.946 (－1.45)	0.053 (0.15)	0.553 (1.47)	－1.020** (－2.55)	－0.958* (－1.81)
SOR5	0.589 (0.98)	0.854 (1.12)	0.634 (0.83)	0.045 (0.09)	－0.063 (－0.23)	－0.016 (－0.07)	－0.370 (－1.30)	－0.306 (－0.72)
DIFF				0.469 (1.18)				0.389 (0.89)

注：本表显示了 2004 年 1 月至 2019 年 12 月，按国家所有权比率（SOR）和 VaR1 排序的五分位投资组合的月股票回报及其 t 值（括号中所示）的等量加权平均值和价值加权平均值。SOR1 和 SOR5 分别表示 SOR 的最低和最高五分位数。V1 和 V5 表示 VaR1 的最低和最高五分位数。V5－V1 价差表示平均等加权（面板 A；面板 B 的价值加权值）同一 SOR 五分位数内最高和最低 VaR1 之间的超额收益差。该表还报告了法玛和弗伦奇（2015）5 因子（FF5）alpha。DIFF 报告 SOR5 和 SOR1 投资组合之间的 V5－V1 价差或 FF5 alpha 差。在 1%、5% 和 10% 水平上的显著性分别用 ***、** 和 * 表示。

表 2 - 15 消费者信心高涨期间国家所有权比率（SOR）和 VaR1 排序双变量分组结果

Panel A：Equal-weighted（%）

VaR1	Excess Return				FF5 alpha			
	V1	V3	V5	V5－V1	V1	V3	V5	V5－V1
SOR1	1.656 (1.58)	1.109 (0.97)	0.696 (0.53)	－0.960* (－1.68)	0.555* (1.86)	0.027 (0.11)	－0.410 (－1.55)	－0.964** (－2.11)
SOR2	1.703 (0.99)	2.714 (1.41)	1.330 (0.60)	－0.373 (－0.42)	－0.353 (－0.72)	0.701* (1.88)	－1.208* (－1.98)	－0.855 (－1.03)
SOR3	2.826 (1.57)	3.026 (1.62)	1.850 (0.91)	－0.976 (－1.32)	0.687 (1.55)	0.850 (1.42)	－0.083 (－0.19)	－0.770 (－1.17)
SOR4	1.758 (1.25)	2.373 (1.40)	0.749 (0.40)	－0.979 (－1.05)	0.223 (0.51)	0.864 (1.30)	－0.685 (－0.98)	－0.781 (－1.01)
SOR5	1.425 (1.37)	1.588 (1.26)	1.310 (0.98)	－0.114 (－0.18)	0.239 (0.88)	0.312 (1.02)	0.274 (0.66)	0.035 (0.08)
DIFF				0.845* (1.75)				1.000* (1.96)

Panel B：Value-weighted（％）

VaR1	Excess Return				FF5 alpha			
	V1	V3	V5	V5 − V1	V1	V3	V5	V5 − V1
SOR1	1.514 (1.52)	1.025 (0.95)	0.512 (0.40)	− 1.002 (− 1.42)	0.321 (0.92)	− 0.143 (− 0.51)	− 0.626 * (− 1.73)	− 0.947 * (− 1.81)
SOR2	1.497 (0.90)	2.933 (1.52)	0.838 (0.40)	− 0.659 (− 0.61)	− 0.359 (− 0.51)	1.160 * (1.88)	− 1.526 * (− 1.96)	− 1.167 (− 1.22)
SOR3	2.874 (1.68)	2.566 (1.41)	1.420 (0.72)	− 1.454 (− 1.62)	1.093 ** (2.35)	0.717 (1.13)	− 0.250 (− 0.40)	− 1.343 * (− 1.87)
SOR4	1.546 (1.08)	2.019 (1.22)	0.145 (0.08)	− 1.367 (− 1.22)	− 0.205 (− 0.36)	0.671 (0.98)	− 1.251 (− 1.66)	− 0.904 (− 1.01)
SOR5	0.989 (0.97)	1.168 (0.95)	1.058 (0.82)	0.069 (0.08)	− 0.283 (− 0.58)	− 0.048 (− 0.15)	− 0.073 (− 0.15)	0.210 (0.31)
DIFF				1.071 (1.37)				1.158 (1.40)

注：SOR1 和 SOR5 分别表示 SOR 的最低和最高五分位数。V1 和 V5 表示 VaR1 的最低和最高五分位数。V5 − V1 价差表示平均等加权（面板 A；面板 B 的价值加权值）同一 SOR 五分位数内最高和最低 VaR1 之间的超额收益差。该表还报告了法玛和弗伦奇（2015）5 因子（FF5）alpha。DIFF 报告 SOR5 和 SOR1 投资组合之间的 V5 − V1 价差或 FF5 alpha 差。在 1%、5% 和 10% 水平上的显著性分别用 ***、** 和 * 表示。

表 2 − 16　消费者信心低迷期间国家所有权比率（SOR）和 VaR1 排序双变量分组结果

Panel A：Equal-weighted（％）

VaR1	Excess Return				FF5 alpha			
	V1	V3	V5	V5 − V1	V1	V3	V5	V5 − V1
SOR1	1.621 ** (2.10)	1.805 * (1.91)	1.661 * (1.66)	0.041 (0.09)	0.374 * (1.91)	− 0.041 (− 0.27)	0.082 (0.34)	− 0.292 (− 0.82)
SOR2	3.309 (1.55)	3.044 (1.31)	4.140 (1.67)	0.831 (0.74)	0.465 (0.68)	0.290 (0.56)	0.752 (1.01)	0.287 (0.27)
SOR3	2.491 (1.32)	3.366 (1.49)	3.308 (1.45)	0.817 (1.24)	0.234 (0.62)	0.437 (1.25)	1.012 * (1.98)	0.778 (1.25)
SOR4	1.129 (1.27)	1.329 (1.09)	0.346 (0.28)	− 0.519 (− 0.94)	0.375 (1.06)	0.012 (0.04)	− 0.537 (− 1.67)	− 0.903 * (− 1.83)

续表

Panel A：Equal-weighted（%）

VaR1	Excess Return				FF5 alpha			
	V1	V3	V5	V5 - V1	V1	V3	V5	V5 - V1
SOR5	0.969 (1.31)	1.350 (1.47)	1.030 (1.08)	0.061 (0.13)	0.120 (0.46)	0.215 (0.96)	- 0.257 (- 0.93)	- 0.377 (- 0.89)
DIFF				0.020 (0.08)				- 0.085 (- 0.28)

Panel B：Value-weighted（%）

VaR1	Excess Return				FF5 alpha			
	V1	V3	V5	V5 - V1	V1	V3	V5	V5 - V1
SOR1	0.960 (1.37)	1.150 (1.31)	0.967 (0.99)	0.007 (0.01)	0.330 (1.60)	- 0.124 (- 0.51)	- 0.102 (- 0.32)	- 0.432 (- 1.11)
SOR2	1.472 (0.75)	1.998 (0.86)	3.484 (1.35)	2.012 (0.94)	- 0.507 (- 0.35)	- 0.787 (- 0.70)	0.195 (0.18)	0.702 (0.34)
SOR3	1.994 (1.03)	3.556 (1.57)	3.261 (1.35)	1.267 (1.52)	- 0.433 (- 1.01)	1.043 * (1.76)	1.467 ** (2.28)	1.900 ** (2.39)
SOR4	0.772 (0.97)	1.052 (0.87)	- 0.102 (- 0.08)	- 0.588 (- 0.79)	0.198 (0.52)	0.230 (0.57)	- 0.670 * (- 1.78)	- 0.852 (- 1.48)
SOR5	0.290 (0.40)	0.620 (0.64)	0.317 (0.34)	0.027 (0.05)	- 0.040 (- 0.12)	0.104 (0.34)	- 0.427 (- 1.21)	- 0.387 (- 0.69)
DIFF				0.019 (0.05)				0.045 (0.10)

注：SOR1 和 SOR5 分别表示 SOR 的最低和最高五分位数。V1 和 V5 表示 VaR1 的最低和最高五分位数。V5 - V1 价差表示平均等加权（面板 A；面板 B 的价值加权值）同一 SOR 五分位数内最高和最低 VaR1 之间的超额收益差。该表还报告了法玛和弗伦奇（2015）5 因子（FF5）alpha。DIFF 报告 SOR5 和 SOR1 投资组合之间的 V5 - V1 价差或 FF5 alpha 差。在 1%、5% 和 10% 水平上的显著性分别用 ***、** 和 * 表示。

2.4　总　　结

本章研究了中国股票市场中在险价值（VaR）和预期收益之间的交叉关系，

以及在不同的消费者信心水平下 VaR 的影响效果是如何变化的。与美国股市的研究结果不同，VaR 对一个月前股票收益的预测能力还不清楚。

我们进一步发现，VaR 对未来收益的负面预测能力是存在的，而且不能用特质波动、动量、短期反转或高消费者信心期间的最大日收益来解释。相反，在消费者信心不足时期，风险值和预期收益之间没有明显的关系。结果表明，当投资者在考虑这些股票的均值反转时，他们更有可能保留风险值较高的股票。最后我们验证并发现，与美国市场的证据相反，在中国股票市场上，由更多散户投资者持有的股票和由更多机构投资者持有的股票，其 VaR 效应在数量上是相似的。我们还观察到，与最高的五分位数的 VaR 效应相比，最低的五分位数对预期股票收益的负 VaR 效应更强。

附录 A　变量定义

（1）账面市值比（BM）。按照法玛和弗伦奇（1992，1993）的说法，公司的账面市值比率是用上一年 12 月底的股权市值和公司在一个日历年结束的财政年度的普通股的账面价值加上资产负债表上的递延税款来计算。我们假设账面价值是在报告日期的六个月后获得的。账面市值比率 BM 定义为第 t 个月末的账面市值比率的自然对数。

（2）协偏度（COSKEW）。根据哈维（Harvey）和西迪克（Siddique）（2000）以及查比-尤（2012）的研究，股票 i 在截至 t 月的 12 个月期间的协偏度被定义为：

$$\text{COSKEW}_{i,t} = \frac{\dfrac{1}{D_t}\sum_{d=1}^{D_t} R_{i,d} R_{m,d}^2}{\sqrt{\dfrac{1}{D_t}\sum_{d=1}^{D_t} R_{i,d}^2 \left(\dfrac{1}{D_t}\sum_{d=1}^{D_t} R_{i,d}^2 \right)}} \tag{2.A.1}$$

其中，D_t 是截至 t 月的 12 个月期间的交易日数，$R_{i,d}$ 是股票 i 在 d 日的超额收益，$R_{m,d}$ 是 d 日的市场超额收益。

（3）q% 时的预期亏损（ESq）。预期亏损等于超过 q% 的 VaR（VaRq）阈值的所有损失的平均值。

（4）特质偏度（ISKEW）。按照巴利等（2016）的方法计算 i 股票在 t 月的特质偏度并在以下公式中使用每日残差 $\varepsilon_{i,d}$：

$$R_{i,d} = \alpha_i + \beta_{1,i} \cdot MKT_d + \beta_{2,i} \cdot SMB_d + \beta_{3,i} \cdot HML_d + \varepsilon_{i,d} \qquad (2.A.2)$$

其中，$R_{i,d}$ 是股票 i 在 d 日的超额收益，MKT_d，SMB_d，HML_d 分别代表法玛和弗伦奇（1993）提出的市场、规模和价值因子；$\varepsilon_{i,d}$ 是 d 日的特质收益。我们使用 t 月内的每日残差 $\varepsilon_{i,d}$ 来计算 ISKEW。

（5）特质波动率（IVOL）。股票在 t 月份的内生波动率（IVOL）被定义为 t 月份内每日自发性回报的标准差。为了计算回报残差我们对市场回报进行调整：

$$R_{i,d} = \alpha_i + \beta_i \cdot R_{m,d} + \varepsilon_{i,d}, \quad d = 1, \cdots, D_t \qquad (2.A.3)$$

其中，$\varepsilon_{i,d}$ 是股票 i 在 d 日的特质回报，D_t 是第 t 个月的交易日数。股票 i 在 t 月的 IVOL 定义如下：

$$IVOL_{i,t} = \sqrt{var(\varepsilon_{i,d})}, \quad d = 1, \cdots, D_t \qquad (2.A.4)$$

（6）市场贝塔（β）。

$$R_{i,d} = \alpha_i + \beta_{i,y} \cdot R_{m,d} + \varepsilon_{i,d}, \quad d = 1, \cdots, D_y \qquad (2.A.5)$$

其中，$R_{i,d}$ 是股票 i 在 d 日的超额收益，$R_{m,d}$ 是 d 日的市场超额收益，D_y 是第 y 年中的交易日数，β 每年更新一次。

（7）最大日收益率（MAX，用百分比表示）。MAX 是按照巴利等（2011）的做法，在特定月份的最大日收益。

$$MAX_{i,t} = max(R_{i,d}), \quad d = 1, \cdots, D_t \qquad (2.A.6)$$

其中，$R_{i,d}$ 是股票在 d 日的回报率并且 D_t 是第 t 月的交易日数。按照纳尔提亚等（2017）的研究，如果股票回报率达到 10% 的上限，我们将每日回报率相加以获得更准确的每日回报率，这是因为在没有价格限制的情况下，这种方式可以更好代表每日回报率。

（8）动量（MOM，单位：百分点）。按照杰加代什和提特曼（1993）的做法，每只股票在 t 月份的动量效应采用跳过一个月后的前 12 个月累积回报率来衡量；即从 t - 12 月到 t - 1 月的累积回报率。

（9）短期逆转（REV，单位：百分点）。按照杰加代什（1990）和雷曼（1990）的说法，每只股票在 t 月份的反转被定义为该股票相对于前一个月的超额收益；也就是 t - 1 月份的收益。

（10）规模（SIZE，单位：百万人民币）。每个月 t 日的公司规模用 t 月底的股权市值的自然对数来衡量。

（11）q% 的在险价值（VaRq，单位：百分点）。在险价值是根据一年内每日收益的经验分布的左尾部估计的，等于原始 q% 的负值，在险价值每个月都会更新。

（12）1% 的在险价值（VaR1，单位：百分点）。风险值是通过非参数方法对一年内的每日收益分布进行估计的，等于原始 1 个百分点的负值，在险价值每个月都会更新。

（13）周转率（Turn）。周转率的计算方法是每月的交易量除以月末的流通股。

附录 B　补充数据

本章的补充结果可参见以下网址：https：//doi. org/10. 1016/j. pacfin. 2021. 101498。

第 3 章

在险价值和预期亏损的变动相关投资策略

在本章中，我们发现中国股市中左尾风险变化与预期收益之间存在负的横截面关系。这种效应无法通过中国常见的控制变量和现有的因子模型来解释，包括刘、斯坦堡和袁（2019）提出的四因子模型（CH4）。左尾风险对预期收益变化的预测能力可以持续几个月，这可能是由于投资者的强烈先验信念和基本信息的缓慢扩散。此外，我们观察到投资者对未实现盈利（CGO）较低的股票的左尾风险变化表现出更强的偏好。

3.1 简 介

左尾风险（通常用在险价值（VaR）和预期收益损失（ES）表示）在金融的许多基础领域，如风险管理、资产定价、投资组合分配等方面发挥着至关重要的作用，对于全球股票市场的稳定发展和投资者财富增值具有重要的现实意义。[①]大量文献探讨了在不同市场、不同时期的股票左尾风险与预期收益之间的关系。部分学者认为两者具有正向关系（陈坚，2014；Atilgan and Demirtas，2013；Aziz and Ansari，2017；Bali and Cakici，2004；Bali et al.，2009；Chen et al.，2014；Iqbal et al.，2013），部分学者认为两者有负向关系（Atilgan et al.，2020；Zhen et al.，2020），也有学者认为两者的关系不显著（Gui and Zhu，2021）。

---

① ES 是指持有期间在某一阈值上超过 VaR 的所有损失的平均值。根据阿蒂尔甘等（2020）与毕和朱（2020）的方法，本章采用 VaR 和 ES 来衡量左尾风险。

与左尾风险水平受到广泛研究相比，只有少数学者讨论了左尾风险的变动。[①]本章认为股票的左尾风险变动至少在两个方面很重要。第一，由于许多股票特征的收益可预测性的持久性与特征本身的持久性不匹配，巴巴－亚拉等（Baba－Yara et al.，2020）指出股票特征的新旧状态之间的差异在解释横截面股票回报时非常重要。一只股票的左尾风险的变动即为该股票当前和过去的左尾风险之间的差异，投资者可能对左尾风险变动所释放的信号作出反应而不是对左尾风险本身作出反应，从而进一步导致股票收益发生变动。本章研究在控制左尾风险水平后，股票左尾风险变动对预期收益的影响来验证这一猜想。第二，许多学者证明，由投资者偏见或市场摩擦引起的对风险创新的暂时反应不足（过度）会导致可预测的风险创新—回报模式。[②]左尾风险的变动从信息角度反映了左尾风险创新。因此，左尾风险的变动与未来股票收益在横截面上的关系值得进一步探讨。

本章分析了左尾风险的一年变动情况并研究了其变动如何影响 A 股市场的定价。[③]如果一只股票的左尾风险变动为正值（零或负值），意味着该股票在过去一年中遭受了比前一年更大（相等或更小）的极端损失。理论上，遵循拉赫瓦尔斯基（Rachwalski）和温（Wen）（2016）的框架，本章建立了一个投资者对左尾风险变动反应不足的简单模型，该模型表明左尾风险的变动与股票预期收益负相关。实证上，基于 A 股市场的数据，通过单变量排序分析，本章证实了左尾风险的一年变动水平对预期收益的横截面预测能力为负。平均而言，做多（做空）左尾风险变动的最低（最高）十分位数的零成本对冲组合（假定使用 1% 预期亏损的变动，DeltaES1 后文将详细定义）期望产生 10.668% 的年化价值加权回报。对冲组合的溢价主要由持有多头头寸而非持有空头头寸驱

---

① 巴利等（2007）和阿蒂尔甘等（2020）分别使用左尾风险的变动来区分不同的股票和基金群体。然而，他们都不认为左尾风险变动的潜在作用是一种异常现象或定价因素。

② 偏见和摩擦包括有偏的先验信息（Barberis et al.，1998；Daniel et al.，1998），基本信息的缓慢扩散（Hong and Stein，1999；Hong et al.，2007），卖空约束（Jones and Lamont，2002；Gui and Zhu，2021）等。在此基础上，波特希曼（Poteshman，2001）发现，投资者在为标准普尔 500 指数期权定价时，往往对瞬时方差中的个体变动反应不足。拉赫瓦尔斯基和温（2016）开发了一个投资者反应不足模型，以探索特质波动率创新对股票收益的负面影响。

③ 股票的左尾风险包括过去一年的每日收益信息。使用左尾风险的一年或更长期变动来避免信息更新不充分。6 个月形成期的选择在构建预测因子时也经常被应用（Ang，Hodrick，Xing，and Zhang，2006；Rachwalski and Wen，2016；Cosemans and Frehen，2021；Mohrschladt，2021），我们在本章中检验了左尾风险六个月变动的可预测性。

动。左尾风险变动的负面效应不能用 CAPM 模型（Sharpe，1964；Lintner，1965）、法玛和弗伦奇（1993）的三因子模型（FF3）、法玛和弗伦奇（2015）的五因子模型（FF5）以及刘等（2019）的中国四因子模型（CH4）来解释。通过双变量排序和 Fama – MacBeth 回归分析，发现这种负面影响不能被其他收益预测因子单独或同时纳入。

　　然后我们探讨了左尾风险变动与预期收益之间的负面关系的两种可能的解释。第一个模型遵循投资者反应不足的框架。根据均值回归，如果投资者持有一只左尾风险增加（减小）变动的股票应该有更好（更差）的表现的先验信念，那么他们倾向于低估股票左尾风险变动的持久性。因此，投资者更喜欢那些在左尾风险上有正（负）变动的股票，导致它们的价格过高（低）并产生低（高）的未来回报。该直觉与我们的简单模型所提示的含义一致，揭示了投资者对风险（即贴现率）的反应不足。本章还探讨了左尾风险变动的长期预测能力，以检验其负面效应的持久性，发现投资者对左尾风险变动的反应不足在未来四个月内依然存在。此外，左尾风险变动的长期预测也可能源于基本信息缓慢扩散（即现金流反应不足）。[①] 本章测试了左尾风险变动对基本面的可预测性以及投资者是否对随后的盈利消息感到惊讶。实证结果表明，左尾风险显著降低的股票未来基本面更好，后续利好盈利消息公开发布时，投资者会有正面情绪。因此，风险不足反应和现金流不足反应都导致了左尾风险变动对未来收益的负面影响的持续存在。

　　对左尾风险变动的负面影响的另一种可能解释是谢弗林和斯塔曼（1985）提出的处置效应。格林布拉特和韩（Grinblatt and Han，2005）结合前景理论（Kahneman and Tversky，1979）与心理会计框架（Thaler，1980）来刻画处置效应。他们认为，当投资者持有的股票是资本利得时，会规避风险，倾向于出售高风险股票；然而，当持有的股票处于资本损失时，他们就会成为风险爱好者并倾向于保留高风险的股票。因此，股票的资本状态（收益或损失）在影响投资者对风险的态度方面起着至关重要的作用。格林布拉特和韩（2005）以及弗拉齐尼（Frazzini，2006）建立了一个指标，即超额资本收益（CGO），以分析股票的资

---

　　① 巴贝里斯等（1998）、丹尼尔等（1998）、洪（Hong）和施坦因（Stein）（1999）等提出的行为模型认为，由于保守性和代表性偏见或过度自信，投资者对信息反应不足，导致信息在市场中扩散缓慢，这种说法适用于基本信息。

本状态。[1] 正（负）的 CGO 意味着资本收益（损失）。王等（Wang et al.，2017）通过使用 CGO 从实证上揭示了股票在不同资本状态下风险收益关系的非单调性。在本章，左尾风险变动也是股票风险的一个代表。根据以前的理论和经验证据，如果股票处于资本损失（收益），投资者更愿意持有（卖出）那些左尾风险变动较高的股票，期望在未来得到更多补偿（使收益得以实现）。因此，本章预计左尾风险变动与资本损失的股票预期收益之间存在负相关关系。最终使用双变量排序分析证实了这一预期，左尾风险的变动对之前有大量资本损失的股票具有显著的负面影响，这表明投资者的处置效应可以解释尾部风险对预期收益的负可预测性。

左尾风险变动的负面效应主要与投资者的心理和行为偏差有关。由于机构投资者比个人投资者更加理性，不易受到个人偏见的影响（Nagel，2005；Bassi et al.，2013），本章还探讨了左尾风险变动的负面影响是否随股票中机构所有权比率（IOR）而变动。结果表明，负面影响在所有 IOR 五分位数中都明显存在。[2]

随后，我们对左尾风险的变动是否可以作为一个额外的定价因子感兴趣。为此，我们按照法玛和弗伦奇（1993，2015）、侯等（2015）以及斯坦堡和袁（2017）提出的方法构建了一个左尾风险变动因子。我们按照规模和左尾风险变动对股票进行独立排序，并将它们交叉得到 2×3 的投资组合。然后定义了左尾风险变动系数，用 DES 表示（使用预期亏损的变动作为左尾风险变动的代理），即两个低左尾风险变动组合和两个高左尾风险变动组合之间的价值加权收益之差。由于我们对样本的过滤方法与刘等（2019）不同，我们还构建了另一个左尾风险变动因子（记为 DES_LSY），作为比较和稳健性检验。根据刘等（2019）的做法，我们删除了公司规模排名靠后的 30% 样本股票。得到的两个因子（DES_LSY 和 DES）的月平均收益率分别为 0.426% 和 0.365%，t 值分别为 2.98 和 2.80。本章还用几个现有的定价模型来检验得到的左尾风险变动因子是否可以被解释，包括 CAPM、FF3、FF5、CH4、斯坦堡和袁（2017）错

---

① 股票的资本状态（收益或损失）取决于该股票相对于参考点（RP 或购买价格）是否处于收益或损失区域。因此，在计算 CGO 时，RP 是必要的。弗拉齐尼（2006）提出了一种从基金持有角度衡量 RP 的新方法，并推导出股票的 CGO。

② 我们的发现并不令人惊讶，因为许多研究表明，机构投资者可能受到行为偏差、代理问题或代理诱导偏好的驱动，以购买高估的股票（Edelen et al.，2016；Brown et al.，2018；Agarwal et al.，2021）。

误定价四因子模型（M4）、丹尼尔等（2020）行为三因子模型（BF3）和巴利等（2017）六因子模型（FMAX6）。这些模型的 alpha 值在统计上显著不等于零，这表明 DES 或 DES_LSY 不能被这些模型完全解释。此外，本章比较了 CH4 模型和扩展模型（CH3 + DES/DES_LSY）对中国 A 股市场上 102 个显著异象中的 37 个的解释能力。我们发现，就解释的异象点数量而言，扩展模型的性能略好于 CH4（28 对 27）。更具体地说，扩展模型有助于减少与价格或反应不足相关的异象现象的收益。

最后，我们进行了几次稳健性检验。按照刘等（2019）的做法，本章剔除了市值规模小的股票，发现"壳污染"削弱了左尾风险变动的负面影响。与纳尔提亚等（2017）的做法类似，本章对触及跌停的股票日收益进行了调整，以检验限价制度是否影响了这一效应，但得到的答案是否定的。本章还考虑了保证金交易制度的影响，发现该制度引入的卖空交易机制降低了目标股票的左尾风险效应的负面变动。此外，本章将样本期划分为不同的市场机制，形成左尾风险的长期变动，并使用风险调整（法玛和弗伦奇三因子模型）收益，所有结果都支持中国左尾风险变动的负效应稳健。

本章的贡献可以概括为以下几点。首先，与现有关注左尾风险水平的文献不同，本章将左尾风险的变动（股票左尾风险的动态形式）考虑在内，并发现它对中国股市股票的预期收益有负面预测能力。结果表明，股票的左尾风险的变动含有超出其左尾风险水平的增量信息，强调了投资者在评估股票时需要注意左尾风险变动。同时，本章的研究也为探索风险创新和股票收益之间关系的文献提供了补充。其次，我们观察到左尾风险变动的负面效应基本上是由持有多头头寸而不是持有空头头寸驱动的，这与主要由空头头寸驱动引起的左尾风险效应相反（Atilgan et al.，2020）。造成这种现象的原因是投资者的先验信息和基本信息缓慢扩散，投资者往往对左尾风险递减的股票反应不足。同时，我们还发现当投资者持有的股票处于资本损失时，他们更喜欢左尾风险的变动。这些发现很重要，因为了解导致左尾风险变动的负面效应的原因，可以指导投资者更好地配置他们的资产以避免重大损失，并提供可能的对冲策略，以改善负面影响。最后，以前鲜有文献研究左尾风险变动在解释异象方面的能力。本章的研究通过在左尾风险变动代理的基础上构建一个新的左尾风险因子来填补这一空白，中国现有的因子模型，包括刘等（2019）提出的三因子（CH3）或四因子（CH4）模型，都无法解释这个新因子。如果我们将新的左尾风险因子加入 CH3 模型中，与 CH4 模型相比，增强的四因子模型在 37 个显著异象上表现出相当的解释能力，并且在解释价格或反应不足相关的异象上表现良好。总的来说，我们的研究对新兴市场的市场异象和资产定价文献作出了贡献。

本章其余部分安排如下：3.2 节介绍了投资者对左尾风险变动反应不足的模型，3.3 节介绍了数据来源、变量和汇总统计数据，3.4 节提供了左尾风险变动负面效应的实证结果，3.5 节探讨了对左尾风险变动的负面效应的解释，3.6 节展示了左尾风险变动因子的表现，3.7 节进行稳健性检验，3.8 节总结本章内容。

3.2 模 型 建 立

拉赫瓦尔斯基和温（2016）建立了一个模型，认为投资者对特异性风险创新（风险变动）反应不足。他们的模型基于一个事实：投资者吸收公开市场基本信息（通常是大量的、多样化的和随时间变动的）的能力是有限的；因此，他们很难精确地估计风险，从而导致反应不足。由于一只股票的左尾风险变动也是通过历史数据来估计，因此潜在的估计偏差也可能导致投资者对左尾风险变动的反应不足。

遵循拉赫瓦尔斯基和温（2016）的思想，本章展示了当投资者对左尾风险变动反应不足时，左尾风险变动是如何与预期股票收益相关联的。本章关注风险（贴现率），并采用永久股息贴现模型来评估股票价格，其中假设股息（现金流）为常数保持不变。为了排除其他风险的影响，本章还假设贴现率只由左尾风险（在此用 ES 表示）决定，股票价格随之波动。

$$p_t = \frac{D}{r_t^*} = \frac{D}{\gamma ES_t^*} \tag{3.1}$$

其中，p_t 是股票价格，D 是恒定的预期股息，ES_t^* 是投资者感知的左尾风险，r_t^* 是贴现率或要求的回报，它由风险厌恶参数 γ 和感知的左尾风险（ES_t^*）相乘求得。由于感知的左尾风险可能不同于真实的左尾风险（ES_t），我们假设真实的左尾风险遵循 AR（1）过程：

$$\log\left(ES_{t+1}\right) = c + \varphi\log(ES_t) + \epsilon_{t+1} \tag{3.2}$$

其中，$\varphi \in (0, 1)$，ϵ_{t+1} 代表误差项，为白噪声 $N(0, \sigma_\varepsilon^2)$。在这种情况下，真正的左尾风险是持续的，每只股票都会恢复到其长期平均的左尾风险。由于投资者无法观察到误差项，其信息不能直接纳入价格。感知的左尾风险计算如下：

$$ES_{t+1}^* = ES_t^* + \psi\left(ES_t - ES_t^*\right) \tag{3.3}$$

这意味着投资者会根据上一期的预测 ES_t^* 和预测的左尾风险与真实的左尾风险之间的差异 $\left(ES_t - ES_t^*\right)$ 来估计 ES_{t+1}^*。ψ 表示投资者更新每只股票的左尾风险的速度，本章设定 $\psi \in (0, 1)$。一般来说，上一期的真实左尾风险 $\left(ES_t\right)$ 应该是 ES_{t+1}^* 的最佳预测。然而，计算能力的限制或潜在的估计偏差阻碍了投资者实时准确捕捉 ES_t。在本章中，差异项 $\left(ES_t - ES_t^*\right)$ 表示左尾风险创新（即左尾风险的变动），投资者对该风险变动暂时反应不足。当 $ES,E = S_t^*$ 时，表示左尾风险已完全定价（即不存在反应不足），这符合长期均衡的情况。

因此，考虑短期效应，可以通过式（3.1）和式（3.3）得出预期总收益：

$$E_t(R_{t+1}) = E_t\left(\frac{p_{t+1} + D}{p_t}\right)$$

$$= E_t\left(\frac{ES_t^*}{ES_{t+1}^*} + \gamma ES_t^*\right)$$

$$= E_t\left(\frac{ES_t^*}{ES_t^* + \psi\left(ES_t - ES_t^*\right)} + \gamma ES_t^*\right) \tag{3.4}$$

显然，股票的预期收益取决于左尾风险 $\left(ES_t - ES_t^*\right)$ 的变动、左尾风险的感知水平 $\left(ES_t^*\right)$ 以及投资者更新风险预测 (ψ) 的速度。在其他条件不变的情况下，基于左尾风险变动，本章得到以下两点结论：（1）如果感知的左尾风险低于真实的左尾风险 $\left(ES_t > ES_t^*\right)$，或者左尾风险正变动 $\left(ES_t - ES_t^* > 0\right)$，则股票的预期收益较低（与 $ES_t \leq ES_t^*$ 的情况相比）；（2）如果感知的左尾风险大于真实的左尾风险 $\left(ES_t < ES_t^*\right)$，或者左尾风险负变动 $\left(ES_t - ES_t^* < 0\right)$，则股票的预期收益较高（与 $ES_t \geq ES_t^*$ 的情况相比）。因此，左尾风险的变动与预期收益呈负相关。

3.3 数据和方法

3.3.1 数据

本章以上海证券交易所和深圳证券交易所上市的A股股票为样本。1996年12月16日，沪深证券交易所实行限价制度，为了保证股价信息的一致性，本章分析的样本期为1999年1月至2019年12月。[①] 公司的日度和月度数据来自CSMAR数据库。法玛和弗伦奇（2015）的五因子模型（FF5，包括市场（MKT）、规模（SMB）、市净率（HML）、盈利能力（RMW）和投资（CMA）），其数据来源于中央财经大学中国资产管理研究中心。刘等（2019）提出的中国四因子（CH4，包括市场（MKT）、规模（SMB）、基于PE的价值（VMG）和异常营业额（PMO）），数据来源于Robert Stambaugh的个人网站。[②] 斯坦堡（Stambaugh）和袁（Yuan）（2017）的错误定价四因子（M4，使用市场（MKT）、规模（SMB）、两个基于异象集群的因子（MGMT和PERF））；丹尼尔等（Daniel et al.，2020）的行为三因子（BF3，包括市场（MKT）、长期限错误定价（FIN）、短期限错误定价（PEAD）），相关数据可以从朱一峰的网站上获得。[③] 巴利等（2017）的六因子（FMAX6），包括法玛和弗伦奇（1993）、卡哈特（Carhart，1997）与佩斯特（Pastor）和斯坦堡（Stambaugh）（2003）提出的市场（MKT）、规模（SMB）、账面市值比（HML）、动量（MOM）、流动性风险（LIQ）因子以及彩票需求因子（FMAX）。前五个因子数据来自CSMAR数据库，彩票需求因子根据巴利等（2017）构建。由102个异象点排序的多/空投资组合的月度时间序列总收益是在吴柯、朱一峰和陈东旭的帮助下获得的。[④] 值得注意的是，为了避免前瞻偏差，如果分析涉及财务报表的数据，在给定月末的分析中可用的财务数

① 计算左尾风险的变动需要一个为期两年的窗口期。
② 网址链接为 http：//finance. wharton. upenn. edu/~stambaug/。
③ 网址链接为 https：//yifengzhu. weebly. com/data。
④ 查阅 Wu, K., Zhu, Y., & Chen, D. 2022, Stock return asymmetry in China. Pacific - Basin Finance Journal, 73, 101757. 了解更多关于中国102个异象的详细信息。

据将严格限制在该月末之前公开发布的财务报告中。

此外，为了减少异常值的影响，本章删除了具有以下交易特征的股票数据：（1）首次公开募股（IPO）日后 12 个月的所有交易数据；（2）ST/PT 状态股票；（3）金融行业企业；（4）过去 12 个月内交易记录少于 200 天的股票；（5）最近一个月交易记录少于 15 天的股票。[①] 由于中国的价格限制制度，股票价格在一个交易日内最多只能在上一个收盘价的基础上上涨或下跌 10%。因此，当删除异常值时，价格波动范围四舍五入到小数点后两位。

3.3.2　变量

左尾风险变动（下文用 DeltaVaR 或 DeltaES 表示）是本章分析的核心变量。本章首先基于一年的日收益率计算每只股票在每个月末的左尾风险（VaR 或 ES），要求有 200 个不缺少的观察值。得到第 t 个月的 DeltaVaR（DeltaES），即第 t 个月与第 t – 12 个月的 VaR（ES）之差。与现有文献一致（Atilgan et al.，2020；Bi and Zhu，2020），q% 风险价值（VaRq）是根据一年期日收益率的经验分布的左尾部估计出来的，其值等于原始的第 q 个百分位的负值；而 q% 预期亏损（ESq）等于所有超过 q% 的 VaR 阈值的所有损失的平均值。我们将原始的 VaRq 和 ESq 取相反值得到一个正的风险度量值，结果表明 VaRq（ESq）的数值越高，对应的风险越大。在本章中，我们主要介绍 DeltaES1 和 DeltaVaR1 的结果。[②]

本章还构建了其他的公司特征作为控制变量。根据巴利等（2011）和纳尔提亚等（2017）的经验，我们计算了一个月内的最大日收益率（MAX）。按照刘等（2019）的方法，我们将 12 个月的成交量（TURN）计算为过去 12 个月的平均每日股票成交量，公司的每日成交量计算为其股票交易量除以其流通股总额。公司资本化（SIZE）和账面市值比（BM）是根据法玛和弗伦奇（1993）与杰加代什和提特曼（1993）的方法计算的。CAPM 的 β 值（beta）由股票收益与市场收

[①] 在正常情况下，交易日少于 15 天的月份包括 1999 年 2 月（7 天）、2000 年 2 月（12 天）、2001 年 1 月（14 天）、2002 年 2 月（10 天）、2004 年 1 月（13 天）和 2005 年 2 月（13 天）。因此，我们排除了在这几个月少于正常交易日的股票。

[②] 我们还尝试了非参数方法（核密度估计）来估计 ES1（VaR1），然后得到非参数 DeltaES1（Delta-VaR1），记为 DeltaES1$_{NP}$（DeltaVaR1$_{NP}$）。

益的协方差除以市场收益的方差计算。短期逆转（REV）、动量（MOM）、特质波动率（IVOL）和特质偏度（ISKEW）的计算遵循巴利等（2016）的方法。特殊波动创新（DIVOL）根据拉赫瓦尔斯基和温（2016）的方法计算。[①] 此外，本章引入 DSBETA 和 TRBETA 分别作为下行风险（Ang et al.，2006a）和罕见灾害风险（Barro，2006）的替代指标。[②]

按照格林布拉特和韩（2005）与王等（2017）的方法，本章对中国 A 股上市股票按每周频率的参考价格后计算未实现盈利值（CGO），然后使用每个月内最后一周的 CGO 得到每月频率的 CGO。相关引入变量的定义和计算以及后文讨论的其他变量在本章附录 A 中提供。

3.3.3 描述统计与相关性分析

根据 DeltaES1 和股票特征的相关系数矩阵形成的十分位数组合中股票的汇总统计如表 3 - 1 所示。A 组报告了每个 DeltaES1 分位数的各种股票特征的月度横截面均值的时间序列均值。我们观察到 DeltaES1（DeltaVaR1）的月度横截面均值的时间序列均值单调地从 - 2.707% 增加到 2.703%（从 - 2.323% 增加到 2.387%）。ES1、VaR1、TURN、BETA、DSBETA、IVOL 和 MAX 随着 DeltaES1 的增加而增加，而 REV 和 SIZE 随着 DeltaES1 的增加而减少。这些结果表明，DeltaES1 越大的股票具有更高水平的左尾风险、换手率、上升潜力（最大日收益）以及更强的逆转效应，并且具有更高的风险（市场贝塔系数、下行贝塔系数和特殊波动率）和更小的资本规模。然而，当 DeltaES1 增加时，账面市值比、动量、尾部风险 β 和特质偏度的变动不太明显。B 组显示的是这些公司特征的月横截面相关系数矩阵的时间序列平均值。DeltaES1 与 DeltaVaR1 高度相关（0.821）。DeltaES1 与 ES1（VaR1）的相关系数也达到 0.536（0.434）。此外，DeltaES1 与其他特征的相关性较弱，相关系数均不大于 0.290。

---

① 受特质波动率创新对美国股市预期收益负向影响证据的启发，我们发现了一年期特质波动率变动对中国股市预期收益的负向影响。渴望（做空）特质波动率变动最高（最低）分位数的对冲投资组合的价值加权平均超额收益为每月 - 0.784%，t 值为 - 2.86。详细的结果可根据要求提供。
② 根据凯利和姜（2014）的方法，我们使用尾部风险 beta（记为 TRBETA）作为罕见灾害风险的代表。

表3-1　描述性统计和相关系数矩阵

A组：描述性统计

十分位分组	DeltaES1	DeltaVaR1	ES1	VaR1	SIZE	BM	MOM	TURN	REV	BETA	DSBETA	TRBETA	IVOL	MAX	ISKEW	ILLIQ	DIVOL
1（最低）	-2.707	-2.323	5.705	4.528	8.381	0.641	0.182	0.336	0.019	1.000	0.976	0.032	0.016	0.053	0.410	0.241	-0.012
2	-1.520	-1.400	6.724	5.477	8.264	0.645	0.159	0.375	0.016	1.068	1.088	0.033	0.017	0.055	0.419	0.238	-0.006
3	-0.997	-0.918	7.175	5.973	8.258	0.644	0.160	0.395	0.016	1.091	1.126	0.034	0.017	0.057	0.416	0.235	-0.003
4	-0.586	-0.504	7.494	6.346	8.243	0.645	0.170	0.408	0.014	1.104	1.150	0.034	0.017	0.057	0.420	0.252	-0.002
5	-0.223	-0.182	7.807	6.673	8.242	0.645	0.165	0.419	0.013	1.112	1.162	0.033	0.017	0.058	0.413	0.239	0.000
6	0.130	0.111	8.096	6.993	8.248	0.645	0.173	0.420	0.013	1.124	1.177	0.034	0.018	0.058	0.409	0.229	0.001
7	0.494	0.423	8.390	7.330	8.249	0.642	0.180	0.432	0.012	1.136	1.196	0.034	0.018	0.059	0.414	0.226	0.003
8	0.906	0.786	8.710	7.716	8.248	0.641	0.192	0.436	0.010	1.144	1.212	0.034	0.018	0.060	0.410	0.225	0.007
9	1.490	1.324	9.101	8.217	8.238	0.642	0.207	0.440	0.008	1.147	1.220	0.034	0.019	0.060	0.396	0.220	0.011
10（最高）	2.703	2.387	9.660	9.111	8.200	0.638	0.218	0.437	0.004	1.137	1.179	0.032	0.019	0.062	0.385	0.213	0.019

B组：相关系数矩阵

变量	DeltaES1	DeltaVaR1	ES1	VaR1	SIZE	BM	MOM	TURN	REV	BETA	DSBETA	TRBETA	IVOL	MAX	ISKEW	ILLIQ	DIVOL
DeltaES1	1																
DeltaVaR1	0.821	1															
ES1	0.536	0.464	1														
VaR1	0.434	0.537	0.883	1													
SIZE	-0.021	-0.025	-0.237	-0.260	1												

续表

B 组：相关性检验

变量	DeltaES1	DeltaVaR1	ES1	VaR1	SIZE	BM	MOM	TURN	REV	BETA	DSBETA	TRBETA	IVOL	MAX	ISKEW	ILLIQ	DIVOL
BM	-0.001	-0.005	-0.091	-0.102	-0.130	1											
MOM	0.001	0.016	-0.049	-0.039	0.208	-0.277	1										
TURN	0.146	0.187	0.407	0.471	-0.323	-0.059	0.173	1									
REV	-0.041	-0.044	-0.05	-0.056	0.062	-0.099	-0.025	0.014	1								
BETA	0.149	0.166	0.405	0.433	-0.138	0.059	-0.124	0.293	-0.028	1							
DSBETA	0.174	0.179	0.445	0.467	-0.242	0.089	-0.158	0.237	-0.023	0.563	1						
TRBETA	-0.003	-0.004	0.074	0.088	-0.078	0.015	0.009	0.079	0.001	0.145	0.159	1					
IVOL	0.118	0.127	0.239	0.253	-0.056	-0.203	0.171	0.247	0.326	0.107	0.032	0.008	1				
MAX	0.079	0.088	0.175	0.188	-0.033	-0.122	0.053	0.182	0.466	0.173	0.090	0.0207	0.623	1			
ISKEW	-0.009	-0.009	0.014	0.019	-0.048	0.013	-0.077	0.019	0.141	0.048	0.066	0.0153	0.120	0.241	1		
ILLIQ	-0.020	-0.029	0.029	0.029	-0.563	0.051	-0.132	-0.096	0.001	-0.058	0.045	0.0063	0.015	0.016	0.030	1	
DIVOL	0.290	0.319	0.120	0.132	0.037	-0.04	0.228	0.113	0.023	0.049	-0.008	-0.0126	0.160	0.109	0.003	-0.037	1

注：十分位数投资组合是每月根据 1999 年 1 月至 2019 年 12 月的 1% 预期亏损的一个月滞后变动（DeltaES1）对股票进行排序形成。DeltaVaR1，ES1 和 VaR1 以百分比表示。

3.4 实 证 结 果

在本章中，我们探讨了左尾风险变动是否对股票价格具有预测能力。从单变量投资组合开始分析，并利用双变量组合方法检验在控制其他股票特征的情况下，左尾风险变动的可预测性是否仍然存在。此外，我们进行了 Fama – MacBeth 回归分析，以检验多重控制下左尾风险变动可预测性的稳健性。

3.4.1 单变量组合分析

我们首先进行单变量投资组合分析，在横截面上研究 DeltaES1 与预期超额收益之间的关系。一些学者认为，FF3（Fama and French，1993）和 FF5（Fama and French，2015）的因子可能无法很好地解释中国股市的异象（Lin，2017；Hu et al.，2019）。刘等（2019）提出了一个新的四因子模型（即中国四因子模型，CH4），并发现 CH4 在中国的表现优于 FF3 和 FF5。[①] 因此，为了检验 DeltaES1 异象的存在，除了计算 CAPM、FF3 和 FF5 调整后的 α 回报外，本章还计算了 DeltaES1 分位数投资组合的 CH4 alpha 收益。

在每个月初，我们根据股票在上月末的 DeltaES1 值将其分成十个十分位数，然后持有这些投资组合一个月。每个投资组合的月度股票超额收益的等量加权平均值和价值加权平均值，以及 DeltaES1 的最高和最低十分位数（分别为十分位数 10 和 1）之间的收益差如表 3 – 2 所示。结果表明，DeltaES1 越高，未来收益越低。十分位数第 10 和十分位数第 1 的价值加权（平等加权）的回报率平均值之间的差异为每月 – 0.889%（– 0.796%），其相关的 t 值为 – 3.66（– 4.40），该值在经济和统计上具有显著意义。因此，DeltaES1 与股票预期超额收益之间存在负相关关系。此外，表 3 – 2 给出了 DeltaES1 分位数的 CAPM、FF3、FF5 和 CH4 的 α 值及其 t 值（括号中给出）。更具体地说，DeltaES1 分位数的最高和最

---

① 事实上，刘等（2019）首先提出了中国版的三因子模型（CH3），包括市场（MKT）、规模（SMB）和基于 EP 的价值（VMG）因素。CH3 模型可以解释中国股市 14 种常见异象中的 12 种。在 CH3 中加入第四个因子（异常周转因子 PMO）后，14 个异常现象均不存在显著性。

低之间的 CAPM、FF3、FF5 和 CH4 的 α 值差分别为每月 −0.926% （t 值为 −3.60）、−0.865% （t 值为 −3.29）、−0.859% （t 值为 −3.03） 和 −1.145% （t 值为 −3.84），结果报告了等加权回报率 α 差值。总体而言，结果证明 DeltaES1 在中国的负面影响（即 DeltaES1 异象），投资者能够通过 DeltaES1 多空交易策略获得显著利润，即做多最低的 DeltaES1 组合，做空最高的 DeltaES1 组合。通过使用这种交易策略并每月重新平衡他们的持仓情况，他们可以获得 10.668% （价值加权）的年化回报率。

表 3 − 2 　　　　　　　　　　　　DeltaES1 的十分位数组合

十分位分组	Equal-weighted （%）					Value-weighted （%）				
	Excess Return	CAPM alpha	FF3 alpha	FF5 alpha	CH4 alpha	Excess Return	CAPM alpha	FF3 alpha	FF5 alpha	CH4 alpha
1 （最低）	1.397 ** (2.49)	0.654 *** (4.14)	0.335 *** (2.94)	0.412 *** (3.41)	0.754 *** (4.44)	1.194 ** (2.27)	0.498 *** (3.54)	0.495 *** (3.44)	0.525 *** (3.39)	0.899 *** (4.67)
2	1.091 * (1.90)	0.328 ** (2.11)	−0.011 （−0.11）	0.124 (1.22)	0.474 *** (2.76)	0.827 (1.50)	0.120 (0.88)	0.086 (0.62)	0.029 (0.20)	0.301 (1.41)
3	1.241 ** (2.13)	0.471 *** (2.88)	0.072 (0.79)	0.137 (1.42)	0.434 *** (2.74)	0.849 (1.59)	0.128 (1.00)	0.070 (0.55)	0.077 (0.56)	0.338 * (1.67)
4	1.038 * (1.77)	0.266 (1.50)	−0.166 * （−1.79）	−0.101 （−1.03）	0.305 * (1.86)	0.729 (1.33)	0.012 (0.11)	−0.026 （−0.22）	−0.037 （−0.29）	0.162 (0.82)
5	1.117 * (1.89)	0.336 ** (2.00)	−0.071 （−0.75）	0.046 (0.47)	0.317 ** (1.96)	0.980 * (1.78)	0.158 (1.23)	0.085 (0.67)	0.127 (0.93)	0.352 * (1.75)
6	1.114 * (1.90)	0.341 ** (2.02)	−0.066 （−0.74）	0.051 (0.56)	0.344 ** (2.11)	0.776 (1.40)	−0.001 （−0.00）	0.000 (0.00)	−0.005 （−0.03）	0.155 (0.78)
7	1.062 * (1.79)	0.279 (1.64)	−0.112 （−1.14）	0.055 (0.55)	0.388 ** (2.36)	0.811 (1.42)	0.026 (0.18)	−0.017 （−0.11）	0.072 (0.45)	0.370 * (1.79)
8	0.923 (1.59)	0.156 (0.93)	−0.230 ** （−2.49）	−0.138 （−1.45）	0.247 (1.43)	0.817 (1.49)	0.087 (0.65)	0.155 (1.15)	0.170 (1.17)	0.246 (1.16)
9	0.793 (1.36)	0.022 (0.13)	−0.374 *** （−3.57）	−0.180 * （−1.70）	0.223 (1.25)	0.658 (1.21)	−0.105 （−0.79）	−0.061 （−0.45）	0.034 (0.24)	0.323 * (1.68)

十分位分组	Equal-weighted（%）					Value-weighted（%）				
	Excess Return	CAPM alpha	FF3 alpha	FF5 alpha	CH4 alpha	Excess Return	CAPM alpha	FF3 alpha	FF5 alpha	CH4 alpha
10（最高）	0.601 (1.18)	−0.171 (−0.88)	−0.537 *** (−4.14)	−0.357 *** (−2.62)	−0.035 (−0.36)	0.305 (0.71)	−0.428 ** (−2.25)	−0.370 * (−1.91)	−0.334 (−1.57)	−0.246 (−0.88)
10−1 价差	−0.796 *** (−4.40)	−0.825 *** (−4.56)	−0.872 *** (−4.71)	−0.769 *** (−3.92)	−0.789 *** (−3.68)	−0.889 *** (−3.66)	−0.926 *** (−3.60)	−0.865 *** (−3.29)	−0.859 *** (−3.03)	−1.145 *** (−3.84)

注：样本期为 1999 年 1 月至 2019 年 12 月。CH4 的数据为 2000 年 1 月至 2019 年 12 月。括号内为 t 值。在 1%、5% 和 10% 水平上的显著性分别用 ***、** 和 * 表示。

值得注意的是，左尾风险显著增加的股票（在分位数 10 以内）的表现并没有明显不佳，这意味着这些股票的坏消息传播得很快，它们的价格相对有效。相比之下，左尾风险降低的股票（在分位数 1 内）的未来收益显著更高，这表明左尾风险降低的股票被低估。因此，持有多头头寸和持有空头头寸之间存在不对称效应，DeltaES1 异象主要源于中国 A 股市场持有多头头寸而非持有空头头寸。

此外，本章还使用六个月的左尾风险变动（用 DeltaES1$_6$ 表示）、非参数方法估计的左尾风险变动（用 DeltaES1$_{NP}$ 表示）以及 DeltaVaR1 作为左尾风险变动的替代代理变量。我们对这些替换指标重新进行了单变量投资组合分析，并获得了一致的结果，从而再次证明了左尾风险变动与预期股票收益之间存在负相关关系的结论。详细结果见本章附录 B 的表 IA. 1，表 IA. 2，表 IA. 3。

3.4.2 双变量组合分析

本章进行双变量投资组合分析，以检验当我们控制其他收益预测因子的公司特征或与 DeltaES1 相关性时，DeltaES1 与预期收益之间的负相关关系是否占优势。在样本期的月初，我们首先将股票按一个控制变量分成五个五分位数，然后在每个五分位数的投资组合中，根据 DeltaES1 将股票分成五个子五分位数。这个双变量分析为我们提供了 25 个有条件双分类的投资组合。Port1（Port5）表示在每个控制变量五分位中 DeltaES1 最低（最高）的股票组合。每个组合的月度股票超额收益的价值加权平均值如表 3－3 所示。① Port5 减 Port1 表示每个公司特征的最高和最低 DeltaES1 分位数之间的平均超额收益之差。最后一列提供了与 Port5 减 Port1 相关的 CH4 alpha。

结果表明，在每个控制变量的 DeltaES1 分位数上，平均回报率呈现下降趋势。以 SIZE 为例，组合 1 的平均超额回报率为每月 1.295%，t 值为 2.30，而组合 5 的平均超额回报率为每月 0.845%，相关 t 值为 1.46。因此，最高和最低 DeltaES1 分位数之间的回报差异为每月 － 0.450%，在 1% 的水平上是显著的（t 值为 － 3.65），相关的 CH4 指数也达到每月 － 0.412%，t 值为 － 2.58。对于其他控制变量，我们发现了类似的结果，收益差异在每月 － 0.230%、t 值为 － 2.62（对于 ES1）和每月 － 0.594%、t 值为 － 3.18（对于 ISKEW）之间变动。相应的，CH4 的值从每月 － 0.362%、t 值为 － 1.99（对 ES1）变为每月 － 0.626%、t 值为 － 3.73（对 IVOL）。这些发现表明，即使在控制了各种公司特征后，DeltaES1 的负预测能力仍然很强，且负面影响不能用这些控制变量来解释，即使我们考虑 CH4 的 α 值，结果也总是稳健的。此外，DeltaES1 的这种负面影响也主要是由 DeltaES1 最低五分位数的股票表现相对较好所驱动的，这再次证实了本章单变量投资组合分析的结果。

此外，本章还给出了在中国 A 股市场控制股票左尾风险水平后，左尾风险变动对预期收益的表现的详细结果（见本章附录 B 的表 IA － 5）。我们发现，左尾风险变动的负面效应在左尾风险小的股票中比在风险大的股票中更显著，说明当股票的左尾风险较低时，投资者更关注左尾风险的变动。

表 3－3　　　　　　　　　　　　　　双变量组合分析

变量	Port1 （%）	Port2 （%）	Port3 （%）	Port4 （%）	Port5 （%）	Port5 – Port1 （%）	CH4 α （%）
SIZE	1.295 ** （2.30）	1.204 ** （2.07）	1.118 * （1.91）	1.059 * （1.83）	0.845 （1.46）	－ 0.450 *** （ － 3.65）	－ 0.412 *** （ － 2.58）

---

① 双变量投资组合分析的等加权结果见本章附录 B 的表 A － 4。

续表

变量	Port1 (%)	Port2 (%)	Port3 (%)	Port4 (%)	Port5 (%)	Port5 - Port1 (%)	CH4 α (%)
BM	1.016* (1.91)	0.846 (1.55)	0.898 (1.61)	0.801 (1.44)	0.479 (0.88)	-0.537*** (-3.21)	-0.473*** (-3.06)
MOM	0.997* (1.84)	0.818 (1.48)	0.811 (1.44)	0.673 (1.21)	0.480 (0.89)	-0.516*** (-3.00)	-0.571*** (-3.44)
TURN	1.008* (1.82)	0.810 (1.43)	0.844 (1.48)	0.809 (1.43)	0.503 (0.89)	-0.505*** (-3.16)	-0.434*** (-2.75)
REV	1.172** (2.18)	0.921* (1.67)	0.997* (1.77)	0.866 (1.55)	0.640 (1.17)	-0.532*** (-3.09)	-0.573*** (-3.57)
BETA	0.977* (1.69)	0.782 (1.39)	0.772 (1.36)	0.737 (1.33)	0.551 (0.99)	-0.426** (-2.41)	-0.515*** (-2.77)
DSBETA	1.092** (1.96)	0.872 (1.54)	0.785 (1.41)	0.778 (1.39)	0.593 (1.07)	-0.500*** (-3.19)	-0.493*** (-2.59)
TRBETA	1.034* (1.90)	0.932* (1.68)	0.882 (1.56)	0.877 (1.56)	0.642 (1.15)	-0.392** (-2.34)	-0.497** (-2.51)
IVOL	1.094** (2.04)	0.882 (1.60)	0.885 (1.57)	0.810 (1.46)	0.524 (0.96)	-0.570*** (-3.06)	-0.626*** (-3.73)
MAX	1.050* (1.94)	0.856 (1.57)	0.873 (1.57)	0.824 (1.48)	0.562 (1.04)	-0.488*** (-2.73)	-0.486*** (-3.04)
ISKEW	1.085** (2.01)	0.759 (1.40)	0.839 (1.51)	0.838 (1.51)	0.492 (0.91)	-0.594*** (-3.18)	-0.451*** (-2.87)
ILLIQ	1.155** (2.12)	1.011* (1.78)	1.018* (1.77)	0.866 (1.54)	0.624 (1.12)	-0.531*** (-3.77)	-0.574*** (-3.25)

续表

变量	Port1 (%)	Port2 (%)	Port3 (%)	Port4 (%)	Port5 (%)	Port5 – Port1 (%)	CH4 α (%)
DIVOL	0.926* (1.73)	0.911* (1.67)	0.795 (1.43)	0.890 (1.61)	0.513 (0.95)	– 0.422** (– 2.26)	– 0.370** (– 2.28)
ES1	1.189** (1.99)	1.028* (1.73)	1.120* (1.90)	1.048* (1.82)	0.858 (1.53)	– 0.330*** (– 2.62)	– 0.362** (– 1.99)

注：样本期为1999年1月至2019年12月。括号内报告t值。在1%、5%和10%水平上的显著性分别用***、**和*表示。

3.4.3 Fama – MacBeth 回归

排序分析研究了DeltaES1对预期收益的影响，并探讨了在对每个公司特征逐一控制后，这种影响是否仍然存在。在本节中，我们进一步使用Fama – MacBeth回归来探讨同时控制多个特征变量后DeltaES1与预期收益之间的关系。回归模型设置如下：

$$ExR_{i,t+1} = \beta_{0,t} + \beta_{1,t}DeltaES_{i,t} + \Lambda_t X_{i,t} + \varepsilon_{i,t+1} \quad (3.5)$$

其中，$ExR_{i,t+1}$为超额收益，即月度股票收益与时间t+1的一年期存款利率之差，$DeltaES_{i,t}$是股票i在t月的DeltaES1，$X_{i,t}$是控制变量的向量。我们根据模型（3.5）在每个月的横截面上估计系数。在获得这些系数的时间序列后，计算其平均系数和相关的Newey – West的t值，结果如表3 – 4所示。

表3 – 4的第（1）列记录了预期收益率对DeltaES1的单变量回归结果，其中DeltaES1的系数为 – 0.131，对应的t值为 – 4.76，表明DeltaES1对预期收益有显著的负作用。然后我们将控制变量依次加入回归，结果显示在表第（2）至（12）列。DeltaES1的回归系数在 – 0.065和 – 0.121范围内始终为负，并且其t统计量在 – 2.45 ~ – 5.26，均具有统计学意义。在第（13）列中，我们将所有控制变量纳入回归中，DeltaES1的系数为 – 0.060，在5%水平上显著。总之，Fama – MacBeth回归提供了与投资组合分析一致的令人信服的稳健结果。投资组合和回归分析的结果均表明，DeltaES1是一个强大且稳健的预期收益的横截面预测因子。

Fama - MacBeth 回归

表 3 - 4

变量	(1)	(2)	(3)	(4)	(5)	(6)	(7)	(8)	(9)	(10)	(11)	(12)	(13)
DeltaES1	-0.131*** (-4.76)	-0.121*** (-4.78)	-0.117* (-4.76)	-0.108*** (-4.62)	-0.121*** (-5.26)	-0.105*** (-4.39)	-0.091*** (-4.01)	-0.087*** (-3.68)	-0.090*** (-3.67)	-0.094*** (-3.37)	-0.091*** (-3.28)	-0.065** (-2.45)	-0.060** (-2.05)
SIZE		-0.467*** (-2.83)	-0.476** (-2.73)	-0.535*** (-3.23)	-0.455*** (-2.64)	-0.521*** (-3.03)	-0.655*** (-3.67)	-0.657*** (-3.70)	-0.649*** (-3.67)	-0.653*** (-3.74)	-0.791*** (-3.89)	-0.770*** (-3.82)	-0.755*** (-3.75)
BM			0.176* (1.72)	0.165 (1.64)	0.064 (0.63)	0.032 (0.32)	0.004 (0.04)	0.006 (0.06)	0.004 (0.04)	0.008 (0.09)	0.015 (0.16)	0.043 (0.47)	0.026 (0.28)
MOM				0.003 (0.81)	0.001 (0.27)	0.000 (0.04)	0.002 (0.73)	0.003 (0.84)	0.003 (0.83)	0.002 (0.64)	0.002 (0.71)	0.004 (1.07)	0.004 (1.19)
REV					-0.052*** (-7.67)	-0.062*** (-10.24)	-0.061*** (-9.90)	-0.050*** (-6.46)	-0.049*** (-6.28)	-0.051*** (-6.24)	-0.052*** (-6.37)	-0.052*** (-6.38)	-0.053*** (-6.31)
BETA						-2.127** (-2.34)	-1.688* (-1.76)	-1.722* (-1.77)	-1.732* (-1.78)	-1.905** (-1.99)	-1.887* (-1.94)	-1.886* (-1.94)	-1.991* (-1.95)
DSBETA						1.219*** (3.81)	1.196*** (3.84)	1.190*** (3.82)	1.207*** (3.86)	1.168*** (4.01)	1.137*** (3.92)	1.117*** (3.78)	1.118*** (4.11)
TRBETA						2.633 (0.95)	2.847 (1.02)	2.636 (0.94)	2.677 (0.94)	2.374 (0.84)	2.328 (0.81)	2.280 (0.81)	2.055 (0.77)
TURN							-1.377*** (-4.33)	-1.327*** (-4.38)	-1.348*** (-4.45)	-1.169*** (-3.55)	-1.478*** (-4.78)	-1.397*** (-4.51)	-1.485*** (-4.95)

续表

变量	(1)	(2)	(3)	(4)	(5)	(6)	(7)	(8)	(9)	(10)	(11)	(12)	(13)
MAX								-0.042** (-2.54)	-0.040** (-2.32)	-0.017 (-0.50)	-0.014 (-0.42)	-0.014 (-0.42)	-0.011 (-0.32)
ISKEW									-0.018 (-0.43)	0.016 (0.34)	0.014 (0.29)	0.018 (0.37)	0.001 (0.02)
IVOL										-0.067 (-0.25)	-0.075 (-0.28)	-0.058 (-0.22)	-7.681 (-0.28)
ILLIQ											2.138 (0.92)	2.311 (0.99)	2.387 (1.05)
DIVOL												-0.250*** (-2.98)	-255*** (-2.93)
ES1													0.060 (0.77)
Constant	0.993 (1.46)	4.498*** (2.97)	3.404* (1.79)	3.795** (2.03)	3.739* (1.91)	5.544*** (2.77)	6.929*** (3.36)	7.012*** (3.46)	6.976*** (3.45)	7.157*** (3.53)	8.236*** (3.84)	7.824*** (3.68)	7.380*** (3.71)
Avg R^2	0.007	0.042	0.055	0.069	0.085	0.123	0.128	0.132	0.133	0.145	0.150	0.155	0.159

注：在1%、5%和10%水平上的显著性分别用***、**和*表示。

58

3.5　经济学解释

本章发现，在中国市场上，左尾风险变动对未来股票收益在横截面上提供了增量解释能力。在本节中，我们进一步进行实证检验，以调查左尾风险变动的负面影响的来源。此外，我们还探讨了机构投资者对该效应的影响。

3.5.1　持续性和投资者的反应不足

3.5.1.1　对左尾风险变动反应不足

在先验信息方面，左尾风险的正向变动（极端亏损增加）可能会增强投资者对股价处于低位并将在未来反弹的认知。相反，左尾风险的负变动意味着极端损失的减少，投资者可能认为股价相对较高，意味着预期收益较低。因此，投资者低估了具有正（负）左尾风险的股票继续遭受更大损失（表现更好）的可能性。换句话说，投资者低估了股票左尾风险变动的持续性，从而导致股票被高估（低估），从而获得低（高）的未来收益。

通过 3.2 节中的简单模型，我们还探讨了在风险（贴现率）反应不足的情况下，左尾风险的变动与预期收益的关系。为了寻求证据，我们通过计算 DeltaES1 分位数的月度收益、最高和最低 DeltaES1 分位数之间的收益差（高－低）以及相关的差价 CH4 的 α 值，来探讨 DeltaES1 的长期预测能力，样本周期涵盖从投资组合形成后的 2～12 个月，价值加权结果如表 3－5 所示。①

在投资组合形成后的第二个月，包含最高（最低）DeltaES1 个股的十分位数的月回报率为 0.488%（1.040%）。收益率差等于每月 － 0.552%，t 统计量为 － 2.30，结果显著；投资组合形成后第三（四）个月的回报率差为每月 － 0.462%（－ 0.422%），t 统计量为 － 1.96（－ 1.90）。DeltaES1 对未来收益的预测能力随着投资组合形成时间的推移而减弱，在投资组合形成五个月后变得不显著。

---

① 等加权的结果相似，在本章附录 B 的表 A－6 中记录。

该结果在考虑 CH4 时也是稳健的，因为对冲投资组合的 α 在投资组合形成后五个月之前也是显著的。因此，DeltaES1 的预测能力一直持续到投资组合形成的第四个月。此外，DeltaES1 与未来收益之间存在负相关关系，并且在六个月的时间内没有逆转，这表明投资者对 DeltaES1 的反应不足。

表 3 – 5   DeltaES1 的长期预测能力

时间	Excess Return（%）										High – Low（%）	
	Port1	Port2	Port3	Port4	Port5	Port6	Port7	Port8	Port9	Port10	Spread	CH4 α
t + 2	1.040	0.651	0.799	0.860	0.830	0.677	0.858	0.872	0.613	0.488	– 0.552 **	– 0.698 **
	(1.97)	(1.22)	(1.50)	(1.58)	(1.51)	(1.23)	(1.54)	(1.59)	(1.15)	(1.00)	(– 2.30)	(– 2.37)
t + 3	1.052	0.823	0.921	0.781	0.990	0.699	0.688	0.806	0.742	0.590	– 0.462 **	– 0.630 **
	(1.99)	(1.52)	(1.70)	(1.42)	(1.82)	(1.27)	(1.23)	(1.47)	(1.36)	(1.08)	(– 1.96)	(– 2.17)
t + 4	1.022	0.912	0.675	0.825	0.812	0.738	0.733	0.989	0.821	0.601	– 0.422 *	– 0.491 *
	(1.97)	(1.72)	(1.25)	(1.49)	(1.46)	(1.34)	(1.30)	(1.80)	(1.49)	(1.10)	(– 1.90)	(– 1.76)
t + 5	0.818	1.051	0.772	0.644	1.041	0.806	0.873	0.668	0.751	0.535	– 0.283	– 0.598 **
	(1.58)	(1.98)	(1.44)	(1.16)	(1.87)	(1.42)	(1.56)	(1.20)	(1.34)	(0.80)	(– 1.28)	(– 2.18)
t + 6	0.851	0.937	0.699	0.791	0.984	0.673	0.849	0.691	0.592	0.731	– 0.120	– 0.334
	(1.62)	(1.78)	(1.28)	(1.44)	(1.78)	(1.21)	(1.47)	(1.25)	(1.06)	(1.02)	(– 0.56)	(– 1.33)
t + 7	0.792	1.040	0.758	0.789	0.756	0.885	0.989	0.816	0.529	0.801	0.009	– 0.062
	(1.50)	(1.91)	(1.39)	(1.41)	(1.39)	(1.57)	(1.74)	(1.45)	(0.94)	(0.91)	(0.04)	(– 0.25)
t + 8	0.516	1.007	1.021	0.806	0.835	0.800	0.850	1.021	0.444	0.609	0.093	0.061
	(0.98)	(1.87)	(1.86)	(1.46)	(1.48)	(1.44)	(1.52)	(1.77)	(0.80)	(0.84)	(0.46)	(0.25)
t + 9	0.605	0.774	1.121	0.902	0.721	0.841	0.768	0.649	0.659	0.437	– 0.168	– 0.374
	(1.13)	(1.46)	(2.02)	(1.58)	(1.30)	(1.51)	(1.36)	(1.14)	(1.17)	(0.77)	(– 0.87)	(– 1.64)
t + 10	0.810	0.670	0.864	1.033	0.954	0.814	1.014	0.614	0.812	0.452	– 0.358	– 0.407 *
	(1.52)	(1.26)	(1.56)	(1.86)	(1.69)	(1.43)	(1.76)	(1.12)	(1.45)	(0.89)	(– 1.65)	(– 1.75)
t + 11	0.769	0.866	0.858	0.989	0.852	0.892	0.642	0.663	0.800	0.489	– 0.280	– 0.082
	(1.43)	(1.62)	(1.57)	(1.76)	(1.53)	(1.57)	(1.13)	(1.17)	(1.41)	(0.98)	(– 1.51)	(– 0.36)
t + 12	0.774	0.875	0.961	1.012	0.728	1.057	0.778	0.778	0.811	0.601	– 0.173	– 0.046
	(1.47)	(1.59)	(1.74)	(1.78)	(1.33)	(1.89)	(1.33)	(1.36)	(1.44)	(0.87)	(– 0.93)	(– 0.21)

注：t 统计数据在括号中。在 5% 和 10% 水平上的显著性分别用 ** 和 * 表示。

3.5.1.2 对现金流反应不足

简单模型中将预期股息设置为常数并关注左尾风险变动，但是由于股票的基本面消息在投资者之间传播缓慢（Barberis et al.，1998；Daniel et al.，1998；Hong and Stein，1999），投资者可能没有及时修正他们对股票未来基本面（现金流）的预期，从而导致股票被错误地定价。因此我们预计投资者对现金流的反应不足也可能存在，并进一步促进左尾风险变动的负面效应。

我们遵循两个步骤来证实上述猜测。首先，探讨了股票的 DeltaES1 与其未来现金流变动之间的关系，这一程序明确了股票未来的现金流是否是动态的。我们选取四个基本变量作为预期现金流变动的指标，即资产收益率变动（ΔROA）、毛利变动（ΔGP）、营业利润变动（ΔOP）和销售额变动（ΔSALE）。[①] 在此基础上，我们在 DeltaES1 上对后续基本面的变动进行 Fama – MacBeth 回归。模型设置如下：

$$\Delta CF_{i,t+1} = \beta_{0,t} + \beta_{1,t} DeltaES1_{i,t} + \Lambda_t X_{i,t} + \varepsilon_{i,t+1} \tag{3.6}$$

其中，$\Delta CF_{i,t+1}$ 是股票 i 在时间 t + 1 的 ΔROA、ΔGP、ΔOP 或 ΔSALE，DeltaES1$_{i,t}$ 是股票 i 在时间 t 的 DeltaES1，$X_{i,t}$ 是一组控制变量。如表 3 – 6 所示，其中 A 组包括全部股票样本，B 组包括最低的三个 DeltaES1 分位数上股票，C 组包括最高的三个 DeltaES1 分位数中的股票。[②] 在 A 组中，DeltaES1 与除 ΔROA 外的所有现金流变动指标呈负相关，在 1% 的水平上显著。B 组和 C 组的结果表明，负相关仅在左尾风险降低的股票中成立。在 B 组中，DeltaES1 对 ΔROA、ΔGP、ΔOP 和 ΔSALE 的绝对 t 值均不小于 1.86（在 10% 水平上显著），左尾风险降低意味着 DeltaES1 值为负，因此系数为负表明左尾风险降低的股票基本面更好，在未来获得的现金流更多。相反，在 C 组中，DeltaES1 显示出对预期现金流变动没有可预测性，说明左尾风险增加的股票在基本面上不一定会表现得更差。

---

① 指标每月更新，详见本章附录 A。
② 根据表 3 – 1 的汇总统计，十分位数 1 ~ 3（十分位数 8 ~ 0）的个股 DeltaES1 的均值均为负（正）。一个合理的解释是，最低（最高）的 30% DeltaES1 分位数的股票基本上降低（增加）了左尾风险。

表 3 - 6   DeltaES1 对股票基本面变动的 Fama - MacBeth 回归

A 组：完整的样本

	ΔROA	ΔGP	ΔOP	ΔSALE
单变量				
DeltaES1	− 0. 106 (− 1. 35)	− 0. 094 *** (− 2. 83)	− 0. 136 *** (− 3. 06)	− 0. 437 *** (− 2. 86)
R²	0. 004	0. 003	0. 004	0. 002
包含控制的多元变量				
DeltaES1	− 0. 133 (− 1. 25)	− 0. 043 ** (− 2. 23)	− 0. 098 *** (− 3. 42)	− 0. 204 *** (− 2. 84)
R²	0. 081	0. 076	0. 078	0. 040

B 组：最低三个 DeltaES1 分位数的股票

	ΔROA	ΔGP	ΔOP	ΔSALE
单变量				
DeltaES1	− 0. 155 * (− 1. 95)	− 0. 149 *** (− 3. 13)	− 0. 118 *** (− 2. 62)	− 0. 799 *** (− 2. 78)
R²	0. 006	0. 007	0. 007	0. 004
包含控制的多元变量				
DeltaES1	− 0. 167 * (− 1. 86)	− 0. 096 *** (− 2. 60)	− 0. 095 ** (− 2. 46)	− 0. 505 ** (− 2. 16)
R²	0. 194	0. 103	0. 105	0. 064

C 组：最高三个 DeltaES1 分位数的股票

	ΔROA	ΔGP	ΔOP	ΔSALE
单变量				
DeltaES1	− 0. 080 (− 0. 66)	− 0. 008 (− 0. 13)	− 0. 060 (− 0. 95)	0. 134 (0. 61)
R²	0. 005	0. 005	0. 005	0. 004
包含控制的多元变量				
DeltaES1	− 0. 129 (− 0. 152)	0. 058 (1. 22)	0. 020 (0. 51)	0. 323 (1. 62)
R²	0. 196	0. 110	0. 107	0. 072

注：这里，ΔROA 定义为一年净收入减去滞后一年净收入，其差值额以滞后一个月的总资产为尺度。ΔGP 的计算方法为一年的毛利与一年前的毛利之差，乘以滞后一个月的总资产。ΔOP 定义为一年的经营利润差额，以滞后一个月的股票权益为尺度。ΔSALE 定义为一年的销售差额，以滞后一个月的股票权益为尺度。为简洁起见，未报告多元回归的控制变量的系数。在 1%、5% 和 10% 水平上的显著性分别用 ***、** 和 * 表示。

通过投资者对盈利消息的反应推断其预期误差，检测投资者是否对股票现金流反应不足。如果投资者不能及时消化股票的基本面信息，并据此对股票进行相应的定价，则可能会对股票产生不准确的预期，并在盈利公告日被意想不到的好（坏）消息所震惊（Wen，2019）。我们计算了每只股票在盈利公告日前后的累积异常收益（CAR）和其在公告日的标准化意外收益（SUE）。[①] 我们在 DeltaES1 上进行未来 CAR（SUE）的 Fama - MacBeth 回归，公式如下所示：

$$CAR_{i,t+\tau} = \beta_{0,t} + \beta_{1,t}DeltaES1_{i,t} + \Lambda_t X_{i,t} + \varepsilon_{i,t+\tau} \tag{3.7}$$

$$SUE_{i,t+\tau} = \beta_{0,t} + \beta_{1,t}DeltaES1_{i,t} + \Lambda_t X_{i,t} + \varepsilon_{i,t+\tau} \tag{3.8}$$

其中，$CAR_{i,t+\tau}$（$SUE_{i,t+\tau}$）表示股票 i 在 t 月底之前的估计 CAR（SUE）。回归结果如表 3 - 7 所示，其中小组 A、B 和 C 包含了表 3 - 6 中介绍的不同股票。我们可以发现，对于左尾风险降低的股票，DeltaES1 与未来 CAR（SUE）呈负相关（B 小组）；对于左尾风险增加的股票，未来 CAR（SUE）与 DeltaES1 之间没有显著联系（C 小组）。上述结果表明，预期误差仅存在于低（负）DeltaES1 的股票中，当这些股票的好消息公开时，对投资者而言是正向的。因此，除了模型中的设定外，左尾风险降低的股票也会出现现金流不足的反应，这进一步加剧了左尾风险变动的负面效应。相关结果证实了 3.4.1 节中关于持有多头头寸驱动DeltaES1 的异象现象。

总体而言，投资者的先验信息和公司基础信息的缓慢扩散分别导致投资者对左尾风险和现金流的变动反应不足。因此，左尾风险变动的影响会持续很长时间。

表 3 - 7   **DeltaES1 和 CAR（SUE）**

A 组：全样本

变量	CAR		SUE	
DeltaES1	-0.048^{***} （ -2.94）	-0.032 （ -1.40）	-2.013^{***} （ -3.08）	-2.445^{***} （ -3.57）
Controls	NO	YES	NO	YES
R^2	0.003	0.011	0.002	0.073

---

① CAR 是根据盈利公告日前一个交易日至公告后一个交易日的累计异常收益计算得出的。SUE 是用季度每股收益减去四个季度前的每股收益除以过去八个季度的收益变动的标准差来衡量的，详见本章附录 A。

B 组：最低三个 DeltaES1 分位数的股票

变量	CAR		SUE	
DeltaES1	− 0.069 ** (− 1.98)	− 0.078 ** (− 2.05)	− 4.405 *** (− 4.75)	− 2.209 ** (− 2.32)
Controls	NO	YES	NO	YES
R^2	0.003	0.017	0.003	0.071

C 组：最高三个 DeltaES1 十分位数的股票

变量	CAR		SUE	
DeltaES1	0.002 (0.05)	0.022 (0.55)	− 0.747 (− 0.75)	− 0.671 (− 0.70)
Controls	NO	YES	NO	YES
R^2	0.001	0.016	0.004	0.083

注：这里 CAR 是盈利公告日前一个交易日到公告后一个交易日的 3 天累计异常收益，其中异常收益定义为原始日收益与相应价值加权市场日收益之差。SUE 是用季度每股收益减去四个季度前的每股收益除以过去八个季度的收益变动的标准差来衡量的。A 组包含全部股票样本，B 组包含最低的三个 DeltaES1 分位数的股票，C 组包含最高的三个 DeltaES1 分位数的股票。t 值使用 Newey – West（1987）程序报告，每个回归的平均 r 平方统计数据显示在每个小组的最后一行。为简洁起见，未报告多元回归的控制变量的系数。在 1% 和 5% 水平上的显著性分别用 *** 和 ** 表示。

3.5.2　未实现盈利值和左尾风险的变动

投资者的处置效应是其行为偏差的重要来源。相关理论和经验证据表明，当投资者在遭受了资本损失时，他们更喜欢承担风险（Grinblatt and Han，2005；Wang et al. ，2017）。在本小节中，我们将探讨投资者是否对中国市场上的股票左尾风险的变动具有资本状态相关的偏好，这也可能导致左尾风险变动的负面影响。按照格林布拉特和韩（2005）与王等（2017）的做法，我们构建了股票的未实现盈利值指标（CGO）来区分其状态。[1] 由于参考点（RP）的计算需要使用之前 260 周（5 年）的数据，因此 CGO 指标的样本周期为 2002 年 1 月至 2019 年 12 月。

---

[1]　CGO 的横截面百分位的时间序列于本章附录 B 的图 IA – 1。而政府政务处的统计摘要载于本章附录 B 的表 IA – 7。

基于股票的 CGO 和 DeltaES1 进行双变量投资组合分析，以检验 CGO 对 DeltaES1 和预期收益之间关系的影响。在每个月初，我们首先根据 CGO 将股票分成五个五分位数。在每个 CGO 五分位数中，我们进一步根据 DeltaES1 将股票分为五个子五分位数。每月价值加权超额收益或收益差异的时间序列平均值，以及 FF3 和 CH4 的平均值如表 3 - 8 所示。① CGO1 和 CGO5 分别表示 CGO 的最低和最高五分位数。V5 - V1 的差值表示同一 CGO 五分位数内最高 DeltaES1（V5）和最低 DeltaES1（V1）之间的平均超额收益差。Avg 是五个 CGO 投资组合的平均值。DIFF 报告 CGO5 和 CGO1 五分位数之间的回报或 alpha 价差。在 CGO1 的五分位数内，V5 组合的预期超额收益（0.242%）低于 V1 组合（1.049%），收益差值显著为负，即每月收益差为 - 0.807%（t 值为 2.47）。这表明投资者追逐高 DeltaES1 股票，持续表现出对左尾风险变动的相对偏好，从而导致这些股票的预期收益降低。与之相反，在 CGO5 的分位数中，V1 投资组合的预期收益仅略小于 V5 投资组合的预期收益，产生了一个不显著的负收益差。DIFF 显示，CGO5 和 CGO1 五分位数之间的回报差值显著为正，表明 CGO1 五分位数具有更强的负效应。即使考虑到 FF3 和 CH4 调整后的股票回报，这些结果也是稳健的。

表 3 - 8　　　　　　　　　　　资本收益过剩和 DeltaES1

指标	Excess Return（%）						FF3 α（%）	CH4 α（%）
	V1	V2	V3	V4	V5	V5 - V1 spread		
CGO1	1.049 (1.63)	0.621 (0.91)	0.606 (0.87)	0.815 (1.23)	0.242 (0.36)	- 0.807 ** (- 2.47)	- 0.736 ** (- 2.22)	- 0.773 * (- 1.88)
CGO2	1.314 * (1.89)	0.525 (0.79)	0.814 (1.16)	0.798 (1.15)	0.525 (0.76)	- 0.788 *** (- 2.60)	- 0.781 ** (- 2.51)	- 1.068 *** (- 2.80)
CGO3	1.082 * (1.70)	0.861 (1.32)	0.958 (1.40)	0.877 (1.28)	0.640 (0.95)	- 0.442 (- 1.50)	- 0.456 (- 1.54)	- 0.469 (- 1.30)

① 等加权结果显示在本章附录 B 的表 IA - 8 中。

续表

指标	Excess Return（%）						FF3 α（%）	CH4 α（%）
	V1	V2	V3	V4	V5	V5 - V1 spread		
CGO4	0.950 (1.53)	0.678 (1.07)	0.980 (1.45)	0.953 (1.37)	0.223 (0.34)	- 0.727 *** (- 2.65)	- 0.750 *** (- 2.67)	- 0.852 ** (- 2.47)
CGO5	0.993 * (1.71)	1.365 ** (2.26)	1.183 * (1.93)	1.019 (1.58)	0.897 (1.45)	- 0.096 (- 0.27)	- 0.010 (- 0.03)	- 0.548 (- 1.21)
Avg	1.078 * (1.78)	0.810 (1.31)	0.908 (1.40)	0.893 (1.39)	0.505 (0.81)	- 0.572 *** (- 2.98)	- 0.547 *** (- 2.79)	- 0.742 *** (- 3.10)
DIFF						0.711 * (1.91)	0.726 * (1.87)	0.225 (0.80)

注：t 统计量显示在括号中。在 1%、5% 和 10% 水平上的显著性分别用 ***、** 和 * 表示。

上述结果表明 DeltaES1 效应与中国股市中股票的资本状态密切相关。当普通投资者经历了先前的资本损失后，首先会发生左尾风险变动。由此可见，左尾风险变动对未来收益的负可预测性取决于 CGO，这进一步证明投资者的处置效应有助于解释中国左尾风险变动的负向影响。

此外，与格林布拉特和韩（2005）、王等（2017）相比，我们分析的样本周期要短得多，我们也使用 156 周（3 年）的 RP 来计算一只股票的 CGO。价值加权结果与上述结论相似。

3.5.3 机构持股比例（IOR）

机构投资者通常比个人投资者更理性，不太容易受到市场情绪或个人行为偏见的影响（Nagel，2005；Bassi et al.，2013）。他们应该对 DeltaES1 的持久性作出更快的反应，并较少追逐 DeltaES1 较高的股票。为了验证这一假设，我们使用二元投资组合分析了 DeltaES1 负效应在整个机构所有权比率（IOR）投资组合中的变动。

在每个月初，我们首先将股票按 IOR 分为五个五分位数，然后将每个 IOR

投资组合中的股票按 DeltaES1 分类为五个子五分位数。IOR1（V1）和 IOR5
（V5）分别表示 IOR（DeltaES1）的最低和最高五分位数。V5 – V1 价差表示
同一 IOR 五分位数内最高和最低 DeltaES1 之间的平均超额收益差。Avg 是五
个 IOR 投资组合的平均值，DIFF 报告 IOR5 和 IOR1 投资组合之间的回报差
异或 alpha 差值。为简洁起见，本章附录 B 中的表 IA – 9 给出了等量加权和
等值加权的 V5 – V1 价差，以及与它们相关的 FF3 alpha 值和 CH4 alpha 值。
对于每个 IOR 五分位数，V5 – V1 的价差始终为负，这表明 DeltaES1 效应存
在于任何水平的机构持股比例中。然而，最低 IOR 五分位数内的价值加权
（等加权）平均回报差异为每月 – 0.644%（– 0.386%），在幅度上大于
（小于）最高 IOR 的每月 – 0.518%（– 0.628%）。根据 DIFF 中的数值，最
高和最低 IOR 组合之间的 DeltaES1 效应的差异在统计上不显著。由此可见，
无论股票是否以机构投资者持有为主，DeltaES1 对中国股票市场预期收益的
影响在数量上是相似的。

3.6　DeltaES1 因子

到目前为止，一只股票的 DeltaES1 对预期收益率的负面影响证实了 A 股市
场的另一个重大异象。我们更感兴趣的是 DeltaES1 是否可以作为定价因子。对
此，我们基于 DeltaES1 构造了两个因子。首先，在剔除 ST/PT 和金融行业的股
票后，按照法玛和弗伦奇（1993，2015）、侯等（2015）、斯坦堡和袁（2017）
的因子构建方法，形成本章的 DeltaES1 因子（DES）。在每个月 t – 1 的月底，我
们对股票使用独立的双变量排序，得到六个投资组合，即 S/L、S/M、S/H、B/
L、B/M、B/H，以及它们的价值加权平均回报，其中 S（B）表示小（大）公
司，L（M 或 H）表示低（中或高）DeltaES1 股票。我们使用具有低 DeltaES1
（S/L 和 B/L）的投资组合与具有高 DeltaES1（S/H 和 B/H）的投资组合之间的
平均收益差作为 DES 因子的收益。其次，按照刘等（2019）的方法，我们剔除
了公司规模最小的 30% 的股票，而不是特定交易类型或行业的股票，然后通过
相同的计算程序获得另一个 DeltaES1 因子（DES_LSY）。同时，考虑到 ES1 与
DeltaES1 的关系（如表 3 – 1 所示），我们还形成了 ES1 因子（FES 和 FES_

LSY），用于因子比较和跨度检验。①

我们首先计算了 DES_ LSY、DES、FES_ LSY、FES 的统计量，以及法玛和弗伦奇（2015）的五因子（FF5）、斯坦堡和袁（2017）的错误定价四因素（M4）、丹尼尔等（2020）的行为三因子（BF3）、刘等（2019）的中国四因子（CH4）和巴利等（2017）的六因子（FMAX6）模型中所包含的因子。这些因子的汇总统计如表 3 – 9 所示，包括平均值、标准偏差（Std dev）、年化夏普比率、偏度和超额峰度。DES_LSY 和 DES 的月平均收益分别为 0.426% 和 0.365%，t 值分别为 2.98 和 2.80。

相比之下，FES_ LSY 和 FES 的月平均收益率分别为 0.387% 和 0.245%，t 值均小于 1.65，对应 ES1 对中国股市的影响不显著。各模型的 SMB 因子和 PERF、VMG、PMO、LIQ、FMAX 均显著不为零。DES_ LSY 和 DES 的标准差是所有考虑因素中最低的两个，它们的夏普比率分别为 0.65 和 0.61，也高于现有的大多数因子，除了 FF5、PEAD、VMG、PMO 和 FMAX 的 SMB 外。此外，DES_LSY 和 DES 都具有正偏度和相对较高的超额峰度，这意味着它们的右尾较厚，有更多机会获得大额正收益。与 DeltaES1 因子不同，FF5 和 M4、HML、FIN、PEAD、PMO 中的 SMB 具有较厚的左尾。

表 3 – 9　　　　　　　　　DeltaES1 因子和其他因子：汇总统计信息

因子模型	Factor	Mean（%）	t – value	Std dev（%）	Sharpe ratio	Skewness	Excess kurtosis
DeltaES1	DES_LSY	0.426***	2.98	2.26	0.65	0.81	3.74
	DES	0.365***	2.80	2.06	0.61	0.22	2.31
	FES_LSY	0.387	1.64	3.70	0.36	0.01	3.82
	FES	0.245	1.09	3.54	0.24	−0.12	3.62
FF5	MKT	0.743	1.42	8.48	0.30	0.24	2.12
	SMB	0.832***	3.22	4.20	0.69	−0.10	1.47
	HML	0.270	1.32	3.32	0.28	−0.22	4.81
	RMW	−0.150	−0.55	4.39	−0.12	0.23	2.16
	CMA	0.117	0.67	2.82	0.14	0.25	0.80

①　基于 DeltaVaR1 构造因子（DVAR 和 DVAR_LSY），基于 VaR1 构造因子（FVAR 和 FVAR_LSY）。本章附录 B 的表 IA – 10 和表 IA – 11 分别列出了相应因子跨越检验的汇总统计数据和结果。

续表

因子模型	Factor	Mean（%）	t-value	Std dev（%）	Sharpe ratio	Skewness	Excess kurtosis
M4	MKT	0.644	1.23	8.09	0.28	-0.18	1.36
	SMB	0.503*	1.73	4.51	0.39	-0.62	6.51
	MGMT	0.021	0.10	3.16	0.02	0.33	7.06
	PERF	0.583*	1.95	4.64	0.43	0.36	1.42
BF3	MKT	0.644	1.23	8.09	0.28	-0.18	1.36
	FIN	0.100	0.62	2.49	0.14	-0.49	6.58
	PEAD	0.987***	5.10	3.00	1.14	-0.13	0.49
CH4	MKT	0.644	1.23	8.09	0.28	-0.18	1.36
	SMB	0.540**	2.10	3.99	0.47	0.09	1.47
	VMG	1.057***	4.94	3.32	1.10	0.04	0.88
	PMO	0.789***	3.55	3.45	0.79	-0.50	6.42
FMAX6	MKT	0.743	1.42	8.48	0.30	0.24	2.12
	SMB	0.832***	3.22	4.20	0.69	-0.10	1.47
	HML	0.270	1.32	3.32	0.28	-0.22	4.81
	UMD	-0.109	-0.45	3.74	-0.10	0.06	1.64
	LIQ	0.241*	1.95	1.85	0.47	0.95	9.01
	FMAX	0.858***	4.46	3.02	0.99	0.04	2.23

注：对于每个因子，我们报告样本平均值，样本标准差（Std dev），年化夏普比率，偏度和超额峰度。在1%、5%和10%水平上的显著性分别用 ***、** 和 * 表示。样本期为1999年1月至2019年12月（M4、BF3、CH4、FMAX6样本期为2000年1月至2019年12月）。

此外，我们还研究了 DeltaES1 因子是否可以用因子模型解释，通过对中国 A 股市场常用的因子模型（包括 CAPM、FF3、FF5、M4、BF3、CH4 和 FMAX6）进行 DeltaES1 因子的时间序列回归来进行因子跨度检验。依次将 DES 回归到每个因子模型上，回归结果如表3-10所示。基于回归截距（alphas），我们发现 DES 不能被这些因子模型解释，因为常数项都是正的，t 统计量大于2。在这些 alpha 中，最低的是每月0.287%（t 为2.09），这表明 DES 因子包含的额外信息超过了其他因子模型的解释能力。另外，本章附录 B 中的表 IA-12 报告了 DES_LSY 因子对其他因子模型的回归结果。同样，DES_LSY 也不能被任何一个模型解

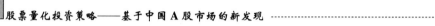

释，alpha 最低可达每月 0.314%，t 值最小为 2.05。

表 3-10　　　　因子跨度检验：DeltaES1 因子对其他因子的时间序列回归

因子	DES						
	CAPM	FF3	FF5	M4	BF3	CH4	FMAX6
Constant	0.400 *** (3.10)	0.385 *** (2.92)	0.332 ** (2.37)	0.352 *** (2.66)	0.287 ** (2.09)	0.330 ** (2.22)	0.463 *** (3.00)
MKT	−1.232 (−0.82)	−1.447 (−0.94)	−1.184 (−0.68)	−0.013 (−0.79)	−0.009 (−0.56)	−0.028 (−1.52)	−0.246 (−0.14)
SMB		1.913 (0.59)	8.405 (1.20)	0.009 (0.29)		0.082 ** (2.11)	2.250 (0.60)
HML		1.355 (0.34)	4.993 (0.99)				0.294 (0.06)
RMW			3.457 (0.47)				
CMA			−7.631 (−1.06)				
MGMT				−0.050 (−1.17)			
PERF				0.023 (0.77)			
FIN					−0.018 (−0.35)		
PEAD					0.083 * (1.86)		
VMG						0.089 * (1.84)	
PMO						−0.119 *** (−3.13)	
UMD							4.486 (1.00)

续表

因子	DES						
	CAPM	FF3	FF5	M4	BF3	CH4	FMAX6
LIQ							−9.614 (−1.19)
FMAX							−1.817 (−0.34)
R^2	0.004	0.011	0.014	0.016	0.019	0.057	0.013

注：样本期为 1999 年 1 月至 2019 年 12 月（M4、BF3、CH4、FMAX6 样本期为 2000 年 1 月至 2019 年 12 月）。t 值使用 Newey – West（1987）程序报告，回归的 r 平方统计数据显示在每个小组的最后一行。在 1%、5% 和 10% 水平上的显著性分别用 ***、** 和 * 表示。

为了分离左尾风险水平与 DeltaES1 因子的影响，我们将 ES1 因子添加到回归中。同时，由于 IVOL 与下行风险直接相关，在考虑 IVOL 的影响后，我们也对 DeltaES1 因子的表现感兴趣。因此，我们将 ES1 因子（FES 和 FES_LSY）和类似构造的 IVOL 因子（FIVOL 和 FIVOL_LSY）作为基准因子，并将它们一起放在所有的回归中进行跨期测试，结果参见本章附录 B 的表 IA – 13。数据显示 DES/DES_LSY 仍然无法解释，这证明我们的 DeltaES1 因子除了对左尾风险和波动率风险水平具有增量解释能力外，对股票收益的横截面也具有增量解释能力。

基于中国 A 股市场的 102 个时间序列的异象收益（Wu et al.，2021），本章获得了 37 个显著异象（相关 t 值大于 1.96）。将这 37 个异象点的收益率回归到刘等（2019）的三个因子加上 DES 因子（CH3 + DES）中来探索 DES 因子的定价能力。一旦相关的 alpha 的 t 值小于 1.96，异象就被认为是可以解释的。不同绩效指标的汇总统计数据如表 3 – 11 的 A 组所示，以反映因子模型的解释能力，包括被解释异常现象的数量，平均绝对 α 值和相应的 t 值，吉本斯（Gibbons）、罗斯（Ross）和山肯（Shanken）1989 年提出的 GRS 检验的 F 统计量和相关 p 值，以及因子模型产生最小 alpha 绝对值的异象点数量。作为比较，我们展示了 FF5、CH3、CH4、中国三因子模型加上 DES 因子（CH3 + DES）以及中国四因子模型加上 DES 因子（CH4 + DES）的结果。结果表明，

CH3 + DES 在解释异象点数量上略优于 CH4（28 vs. 27）；而 CH3 + DES 的平均 alpha 值（0.465% vs. 0.400%）、平均 t 值（1.432 vs. 1.300）和 GRS 检验统计量（2.833 vs. 2.802）略大于 CH4。此外，如果我们将 DES 直接添加到 CH4 模型中，CH4 + DES 的性能优于 CH4 和 CH3 + DES。基于这些结果，可能的含义是我们的 DES 和 CH4 中的 PMO 因子可能会解释不同的异象。因此，在表 3 - 11 的 B 组中，我们列出了不能用 CH4 或 CH3 + DES 解释的异象。在两个模型中重要的异象是不同的，在 CH3 + DES 下，10 个 CH4 无法解释的异象中有 3 个变得不重要。更具体地说，完全被 CH3 + DES 覆盖但在 CH4 下仍然显著的异象包括 Dimson β（betad）、销售变动减去应收账款变动（dsa）和标准化的意外收益（sue）。相反，可以用 CH4 而不能用 CH3 + DES 解释的异象是异常周转率（abtur）和滞后一个季度的总资产为尺度的资产流动性（alaq）。此外，在本章附录 B 的表 IA - 14 中提供了关于 DES_LSY 定价权的类似结果。

由于 DeltaES1 来源于市场数据，而投资者反应不足导致了相关的负面效应，因此我们本期望 CH3 + DES 模型有助于降低价格或反应不足相关异常值，但在解释成交量相关异象时表现不佳。

表 3 - 11　　　　　　　　　　　**性能测试：解释 37 个显著异象**

A 组：汇总统计

项目	FF5	CH3	CH4	CH3 + DES	CH4 + DES
可解释的异象数量	7	24	27	28	28
Average | α |	0.926%	0.478%	0.400%	0.465%	0.390%
Average | t |	3.48	1.537	1.300	1.432	1.244
GRS	4.146	2.937	2.802	2.833	2.746
P 值	0	0	0	0	0
Number of min | α |	0	6	10	10	11

续表

B组：CH4 模型或 CH3 + DES 模型无法解释的显著异象列表

异象	定义	Mean（%）	Std dev（%）	CH4 α（%）	CH3 + DES α（%）
abr	盈利公告日期前后的累积异常收益	0.882 (2.90)	4.71	0.945 (3.17)	0.686 (2.26)
abtur	异常换手率	1.077 (2.77)	6.02	0.156 (0.63)	1.295 (3.03)
alaq	资产流动性，以季度滞后的总资产为基准进行调整	0.852 (3.14)	4.21	0.430 (1.37)	0.692 (2.23)
atoq	季度资产换手率	0.868 (3.53)	3.81	0.577 (2.10)	0.720 (2.65)
betad	蒂姆森系数	0.980 (2.58)	5.89	0.801 (2.04)	0.486 (1.21)
cvd	交易量变动系数	1.106 (3.35)	5.12	0.775 (2.19)	1.206 (3.22)
cvt	换手率变动系数	0.752 (2.32)	5.03	0.777 (2.21)	1.145 (3.13)
dsa	销售变动减去应收账款变动	0.409 (2.10)	3.02	0.486 (2.13)	0.380 (1.71)
isc	基于 CAPM 的特质偏度	0.544 (2.05)	4.11	0.763 (2.49)	0.813 (2.68)
ra25	$t-24$，$t-36$，$t-48$ 和 $t-60$ 的平均收益	0.670 (2.39)	4.34	0.924 (2.83)	0.972 (3.01)
sue	标准化后的未预期收益	1.257 (5.07)	3.84	0.594 (2.33)	0.351 (1.37)
tes	意外税费	1.023 (4.52)	3.51	0.651 (2.51)	0.591 (2.30)

注：均值和的 t 值在括号列示。

3.7　稳健性测试

3.7.1　壳污染

刘等（2019）认为，小盘股很可能被壳污染，壳公司的存在削弱了中国要素的定价能力。表 3 - 1 显示，小盘股具有较高的 DeltaES1。由于反向并购后公司的表现可能优于其基本面，如果我们的样本股票包括被壳污染的股票，那么 DeltaES1 效应可能会被削弱。在本小节中，我们将探讨 DeltaES1 在去除市值较小的股票后的表现。

在剔除样本中的小市值股票后，按滞后一个月的 DeltaES1 排序的十分位数投资组合的月度股票回报的等量加权和价值加权平均值如本章附录 B 中的表 IA - 15 所示。在 A 组、B 组和 C 组中，分别剔除市值规模在市场上排名靠后的 10%、20% 和 30% 的股票。每个样本组的最后两列显示了第 10 分位数和第 1 分位数之间的平均月度超额收益差（高 - 低），以及相关的 CH4 alpha。当剔除规模小的后 10% 的股票时，价值加权收益差从每月的 - 0.889% 扩大到 - 0.898%。在剔除后 20%（30%）的股票后，息差进一步降低至每月 - 0.925%（- 0.956%）。显然，当我们逐步剔除小型股票时，负 DeltaES1 对预期收益的影响会变得更强，相应结果是稳健的，因为 CH4 的 t 值显著。简而言之，左尾风险变动的负面影响会被中国的壳污染股票所侵蚀。

3.7.2　限价制度

纳尔提亚等（2017）在研究 MAX 效应时，认为限价制度抑制了价格信息的表达，导致中国对极高收益的低估。同样，限价也可能阻碍股票极低收益信息的有效表达，进一步影响 DeltaES1 的效果。为了解决这个问题，如果这些特定的股票收益率达到下限，我们会认为股票的日收益率就是调整后的新日收益率。例如，如果连续三天的收益率分别为 - 10%、- 10% 和 - 3%，则调整后的日收益率为第一天的 - 10%、第二天的 - 20% 和第三天的 - 23%。在经过上述处理后，发现超过 900 万个样本的每日股票收益中有 0.473% 发生了变动。基于调整后的日汇报，我们计算出股票的 DeltaES1，并再次探索新的 DeltaES1 与未来收益之间的关系。

我们的新 DeltaES1 对预期收益的单变量投资组合分析的结果如本章附录 B 的表 IA - 16 所示。其十分位数第 10 组和第 1 组之间的价值加权超额收益价差（高 - 低）为每月 - 0.858%，t 值为 - 3.36。值得注意的是，尽管高 - 低价差的 CH4 alpha 变弱（在 5% 水平仍然显著），但新 DeltaES1 与原始 DeltaES1

之间的负面效应差异相当小（−0.858% vs −0.889%），表明 DeltaES1 的负效应具有稳健性。总体而言，限价制度对中国左尾风险变动的负面效应影响不大。

3.7.3　保证金交易系统

从 2010 年 3 月开始，中国股市推出了融资融券交易系统（MTS）。这一试点允许投资者卖空借来的证券，以换取备兑股票（目标股票）。在本小节中，我们考察了中国的 DeltaES1 负效应是否受到了 MTS 的影响。为了保证样本股票的数量，我们选择将从 2013 年 1 月起一直留在目标组中的 426 只股票作为目标股票①，而从未进入目标组的 984 只股票为非目标股票。试验期（实施 MTS 后）为 2013 年 2 月至 2019 年 12 月，非试验期（实施 MTS 前）为 1999 年 1 月至 2010 年 3 月。然后，我们分别在全样本期、非试验期和试验期对目标（或非目标）股票进行单变量投资组合分析。

价值加权结果如本章附录 B 的表 IA−17 所示。在整个样本周期内，非目标股票的 DeltaES1 负效应更为明显，因为它在最高和最低 DeltaES1 五分位数之间的收益差（−0.818%，t 值为 −3.32）比目标股票的收益差（−0.470%，t 值为 −1.81）大得多。更具体地说，在应用 MTS 之前，目标（非目标）股票的收益价差为每月 −0.511%（−0.606%），t 值为 −1.84（−1.99），表明存在显著的负 DeltaES1 效应。然而，在实施 MTS 后，当目标股票可以卖空时，两个极端的 DeltaES1 五分位数的收益差下降到每月 −0.191%，在统计上变得不显著。与之相反的是非目标股票的收益价差扩大到每月 −0.937%，t 值为 −2.79。结果表明，MTS 抑制了目标股票的 DeltaES1 的负效应，在一定程度上有助于纠正 DeltaES1 的错误定价。

3.7.4　DeltaES1 在不同市场体制下的表现

在本节中，我们将探讨 DeltaES1 在不同市场机制下的表现，这些机制分别由

---

　　①　虽然中国 A 股市场在 2010 年 3 月实施了 MTS，但第一批目标股票只有 90 只。2013 年 1 月，目标个股扩大至 500 只。但是，目的股票调整是动态的，此后一些股票被移出了目标群。

投资者情绪（CICSI 和 ISI）、市场波动率（MV）、总市场非流动性（ALIQ）和几个宏观经济变量（包括 GDPG、M2、INV 和 PMI）决定。[①] 对于每个市场层面的变量，我们将样本周期分为两个阶段。第一个阶段（高）包括市场水平变量高于其中位数的月份，而第二个阶段（低）被定义为市场水平变量低于其中位数的月份。然后，我们运行单变量投资组合分析，以检查负的 DeltaES1 是否在高和低制度期间变动。两种市场制度下十分位数投资组合的每月股票收益的价值加权平均值，如本章附录 B 的表 IA－18 所示。根据表 IA－18 中记录的结果，无论使用哪一个市场水平变量来区分市场制度，最高和最低 DeltaES1 分位数的平均回报率或 alpha 值之间的差异在经济上是很大的，在统计上也是显著的。这些结果表明，左尾风险变动对投资者情绪、市场波动性和流动性以及宏观经济状态的负面影响都相当稳健。

此外，我们在考虑 ES1 的长期变动后，检验了 DeltaES1 的负面影响是否存在；我们按照布伦南等（Brennan et al.，1998）的做法从预期收益中去除了法玛和弗伦奇（1993）三因子成分，重新检查了 DeltaES1 的预测能力。最终的结果显示（见本章附录 B 的表 IA－19 和表 IA－20），其在数量上相似，表明 DeltaES1 异象现象在中国 A 股市场中稳健地存在。

3.8   总   结

本章的研究重点是左尾风险的变动对资产定价的重要性。我们提出的反应不足模型表明，左尾风险（DeltaVaR 或 DeltaES）的变动与预期收益之间存在负相关。实证研究发现，中国股市左尾风险变动对预期收益的负向影响在横截向上存在。中国现有的 CAPM 模型、法玛和弗伦奇三因子模型（FF3）、法玛和弗伦奇五因子模型（FF5）、中国四因子模型（CH4）等因子模型无法解释这一效应；也不能用控制变量来解释，包括市场资本化、账面市值比、动量、成交量、短期

[①] 市场波动率（market volatility，MV）定义为已实现的市场波动率，第 t 个月的 MV 用 A 股市场综合指数第 t－1 个月的日收益的标准差来估计。宏观经济变量包括 GDP 增速（GDPG）、广义货币供应量（M2）增速、新增固定资产增速（INVG）、采购经理人指数（PMI）等。市场层面变量的所有时间序列数据基于 CSMAR 数据库的数据进行计算。

逆转、市场贝塔、下行贝塔、尾部风险贝塔、特质波动率、最大日收益、特质偏度、非流动性和特质波动率创新。我们进一步发现，投资者对左尾风险变动的低估持续到未来四个月。当股票处于资本损失区域时，投资者也表现出对左尾风险变动的显著偏好。此外，无论机构持股比例高还是低，这种负面影响在数量上是相似的。我们还构建了两个左尾风险变动因子，这两个因子不能被上述因子模型完全解释。如果我们将其中一个左尾风险因子与中国的三个因子结合起来，就解释的异象数量而言，其表现略优于中国的四因子模型（CH4）。我们的研究对中国股票市场的风险管理和资产定价文献有一定的贡献。

附录 A　变量定义

（1）账面市值比（BM）。根据法玛和弗伦奇（1992，1993）的理论，一家公司的账面市值比是用普通股的账面价值加上公司上一个日历年结束的年度资产负债表递延税，以及前一年 12 月底的股权市值来计算。我们假设账面价值在报告日后 6 个月可用。我们对第 t 月账面价值定义为第 t 个月月末账面市值比的自然对数。

（2）超额资本利得（CGO）。第 w 周的超额资本利得（CGO）定义为：

$$CGO_w = \frac{P_{w-1} - RP_w}{P_{w-1}} \tag{3.A.1}$$

为了避免市场微观结构的影响，本章将市场价格滞后 1 周，P_{w-1} 为 w－1 周周末的股价。RP_w 是每只股票的参考价格。正如格林布拉特和韩（2005）、王等（2017）、姜等（Jiang et al.，2020）所述，我们使用过去 260 周的信息（至少有 200 个有效的价格和成交量观测值）来计算每只股票的参考价格。RP_w 定义如下：

$$RP_w = k^{-1} \sum_{n=1}^{260} \left(V_{w-n} \prod_{\tau=1}^{n-1} (1 - V_{w-n+\tau}) \right) P_{w-n} \tag{3.A.2}$$

其中，V_w 是第 w 周的成交量，k 是使过去价格权重之和为 1 的常数。最后，为了获得每月频率的 CGO，我们使用每个月内最后一周的 CGO。

（3）q% 时预期亏损的变动（DeltaESq，以百分比为单位）。我们首先计算一只股票在 q% 时的预期亏损。第 t 月的 DeltaESq 定义为第 t－12 月 ESq 与第 t 月 ESq 的差值。

（4）毛利变动（ΔGP）。根据诺维－马克思（Novy－Marx，2013）的研究，一只股票的毛利率（GP）表示为毛利（营业收入（OR）和营业成本（COGS）之间的差异）除以总资产（TA）。在这里，我们首先在每个月月底计算股票的一年毛利。然后我们构造 t 月份股票 i 的 ΔGP 如下：

$$GP_{i,t} = \frac{(OR_{i,t} - COGS_{i,t}) - (OR_{i,t-12} - COGS_{i,t-12})}{TA_{i,t-1}} \tag{3.A.3}$$

（5）营业利润的变动（Δ ΔOP）。根据法玛和弗伦奇（2015）的理论，一只股票的营业利润率（OP）表示为营业利润（计算为营业收入（OR）减去营业成本（COGS）、销售费用、财务费用、管理费用（SG&A）和利息费用（Int））除以所有者权益（SE）。我们首先在每个月月底计算股票的一年营业利润。那么，我们构造 t 月份股票 i 的 ΔOP 如下：

$$OP_{i,t} = \frac{\left(\begin{array}{c} OR_{i,t} - COGS_{i,t} - \\ SG\&A_{i,t} - Int_{i,t} \end{array}\right) - \left(\begin{array}{c} OR_{i,t-12} - COGS_{i,t-12} - \\ SG\&A_{i,t-12} - Int_{i,t-12} \end{array}\right)}{SE_{i,t-1}} \tag{3.A.4}$$

（6）资产回报率的变动（ΔROA）。根据豪根和贝克（1996）的理论，股票的资产回报率（ROA）表示为净收入（NI）除以总资产（TA）。我们首先在每个月月底计算股票的一年净收入。那么，我们构造 t 月份股票 i 的 ΔROA 如下：

$$ROA_{i,t} = \frac{NI_{i,t} - NI_{i,t-12}}{TA_{i,t-1}} \tag{3.A.5}$$

（7）销售变动（ΔSALE）。我们首先在每个月月底计算股票的一年销售额（SALE）。那么，我们构造 t 月份股票 i 的 ΔSALE 如下：

$$SALE_{i,t} = \frac{SALE_{i,t} - SALE_{i,t-12}}{SE_{i,t-1}} \tag{3.A.6}$$

其中 $SE_{i,t-1}$ 为股票 i 在第 t－1 个月的股票权益。

（8）q% 时的风险价值变动（DeltaVaRq，以百分比为单位）。首先计算股票在 q% 时的风险价值。第 t 个月的 DeltaVaRq 为第 t－12 个月与第 t 个月 VaRq 的差值。

（9）累积异常收益（CAR）。我们计算盈利公告日前一个交易日到公告后一个交易日的 3 天累积异常收益。

$$CAR_{i,t} = \sum_{t=-1}^{1} (R_{i,t} - R_{m,t}) \tag{3.A.7}$$

其中，t 为盈利公告日，$R_{i,t}$ 为股票 i 在第 t 天的原始收益，$R_{m,t}$ 为股票 i 在第 t 天的价值加权市场收益。

（10）向下 β（DSBETA）。根据洪崇理等（2006）的做法，股票 i 在第 t 月的 DSBETA 计算如下：

$$DSBETA_{i,t} = \frac{cov(r_{i,d}, r_{m,d} \mid r_{m,d} < \mu_{m,t})}{var(r_{m,d} \mid r_{m,d} < \mu_{m,t})} \tag{3.A.8}$$

其中，$r_{i,d}$（$r_{m,d}$）为股票（市场）从第 t – 11 月到第 t 月的每日超额收益，$\mu_{m,t}$ 为市场平均超额收益。

（11）q% 时的预期亏损（Esq，以百分比为单位）。预期亏损等于 q% 的风险值（VaRq）阈值以外所有损失的平均值。

（12）特质偏态（ISKEW）。根据巴利等（2016）的做法，利用公式（3.A.10）中的日残差 $\varepsilon_{i,d}$ 计算股票 i 在第 t 个月的 ISKEW；因此，

$$ISKEW_{i,t} = \frac{1}{D_t} \sum_{d=1}^{D_t} \left(\frac{\varepsilon_{i,d} - \mu_{\varepsilon_i}}{\sigma_{\varepsilon_i}} \right)^3 \tag{3.A.9}$$

其中，D_t 为 t 月的交易天数，μ_{ε_i} 为 $\varepsilon_{i,d}$ 的均值，σ_{ε_i} 为股票 i 在 t 月 $\varepsilon_{i,d}$ 的标准差。

（13）特质波动率（IVOL）。遵循洪崇理等的做法（2006），将股票 i 在 t 月的 IVOL 定义为 t 月内每日特质回报的标准差。为了计算收益残差，我们调整法玛和弗伦奇三因子（1993），

$$R_{i,d} = \alpha_i + \beta_{1,i}MKT_d + \beta_{2,i}SMB_d + \beta_{3,i}HML_d + \varepsilon_{i,d}, \quad d = 1, \cdots, D_t \tag{3.A.10}$$

其中，$\varepsilon_{i,d}$ 为股票 i 在第 d 天的特质回报，D_t 为第 t 个月的交易日数，则计算股票 i 在第 t 个月的 IVOL 如下所示：

$$IVOL_{i,t} = \sqrt{var(\varepsilon_{i,d})}, \quad d = 1, \cdots, D_t \tag{3.A.11}$$

（14）特质波动率创新（DIVOL）。按照拉赫瓦尔斯基和温（2016）的方法，我们首先使用从 t – 11 月到 t 月的每日特质收益计算股票 i 在 t 月的法玛和弗伦奇三因子调整 IVOL。然后，股票 i 在 t 月的 DIVOL 是股票的 IVOL 在 t – 12 月与 t 月之间的差值。

（15）非流动性（ILLIQ）。按照阿米胡德（2002）的说法，一只股票在第 t 天的非流动性计算为：

$$ILLIQ_d = \frac{|ret_d|}{volume_d} \qquad (3.A.12)$$

其中，$|ret_d|$ 是股票在第 d 日的绝对收益，$volume_t$ 是股票在第 d 天的美元交易量。我们取 t 月前 6 个月的平均非流动性，并要求至少 50 次日度观察值。

（16）市场 β（BETA）。我们使用公式：

$$R_{i,d} = \alpha + \beta_{i,y} R_{m,d} + \varepsilon_{i,d}, \quad d = 1, \cdots, D_y \qquad (3.A.13)$$

其中，$R_{i,d}$ 是股票 i 在第 d 天的超额收益，$R_{m,d}$ 是第 d 天的市场超额收益，D_y 是一年中交易的天数 y。BETA 每年更新一次。

（17）最大值（MAX，以百分比为单位）。MAX 是按照巴利等（2011）的做法，在特定月份的最大每日收益。

$$MAX_{i,t} = \max(R_{i,d}), \quad d = 1, \cdots, D_t \qquad (3.A.14)$$

其中，$R_{i,d}$ 是股票 i 在第 d 天的回报，D_t 是第 t 月的交易日数。然后，根据纳尔提亚等（2017）的工作，如果股票回报率达到 10% 的上限，我们将每日回报率相加，以获得更准确的日收益，因为在没有价格限制的情况下，这是一个更好的每日回报率代表。

（18）动量（MOM，以百分点为单位）。根据杰加代什和提特曼（1993）的做法，每只股票在第 t 个月的动量效应是由过去 12 个月的累积收益来衡量，其中跳过一个月（即，从第 t−12 月到第 t−1 月的累积收益）。

（19）短期逆转（REV，以百分比为单位）。根据杰加代什（1990）和雷曼（1990）的做法，每只股票在第 t 个月的逆转被定义为股票在前一个月的超额回报（即第 t−1 个月的回报）。

（20）规模（SIZE）。公司规模在每个月 t 日使用 t 月底的股权市值的自然对数（单位为 1 亿元人民币）衡量。

（21）标准化的意外收益（SUE）。SUE 的衡量方法是季度每股收益减去四个季度前的每股收益除以过去八个季度的收益变动的标准差。

（22）成交额（TURN）。我们以过去一年的平均每日股票成交额来衡量 12 个月的成交额。公司的日成交额是用股票交易量除以流通在外的股票总数来计算的。

（23）尾部风险 β（TRBETA）。我们首先计算市场尾部风险的时间序列。然后，利用窗口滚动法对每只股票的市场尾部风险进行超额收益的回归。系数序列是股票的 TRBETA。更多计算细节见凯利和姜（2014）。

（24）q% 的风险值（VaRq，以百分比为单位）。风险价值是根据一年期日收益率的经验分布的左尾估计出来的，等于原始 q% 五分位数的负值。风险值每月更新一次。

附录 B　补充数据

本章的补充数据可以在 https：//doi. org/10. 1016/j. pacfin. 2021. 101703 上找到。

第 4 章

中国股票收益的非对称性

本章研究中，我们发现在中国股票收益率的横截面上，上行非对称性与未来平均收益率呈负相关，前者是根据姜等（2020）提出的一种新的基于分布非对称性指标计算而来。相反，当使用传统的偏度指标时，非对称性与平均收益之间的关系并不明确。此外，由新的非对称性指标构建的非对称性因子不能被刘等（2019）提出的三因子（CH3）模型或四因子（CH4）模型所解释。当用我们的非对称性因子增强 CH3 模型时，增强后的四因子模型可以解释中国股市 37 个显著异常现象中的 32 个，表现优于 CH3 和 CH4 模型。

4.1 简 介

阿迪提（Arditti，1967）、巴贝里斯和黄（Barberis and Huang，2008）、古尔丁（Goulding，2018）、韩等（2020）和姜等（2020）的理论研究表明，更大的过去上行收益与较低的未来预期收益相关。使用偏度，即非对称性的经典衡量标准，收益非对称性对美国股市资产定价的实证影响是混合的，也是不确定的。阿迪提（1971）、张（Zhang，2005）、库马尔（Kumar，2009）、博耶等（Boyer et al.，2010）、康拉德等（Conrad et al.，2013）、阿玛雅等（Amaya et al.，2015）等都记录了支持美国股市中偏度和预期收益之间负相关的证据。然而，邢等（Xing et al.，2010）、巴利等（2011）和姜等（2020）发现偏度与预期收益之间存在正相关或统计上不显著的关系［详见巴利等（2016）］。也有部分学者对中国股市上的非对称性特征进行了研究（陈浪南、黄杰鲲，2002；何兴强、李涛，2007；李锋森，2017）。

　　与只使用第三矩的偏度相反，姜等（2020）的研究提出了基于整个分布的回报非对称性的新计量。通过新的非对称性测量，他们发现上行非对称性和预期收益之间存在负向关系，这与理论预测是一致的。在这项研究中，我们研究了非对称性效应是否也存在于中国股市。截至2019年底，中国股市的总市值超过8万亿美元，中国股市是世界上第二大股票市场。此外，在2019年，国务院金融稳定发展委员会办公室、中国国务院金融稳定发展委员会办公室宣布了一系列开放金融市场的措施。中国的股票市场越来越容易被外国投资者所接受。因此，研究中国国内股票市场的横向收益可预测性，对学者和投资专业人士来说都越来越有意义。

　　在中国股市中，纳尔提亚等（2017）发现特质偏度对预期收益的影响为负。然而，他们也证明了负的特质偏度效应可以用最大日收益率来解释。为了进一步研究中国股票收益率截面中的非对称效应，我们采用姜等（2020）提出的新的基于分布的非对称度量（IE），用上升和下降的回报概率之差来反映非对称程度。与累积前景理论（Kahneman and Tversky，1979；Tversky and Kahneman，1992）一致，姜等（2020）通过分析表明，上升和下降的收益概率之差可以反映非对称程度。此外，当代表性投资者具有某种前景型效用函数，即风险厌恶大收益、风险偏好大损失时，他们会抬高大收益资产的价格，为大损失资产支付低价。同时，中国的股票市场是由散户主导，所以研究IE度量在中国是否有效是很有意义的。在本章研究中，我们强调的是收益非对称性的特质成分，而非系统性成分——共偏度或共非对称性。巴克斯等（Backus et al.，2018）、姜等（2018）、查比－尤和科拉奇托（Chabi－Yo and Colacito，2019）、巴克西和查比－尤（2019）的研究可以作为参考。正如姜等（2020）提出的资产定价模型所示，IE较高的股票在均衡时的预期收益较低。

　　利用CSMAR数据库，我们使用投资组合排序方法及法玛和马克贝斯（1973）的回归来检验新的非对称性测度IE是否比偏度更好地解释股票收益的横截面。根据刘等（2019）的方法，我们剔除了30%的市值最小的股票，这可能是反向并购中的壳标的，以调整小企业股价被其壳价值污染的程度。我们首先将股票按偏度或 IE 排序为高低非对称性的分位数组合。此外，我们还检验了机构持股比例对股票预期收益的非对称性影响是否存在差异。

我们基于 IE 构造了一个新的非对称性因子。根据刘等（2019）的研究，对于 2000 年 1 月至 2019 年 12 月之间的每一个月，我们以中位数为断点，按照股票的市值（SIZE）将股票拆分为两个投资组合。进一步，我们使用第 30 个和第 70 个 IE 百分位数将股票独立分为三组。随后，我们计算了 SIZE 和 IE 交叉形成的每个投资组合的价值加权收益。新的因子，记为 ASYM，定义为两个低 IE 组合与两个高 IE 组合的差值。

刘等（2019）针对中国股票市场提出了三因子模型（CH3）和四因子模型（CH4）。他们发现美国使用的传统因子模型，如法玛和弗伦奇（1993）的三因子模型（FF－3）、法玛和弗伦奇（2015）的五因子模型（FF－5）以及侯等（2015）的四因子 q 模型（Q－4）的表现均以 CH3 为主。刘等（2019）的研究表明，他们的 CH3 可以解释他们研究中所观察到的 14 种异常现象中的大部分，并且当加入基于月换手率的第四个因子时，可以处理所有这些异常现象。

借鉴侯（2020）和乔明（2019）的研究，我们将刘等（2019）考察的 14 个异象扩展为更全面的 102 个异象。我们在 CH3 模型和 CH4 模型中加入新的非对称性因子（ASYM），从解释的异常个数、α 和 t 统计量的平均绝对值以及 Gibbons－Ross－Shanken（GRS）等方面检验其对 CH3 模型和 CH4 模型的表现。

本章余下部分的结构安排如下：4.2 节给出了新的非对称性测度，4.3 节给出主要的实证结果和讨论，4.4 节对本章进行了总结。

4.2 方 法

在本节中，我们首先介绍了基于分布的非对称性测度并讨论了其性质。随后，我们给出了估计非对称性测度的实证步骤。

4.2.1　基于分布的非对称性测度

在不失一般性的前提下，我们假设股票收益率 x 以零均值和单位方差进行标准化。根据相关实证研究，我们接下来关注特质的日收益非对称性。在这种情况下，x 表示经市场收益和市场收益风险因子的平方调整后的收益残差。哈维西迪克（2000）和巴利等（2011）使用这种风险调整来定义特质偏度。为了保持一致，我们按照他们的方法，使用市场和市场方差因子来定义我们的特质性非对称测度。具体来说，总偏度可以通过下面的二次市场模型对超额收益进行回归，分解为特质成分和系统成分：

$$R_{i,d} - r_{f,d} = \alpha_i + \beta_i (R_{m,d} - r_{f,d}) + \gamma_i (R_{m,d} - r_{f,d})^2 + \varepsilon_{i,d} \tag{4.1}$$

其中，特质性偏度由日残差 $\varepsilon_{i,d}$ 捕捉，系统性偏度或协同偏度定义在估计的斜率系数 γ_i 中。因此，一只股票的非对称性测度包含两个成分：一个特质项和一个共同偏度项。在本研究中，我们只关注特质项。[1]

为了评估 x 的上侧非对称性，我们考虑其超尾概率：

$$IE = \int_c^{+\infty} f(x)\,dx - \int_{-\infty}^{-c} f(x)\,dx = \int_2^{\infty} [f(x) - f(-x)]\,dx \tag{4.2}$$

其中，概率在离平均数两个标准差处进行衡量。[2] 它的第一项度量了极端大收益的累积概率，第二项度量了极端大损失的累积概率。如果 IE 为正，则极端收益的概率大于极端损失的概率。

在其他条件相同的情况下，投资者会偏好极端收益，避免极端损失。因此，他们抬高极端收益可能性高的股票的价格，而对极端损失可能性高的股票支付较低的价格。在均衡中，这意味着当 IE 较高时，预期收益较低。在一定的限制性假设下，姜等（2020）提供了一个代表性行为人模型，推导了这一预测。考虑一个简单的代表性行为人模型，其中包括一个风险资产和一个代表性投资者。他们

---

[1]　最近的一些文献，如姜、吴和周（2018），巴库斯等（2018），查比 – 尤和科拉奇托（2019），主要研究了协同偏斜或协同非对称成分。

[2]　当我们将门槛值略微上移（例如，从 2 个标准差到 1.5 个标准差）时，我们的实证结果仍然保持了高度相似。

表明，期望收益 E（r）与 IE 之间存在如下关系：

$$E(r) = \xi IE - \sigma\xi \int_{-c}^{c} u'(W_1)\, \tilde{r}\, f(\tilde{r})\, d\tilde{r} \tag{4.3}$$

其中，$\xi = -1/E[U'(W_1)] < 0$，σ 是回报率 r 的标准差，c 表示超越水平，可以取任何正值，这取决于投资者效用曲线中弯折的位置，$\tilde{r}$ 是持有收益 r 的标准化形式，$f(\tilde{r})$ 是其概率密度函数，W_1 是第一时期的最终财富，u′是效用函数的一阶导数。显然，式（4.3）表明，IE 越大，预期回报越低。

姜等（2020）还基于概率密度函数定义了另一种非对称性测度 IS_p。IS_p 是格兰杰等（Granger et al.，2004）提出的一般对称 k 类熵的特例，可以认为是 IE 的熵尺度版本。该熵非对称性测度满足三角不等式，IS_p 是一个度量和一个真实距离测度。因此，它的统计性质使得 IS_p 适合于检验给定分布的非对称性。然而，在本研究中，我们关注的是对中国股票收益横截面上非对称性效应的实证评估。因此，在我们的实证分析中，仅使用第一个非对称性测度 IE。理论上，IE 反映了上行非对称性，并且在一定条件下，更正的非对称性与更低的预期收益相关。在本研究中，我们评估这种关联在中国股票市场是否也成立。

4.2.2　经验估算

在实证分析中，为了保证估计精度，我们使用至少 6 个月的日收益观测值来估计 IE 和 ISKEW。注意到 IE 是由累积概率定义的，因此，它的估计可以直接计算出来。我们可以使用经验累积分布函数简单地估计两个尾部的概率。

具体而言，我们使用以下回归来估计日收益残差 $\varepsilon_{i,d}$：

$$R_{i,d} = \alpha_i + \beta_i \cdot R_{m,d} + \gamma_i \cdot R_{m,d}^2 + \varepsilon_{i,d} \tag{4.4}$$

其中，$R_{i,d}$ 是股票 i 在 d 天的超额收益，$R_{m,d}$ 是 d 天市场的超额收益。$\varepsilon_{i,d}$ 是 d 天的特殊收益。我们使用从第 t－6 个月到第 t－1 个月的日残差 $\varepsilon_{i,d}$ 来计算 IE 和 ISKEW。

4.3　实证研究结果

4.3.1　数据来源与样本筛选

我们从 CSMAR 中搜集交易和财报数据。我们的样本期从 2000 年 1 月开始，到 2019 年 12 月结束。我们没有使用 2000 年 1 月之前的数据，因为中国股票的现金流量表只能在 1997 年之后获得。此外，一些企业特征如失败概率和 Ohlson's o-score 的计算需要金融变量的长期历史数据。在中国股票市场中，收入和现金流量表只报告每季度末会计项目的累计值，而不是连续两个季度之间的增量值。因此，我们通过将上一季度报告的数值减去本季度报告的数值来重新计算公司层面的季度会计变量，如净收入和经营现金流量。需要说明的是，我国上市公司在 2002 年以后仅要求发布季报。因此，在 2002 年之前，我们每半年减去流量数据。

我们从中国 A 股市场上市的所有股票开始，并按照刘等（2019）的研究施加了几种常用的股票过滤器。具体而言，我们剔除了（1）2012 年证监会定义的金融行业股票；（2）上市时间小于 6 个月的股票；（3）前一个月可用交易日少于 15 天的股票；（4）过去 12 个月可供交易天数少于 120 天的股票。此外，根据刘等（2019）的观点，A 股市场中市值最小的 30% 的股票很可能是反向并购中的空壳目标，从而影响了股票收益。因此，我们还剔除了每月横截面中市值最小的 30% 股票，以避免壳价值污染。

遵循姜等（2020）的研究，在分析横截面收益预测时，我们首先计算了文献中常用的几个公司特征作为控制变量。我们还考虑了构建刘（2019）的 CH4 因子所使用的特征——企业规模（SIZE）、会计投资价值指数（EP）和异常换手率（TURN）。股票收益动量（MOM）是根据杰加代什和提特曼（1993）构造的自 t−7 月至 t−2 月的累积收益。我们采用与利韦恩和纳格尔（Lewellen and Nagel，2006）类似的方法，利用当期和滞后 4 期的每日市场收益率来估计每个月的市场 beta（β），以控制非同步交易对短期 beta 估计的影响。

进一步的，我们根据阿米胡德（Amihud，2002）构造了非流动性指标（ILLIQ），根据巴利等（2011）构造了月内最大日收益率（MAX）。我们以法玛和弗伦奇（1993）三因子模型为基准，计算个股日收益率残差在一个月内的标准差作为特质波动率（IVOL）。我们遵循哈维和西迪克（2000）以及查比－尤（2012）估计协偏度（COSKEW）；协峰度（COKURT）是根据迪特玛（Dittmar，2002）和查比－尤（2012）得到的。最后，我们使用上月超额收益率和风险调整后收益率（CH4 因子调整）表示短期反转（REV 为超额收益，REVA 为风险调整收益）。这些变量的定义和计算以及本章后面讨论的其他变量在本章附录 B 中给出。

由后文的实证分析可知，我们的非对称性测度 IE 对股票收益的横截面具有较强的预测能力。因此，我们很自然地研究非对称性测度是否可以作为一个额外的资产定价因子来解释许多其他已知的收益预测因子。为此，我们为中国 A 股上市的公司构建了广泛的股票特征。侯等（2020）对在一些顶级财经和会计期刊上发表的 452 个异常事件进行了最全面和详细的描述。这些异象适用于美国市场，并且基于 190 个不同持有期的特征。我们尽可能地按照他们的变量构造方法，认识到中美会计准则的差异，以尽可能少的缺失值构造 102 个特征。按照侯等（2020）给出的异常类别定义，这 102 个特征可以归为 6 类：动量类 8 个，价值与增长类 18 个，投资类 15 个，盈利类 21 个，无形资产类 17 个，其他类 23 个。

接下来，我们将月度股票收益率与滞后的公司特征进行匹配，通常是低频的，采用如下的择时约定。我们考虑三种情况：（1）对于每年更新的特征，我们按照法玛和弗伦奇（1993）的惯例，将 t 年 7 月至 t＋1 年 6 月的收益与基于公司最近可获得的 t－1 年度报告的特征值联系起来；（2）对于季度更新的特征，我们根据最新的季度报告将每个月的收益与特征值联系起来；（3）对于月度更新特征，我们将每个月的收益率与上月月末的特征值进行匹配。与侯等（2020）不同的是，我们没有单独处理盈利公告或者在财报季度末与后续收益之间施加 4 个月的信息发布时滞。这是因为在中国，上市公司通常在财务报表中公布盈利，而季度报告是在财政季度末的 1 个月内发布的。总之，这里采用的时间约定保证了信息的合理及时更新，同时避免了任何可能的前视偏差。

最后，利用 A 股数据，我们复刻了近期文献中涌现的一代定价因子模型，包括法玛和弗伦奇（2018）的六因子模型（FF - 6）、侯等（2019）的五因子 q 模型（Q - 5）、斯坦堡和袁（2017）的 M - 4 模型以及丹尼尔等（2020）的行为三因子模型（BF - 3）。上述因子模型的构建细节在本章附录 B 中给出。刘（2019）等三因子模型（CH3）和四因子模型（CH4）数据来自 Robert Stambaugh 网站[①]。

4.3.2　非对称性与预期收益

在检验非对称性测度 ISKEW 和 IE 与横截面预期收益的关系之前，我们首先对 2000 年 1 月至 2019 年 12 月各月形成的分位数股票描述性统计量进行滞后 IE 值的检验，结果如表 4 - 1 的 Panel A 所示。每个十分位股票的时间序列平均数量约为 109 只。在我们的样本期初期（2000 年左右），每十分位数的股票不超过 60 只；然而，近年来，股票数量上升到 250 多只。从最低到最高的 IE 分位数，我们发现 IE 均值的时间序列均值从 - 0.008 单调递增到 0.046，ISKEW 从 - 0.070 单调递增到 1.108。有趣的是，超额换手率（TURN）、动量效应或第 t - 7 个月到第 t - 2 个月的累积收益率（MOM）、市场贝塔（β）、前一个月最大日收益率（MAX）、特质波动率（IVOL）、短期反转（REV）或调整后的短期反转（REVA）也随着 IE 的增加而增加。这表明非对称性较高的股票往往具有较高的换手率，在前 1~7 个月期间表现较好，风险较高（较高的市场 beta 和特质波动率），彩票属性较多（最大值较高）。为了进一步检验非对称性与其他主要股票特征的相关性，我们对这些特征的横截面相关性进行时间序列平均，结果见表 4 - 1 的 Panel B。IE 和 ISKEW 两个非对称性测度与其他控制变量的相关性较低。虽然两者都描述了收益分布的非对称性，但这两个度量指标并不高度相关，相关系数仅为 0.55。[②]

---

① 数据可在 http：//finance. wharton. upenn. edu/ ~ stambaug/上获取。
② 为了稳健起见，我们还计算了秩相关，结果在本章附录 A 的表 A2 中提供，并且在定性上是相似的。

表 4 - 1　描述性统计和相关系数矩阵

Panel A: 描述性统计

十分位分组	Num	IE	ISKEW	EP	TURN	SIZE	MOM	ILLIQ	B	MAX	IVOL	COSKEW	COKURT	REV	REVA
1 (lowest)	109.33	-0.008	-0.070	0.031	1.000	22.438	1.832	-0.094	1.013	4.920	0.017	-0.171	2.983	-0.798	-1.335
2	109.79	0.003	0.263	0.032	0.981	22.431	3.776	-0.066	0.986	5.052	0.017	-0.175	3.062	-0.045	-0.713
3	109.92	0.009	0.416	0.032	0.986	22.441	4.163	-0.075	1.000	5.150	0.017	-0.178	3.097	0.336	-0.439
4	109.79	0.014	0.548	0.032	0.995	22.448	5.124	-0.070	0.994	5.239	0.017	-0.178	3.097	0.644	-0.189
5	109.74	0.018	0.648	0.032	0.999	22.460	5.859	-0.069	0.994	5.328	0.017	-0.178	3.099	0.969	0.056
6	109.98	0.022	0.727	0.033	1.008	22.467	6.693	-0.070	0.972	5.389	0.017	-0.176	3.090	1.097	0.195
7	109.90	0.026	0.814	0.033	1.012	22.473	7.327	-0.064	0.978	5.464	0.017	-0.169	3.074	1.324	0.404
8	109.81	0.030	0.896	0.033	1.030	22.481	8.169	-0.066	0.887	5.579	0.017	-0.169	3.054	1.617	0.693
9	109.90	0.036	0.991	0.032	1.044	22.495	9.524	-0.073	0.982	5.706	0.018	-0.163	3.032	2.076	1.132
10(highest)	109.42	0.046	1.108	0.031	1.107	22.520	13.084	-0.079	0.984	6.109	0.019	-0.147	2.912	2.915	1.907

Panel B: 相关系数矩阵

变量	IE	ISKEW	EP	TURN	SIZE	MOM	ILLIQ	β	MAX	IVOL.	COSKEW	COKURT	REV	REVA
IE	1.000													
ISKEW	0.548	1.000												
EP	0.012	0.013	1.000											
TURN	0.053	0.040	0.010	1.000										
SIZE	0.036	0.008	0.270	0.021	1.000									
MOM	0.139	-0.005	0.068	0.065	0.183	1.000								

续表

Panel B：相关系数矩阵

变量	IE	ISKEW	EP	TURN	SIZE	MOM	ILLIQ	β	MAX	IVOL	COSKEW	COKURT	REV	REVA
ILLIQ	0.003	0.065	-0.161	0.003	-0.508	-0.139	1.000							
β	-0.007	-0.014	-0.081	0.088	-0.119	-0.059	0.037	1.000						
MAX	0.148	0.113	-0.106	0.425	-0.026	0.062	0.026	0.176	1.000					
IVOL	0.082	-0.003	-0.153	0.517	-0.039	0.166	0.043	0.119	0.714	1.000				
COSKEW	0.036	-0.053	0.078	0.116	0.256	0.375	-0.131	-0.118	0.136	0.173	1.000			
COKURT	-0.031	0.022	0.050	-0.179	-0.142	-0.294	0.017	0.071	-0.182	-0.357	-0.489	1.000		
REV	0.111	0.078	0.019	0.300	0.087	-0.024	0.012	-0.083	0.422	0.326	0.163	-0.076	1.000	
REVA	0.094	0.071	0.018	0.222	0.083	-0.020	0.001	-0.067	0.358	0.284	0.111	-0.066	0.758	1.000

注：Panel A 报告了 IE 时间序列平均股票数量和每个月内各股票特征的平均值，包括股票数量，IE、ISKEW、EP、TURN。

　　基于两种非对称性测度排序的十分位数组合的流通市值加权平均收益如表 4 - 2 所示。从 Panel A 我们可以看到两种度量的收益从十分位数 1 到十分位数 10 呈现递减的趋势。然而，ISKEW 分类组合的月收益利差仅为 - 0.44%，且统计上不显著。相反，在最高 IE 分位数上持续很长而在最低 IE 分位数上持续很短的利差组合，其月均价值加权收益率为 - 0.81%，年均约为 - 9.72%。它在经济上是相当大的且在 1% 水平上显著。此外，在调整 CH4 因子后，回报差异依然显著，α 更大，为每月 - 1.08%。这表明，较高的 IE 确实与较低的预期收益相关，这不能用最新的 CH4 因子模型来解释。我们在本章附录 A 的表 A3 中报告了等权重组合的类似发现。[①]

　　为了检验稳健性，按照姜等（2020）的方法，我们也在本章附录 A 的表 A6 中报告了使用一个标准差的 IE 组合的回报模式。虽然比我们的主要结果，特别是 CH4 的 alpha 值要弱一点，但结果也与表 4 - 2 有本质上的相似。此外，考虑到潜在的微观结构问题，我们也按照利韦恩和纳格尔（2006）的方法，用 3 天的平均市场回报率来代替每日市场回报率，以捕捉领先和滞后，然后重新计算 ISKEW 和 IE 指标。本章附录 A 的表 A7 报告了根据这两个新的非对称性指标排序的十等分组合的价值加权平均收益。结果与表 4 - 2 相似[②]，尽管比我们的主要结果要弱一些，这证实了微观结构问题在实证上并不那么严重。

表 4 - 2 　　　　　　　　　　　　　　　　分位组合

组合	ISKEW			IE		
	Excess Return（%）	CAPM alpha（%）	CH4 alpha（%）	Excess Return（%）	CAPM alpha（%）	CH4 alpha（%）
1（lowest）	0.833 (1.42)	0.175 (0.71)	0.349 (1.58)	1.008 * (1.73)	0.349 (1.47)	0.467 ** (2.11)

---

　　① 如果我们使用前 12 个月而不是 6 个月的日残差收益来估计 ISKEW 和 IE，那么投资组合排序结果在质量上是相似的。等权重结果见本章附录 A 的表 A4。尽管幅度较小，IE 收益率和 alpha 利差在 - 0.59% 左右，这在经济和统计上都是显著的。反之，ISKEW 利差接近于零且不显著。本章附录 A 的表 A5 中的流通市值加权结果显示两个变量的排序结果均不显著。但是，点估计 IE 的收益率仍然是估计 ISKEW 的收益率的两倍多。这可能是因为中国股票市场上的投资者更多的是散户投资者，他们更关注近期的收益表现。因此，非对称测度使用更短的 6 个月的估计窗口，得到的结果更强。

　　② 这表明当门槛值向尾部靠近时，实证证据更强。这可能是因为中国股票市场充斥着散户投资者，他们更看重收益分布的极端结果。正如巴韦里斯等（2016）所指出的，对于具有累积前景效用函数的投资者而言，尾部的极端结果被过度加权。

续表

组合	ISKEW			IE		
	Excess Return（%）	CAPM alpha（%）	CH4 alpha（%）	Excess Return（%）	CAPM alpha（%）	CH4 alpha（%）
2	0.976* (1.67)	0.310 (1.38)	0.406* (1.90)	0.822 (1.49)	0.196 (0.88)	0.230 (1.17)
3	0.839 (1.51)	0.198 (0.97)	0.295 (1.55)	0.947* (1.69)	0.296 (1.51)	0.309* (1.73)
4	0.916 (1.64)	0.271 (1.37)	0.280 (1.55)	0.936* (1.70)	0.294 (1.59)	0.230 (1.27)
5	0.898 (1.61)	0.247 (1.32)	0.258 (1.45)	0.740 (1.35)	0.097 (0.57)	0.020 (0.12)
6	0.637 (1.12)	−0.030 (−0.16)	0.191 (1.01)	0.554 (1.00)	−0.098 (−0.56)	−0.105 (−0.63)
7	0.573 (1.04)	−0.067 (−0.37)	−0.201 (−1.11)	0.803 (1.46)	0.151 (0.92)	0.108 (0.61)
8	0.349 (0.63)	−0.305* (−1.86)	−0.420** (−2.60)	0.577 (1.03)	−0.084 (−0.48)	0.015 (0.08)
9	0.417 (0.74)	−0.238 (−1.27)	−0.371* (−1.81)	0.293 (0.54)	−0.349** (−2.12)	−0.300* (−1.77)
10 (highest)	0.396 (0.72)	−0.245 (−1.28)	−0.342 (−1.54)	0.195 (0.35)	−0.458** (−2.51)	−0.616*** (−2.96)
10−1 spread	−0.437 (−1.28)	−0.420 (−1.22)	−0.691* (−1.85)	−0.813*** (−2.70)	−0.807*** (−2.67)	−1.083*** (−3.27)

注：本表根据 2000 年 1 月至 2019 年 12 月的数据，报告了前一个月按 ISKEW 和 IE 排序的十等分投资组合的月度股票收益率、资本资产定价模型（CAPM）alpha 值和刘等（2019）四因子模型（CH4）alpha 值的价值加权平均值，以及它们的 t 值（括号内给出）。在 1%、5% 和 10% 水平上的显著性分别用 ***、** 和 * 表示。

接下来，我们进行连续的双重排序分析，研究在控制了其他与收益分布相关的熟知的收益预测因子，包括波动率（IVOL）、最大收益率（MAX）、动量（MOM）和短期反转（REV）之后，IE 是否仍然能预测收益。在每个月初，我们首先将股票按每个特征分类为五分位数组合。随后，在每个特征排序的组合中，我们进一步排序为子五分位数组合。这些组合的超额收益的价值加权平均数如表 4 - 3 所示。我们发现，在 MOM 和 IVOL 的五分位数投资组合中，IE 的回报差额大多是显著为负的。然而在按 MAX 或 REV 排序的五分位数中，收益率差的幅度要小一些，IE 对预期收益的负效应只出现在某些组合中。表 4 - 3 显示，各五分位数的平均收益率都非常显著，IVOL 为每月 - 0.61%（t 值为 - 2.88），MAX 为每月 - 0.465%（t 值为 - 230），MOM 为每月 - 0.725%（t 值为 - 3.44），而 REV 为每月 - 0.425%（t 值为 - 2.11）。因此，我们得出结论，IE 的预测能力不能用这些与回报分配有关的控制变量来解释。

表 4 - 3　　　　　　　　　按控制变量和 IE 排序的投资组合

指标	P1（%）	P5（%）	P5 - P1（%）	Proxy	P1（%）	P5（%）	P5 - P1（%）
IVOL1	1.130 ** (2.11)	0.386 (0.75)	- 0.744 ** (- 2.55)	MAX1	0.927 * (1.70)	0.724 (1.37)	- 0.203 (- 0.68)
IVOL2	1.275 ** (2.26)	0.909 (1.56)	- 0.366 (- 1.12)	MAX2	1.161 ** (1.98)	0.646 (1.18)	- 0.515 * (- 1.89)
IVOL3	1.066 * (1.74)	0.617 (1.02)	- 0.449 (- 1.37)	MAX3	1.009 * (1.71)	0.902 (1.49)	- 0.106 (- 0.32)
IVOL4	0.803 (1.32)	- 0.035 (- 0.06)	- 0.837 *** (- 2.69)	MAX4	0.776 (1.22)	0.030 (0.05)	- 0.746 ** (- 2.37)
IVOL5	0.169 (0.26)	- 0.419 (- 0.64)	- 0.588 * (- 1.85)	MAX5	0.430 (0.67)	- 0.324 (- 0.5)	- 0.754 ** (- 2.36)
Avg（IVOL1 - IVOL5）	0.889 (1.56)	0.292 (0.52)	- 0.597 *** (- 2.82)	Avg（MAX1 - MAX5）	0.860 (1.51)	0.396 (0.71)	- 0.465 ** (- 2.30)
MOM1	0.501 (0.79)	0.021 (0.03)	- 0.480 ** (- 1.85)	REV1	0.957 (1.53)	0.451 (0.72)	- 0.505 * (- 1.67)
MOM2	1.274 ** (2.11)	0.565 (0.94)	- 0.709 ** (- 2.20)	REV2	0.978 (1.61)	0.588 (1.03)	- 0.39 (- 1.23)
MOM3	1.226 ** (2.21)	0.414 (0.73)	- 0.813 *** (- 2.99)	REV3	0.962 * (1.72)	0.716 (1.21)	- 0.246 (- 0.91)
MOM4	0.962 (1.59)	0.044 (0.08)	- 0.917 *** (- 2.80)	REV4	1.070 * (1.89)	0.462 (0.82)	- 0.608 * (- 1.97)
MOM5	0.89 (1.52)	0.184 (0.31)	- 0.706 ** (- 1.96)	REV5	0.437 (0.72)	0.06 (0.09)	- 0.377 (- 1.07)
Avg（MOM1 - MOM5）	0.971 * (1.72)	0.246 (0.44)	- 0.725 *** (- 3.44)	Avg（REV1 - REV5）	0.881 (1.58)	0.455 (0.81)	- 0.425 ** (- 2.11)

注：样本期为 2000 年 1 月至 2019 年 12 月。IVOL1（或 MAX、MOM 和 REV）和 IVOL5（或 MAX、MOM 和 REV）分别表示 IVOL（或 MAX、MOM 和 REV）的最低和最高五分位数。P1 和 P5 表示 IE 的最低和最高五分位数。在 1%、5% 和 10% 水平上的显著性分别用 ***、** 和 * 表示。

顺序投资组合排序的优点是可以检测出特征和收益之间潜在的非线性关系。然而，它们也有一个明显的缺点——所能考虑到的控制数量是有限的，因为多次顺序排序会导致投资组合的多样化程度降低。即使对每个变量进行三分法排序，也会导致总共 125 个投资组合（$5 \times 5 \times 5$），因此，每个投资组合中的股票数量很少。为了同时控制更多的变量，看看在所有控制之后，我们的非对称性测度对回报预测是否仍然显著，我们以月度频率进行以下股票水平的 Fama – MacBeth 回归：

$$R_{i,t+1} = \lambda_{0,t} + \lambda_{1,t}IE_{i,t} + \lambda_{2,t}ISKEW_{i,t} + \Lambda_t X_{i,t} + \varepsilon_{i,t+1} \tag{4.5}$$

其中，$R_{i,t+1}$ 是 $t+1$ 月的超额收益率（股票 i 的月度收益率与一年期存款的月度利率之差）或股票 i 在 $t+1$ 月的风险调整后的收益率，该收益率根据刘等（2019）的四个因素进行了调整。X 是一组利用 t 月份的信息计算的控制变量，包括 SIZE、BM、MOM、TURN、ILIQ、β、MAX、REV、IVOL、COSKEW 和 COKURT。

回归结果如表 4 – 4 第（1）~（4）列所示。Fama – MacBeth 标准误差使用纽威和韦斯特（1987）的修正方法对收益率的潜在时间序列相关性进行了调整，其滞后期为 3。当单独对 ISKEW 进行超额收益回归时，系数只有 – 0.222 而且没有统计学意义，表明 ISKEW 几乎没有风险溢价。相反，IE 的系数为 – 13.61，在 1% 的水平上具有统计学意义。从经济上看，这意味着上行非对称性与预期收益率呈负相关：超额尾部概率每增加 1%，月均收益率下降约 13.61 个基点（bps）。

表 4 – 4　　　　　　　　　　　非对称性与预期收益（%）

变量	(1) EXRET	(2) EXRET	(3) EXRET	(4) EXRET	(5) EXRETA	(6) EXRETA	(7) EXRETA	(8) EXRETA
ISKEW	– 0.222 （– 1.39）		– 0.074 （– 0.58）	– 0.103 （– 1.30）	– 0.193 * （– 1.83）		– 0.061 （– 0.57）	– 0.113 （– 1.49）
IE		– 13.61 *** （– 4.06）	– 10.877 *** （– 4.06）	– 5.070 ** （– 2.23）		– 12.202 *** （– 4.93）	– 9.985 *** （– 4.11）	– 6.294 *** （– 3.13）
SIZE				– 0.154 （– 1.19）				– 0.041 （– 0.62）
EP				13.308 *** （6.87）				9.265 *** （7.86）

续表

变量	(1) EXRET	(2) EXRET	(3) EXRET	(4) EXRETA	(5) EXRETA	(6) EXRETA	(7) EXRETA	(8) EXRETA
MOM				0.010 *** (3.07)				0.008 *** (2.66)
TURN				− 0.858 *** (4.68)				− 0.806 *** (− 4.92)
β				0.260 *** (3.87)				
MAX				0.217 (1.13)				0.403 (1.29)
IVOL				− 58.049 *** (− 4.98)				− 59.416 *** (− 5.47)
COSKEW				0.623 (1.38)				− 0.015 (− 0.03)
COKURT				0.127 (0.74)				0.053 (0.32)
REV				− 0.003 (− 0.30)				
REVA								− 0.011 (− 1.58)
Constant	1.02 (1.64)	1.127 * (1.65)	1.128 * (1.65)	3.137 (0.82)	0.072 (0.73)	0.185 ** (2.21)	0.179 * (1.87)	− 1.247 (− 0.37)
R^2	0.0088	0.0059	0.011	0.1145	0.0058	0.0036	0.0072	0.0624

注：我们使用纽威和韦斯特（1987）的修正方法对法玛和弗伦奇的标准误差进行了调整，有三个滞后期。在1%、5%和10%水平上的显著性分别用 ***、** 和 * 表示。

  此外，我们发现 IE 的解释能力可以支配 ISKEW，因为如果我们把这两个变量同时加入回归中，IE 的系数只会受到轻微影响，而 ISKEW 的系数则几乎为零。对其他控制因子来说，IE 对预期收益的负面预测能力也是稳健的。尽管 EP、TURN 和 IVOL 等特征对 A 股市场的影响很强，但 IE 的影响不能被完全解释，而且仍然显著。

在中国 A 股市场，正如刘等（2019）所显示的，CH4 因子——市场（MKT）、规模（SMB）、收益价格比（VMG）和异常换手率（PMO）因子——能够捕捉大部分的系统性风险。随后，我们通过以经风险调整的回报为因变量的回归来检验我们结果的稳健性。具体来说，我们通过去除这些系统性因子来调整收益，并将风险调整后的股票 i 的收益表示为 EXRETA。结果如表 4-4 的第（5）列和第（8）列所示。虽然 ISKEW 的影响在单变量回归中略微显著，但它完全被 IE 所覆盖。相反，IE 的影响和以前一样，在 1% 的水平上显著为负。即使我们增加了其他的控制变量。结果再次证明，我们新的非对称性测度在解释股票收益率的横截面上很有力，而偏度指标几乎不重要。

我们还对非对称性指标 IE 在横截面上的持久性产生兴趣。因此，我们研究了 IE 组合转移矩阵的时间序列平均值，结果如表 4-5 所示。在每个月，所有股票都根据 IE 的升序排序，被分为十等分。这个过程在 t+1 月重复进行。转移矩阵的每个条目都显示了 t 月各 IE 十等分中的股票在 t+1 月的各 IE 十等分中的百分比。由表 4-5 可知，转移矩阵的所有对角元素均高于 10%。例如，在 t 月最低 IE 分位数中，其中有 54% 的股票在 t+1 月份将继续处于最低 IE 分位数内。然而，如果我们在任一十分位数中随机选择一只股票，那么在接下来的一个月中，它有 10% 的机会进入任何十分位数。为了进一步证明这一点，我们还计算了 IE 与其滞后值之间横截面相关性的时间序列平均值。在整个样本期间平均相关度约为 0.79，证实了 IE 的持久性。

表 4-5 转移矩阵

组合	Port1	Port2	Port3	Port4	Port5	Port6	Port7	Port8	Port9	Port10
Port1（%）	54	21	9	4	2	1	1	1	0	0
Port2（%）	20	29	19	11	6	4	2	1	1	0
Port3（%）	9	19	23	17	11	7	4	2	1	1
Port4（%）	4	11	17	20	16	11	7	4	2	1
Port5（%）	2	6	11	16	19	16	11	7	4	2
Port6（%）	1	4	7	11	16	19	16	11	6	2
Port7（%）	1	2	4	7	11	16	20	17	11	4

组合	Port1	Port2	Port3	Port4	Port5	Port6	Port7	Port8	Port9	Port10
Port8（%）	1	1	2	4	7	12	17	22	19	8
Port9（%）	0	1	1	2	4	7	11	19	29	19
Port10（%）	0	0	1	1	2	3	5	9	21	53

接下来，我们考察在不同的机构持股比例（INST）水平下，非对称性效应对预期收益的影响是否发生变化。具体来说，与表4－3类似，在每个月初，我们首先根据机构所有权比率（INST）将股票分为五组。随后，在每个INST五分位数中，我们进一步根据其IE指标将股票分为五分位数。双重排序组合的价值加权平均月收益如表4－6所示。对于机构所有权比率水平最高的五分位数（INST5），从最低的IE五分位数（93个基点）到最高的IE五分位数（1个基点），我们观察到INST5有一个明显的收益递减趋势，从最低的IE五分位数（93个基点）到最高的IE五分位数（1个基点）。这两个投资组合的回报率差为每月－0.920%，显著的t统计量为－3.08，是所有机构所有权水平中最高的。这表明，对于更有可能由机构投资者持有的股票，IE异常相对更强。这一结果与布朗等（Brown et al.，2018）和阿盖瓦尔等（Agarwal et al.，2020）的研究结果一致，他们记录了机构投资者也因为行为偏差、代理问题、风险转移或寻求感觉而持有彩票股票。表4－6中的DIFF表明了最高和最低INST组合之间的IE价差在统计上是不显著的。此外，从INST1到INST4，我们发现三个价差组合的收益率明显为负，并证实IE效应对机构所有权水平不敏感。桂和朱（2021）也记录了中国股票收益横截面中风险价值效应的类似模式。他们发现，在消费者信心较高的时期，在不同机构持股水平的股票中，风险价值和预期收益之间的负相关关系是稳健的。①

表4－6　　　　　　　　　　　按INST和IE分类的投资组合

分组	P1（%）	P2（%）	P3（%）	P4（%）	P5（%）	P5－P1（%）
INST1	0.503 （0.76）	0.711 （1.08）	0.836 （1.30）	0.285 （0.43）	0.074 （0.11）	－0.429 （－1.64）

---

① 然而，在美国市场上，我们发现高INST组合的IE价差更小且不显著，最高和最低INST组合的差异在统计上显著。

续表

分组	P1（%）	P2（%）	P3（%）	P4（%）	P5（%）	P5－P1（%）
INST2	0.651 （1.01）	0.584 （0.95）	0.605 （0.99）	0.626 （0.97）	0.116 （0.18）	－0 535* （－1.86）
INST3	0.965 （1.57）	0.458 （0.78）	0.755 （1.26）	0.665 （1.08）	0.206 （0.36）	－0.759*** （－2.69）
INST4	0.733 （1.32）	0.838 （1.46）	0.538 （0.92）	0.741 （1.26）	0.213 （0.37）	－0.520* （－1.70）
INST5	0.934* （1.73）	0.796 （1.53）	0.556 （1.03）	0.391 （0.76）	0.014 （0.03）	－0.920*** （－3.08）
DIFF						－0.491 （－1 26）

注：样本期为 2000 年 1 月至 2019 年 12 月。INST1 和 INST5 分别表示机构所有权比率最低和最高的五分位数。P1 和 P5 分别表示 IE 最低和最高的五分位数。DIFF 报告了 INST5 和 INST1 组合之间的 P5－P1 价差。在 1% 和 10% 水平上的显著性分别用 *** 和 * 表示。

从行为学的角度来看，我们观察在不同的市场情绪状态下，回报模式是否持续存在。我们将高（低）情绪期定义为消费者信心指数高于（低于）其平均值至少一个标准差的月份。根据桂和朱（2021）的研究，我们使用消费者信心指数表示投资者情绪，因为中国其他两个常用的投资者情绪指数 CICS 和 ISI[①]，只有在 2003 年才开始有较短时期的数据。IE 和 ISKEW 组合在不同市场情绪状态下的回报模式如本章附录 A 的表 A8 所示。我们发现，这两种非对称性指数对中国市场的情绪都不敏感。IE 价差组合在高情绪期或低情绪期都在统计上保持显著。这里记录的结果主要与姜等（2020）提供的结果一致。唯一不同的是，在美国市场上，ISKEW 只在低情绪期对预期收益率有明显的负作用。

最后，我们通过计算投资组合形成 2 至 12 个月后的累积超额收益和相关的 CH4alpha 值来研究 IE 分类投资组合的长期表现，结果记录在本章附录 A 的表 A9 中。表 A9 的 A 组显示，价差组合仍然提供了 －1.663% 到 －0.9439% 的负收益，尽管在组合形成月以后，它逐渐减少，并在第五个月后变得不显著。表 A9 的 B 组报告了累积收益的 CH4alpha 值，所有这些 alpha 值都具有同超额收益类似的模式。总体而言，我们发现在未来几个月内，IE 和未来收益之间的

---

① CICSI 和 ISI 分别由易和毛（Yi and Mao, 2009）和韦等（2014）提出。

负截面关系持续存在。

4.3.3 非对称性系数

到目前为止，我们已经确认 IE 是一个突出的异象，不能被 Liu – Stambaugh – Yuan CH4（2019）的因子所归纳。此外，我们对 IE 能否作为一个有用的定价因子感兴趣。首先，为了说明不同 IE 值的股票收益在截面上表现出共同运动，我们在本章附录 A 的图 A1 中绘制了每个 IE 五分位数组合的价值加权平均超额收益。正如预期的那样，每个五分位数的回报在整个样本期都有强烈的共同运动。随后，我们按照法玛和弗伦奇（1993）及刘等（2019）采用的步骤，构建了基于 IE 的非对称性因子。在每个月底，我们根据横截面的规模中位数将股票分成两组。同时，我们根据 IE 的第 30 个和第 70 个百分位数分别将其分为三组。由此，我们得到 6 个 SIZE – IE 双重分类投资组合，并计算它们下个月的价值加权收益，这些投资组合每月进行一次再平衡。新的非对称性因子，表示为 ASYM，定义为两个低 IE 投资组合和两个高 IE 投资组合之间的平均收益差。接下来，我们想验证在控制了其他熟知因子（如 MKT、SMB、VMG 和 PMO 因子）后，ASYM 因子能否为中国股票收益的横截面提供额外的解释能力。为了缓解变量误差（EIV）问题①，我们使用 125 个投资组合作为横截面资产定价测试中的测试资产，这些投资组合根据规模、收益与价格比和 IE 五分位数独立分组。具体来说，我们首先使用月度回报的整个时间序列估计每只股票的 ASYM 因子的风险负荷，然后使用 CH3 和 CH4 因子作为控制变量，通过 Fama – MacBeth 回归估计 ASYM 因子风险溢价。回归结果见本章附录 A 的表 A10。值得注意的是，估计的 ASYM 因子风险溢价是非常显著的，在每月 0.39% ~0.56% 的范围内。

刘等（2019）研究了中国的规模效应和价值效应，构建适合 A 股市场的因子。与法玛和弗伦奇（1993）相比，他们用收益价格比取代了账面市值比，并提出了一个名为 VMG 的新价值因子。此外，为了涵盖更多的异常情况，他们增加了第四个因子 PMO——基于一个月的异常换手率。PMO 代表了投资者相对悲观

---

① 关于横截面资产定价检验中 EIV 问题的详细处理，参见山肯（1992）和贾甘纳森等（Jagannathan et al., 2010）的成果。

的股票和相对乐观的股票之间的收益差。

每个因子的平均值、标准差、年化夏普比率、t 统计量、偏度和峰度，以及每个因子模型可达到的最大夏普比率——每个模型内的因子所跨越的切线组合的年化夏普比率，如表 4 - 7 所示。在最后两行，我们考虑在 CH3 模型和 CH4 模型中加入 ASYM 的增强模型。巴里拉斯和山肯（2017）指出，在比较交易因子模型相对彼此的表现时（巴里拉斯和山肯 2018 年表示的相对测试），测试资产是不相关的，从每个因子模型中获得的最大夏普比率是最重要的。基于这一见解，我们将重点比较上一列中列出的每个模型的最大夏普比率。

表 4 - 7　　　　　　　　　　　　　　　　因子的表现

定价因子		Mean（%）	Std. Dev（%）	Sharpe	t - value	Skewness	Kurtosis	Maximum Sharpe
FF - 6	MKT	0.61	7.69	0.27	1.24	- 0.23	4.06	1.25
	SMB	0.35	3.74	0.32	1.43	- 0.29	4.60	
	HML	0.39	4.02	0.34	1.49	- 0.18	7.02	
	RMW	0.25	3.35	0.26	1.17	0.25	5.85	
	CMA	- 0.09	2.56	- 0.12	- 0.55	0.19	5.48	
	UMD	0.20	4.16	0.17	0.73	- 0.47	4.38	
Q - 5	MKT	0.61	7.69	0.27	1.24	- 0.23	4.06	1.71
	ME	0.53	3.37	0.54	2.46	- 0.21	5.38	
	I/A	0.07	2.07	0.12	0.50	0.22	3.62	
	ROE	0.85	3.30	0.89	3.99	0.20	4.34	
	REg	0.25	3.38	0.26	1.15	0.07	6.78	
M - 4	MKT	0.61	7.69	0.27	1.24	- 0.23	4.06	0.75
	SMB	0.50	4.51	0.38	1.73	- 0.62	9.35	
	MGMT	0.02	3.16	0.02	0.10	0.32	9.89	
	PERF	0.58	4.64	0.43	1.95	0.36	4.36	
BF - 3	MKT	0.61	7.69	0.27	1.24	- 0.23	4.06	1.27
	PEAD	0.99	3.00	1.14	5.10	- 0.13	3.46	
	FIN	0.10	2.49	0.14	0.62	- 0.48	9.42	

续表

定价因子		Mean（%）	Std. Dev（%）	Sharpe	t – value	Skewness	Kurtosis	Maximum Sharpe
CH3	MKT	0.61	7.69	0.27	1.24	– 0.23	4.06	2.01
	SMB	0.71	4.34	0.57	2.53	0.09	5.08	
	VMG	1.16	3.74	1.07	4.79	0.12	4.45	
CH4	MKT	0.61	7.69	0.27	1.24	– 0.23	4.06	2.13
	SMB	0.53	4.52	0.41	1.81	0.06	4.77	
	VMG	1.16	3.74	1.07	4.79	0.12	4.45	
	PMO	0.86	3.56	0.84	3.77	– 0.82	9.78	
CH3 + ASYM	MKT	0.61	7.69	0.27	1.24	– 0.23	4.06	2.31
	SMB	0.71	4.34	0.57	2.53	0.09	5.08	
	VMG	1.16	3.74	1.07	4.79	0.12	4.45	
	ASYM	0.51	2.02	0.87	3.94	– 0.11	7.70	
CH4 + ASYM	MKT	0.61	7.69	0.27	1.24	– 0.23	4.06	2.41
	SMB	0.53	4.52	0.41	1.81	0.06	4.77	
	VMG	1.16	3.74	1.07	4.79	0.12	4.45	
	PMO	0.86	3.56	0.84	3.77	– 0.82	9.78	
	ASYM	0.51	2.02	0.87	3.94	– 0.11	7.70	

注：样本期为2000年1月至2019年12月。第一行到最后一行对应的是法玛和弗伦奇（2018）的六因子模型（FF – 6）、侯等（2019）的五因子q模型（Q – 5）、斯坦堡和袁（2017）的错误定价四因子模型（M – 4）、丹尼尔等（2020）的行为三因子模型（BF – 3）、刘等（2019）的三因子（CH3）和四因子（CH4）模型，以及刘等（2019）的三因子（CH3）加新因子——ASYM。ASYM被定义为两个低IE组合和两个高IE组合之间的收益差异。

值得注意的是 Fama – French 的六因子没有一个是显著的，可获得的最大年化夏普比率也只有1.25。侯等（2019）的q五因子模型在美国市场上表现出较强解释力，而在中国并没有产生足够高的风险溢价。这是因为投资因子 I/A 的平均收益接近零，每月只有大约0.07%（t值为0.12）。斯坦堡和袁（2017）的错误定价四因子模型（M – 4）和丹尼尔等（2020）的行为三因子模型（BF – 3）的表现更差，最大夏普比率分别为0.75或1.27。相比之下 Stambauh – Yuan 四因子（2019）确实显示了经济上较大且在统计上显著的风险溢价，产生的最大夏普比率为2.13。然而如果我们用 ASYM 因子取代换手率因子 PMO，夏普比率进一步增加到 2.31。虽然 ASYM 每月只获得 0.51% 的回报，但其波动性几乎是所有因子中最低的。此外，如果我们将 ASYM 因子加入 Liu - Stambaugh - Yuan 四因子模型中，五个因子所跨越的最大夏普比率上升至 2.41。

随后，我们研究了当与现有模型的定价因子进行回归时，ASYM 是否仍有显著的 alpha 值。根据吉本斯等（1989）的理解，显著的 alpha 值意味着加入 ASYM 会增加现有因子所跨越的切线组合的夏普比率。我们依次将 ASYM 回归到每个因子模型上，对应的结果如表 4 - 8 所示。正如预期的那样，我们发现没有一个模型可以解释 ASYM 因子，因为所有的 a 值都在 1% 的水平上有统计学意义，而且经济上也较大。最低的 M - 4 alpha 值仍然是每月 0.348%（t 值为 3.24），这表明 ASYM 中包含的信息不能被这些定价模型所归纳。

表 4 - 8　　　　　　　　因子跨越检验：非对称性因子对其他因子的回归

因子	（1）FF - 6	（2）Q - 5	（3）M - 4	（4）BF - 3	（5）CH4
alpha	0.535 *** (3.4)	0.471 *** (4.34)	0.348 ** (3.24)	0.478 *** (4.02)	0.618 *** (4.74)
MKT	−0.018 (−0.96)	−0.020 (−1.09)	−0.001 (−0.07)	−0.010 (−0.51)	0.038 ** (−2.33)
SMB	0.114 ** (2.19)		0.192 *** (5.49)		0.081 ** (2.3)
HML	−0.143 ** (−2.19)				
RMW	−0.103 (−0.99)				
CMA	−0.093 (−0.91)				
UMD	0.118 ** (−2.16)				
ME		0.167 *** (3.27)			
I/A		−0.097 (−0.88)			

续表

因子	(1) FF-6	(2) Q-5	(3) M-4	(4) BF-3	(5) CH4
ROE		0.007 (0.09)			
Reg		-0.138* (-1.93)			
MGMT			-0.033 (-0.64)		
PERF			0.120** (2.51)		
PEAD				0.056 (0.99)	
FIN				-0.141* (-1.73)	
VMG					-0.112** (-2.03)
PMO					0.006 (0.1)
R^2	0.2777	0.2167	0.2332	0.0251	0.107

注：本表报告了 ASYM 因子对 FF-6、Q-5、M-4、BF-3 和 CH4 的时间序列回归的截距和斜率系数。对于每一列，我们报告了系数估计值和 t 值（在括号内给出）。R^2 是每个回归的调整 R 方。

最后，我们将 ASYM 分别与 Liu-Stambaugh-Yuan 因子对 37 个显著的异常收益进行回归，考察 ASYM 是否为绝对意义上的有用因子（如巴里拉斯和山肯的绝对检验）。这里，异常收益序列通过以下步骤得到。在每个月初，我们根据每个特征的滞后值将股票分为 10 个分位数，并计算每个分位数的价值加权月度投资组合收益。然后对投资组合进行排序，根据文献中的实证发现，十分位 10 与较高的预期收益相关，十分位 1 与较低的预期收益相关。因此，异常回报时间序列是一个多空价差组合的平均回报，在十分位数 10 上做多，在十分位数 1 上做空。我们总共构建了 102 个异常点，并在本章附录 A 的表 A1 中列出了它们的首字母缩写、类别和更新频率。在这些异常情况中，我们发现只有 37 个异常情况是显著的，其绝对 t 统计量高于 1.96 的标准。这 37 个异常点的平均值、标准差、t 统计量、偏度和峰度如表 4-9 所示，样本期为 2000 年 1 月至 2019 年 12 月。

表 4-9　　　　　　　　对 37 个显著异常进行描述性统计

异象	Mean（%）	Std. Dev（%）	t - value	Skewness	Kurtosis
abr	0.88	4.71	2.90	-0.08	4.72
abtur	1.08	6.02	2.77	0.80	10.49
alaq	0.85	4.21	3.14	0.03	4.60
atoq	0.87	3.81	3.53	0.25	3.02
betad	0.98	5.89	2.58	0.84	4.78
cpq	0.65	4.14	2.43	0.73	5.90
ctoq	0.61	4.14	2.29	0.32	5.38
cvd	1.11	5.12	3.35	0.17	5.67
cvt	0.75	5.03	2.32	0.59	5.40
droa	1.01	4.25	3.68	0.26	4.16
droe	1.14	4.21	4.20	0.23	4.48
dsa	0.41	3.02	2.10	1.13	10.64
dtv	0.85	6.17	2.13	-0.31	6.06
ebpq	1.20	7.71	2.41	0.73	8.80
emq	1.37	6.22	3.41	-0.39	5.04
epq	1.30	6.08	3.31	0.52	4.82
glaq	1.10	5.64	3.02	-0.39	5.60
isc	0.54	4.11	2.05	1.29	9.82
ivc	0.97	6.00	2.50	0.13	3.94
ivff	1.13	5.84	3.00	0.05	3.83
ocpq	0.79	5.23	2.34	0.26	5.95
oleq	0.88	6.30	2.16	-0.01	4.66
oq	0.67	4.75	2.19	0.04	3.75
pmq	0.85	5.20	2.53	-0.24	4.40
ra25	0.67	4.34	2.39	0.07	5.49

续表

异象	Mean（%）	Std. Dev（%）	t‑value	Skewness	Kurtosis
rla	0.67	4.61	2.24	0.20	5.04
rnaq	1.25	5.56	3.48	0.22	5.03
roa	1.31	5.68	3.57	-0.13	4.25
roe	1.48	5.74	3.98	-0.02	4.22
rs	0.54	3.60	2.34	-0.64	5.67
sgq	0.94	3.75	3.88	-0.12	4.17
spq	1.16	6.55	2.75	0.21	5.95
srev	0.81	6.36	1.98	-0.15	4.93
sue	1.26	3.84	5.06	-0.10	4.27
tes	1.02	3.51	4.52	-0.01	4.94
ts	0.57	3.93	2.25	0.17	4.97
tv	0.82	6.37	1.99	0.36	3.52

　　几个常用于比较因子模型解释能力的统计数据如表 4-10 的 Panel A 所示。这里，被解释的异常点数量展示了在 5% 水平上 alpha 值不显著的异常点的数量。Average $|\alpha|$ 是 37 个绝对 alpha 值关于每个模型的平均值，Average $|t|$ 是对应 t 统计量的平均绝对值。GRS 检验统计报告显示 37 个异常点的 alpha 值是否共同为零。为了便于比较，将法玛和弗伦奇（2018）的六因子模型（FF-6）、侯等（2019）的五因子 q 模型（Q-5）以及刘等（2019）的三因子和四因子模型（CH3 和 CH4）的表现一并列出。一般来说，我们发现 Liu-Stambaugh-Yuan 三个因子和我们的 ASYM 因子（CH3 + ASYM）比刘等（2019）的四因子模型（CH4）表现更好，解释的异常点数量更多（32 对 27），平均绝对 alpha 值更低（0.347% 对 0.373%），具有较低的平均绝对 t 统计量（1.005 比 1.204）和较低的 GRS 统计量（2.329 比 2.692）。此外，由 Liu-Stambaugh-Yuan 四因子和我们的 ASYM 组成的五因子模型解释了 37 个显著异常现象中的 33 个，并在我们检查的所有因子模型中产生了最小的平均 alpha 和平均绝对 t 统计量。

表 4 - 10 效果测试：解释 37 个显著异常现象

Panel A：描述性统计

指标	FF - 6	Q - 5	CH3	CH4	CH3 + ASYM	CH3 + ASYM
No. of explained anomalies（5% level）	5	17	28	27	32	33
Average ∣α∣	0.94%	0.62%	0.45%	0.37%	0.35%	0.27%
Average ∣t∣	3.674	2.16	1.395	1.204	1.005	0.804
GRS	4.067	3.197	2.904	2.692	2.329	2.156
	0	0	0	0	0	0

Panel B：不能被 CH4、CH3 + ASTM 或 CH4 + ASYM 模型中的任何一种解释的现象

（1） Anomaly	（2） Mean（%）	（3） Std. Dev（%）	（4） t value of CH4	（5） t value of CH3 + ASYM	（6） t value of CH4 + ASYM
abr	0.88	4.71	3.17	1.82	2.38
abtur	1.08	6.02	0.60	2.37	0.12
atoq	0.87	3.81	2.01	1.19	0.73
betad	0.98	5.89	2.13	1.61	2.46
cvd	1.11	5.12	2.07	1.58	0.69
cvt	0.75	5.03	2.07	1.57	0.82
dsa	0.41	3.02	2.06	0.92	1.23
ebpq	1.20	7.71	1.74	2.36	2.60
isc	0.54	4.11	2.46	1.35	1.24
ivff	1.13	5.84	1.00	1.98	1.21
ra25	0.67	4.34	2.89	3.44	3.31
spq	1.16	6.55	0.25	1.97	1.64
sue	1.26	3.84	2.27	0.37	1.15
tes	1.02	3.51	2.37	1.17	1.36

注：Panel A 报告了使用各种因子模型解释中国市场的 37 个重大异常现象所得出的几个统计数据。这里，被解释的异常点数量是指在 5% 水平上 a 不显著的异常点的数量。平均 a 和平均 t 分别是 37 个异常点的平均绝对 a 和平均绝对 t 统计量。GRS 是吉本斯等（1989）提出的著名的 GRS 检验的统计数字（括号内为 p 值）。Panel B 组列出了不能被 CH4、CH3 + ASYM 或 CH4 + ASYM 模型中的任何一种解释的异常情况。我们报告了异常收益的平均值和标准差，以及与每个因子模型计算的 alpha 相关的 t 值。

CH4、CH3 + ASYM 或 CH4 + ASYM 模型都不能完全解释的异常现象在表 4 - 10 的Panel B 列出。有趣的是,我们发现三个模型调整后的显著异常值有很大的不同。总的来说,在 CH4 下的显著异常现象,但由于包含了 ASYM 因子而被归纳为以下几点:盈利公告日前后的累积异常收益(abr);季度资产周转率(atoq);交易量变化系数(cvd);股票换手率变化系数(cvt);销售变化减去应收账款变化(dsa);根据 CAPM 的偏度(isc);标准化的意外收益(sue);意外税收支出(tes)。非对称性因子似乎在减少动量和交易摩擦中的异常 alpha 值方面非常有用。然而,ASYM 不能涵盖异常换手率(abtur),甚至削弱了 CH4 模型对企业账面价格比(tes)和销售价格比(spq)的解释能力。此外,与 CH4 相比,CH3 + ASYM 不能解释 FF - 3 模型下的特质波动率(ivff),CH4 + ASYM 不能解释 Dimson β(betad)。在某种程度上,在中国 A 股市场,我们所考虑的任何因子中,只有一个异常没有得到解释:季节性指标(ra25)。在未来的研究中,进一步研究三种因子模型的解释能力差异将是很有趣的。

4.4　总　　结

在本章研究中,我们利用中国股市数据,研究了基于分配的股票回报非对称性度量对资产定价的影响。这个衡量标准被定义为给定回报分布的上尾和下尾之间的概率差异。基于这种非对称性的度量,我们发现较大的上行非对称性与横截面上较小的平均收益有关。中国现有的因子模型,如 CAPM 和刘等(2019)提出的四因子模型(CH4)不能解释预期收益的负非对称性效应。它也不能被特质波动率(IVOL)、最大日收益率(MAX)、动量(MOM)或短期反转(REV)所解释。相反,基于偏度的实证结果是不确定的。我们的实证结果与巴贝里斯和黄(2008)、韩等(2020)和姜等(2020)等理论模型的预测一致。

此外,我们在控制了文献中其他已知定价因子后,在中国股票收益横截面中提出了一个新的显著定价的非对称性因子。用这非对称性因子(ASYM)增强刘等(2019)的三因子和四因子模型,在所有常用于模型比较的指标方面,如最大夏普比率、解释异常的数量、平均 a 和 t 值以及 GRS 测试统计量,都明显提高了其资产定价表现。此外，CH4 + ASYM 五因子模型优于我们考虑的所有因子模型，并实现了令人印象深刻的年化样本夏普比率（2.41）。

附录 A　表格

表 A1　　　　　　　　　　　　　　异象列表

序号	异象	定义	类别	频率
1	abr	盈利公告日期前后的累积异常收益	动量	季度
2	abtur	异常换手率	其他	月度
3	age	公司年龄	无形资产	月度
4	alaq	资产流动性，以季度滞后的总资产为基准进行调整	无形资产	Quarterly
5	almq	资产流动性，以季度滞后的资产市值为基准进行调整	无形资产	Quarterly
6	amq	资产市值比	价值与增长	Quarterly
7	ami	回报率与交易量比绝对值	其他	月度
8	atoq	季度资产换手率	盈利	Quarterly
9	beta	系统性风险系数	其他	月度
10	beta_	下行系数	其他	月度
11	betad	蒂姆森系数	其他	月度
12	betafp	弗兰兹尼与皮特森系数	其他	月度
13	blq	季度账面杠杆	盈利	季度
14	bmj	账面市值比	价值与增长	年度
15	bmq	季度账面市值比	价值与增长	季度
16	cdi	总债务发行	投资	年度
17	cei	总股票发行	投资	年度
18	claq	季度基于现金的营运利润与滞后资产比率	盈利	季度
19	cop	基于现金的营运盈利能力	盈利	年度
20	cpq	现金流股价比	价值与增长	季度
21	cs	协偏度	其他	月度
22	cta	现金资产比	无形资产	年度
23	ctoq	资本周转率	盈利	季度

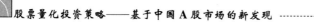
续表

序号	异象	定义	类别	频率
24	cvd	交易量变动系数	其他	月度
25	cvt	换手率变动系数	其他	月度
26	dcoa	流动经营资产的变动	投资	年度
27	dcol	流动经营负债的变动	投资	年度
28	dgs	毛利润变动减去销售额变动	无形资产	年度
29	dmq	债务市值比	价值与增长	年度
30	dnca	非流动资产变动	投资	年度
31	dnco	净非流动营运资产变动	投资	年度
32	dnoa	净营运资产变动	投资	年度
33	dpia	固定资产与存货变化率	投资	年度
34	droa	4个季度资产收益率变动	盈利	季度
35	droe	4个季度股权收益率变动	盈利	季度
36	dsa	销售变动减去应收账款变动	无形资产	年度
37	dsi	销量增长与存货增长差	无形资产	年度
38	dss	销售变动减SG&A变动	无形资产	年度
39	dtv	交易量	其他	月度
40	dwc	净非现金营运资本变动	投资	年度
41	e6	6个月动量	动量	月度
42	e11	11个月动量	动量	月度
43	ebpq	企业账面市值比	价值与增长	年度
44	emq	企业价值乘数	价值与增长	年度
45	epq	市盈率	价值与增长	季度
46	etr	有效税率	无形资产	年度
47	fpq	破产概率	盈利	季度
48	glaq	季度滞后资产毛利润率	盈利	年度
49	gpa	资产毛利润率	盈利	年度
50	ia	投资资产比	投资	年度

续表

序号	异象	定义	类别	频率
51	iaq	季度投资资产比	投资	季度
52	ir	无形资产回报率	价值与增长	年度
53	isc	基于 CAPM 的特质偏度	其他	月度
54	isff	基于 FF3 的特质偏度	其他	月度
55	iv	特质波动率	其他	月度
56	ivc	基于 CAPM 的特质波动率	其他	月度
57	ivff	基于 FF3 的特质波动率	其他	月度
58	ivg	存货增长率	投资	年度
59	kzq	融资约束	无形资产	季度
60	mdr	最大日收益	其他	月度
61	me	股权市场价值	其他	年度
62	ndpq	季度净债务价格比	价值与增长	季度
63	noa	净经营资产	投资	年度
64	nopq	季度净股利支付率	价值与增长	季度
65	nsi	股票净发行量	投资	年度
66	ocpq	营运现金流价格比	价值与增长	季度
67	olaq	滞后资产的营业利润率	盈利	季度
68	oleq	滞后股权的营业利润率	盈利	季度
69	olq	季度营运杠杆	无形资产	季度
70	opa	营业利润率与资产比率	盈利	年度
71	ope	营业利润率与股权比率	盈利	年度
72	opq	季度股利支付率	价值与增长	季度
73	o	Ohlson 评分	盈利	季度
74	pmq	季度利润回报率	盈利	季度
75	poa	百分比应计收入	投资	年度
76	pps	股价	其他	月度
77	ra25	$t-24$, $t-36$, $t-48$ 和 $t-60$ 的平均收益	无形资产	月度

序号	异象	定义	类别	频率
78	rn25	从 t−60 月到 t−13 月的平均收益	无形资产	月度
79	r1a	t−12 月的收益	无形资产	月度
80	r1n	从 t−11 月到 t−1 月的平均收益	无形资产	月度
81	r6	前 6 个月的回报率	动量	月度
82	r11	前 11 个月的回报率	动量	月度
83	rev	反转	价值与增长	月度
84	rnaq	季度净运营资产收益	盈利	年度
85	roa	资产收益率	盈利	季度
86	roe	股权收益率	盈利	季度
87	rs	意外营收	动量	季度
88	sgq	销售增长率	价值与增长	年度
89	size	公司规模	其他	月度
90	spq	销售价格比	价值与增长	季度
91	sr	5 年销售增长率排序	价值与增长	年度
92	srev	短期反转	其他	月度
93	sue	标准化后的未预期收益	动量	季度
94	tail	尾部风险	其他	月度
95	tanq	无形资产	无形资产	年度
96	tbiq	应税所得与账面资产比	盈利	季度
97	tes	意外税费	动量	季度
98	ts	总偏度	其他	月度
99	tur	股票换手率	其他	月度
100	tv	总波动率	其他	月度
101	wwq	Whited−Wu 指数	无形资产	季度
102	zq	Z 评分	盈利	季度

注：该表列出了我们在实证分析中考虑的 102 个异常现象的缩写、名称、类别和更新频率。我们使用中国股票市场和会计研究数据库（CSMAR）的交易和财务数据构建这些特征，可在沃顿研究数据服务（WRDS）获得。在尽可能认识到中美会计准则的差异的同时，按照侯等（2020）的方法纳入特征、构造细节和分类。

表 A2

相关系数矩阵

Panel B：相关矩阵

变量	IE	ISKEW	EP	TURN	SIZE	MOM	ILLIQ	β	MAX	IVOL	COSKEW	COKURT	REV	REVA
IE	1.000													
ISKEW	0.578	1.000												
EP	-0.006	-0.002	1.000											
TURN	0.050	0.029	0.008	1.000										
SIZE	0.029	-0.009	0.260	0.016	1.000									
MOM	0.156	0.012	0.053	0.084	0.119	1.000								
ILLIQ	0.011	0.065	-0.178	-0.005	-0.628	-0.099	1.000							
β	0.020	0.004	-0.052	0.054	-0.064	-0.035	-0.003	1.000						
MAX	0.149	0.091	-0.134	0.401	-0.043	0.070	0.041	0.215	1.000					
IVOL	0.089	-0.005	-0.179	0.476	-0.050	0.171	0.053	0.081	0.704	1.000				
COSKEW	0.013	-0.074	0.060	0.116	0.206	0.363	-0.140	-0.062	0.140	0.161	1.000			
COKURT	-0.003	0.059	0.175	-0.168	0.028	-0.256	-0.053	0.056	-0.229	-0.399	-0.308	1.000		
REV	0.098	0.071	0.011	0.279	0.040	-0.028	0.049	-0.092	0.413	0.299	0.144	-0.059	1.000	
REVA	0.082	0.062	0.015	0.192	0.054	-0.030	0.020	-0.060	0.332	0.243	0.095	-0.038	0.731	1.000

注：该表提供了 2000 年 1 月至 2019 年 12 月股票特征或市场 beta 的横截面秩相关性的时间序列平均值。

表 A3　　　　　　　　　　　　　　　分位数组合（等权重）

组合	ISKEW			IE		
	Excess Return（%）	CAPM alpha（%）	CH4 alpha（%）	Excess Return（%）	CAPM alpha（%）	CH4 alpha（%）
9	0.58 (0.98)	− 0.094 (− 0.40)	− 0.402 *** (− 3.03)	0.514 (0.87)	− 0.159 (− 0.68)	− 0.371 *** (− 2.91)
10（highest）	0.576 (0.98)	− 0.095 (− 0.43)	− 0.311 ** (− 2.02)	0.349 (0.58)	− 0.338 (− 1.45)	− 0.510 *** (− 3.48)
10 − 1 spread	− 0.491 ** (− 1.98)	− 0.482 * (− 1.94)	− 0.704 *** (− 2.69)	− 0.781 *** (− 3.88)	− 0.787 *** (− 3.89)	− 0.972 *** (− 4.49)

注：本表基于 2000 年 1 月至 2019 年 12 月的数据，报告了前一个月按 ISKEW 和 IE 排序的分位数组合的月度股票收益率、资本资产定价模型（CAPM）alphas 值和刘等（2019）的四因子模型（CH4）alphas 值的等权重平均值及其 t 值（括号中给出）。***、**、* 分别表示在 1%、5%、10% 水平上显著。

表 A4　　　　　　　　　　　　　　分位组合（等权重，12 个月）

组合	ISKEW12			IE12		
	Excess Return（%）	CAPM alpha（%）	CH4 alpha（%）	Excess Return（%）	CAPM alpha（%）	CH4 alpha（%）
1（lowest）	0.982 (1.57)	0.308 (1.01)	0.279 (1.58)	1.052 * (1.70)	0.381 (1.28)	0.373 ** (2.34)
2	0.967 (1.56)	0.286 (0.99)	0.228 (1.51)	1.098 * (1.84)	0.437 (1.62)	0.324 *** (2.80)
3	1.085 * (1.78)	0.415 (1.48)	0.278 ** (2.17)	1.015 * (1.69)	0.339 (1.34)	0.207 * (1.92)
4	0.915 (1.49)	0.229 (0.86)	0.156 (1.25)	0.940 (1.57)	0.268 (1.04)	0.046 (0.49)
5	0.849 (1.43)	0.181 (0.73)	0.095 (0.89)	0.927 (1.56)	0.252 (1.05)	0.155 (1.55)
6	0.891 (1.48)	0.213 (0.86)	0.141 (1.36)	0.915 (1.54)	0.242 (1.00)	0.085 (0.86)
7	0.772 (1.28)	0.083 (0.36)	0.005 (0.04)	0.863 (1.44)	0.179 (0.78)	0.026 (0.28)
8	0.864 (1.42)	0.170 (0.73)	0.030 (0.23)	0.778 (1.30)	0.091 (0.41)	− 0.007 (− 0.07)
9	0.730 (1.22)	0.050 (0.21)	− 0.211 (− 1.56)	0.695 (1.14)	− 0.008 (− 0.04)	− 0.120 (− 1.08)
10（highest）	0.704 (1.20)	0.030 (0.14)	− 0.135 (− 0.82)	0.476 (0.78)	− 0.217 (− 0.91)	− 0.224 * (− 1.66)
10 − 1 spread	− 0.279 (− 1.04)	− 0.278 (− 1.03)	− 0.415 (− 1.45)	− 0.576 *** (− 2.98)	− 0.598 *** (− 3.09)	− 0.597 *** (− 2.74)

注：本表根据 2000 年 1 月至 2019 年 12 月的数据，报告了按 ISKEW12 和 IE12 排序的十等分投资组合在前一个月的月度股票收益率、资本资产定价模型（CAPM）alpha 值和刘等（2019）的四因子模型（CH4）alpha 值的等权平均值，以及它们的 t 值（括号内给出）。这里，ISKEW12 和 IE12 都是以 12 个月的滚动窗口构建的。在 1%、5% 和 10% 水平上的显著性分别用 ***、** 和 * 表示。

表 A5 分位组合（流通市值加权，12 个月）

组合	ISKEW			IE		
	Excess Return（%）	CAPM alpha（%）	CH4 alpha（%）	Excess Return（%）	CAPM alpha（%）	CH4 alpha（%）
1（lowest）	0.712 (1.24)	0.070 (0.29)	0.163 (0.70)	0.778 (1.38)	0.147 (0.62)	0.223 (0.99)
2	0.752 (1.31)	0.097 (0.43)	0.100 (0.49)	0.995* (1.80)	0.356* (1.84)	0.337* (1.79)
3	1.070* (1.91)	0.424** (2.08)	0.335* (1.81)	0.857 (1.56)	0.213 (1.23)	0.088 (0.61)
4	0.941 (1.63)	0.265 (1.39)	0.405** (2.24)	0.799 (1.44)	0.148 (0.83)	0.005 (0.03)
5	0.701 (1.28)	0.063 (0.35)	0.093 (0.55)	0.673 (1.26)	0.044 (0.27)	0.251 (1.52)
6	0.763 (1.37)	0.114 (0.63)	0.175 (0.96)	0.887 (1.62)	0.241 (1.47)	0.108 (0.68)
7	0.286 (0.52)	−0.362** (−2.29)	−0.436*** (−2.74)	0.772 (1.40)	0.118 (0.73)	0.127 (0.74)
8	0.724 (1.30)	0.066 (0.39)	0.013 (0.07)	0.41 (0.75)	−0.247* (−1.81)	−0.212 (−1.49)
9	0.468 −0.82	−0.198 (−1.07)	−0.405** (−2.09)	0.536 −0.95	−0.133 (−0.78)	−0.061 (−0.34)
10	0.577 −1.04	−0.062 (−0.32)	−0.017 (−0.08)	0.485 −0.86	−0.173 (−0.94)	−0.16 (−0.78)
10 − 1 spread	−0.135 (−0.37)	−0.133 (−0.46)	−0.180 (−0.95)	−0.293 (−1.04)	−0.320 (−1.12)	−0.383 (−0.37)

注：本表根据 2000 年 1 月至 2019 年 12 月的数据，报告了按 ISKEW12 和 IE12 排序的十等分投资组合在前一个月的价值加权平均值、资本资产定价模型（CAPM）alpha 值和刘等（2019）的四因子模型（CH4）alpha，以及它们的 t 值（括号内给出）。这里 ISKEW12 和 IE12 都是以 12 个月的滚动窗口构建的。在 1%、5% 和 10% 水平上的显著性分别用 ***、** 和 * 表示。

表 A6 分位组合（流通市值加权，1 个标准差）

组合	ISKEW			IE1		
	Excess Return（%）	CAPM alpha（%）	CH4 alpha（%）	Excess Return（%）	CAPM alpha（%）	CH4 alpha（%）
1（lowest）	0.833 (1.42)	0.175 (0.71)	0.349 (1.58)	1.022* (1.84)	0.384* (1.89)	0.209 (1.20)
2	0.976* (1.67)	0.310 (1.38)	0.406* (1.90)	0.89 (1.61)	0.249 (1.31)	0.104 (0.52)

组合	ISKEW			IE1		
	Excess Return（%）	CAPM alpha（%）	CH4 alpha（%）	Excess Return（%）	CAPM alpha（%）	CH4 alpha（%）
3	0.839 (1.51)	0.198 (0.97)	0.295 (1.55)	0.655 (1.19)	0.013 (0.07)	−0.059 (−0.35)
4	0.916 (1.64)	0.271 (1.37)	0.280 (1.55)	0.505 (0.89)	−0.164 (−0.90)	−0.322 * (−1.88)
5	0.898 (1.61)	0.247 (1.32)	0.258 (1.45)	0.71 (1.32)	0.076 (0.46)	−0.073 (−0.46)
6	0.637 (1.12)	−0.030 (−0.16)	0.191 (1.01)	0.888 (1.58)	0.226 (1.30)	0.301 * (1.72)
7	0.573 (1.04)	−0.067 (−0.37)	−0.201 (−1.11)	0.616 (1.12)	−0.027 (−0.15)	0.177 (1.02)
8	0.349 (0.63)	−0.305 * (−1.86)	−0.420 ** (−2.60)	0.663 (1.21)	0.015 (0.09)	0.118 (0.76)
9	0.417 (0.74)	−0.238 (−1.27)	−0.371 * (−1.81)	0.822 (1.48)	0.174 (0.97)	0.094 (0.52)
10（highest）	0.396 (0.72)	−0.245 (−1.28)	−0.342 (−1.54)	0.198 (0.35)	−0.462 (−2.47)	−0.214 (−1.07)
10 − 1spread	−0.437 (−1.28)	−0.420 (−1.22)	−0.691 * (−1.85)	−0.824 *** (−3.37)	−0.846 *** (−3.45)	−0.383 * (−1.70)

注：本表根据2000年1月至2019年12月的数据，报告了按ISKEW和IE1排序的十等分投资组合在前一个月的月度股票收益率、资本资产定价模型（CAPM）alpha值和刘等（2019）的四因子模型（CH4）alpha值的等权平均值，以及它们的t值（括号内给出）。这里，IE1是用距离平均值1个标准偏差构建的。在1%、5%和10%水平上的显著性分别用 ***、** 和 * 表示。

表 A7　　　　　　　　分位组合（流通市值加权，3 天平均市场收益率）

组合	ISKEWnew			IEnew		
	Excess Return（%）	CAPM alpha（%）	CH4 alpha（%）	Excess Return（%）	CAPM alpha（%）	CH4 alpha（%）
1（lowest）	0.927 * (1.70)	0.306 (1.43)	0.191 (1.07)	0.984 * (1.78)	0.354 (1.63)	0.241 (1.42)
2	0.709 (1.27)	0.063 (0.32)	0.082 (0.48)	0.927 * (1.65)	0.269 (1.51)	0.102 (0.60)
3	0.851 (1.48)	0.178 (0.97)	0.103 (0.59)	0.78 (1.43)	0.134 (0.84)	0.039 (0.25)
4	1.004 * (1.80)	0.353 * (1.92)	0.201 (1.17)	0.702 (1.29)	0.061 (0.37)	0.059 (0.39)
5	0.874 (1.56)	0.211 (1.25)	0.08 (0.49)	0.876 (1.62)	0.236 (1.54)	0.048 (0.32)

续表

组合	ISKEWnew			IEnew		
	Excess Return（%）	CAPM alpha（%）	CH4 alpha（%）	Excess Return（%）	CAPM alpha（%）	CH4 alpha（%）
6	0.692 (1.20)	0.011 (0.06)	0.123 (0.71)	0.642 (1.17)	−0.003 (−0.02)	−0.066 (−0.38)
7	0.792 (−1.40)	0.12 (0.73)	0.147 (0.91)	0.596 (1.06)	−0.067 (−0.38)	−0.082 (−0.49)
8	0.499 (0.89)	−0.158 (−0.91)	0.034 (0.17)	0.731 (1.31)	0.071 (0.44)	0.226 (1.32)
9	0.388 (0.71)	−0.258 (−1.57)	−0.246 (−1.41)	0.848 (1.58)	0.217 (1.26)	0.013 (0.07)
10	0.494 (0.96)	−0.108 (−0.65)	−0.096 (−0.51)	0.236 (0.43)	−0.412*** (−2.79)	−0.205 (−1.23)
10−1spread	−0.433* (−1.70)	−0.414 (−1.62)	−0.318 (−1.28)	−0.748*** (−2.95)	−0.766*** (−3.01)	−0.547** (−2.38)

注：本表根据 2000 年 1 月至 2019 年 12 月的数据，报告了按 ISKEWnew 和 IEnew 排序的十等分投资组合在前一个月的月度股票收益率、资本资产定价模型（CAPM）alpha 值和刘等（2019）的四因子模型（CH4）alpha 值的等权平均值，以及它们的 t 值（括号内给出）。这里，ISKEWnew 和 IEnew 都是用 3 天平均市场收益构建的。在 1%、5% 和 10% 水平上的显著性分别用 ***、** 和 * 表示。

表 A8　　　　　　　　　　分位组合（不同市场情绪状态下）

Panel A：IE portfolios

组合	Low sentiment			High sentiment		
	Excess Return（%）	CAPM alpha（%）	CH4 alpha（%）	Excess Return（%）	CAPM alpha（%）	CH4 alpha（%）
1（lowest）	1.158* (1.80)	0.362* (1.71)	0.333 (1.46)	0.898 (1.38)	0.266 (1.28)	0.336 (1.51)
2	0.933 (1.53)	0.175 (0.91)	0.121 (0.62)	0.66 (1.07)	0.061 (0.33)	0.128 (0.67)
3	1.065* (1.72)	0.285 (1.64)	0.27 (1.43)	0.906 (1.45)	0.294* (1.68)	0.318* (1.69)
4	1.08* (1.77)	0.312* (1.91)	0.214 (1.14)	0.928 (1.53)	0.330** (2.15)	0.166 (0.98)
5	0.87 (1.43)	0.103 (0.67)	−0.051 (−0.29)	0.664 (1.12)	0.078 (0.52)	−0.134 (−0.82)

Panel A：IE portfolios

组合	Low sentiment			High sentiment		
	Excess Return（%）	CAPM alpha（%）	CH4 alpha（%）	Excess Return（%）	CAPM alpha（%）	CH4 alpha（%）
6	0.66 (1.08)	−0.121 (−0.83)	−0.247 (−1.52)	0.513 (0.84)	−0.094 (−0.63)	−0.141 (−0.86)
7	0.911 (1.51)	0.144 (0.99)	0.105 (0.62)	0.707 (1.18)	0.115 (0.80)	0.077 (0.46)
8	0.691 (1.12)	−0.094 (−0.63)	−0.076 (−0.43)	0.544 (0.90)	−0.055 (−0.39)	−0.020 (−0.12)
9	0.400 (0.66)	−0.36** (−2.28)	−0.379** (−2.07)	0.143 (0.24)	−0.444*** (−2.97)	−0.332* (−1.92)
10 （highest）	0.352 (0.57)	−0.412** (−2.13)	−0.527** (−2.32)	0.026 (0.04)	−0.56*** (−3.00)	−0.703*** (−3.28)
10−1 speread	−0.805** (−2.42)	−0.773** (−2.32)	−0.86** (−2.31)	−0.872*** (−2.67)	−0.826** (−2.54)	−1.039*** (−2.91)

Panel B：ISKEW portfolios

组合	Low sentiment			High sentiment		
	Excess Return（%）	CAPM alpha（%）	CH4 alpha（%）	Excess Return（%）	CAPM alpha（%）	CH4 alpha（%）
1 （lowest）	0.910 (1.40)	0.113 (0.49)	0.145 (0.61)	0.748 (1.14)	0.119 (0.52)	0.229 (0.99)
2	1.110* (1.71)	0.302 (1.53)	0.351 (1.62)	0.796 (1.23)	0.166 (0.85)	0.254 (1.18)
3	0.926 (1.50)	0.152 (0.89)	0.185 (1.01)	0.718 (1.18)	0.12 (0.70)	0.111 (0.60)
4	1.03* (1.67)	0.251 (1.54)	0.144 (0.82)	0.77 (1.26)	0.168 (1.03)	0.165 (0.93)
5	1.024* (1.66)	0.244 (1.55)	0.21 (1.19)	0.832 (1.35)	0.225 (1.44)	0.193 (1.11)
6	0.719 (1.14)	−0.075 (−0.46)	0.165 (0.86)	0.531 (0.85)	−0.084 (−0.54)	0.021 (0.12)
7	0.779 (1.29)	0.017 (0.11)	−0.184 (−1.00)	0.513 (0.85)	−0.085 (−0.53)	−0.229 (−1.25)

Panel B：ISKEW portfolios

组合	Low sentiment			High sentiment		
	Excess Return（%）	CAPM alpha（%）	CH4 alpha（%）	Excess Return（%）	CAPM alpha（%）	CH4 alpha（%）
8	0.491 (0.81)	−0.281* (−1.93)	−0.494*** (−2.94)	0.296 (0.49)	−0.300** (−2.11)	0.46*** (−2.85)
9	0.576 (0.93)	−0.192 (−0.99)	−0.429 (−1.92)	0.416 (0.67)	−0.187 (−0.96)	−0.342 (−1.52)
10（highest）	0.527 (0.93)	−0.22	−0.267	0.336	−0.223	−0.272

注：本表报告了根据2000年1月至2019年12月的数据，在不同的市场情绪状态下，按ISKEW和IE排序的十等分投资组合在前一个月的月度股票收益率、资本资产定价模型（CAPM）的alpha值和刘等（2019）的四因子模型（CH4）alpha值的等权平均数，以及它们的t值（在括号内给出）。高（低）情绪期被定义为消费者信心指数高于（低于）其平均值至少1个标准差的月份。Panel A和Panel B分别显示了IE和ISKEW组合的结果。在1%、5%和10%的水平上的显著性分别用 ***、** 和 * 表示。

表 A9 长期投资组合累积收益

Panel A：Excessreturns

时间	Port1	Port2	Port3	Port4	Port5	Port6	Port7	Port8	Port9	Port10	High−low
t+2	2.207 (2.4)	1.816 (2.08)	1.743 (2.03)	1.561 (1.87)	1.49 (1.76)	1.338 (1.59)	1.524 (1.82)	1.177 (1.39)	0.949 (1.11)	0.544 (0.65)	−1.663 (−3.62)
t+3	3.023 (2.51)	2.965 (2.59)	2.448 (2.21)	2.105 (1.94)	2.315 (2.04)	2.248 (2.01)	2.495 (2.17)	1.933 (1.76)	1.753 (1.55)	1.052 (0.94)	−1.971 (−3.48)
t+4	3.622 (2.54)	3.893 (2.76)	3.186 (2.36)	2.974 (2.2)	2.952 (2.17)	3.256 (2.28)	3.24 (2.37)	2.38 (1.84)	2.757 (2.01)	1.776 (1.28)	−1.847 (−2.68)
t+5	4.143 (2.53)	4.875 (2.91)	3.973 (2.47)	4.216 (2.53)	3.968 (2.39)	4.355 (2.53)	4.183 (2.52)	3.301 (2.09)	3.674 (2.18)	2.535 (1.5)	−1.608 (−2.16)
t+6	4.655 (2.55)	5.917 (3.03)	4.896 (2.71)	5.178 (2.63)	5.532 (2.78)	5.285 (2.61)	5.345 (2.79)	4.202 (2.18)	4.796 (2.39)	3.648 (1.74)	−1.007 (−1.02)
t+7	5.36 (2.64)	6.468 (3.03)	5.698 (2.85)	5.912 (2.68)	6.657 (2.99)	6.692 (2.85)	6.513 (2.9)	5.959 (2.48)	6.038 (2.53)	4.305 (1.83)	−1.058 (−1.10)
t+8	5.817 (2.65)	6.942 (3.06)	7.128 (3.05)	6.616 (2.74)	7.334 (3.03)	8.259 (3.09)	7.522 (3.08)	7.009 (2.68)	7.319 (2.59)	5.445 (2.04)	−0.321 (−0.28)
t+9	6.78 (2.84)	7.006 (2.97)	8.08 (3.03)	7.711 (2.81)	8.867 (3.2)	9.841 (3.25)	8.388 (3.09)	8.272 (2.83)	8.054 (2.74)	6.073 (2)	−0.398 (−0.29)

Panel A：Excessreturns

时间	Port1	Port2	Port3	Port4	Port5	Port6	Port7	Port8	Port9	Port10	High − low
t + 10	7.126 (2.85)	7.684 (3)	8.764 (3.06)	8.698 (2.94)	10.652 (3.33)	11.026 (3.35)	9.634 (3.08)	10.108 (2.97)	9.131 (2.92)	5.827 (1.97)	− 0.845 (− 0.63)
t + 11	7.879 (2.95)	8.478 (3.05)	9.449 (3.16)	8.868 (2.86)	11.367 (3.39)	13.087 (3.3)	10.352 (3.09)	11.029 (2.95)	10.281 (3.08)	6.44 (2.01)	− 1.221 (− 0.98)
t + 12	7.749 (2.77)	9.183 (3.08)	10.675 (3.11)	9.791 (2.72)	12.449 (3.54)	13.522 (3.42)	10.764 (3.05)	10.924 (2.83)	11.11 (3.05)	6.663 (2.01)	− 0.943 (− 0.65)

Panel B：Alphas

时间	Port1	Port2	Port3	Port4	Port5	Port6	Port7	Port8	Port9	Port10	High − low
t + 2	1.47 (1.99)	0.95 (1.37)	0.744 (1.1)	0.558 (0.83)	0.46 (0.68)	0.439 (0.66)	0.677 (1.01)	0.455 (0.67)	0.142 (0.2)	− 0.239 (− 0.35)	− 1.709 (− 3.26)
t + 3	1.525 (1.35)	1.732 (1.61)	0.745 (0.73)	0.569 (0.58)	0.498 (0.47)	0.704 (0.68)	1.191 (1.12)	0.669 (0.67)	0.186 (0.18)	− 0.07 (− 0.07)	− 1.594 (− 2.46)
t + 4	1.758 (1.22)	1.939 (1.36)	0.875 (0.65)	0.624 (0.46)	0.655 (0.48)	1.013 (0.71)	1.234 (0.91)	0.658 (0.52)	0.429 (0.31)	− 0.043 (− 0.03)	− 1.800 (− 2.28)
t + 5	2.318 (1.4)	2.844 (1.68)	1.785 (1.1)	2.097 (1.25)	1.836 (1.11)	2.428 (1.41)	2.379 (1.44)	1.452 (0.93)	1.595 (0.94)	0.866 (0.52)	− 1.452 (− 1.70)
t + 6	3.419 (1.86)	4.858 (2.42)	3.481 (1.88)	3.736 (1.85)	4.553 (2.22)	4.226 (2.03)	4.33 (2.23)	3.403 (1.72)	3.591 (1.72)	3.135 (1.48)	− 0.283 (− 0.25)
t + 7	3.881 (1.84)	4.864 (2.1)	3.779 (1.77)	3.985 (1.69)	4.767 (1.98)	4.825 (1.91)	5.291 (2.2)	4.252 (1.63)	3.881 (1.5)	3.34 (1.34)	− 0.575 (− 0.51)
t + 8	3.725 (1.59)	4.369 (1.76)	4.379 (1.71)	3.713 (1.41)	4.83 (1.82)	5.567 (1.89)	5.655 (2.12)	4.434 (1.52)	4.312 (1.37)	3.673 (1.26)	− 0.01 (− 0.01)
t + 9	5.759 (2.23)	5.229 (2.02)	6.347 (2.14)	5.71 (1.88)	7.369 (2.4)	7.935 (2.37)	7.762 (2.59)	6.255 (1.91)	6.685 (2.03)	5.176 (1.56)	− 0.128 (− 0.08)
t + 10	6.42 (2.35)	6.448 (2.24)	7.353 (2.29)	7.733 (2.33)	9.391 (2.62)	9.491 (2.57)	9.573 (2.73)	7.478 (1.94)	7.813 (2.21)	4.632 (1.42)	− 1.155 (− 0.73)
t + 11	7.587 (2.56)	8.031 (2.55)	8.792 (2.61)	9.155 (2.61)	11.282 (2.98)	12.577 (2.77)	11.134 (2.95)	9.109 (2.14)	9.586 (2.53)	5.996 (1.68)	− 1.279 (− 0.86)
t + 12	7.2 (2.28)	7.505 (2.19)	8.59 (2.17)	8.914 (2.14)	11.218 (2.78)	11.603 (2.54)	10.308 (2.56)	7.389 (1.67)	8.959 (2.14)	4.674 (1.24)	− 2.292 (− 1.33)

注：本表比较了 2000 年 1 月至 2019 年 12 月，根据 IE 每月形成的股票十等分之间的长期累积回报。组合 1 是 IE 最低的股票组合，组合 10 是 IE 最高的股票组合。该表报告了每个十分位数的累积超额收益和刘等（2019）的四因子模型（CH4）在投资组合形成后的未来两个月至 12 个月的 alpha 值，以及它们的 t 值（在括号内给出）。每个小组的最后一列显示了第 10 层和第 1 层之间的累积超额收益和 alpha 值的差异。Panel A 和 Panel B 分别列出了累积超额收益和 alpha 值的结果。

表 A10　　　　　　　　　　　　　因子的风险溢价

变量	（1）	（2）	（3）	（4）
Intercept	1. 10% * (1. 92)	4. 06% *** (4. 18)	1. 58% ** (2. 19)	1. 45% ** (2. 04)
ASYM	0. 48% ** (2. 26)	0. 56% *** (2. 91)	0. 41% ** (2. 37)	0. 39% ** (2. 26)
MKT		− 2. 72% ** (− 2. 47)	0. 36% (0. 38)	0. 75% (0. 78)
SMB			2. 97% *** (7. 57)	3. 23% *** (7. 24)
VMG			3. 03% *** (7. 98)	3. 28% *** (8. 24)
PMO				0. 27% (0 77)

注：本表使用标准的 Fama - MacBeth 回归方法报告不同因子的风险溢价。我们使用 125 个规模—收益价格比—IE 组合作为测试资产，这些组合是根据公司规模、收益价格比和 IE 独立地将股票分为五等分，然后将三个五等分进行交互，形成 5 ×5 ×5 的组合。βASYM，βMKT，βSMB，βVMG 和 βPMO 分别是利用 2000 年 1 月至 2019 年 12 月的数据对 ASYM 因子、市场因子 MKT、规模因子 SMB、价值因子 VMG 和换手率因子 PMO 的贝塔估计。在 1%、5% 和 10% 水平上的显著性分别用 ***、** 和 * 表示。

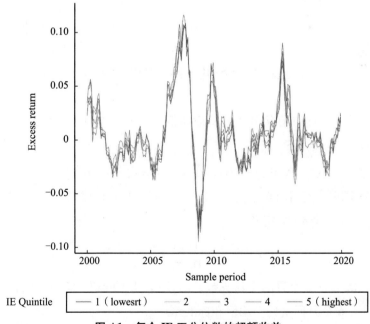

图 A1　　每个 IE 五分位数的超额收益

注：该图绘制了每个 IE 五分位数的月度股票回报的价值加权平均值。根据 2000 年 1 月至 2019 年 12 月的数据，五分位数组合按前一个月的 IE 排序。

附录 B　变量定义

在附录 B 中，我们提供了本章中使用的变量的详细定义。

B.1　特征

（1）超额收益。超额收益（以百分点为单位）是用月度股票收益率和一年期存款月度利率之差计算的。

（2）EXRETA。风险调整后的回报率（单位：百分点）被定义为根据刘等（2019）的四因子调整后的超额回报。

（3）IE。在远离平均值的 2 个标准差处评估的超额尾部概率。IE 的定义见式（4.2）。x 是对市场回报率进行调整后的标准化残差。按照哈维和西迪克（2000）的方法，在估计特异性测量时除波动率外，我们利用以下公式中得到每日残差 $\varepsilon_{i,d}$：

$$R_{i,d} = \alpha_i + \beta_i \cdot R_{m,d} + \gamma_i \cdot R_{m,d}^2 + \varepsilon_{i,d} \tag{4.B.1}$$

其中，$R_{i,d}$ 是股票 i 在第 d 天的超额回报，$R_{m,d}$ 是第 d 天市场超额回报。$\varepsilon_{i,d}$ 是第 d 天的特质回报。我们使用前 6 个月的日残差 $\varepsilon_{i,d}$ 来计算 IE。

（4）IVOL。特质波动率被定义为前一个月每日特殊收益的标准差。为了计算收益残差，我们根据法玛和弗伦奇（1993）的三因子进行了调整：

$$R_{id} = \alpha_i + \beta_{1i} \cdot R_{m,d} + \beta_{2i} \cdot SMB_d + \beta_{3i} \cdot HML_d + \varepsilon_{i,d}, \ d = 1, \cdots, D_t \tag{4.B.2}$$

其中，$\varepsilon_{i,d}$ 是股票 i 在第 d 天的特质回报，D_t 是一个月的交易天数。第 t 个月库存 i 的 IVOL 定义如下：

$$IVOL_{i,t} = \sqrt{var(\varepsilon_{i,d})} \cdot d = 1, \cdots, D_t \tag{4.B.3}$$

（5）ISKEW。使用前 6 个月方程（4.B.1）中的日残差 $\varepsilon_{i,d}$ 计算特质偏度。第 t 个月股票 i 的 ISKEW 定义如下：

$$ISKEW_{i,t} = \frac{1}{D_t} \sum_{d=1}^{D_t} \left(\frac{\varepsilon_{i,d} - \mu_i}{\sigma_i} \right)^3 \tag{4.B.4}$$

其中，D_t 是前 6 个月的交易天数，$\varepsilon_{i,d}$ 是第 d 天股票 i 的超额回报，u_i 和 σ_i 是股票 i 过去 6 个月回报的平均值和标准差。

（6）EP。将会计投资价值指数定义为超常项目前收入除以市场权益，其中超常项目前收入等于年化营业利润（CSMAR 收入表项目"B001300000"）减去税费支出（CSMAR 收入表项目"B002100000"）。在每个月末，我们根据最新公布的财务报告中的会计科目，确定计算出的会计投资价值指数。

（7）TURN。异常换手率计算为过去 20 天的日均换手率与过去 250 天的日均换手率之比，其中日均换手率等于日交易量除以经拆分调整后的总流通股数。

（8）β。根据利韦恩和纳格尔（2006），我们在估计市场贝塔时使用市场收益的当期和滞后 4 期：

$$R_{i,d} = \alpha_i + \beta_{i1} \cdot R_{m,d} + \beta_{i2} \cdot R_{m,d-1} + \beta_{i3} \cdot (R_{m,d-2} + R_{m,d-3} + R_{m,d-4})/3 + \varepsilon_{i,d}$$

(4. B. 5)

其中，$R_{i,d}$ 为股票 i 在 d 日的超额收益率，$R_{m,d}$ 为 d 日的市场超额收益率。股票 i 的市场 beta 计算为 $\widehat{\beta_{i1}} + \widehat{\beta_{i2}} + \widehat{\beta_{i3}}$。

$$COSKEW_{i,t} = \frac{\dfrac{1}{D_t} \sum_{d=1}^{D_t} R_{i,d} R_{m,d}^2}{\sqrt{\dfrac{1}{D_t} \sum_{d=1}^{D_t} R_{i,d}^2} \left(\dfrac{1}{D_t} \sum_{d=1}^{D_t} R_{m,d}^2 \right)}$$

(4. B. 6)

其中，D_t 为上月的 6 个月内的交易日数，$R_{i,d}$ 为股票 i 在 d 日的超额收益率，$R_{m,d}^2$ 为 d 日的市场超额收益率。

（9）COKURT。根据迪特玛（2002）和查比–尤（2012），股票 i 在截至前一个月的 6 个月期间的协峰度为：

$$COKURT_{i,t} = \frac{\dfrac{1}{D_t} \sum_{d=1}^{D_t} R_{i,d} R_{m,d}^3}{\sqrt{\dfrac{1}{D_t} \sum_{d=1}^{D_t} R_{i,d}^2} \left(\dfrac{1}{D_t} \sum_{d=1}^{D_t} R_{m,d}^2 \right)^{3/2}}$$

(4. B. 7)

其中，D_t 为截至前一个月的 6 个月内的交易日数，$R_{i,d}$ 为股票 i 在 d 日的超额收益率，$R_{m,d}^2$ 为 d 日的市场超额收益率。

（10）MAX。根据巴利等（2011）的方法，一个月的最大日收益（以百分比计）是由以下公式计算而来的：

$$MAX_{i,t} = MAX(R_{i,d}), \quad d = 1, \cdots, D_t$$

(4. B. 8)

其中，$R_{i,d}$ 为股票 i 在 d 日的超额收益率，D_t 为 t 月的交易天数。

（11）MOM。根据杰加代什和提特曼（1993）的方法，每只股票在 t（在百分点）月的动量效应，用第 t−7 个月到第 t−2 个月的累积收益率来衡量。

（12）规模（SIZE）。企业规模用上月月末股票市值的自然对数衡量。

（13）REV。根据杰加代什（1990），将短期反转（在百分点）定义为股票上个月的超额收益率。

（14）REVA。调整后的短期反转（在百分点），定义为经刘等（2019）的四因子调整后的上月超额收益率。

（15）ILLIQ。根据阿米胡德（2002），Amihud 比率被定义为过去 6 个月的绝对日股票收益率与日美元交易量的比率。我们要求至少有 50 个日度观测值。

B.2　因子

B.2.1　法玛和弗伦奇（2018）的六因子模型 FF-6

法玛和弗伦奇 2015 年提出了他们的五因子模型，在著名的三因子模型（Fama and French，1993）基础上增加了两个额外的因子即 CMA 和 RMW。CMA 是低投资的股票的平均回报率减去高投资的股票的平均回报率。RMW 是高经营利润率的股票的平均回报率减去低经营利润率的股票的平均回报率。法玛和弗伦奇 2018 年进一步增加了第六个因子 UMD，以控制杰加代什和提特曼（1993）发现的动量效应。UMD 是赢家和输家组合的回报率之差。

我们通过用一年期存款利率减去 A 股股票（不包括最小的 30%）的价值加权回报来计算市场因子 MKT。我们通过将股票按规模和相应的特征独立分为 2×3 的组合来构建其他因子 。规模是指最近一个月的市场总资本。B/M 是每年年底的账面价值除以市场总股本，其中账面价值是以股东总股本（CSMAR 资产负债表项目 "A003000000"）减去优先股的账面价值（CSMAR 资产负债表项目 "A003112101"）衡量。投资以 I/A 衡量，即总资产（CSMAR 资产负债表项目 "A001000000"）的年度变化除以上一年的总资产。经营利润率用 ROE 来衡量，即非常规项目前的收入除以每年年底的账面价值，其中非常规项目前的收入是经营利润（CSMAR 收入表项目 "B001300000"）减去税收支出（CSMAR 收入表项目 "B002100000"）。股票 i 在第 t 个月的动量，是它在第 t-12 个月到第 t-2 个月的累积回报。累积回报是由现金股息再投资的每月回报计算出来的。

在第 t 年的 6 月底，我们根据规模中位数将股票分成两组。我们根据 t-1 年底的 B/M、I/A 和 ROE 的第 30 和 70 个百分位数将股票分成三组。通过交叉我们得到六个规模-B/M 组合、六个规模-I/A 组合和六个规模-ROE 组合。我们持有每个组合一年，然后从 t 年 7 月到 t+1 年 6 月计算收益。HML 是两个高

B/M 组合和两个低 B/M 组合的平均收益之差。CMA 是两个低 I/A 投资组合和两个高 I/A 投资组合的平均收益之差。RMW 是两个高 ROE 投资组合和两个低 ROE 投资组合的平均收益之差。对于每个 2×3 排序的投资组合,我们计算三个小规模投资组合和三个大规模投资组合之间的利差。SMB 是这三个利差的简单平均值。最后,为了获得 UMD,我们在每个月月末将股票按 SIZE 和 MOM 分成六个组合。UMD 是两个高规模组合和两个低规模组合的平均收益之差。

B.2.2　侯等(2019)的五因子 q 模型(Q-5)

侯等 2015 年提出了著名的四因子 q 模型,他们 2019 年将其扩充为五因子 q 模型,其因子包括 MKT、ME、ROE、I/A 和 R_{Eg}。根据 Fama - French 因子,ME、ROE 和 I/A 分别对应 SMB、RMW 和 CMA。然而,它们是由 q 理论而不是现金流折现得出的。第五个因子——R_{Eg} 描述了预期投资增长。

我们如前所述计算规模和 I/A。在每个季度末,ROE 被衡量为除以滞后一个季度的账面价值(CSMAR 资产负债表项目"A003000000")的非常规项目前收入,其中非常规项目前收入是营业利润(CSMAR 收入表项目"B001300000")减去税收支出(CSMAR 收入表项目"B002100000")。用于构造 R_{Eg} 的排序变量记为 R_{ig},它取决于四个特征:托宾 q 的对数、经营性现金流对资产的比率、ROE 的变化和 I/A 的变化。托宾 q 是市场权益(CSMAR 每月股票价格和回报项目"Msmvttl"乘以 1000)加上长期债务(CSMAR 资产负债表项目"A002201000")和按总资产比例缩放的短期债务(CSMAR 资产负债表项目"A001000000")。我们用应付票据(CSMAR 资产负债表项目"A002107000")和非流动负债的流动部分(CSMAR 资产负债表项目"A002125000")之和衡量短期债务。经营现金流对资产的衡量方法是:总收入(CSMAR 收入表项目"B001100000")减去销售成本(CSMAR 收入表项目"B001201000")减去销售、一般和管理费用(CSMAR 收入表项目"B001209000"加上"B001210000"和"B001211000"),减去应收账款变化(CSMAR 资产表项目"A001111000"),减去存货的变化(CSMAR 资产负债表项目"A001123000"),减去预付费用的变化(CSMAR 资产负债表项目"A001112000"),加上应付账款的变化(CSMAR 资产负债表项目"A002108000"),加上应计费用的变化,所有这些都以账面资产(CSMAR 资产负债表项目"A001000000")为比例。应计费用是应付雇员福利(CSMAR 资产负债表项目"A002112000")、应付税款(CSMAR 资产负债表项目

"A002113000")、应付利息（CSMAR 资产负债表项目 "A002114000"）以及应付股利（CSMAR 资产负债表项目 "A002115000"）之和。ROE 和 I/A 的变化是计算出的 ROE 或减去 I/A 其四个季度前的值。在计算这四个特征时，所有的缺失值都被设置为零。在每个月月末，我们确保这些特征的数值是最新的，也就是说，所有这些特征都是由最新的财务报告中公布的会计项目构建的。接下来，我们在 1%~99% 的水平上对所有的特征进行横向的缩尾处理，并将 I/A 的变化与托宾 q 的对数、经营性现金流、资产的对数以及每个月的 ROE 的变化进行 120 个月滚动窗口的回归（要求至少 25 个月）。我们用月度规模作为权重。然后，$t+12$ 月的 R_{ig} 计算为 t 月的估计斜率乘以 $t+12$ 月的相应特征之和。

市场因子 MKT 与之前相同。其他因子的构建方法如下。在第 t 年的 6 月底，我们根据规模的中位数将股票分成两组。我们还根据 I/A 的第 30 个和 70 个百分位数将股票分成三组。此外，我们根据 ROE 的第 30 个和第 70 个百分位数将股票分为三组。这样，我们每个月都会得到 18 个投资组合，然后计算它们在下个月的价值加权收益。每个投资组合每月都要进行再平衡。ME 是 9 个小规模投资组合和 9 个大规模投资组合的平均回报率之差。ROE 是 6 个高 ROE 组合和 6 个低 ROE 组合的平均回报率之差。I/A 是 6 个低 I/A 投资组合和 6 个高 I/A 投资组合的平均收益之差。对于 R_{Eg}，我们在每个月月末将规模和 R_{ig} 独立分类为 6 个组合。然后，R_{Eg} 被计算为两个高规模 R_{ig} 投资组合和两个低规模 R_{ig} 投资组合的平均收益之差。

B.2.3　斯坦堡和袁（2017）四因子模型（M-4）

斯坦堡和袁（2017）并没有根据特定的特征对股票进行排序来构造其定价因子，而是结合了股票关于 11 个有记录异象的排名。除了规模和市场因子之外的两个新因子 MGMT 和 PERF 是低估股票和高估股票之间的收益利差。

MGMT 和 PERF 都是由一组异常构建的。MGMT 的异象包括净股票发行、综合股权发行、应计利润、净经营资产、资产增长和投资资产比。PERF 的异象包括困境、O-score、动量、总盈利溢价和资产收益率。计算这些异常的细节参照斯坦堡和袁（2017）的研究。对于其中的每一个，我们将股票排序到其组内的百分位和平均排名。高排名对应低预期收益。

市场因子 MKT 与前文定义相同。其他因子构建如下。在每个月月末，我们将股票按照中位数大小分成两组。我们分别按照两个聚类平均排名的第 20 个和第 80 个百分位数将股票分为三组。由此，我们得到每个月 6 个 size – MGMT 组合和 6 个 size – PERF 组合。我们计算它们下个月的价值加权收益，并在下个月月末对投资组合进行再平衡。MGMT 为两个低 MGMT 组合和两个高 MGMT 组合的平均收益之差。类似的，PERF 是两个低 PERF 组合和两个高 PERF 组合的平均收益之差。最后，无论是大小 MGMT 组合还是大小 PERF 组合，我们都计算了小规模组合和大规模组合之间的价差。SMB 是这两种利差的简单平均。

B.2.4 丹尼尔等（2020）三因子模型（BF – 3）

丹尼尔等（2020）提出用另外两个行为因子补充 CAPM 的模型。融资因子 FIN 捕捉的是长期错误定价，由投资者过度自信诱发，并被管理者发行或回购股权的决策所利用。盈余公告后漂移因子 PEAD 捕获了短视现象错误定价，这是由于投资者对盈余意外的有限关注和反应不足所导致的。

FIN 由净股票发行和五年复合股票发行两个异象构造。我们将 t 年的股票发行净额以对数形式表示为 t 年年末经拆分调整的总未发行股份（CSMAR 月度股票价格 & 收益率项 "Msmvttl" 乘以 1000 除以 "Mclsprc"）减去 t – 1 年年末经拆分调整的未发行股份。我们将第 t 年的复合股票发行量用 5 年的市场权益增长率减去 5 年的累积股票收益率取对数来衡量。丹尼尔等（2020）没有沿用传统方法对 FIN 因子做进一步处理。相反，他们通过净股票发行的第 30 个和第 70 个百分位数将股票分为三组，然后通过其复合股票发行的第 20 个和第 80 个百分位数独立地将股票分为三组。将股票净发行量和复合发行量极低的股票归入低 FIN 组合，将股票净发行量和复合发行量极高的股票归入高 FIN 组合，其他股票归入中等 FIN 组合。然而在实际中，我们发现低 FIN 组合中的股票较少。因此，我们不使用这个过程，转而使用斯坦堡和袁（2017）使用的平均排序方法。

PEAD 以 4 天累积超额收益率构造。计算为财务报告发布日前两个交易日至财务报告发布日后一个交易日（CSMAR 声明发布日期项 "Annodt"）的超额收益率之和。值得注意的是，在中国，公司通常在财务报表中公布其盈余。异常收益率定义为日收益率减去流通市值加权市场日收益率。此外，参考侯等（2019）的论证，我们还考虑了另一种异象——标准未预期盈余。它被衡量为拆分调整后的每股季度盈余（CSMAR 声明发布日期项 "Eranb"）与四个季度前的价值之差除以前 8 个季度盈余变化的标准差。由于缺乏足够的季度数据，我们只要求 2004 年之后至少 6 个季度进行计算。与前文一样，我们将股票按照异常值的百分位排序，然后取其平均值。

市场因子 MKT 与前文定义相同。其他因子构建如下。在 t 年 6 月末，我们按照中位数大小将股票分为两组。我们还根据 FIN 异常情况平均排名的第 30 个和第 70 个百分位数将股票分为三组。我们得到 6 个规模的 FIN 组合，持有一年，并计算从第 t 年 7 月到第 t + 1 年 6 月的价值加权收益。FIN 为两个低 FIN 组合和两个高 FIN 组合的平均收益之差。在每个月月末，我们还将股票按照中位数大小分为两组。我们分别按照 PEAD 异象平均排名的第 30 个和第 70 个百分位数将股票分为三组。这样，我们每月得到 6 个 size – PEAD 投资组合。我们计算下一个月的价值加权收益率；PEAD 为两个高 PEAD 组合和两个低 PEAD 组合的平均收益之差。

第 5 章

大额交易和最大值效应

在本章中，我们证实了最大日收益（MAX）效应在中国股票市场的存在。此外，我们发现 MAX 是由大额交易驱动的，大额交易的相对交易量的增加引发了 MAX 效应。本章提出 MAX 效应的经济机制如下：机构投资者的交易首先增加，从而引起个人投资者的跟进，使总交易量增加，最后 MAX 效应形成。在每日股票收益率达到月度最高点后，机构交易迅速衰减。相比之下，散户投资者的交易在 MAX 日之后下降的速度要慢得多。

5.1 简 介

巴利等（2011）首次发现，在美国股市中，具有更高最大日回报率（MAX）的股票在横截面上往往具有较低的预期收益率。最低 MAX 十分位数和最高 MAX 十分位数之间的平均收益率差异超过每月 1%，无法通过常用因子模型来解释。随后，学者们观察到了 MAX 效应存在于其他市场中。阿纳尔特等（Annaert et al.，2013）和沃肖（Walkshäusl，2014）在欧洲市场中发现了 MAX 效应的存在。纳尔提亚等（2014）观察到它在韩国市场中也存在。随后，MAX 效应也确认出现在中国股市中（朱红兵等，2020；饶育蕾等，2014；郑振龙等，2013 ；Carpenter et al.，2021）。

在文献中，研究者试图从两个方面解释效应：彩票偏好和错误定价。巴利等（2011）认为，投资者对类似彩票的股票有偏好，而且缺乏多样化；因此，当月内最大日回报率较大的资产更可能有相对较小的概率获得较大回报，这种偏好极大地超越了那些因彩票偏好导致预期收益较低的投资者。[①] 其他一些学者找到了支持这一理论解释的证据。库玛（2009）表明，某些群体的个人投资者喜欢具有彩票特征的股票。[②] 斯坦堡等（2012）认为，11 个异常现象反映了错误定价，而且这些影响在高情绪时期变得更加强烈。这种错误定价是因为投资者对市场更加乐观，而卖空障碍的存在导致了高估超过低估。尽管 MAX 不在 11 个错误定价异常现象中，但方和杜（Fong and Toh，2014）的研究表明，投资者情绪会影响 MAX 效应的强度，而且 MAX 效应只存在于高情绪状态下。他们的公司层面的横截面回归表明，当情绪高涨时，MAX 效应会被放大。后来，钟和格雷（Zhong and Gray，2016）参考了斯坦堡等（2015）的套利不对称方法，研究了澳大利亚市场上的 MAX 效应。他们认为，MAX 效应来自错误定价，高估的股票数量多于低估的股票，导致整体估值过高。

但是，关于 MAX 效应是如何产生的问题还没有得到充分的回答。正如我们刚才提到的，以前的文献依赖于个人投资者的行为（Kumar，2009；Bali et al.，2011，2017）。姚等（Yao et al.，2021）也表明，在实行限价制度的中国股市中，个人投资者在股价达到价格上限后的交易加剧了效应。相反，我们更关注的是 MAX 效应最初如何形成。也就是说，是否有一种最初的力量推动着一只股票在某月的极正收益（EPR），是否达到了价格上限。换句话说，我们的研究关注的是触发因子，而与散户投资者有关的文献则更关注价格上涨后的后果影响。与这些文献不同的是，基于中国股市，我们的研究首次发现 MAX 效应是由机构投资者的交易行为，而不是个人投资者引发的。

首先，我们进行了公司层面的 Fama–MacBeth 截面回归分析，以证实中国股市存在 MAX 效应，并且除了 IVOL 之外，不能用任何控制变量解释。

其次，我们对大额交易进行了描述性统计分析，大额交易是机构投资者行为的代表指标。在一个月内的最大日收益日（MAX 日），股票的总相对交易份额急剧增加。此外，股票的相对价格和小额交易的相对交易份额也会增加（相对交易

---

① 彩票偏好与累积前景理论有关，该理论最初由卡尼曼和特沃斯基（1979）提出，并由特沃斯基和卡尼曼（1992）进一步发展，其中概率加权函数是概率测度的非线性变换，它对小概率进行了过度加权并对大概率进行了低估。

② 在库玛（2009）中，彩票特征被定义为低价格、高特质波动率和高特质偏度。

份额由每天的绝对交易份额除以 MAX 日的交易份额得到)。当天的大额交易份额与总交易份额的比例是正常时间的三倍。在交易日的两天后,大额交易份额恢复正常,而小额交易份额至少在五天后恢复到正常水平。我们从这个活动中得出的结论是,机构投资者的大额交易行为导致交易日的股票价格急剧上升,从而产生了 MAX 日。继机构投资者之后,其他投资者导致股票情绪飙升,最终造成 MAX 效应。在 MAX 日之后,机构交易活动的减少速度远远超过了散户投资者的交易速度,因此,机构投资者比散户投资者更早离开股票交易。我们还做了一些其他工作来进一步证实我们的发现。我们发现,较高的大额交易量会导致 MAX 发生的概率增加。当相对大额交易量增加 1% 时,MAX 回报率相对于基线可以提高 2%。MAX 对小型交易的影响比大型交易更大,大额交易在一到两个时期内对小额交易有积极的拉动作用。

再次,我们发现 MAX 日的大额交易与下一个交易日的收益率之间存在正相关关系,而小额交易与下一个交易日的收益率之间的关系则是混合的。此外,MAX 效应不能用 MAX 日或后一天的大额或小额交易来解释,而且 MAX 日的大额交易与下个月的回报率之间的关系也不清楚。

最后,通过双重排序分析(首先按 MAX 日的大额交易排序,然后按 MAX 排序),我们发现,MAX 效应可以部分由 MAX 日的大额交易解释。我们还发现,当 MAX 日和一天后的大额交易量或交易额较高时,MAX 效应会更强。

方和杜(2014)还发现,MAX 效应存在于低和中等机构持股股票中。与他们的发现不同,我们研究了机构或散户投资者的交易活动是否会产生 MAX 效应。与像美国这样的发达国家相比,中国股市中有更多的个人投资者参与。直观地说,个人投资者应该对股票交易产生更大的影响,但我们发现 MAX 效应是由机构投资者交易驱动的,而个人投资者则跟随他们的轨迹。机构投资者的行为引导和指导个人投资者的行为。目前,关于 MAX 效应的经济机制的研究在文献中很少,我们试图填补这方面的知识空白。

本章其余部分安排如下:5.2 节描述了数据和变量;5.3 节提供了实证结果,重点关注如何使用描述性统计、Fama - MacBeth 横截面回归、Probit 回归和组合分类分析来研究大宗交易如何影响 MAX 效应;5.4 节总结本章内容。

5.2 数 据 和 变 量

本章中提到的公司级别的每日和每月股票数据来自 CSMAR 数据库。Fama - French 三因子 ［市场（MKT）、规模（SMB）和账面市值比（HML）］来自中央财经大学的中国资产管理研究中心。样本包括 2003 年 1 月至 2020 年 12 月上海证券交易所和深圳证券交易所的所有 A 股。[①] 为了减少异常值的影响，我们删除以下数据或股票：（1）首次公开发行（IPO）后 6 个月的所有交易数据，以减少 IPO 效应；（2）账面市值比为负或金融行业公司；（3）股票处于异常状态时的月度数据，主要包括"ST/PT"状态[②]；（4）过去 12 个月内交易记录不足 120 天或最近一个月内交易记录不足 15 天的股票。[③] 由于中国价格限制系统的限制，每个交易日的股票收盘价的涨跌幅范围是前一交易日收盘价乘以 ［-10%，10%］。因此，在删除异常值时，价格波动范围舍入为两位小数。

在中国价格限制系统中，我们按照纳尔提亚等（2017）的方法计算每月股票最大日收益（MAX）。姚等（2021）指出，巴利等（2011）测量 MAX 的方法对于有价格限制的股票市场来说是不精确的。这是因为价格限制的存在会使 MAX 效应被低估。修订后的 MAX 更好地捕捉了极端正收益与未来收益之间的关系。考虑到中国股市价格限制系统，我们的研究也采用了修订后的 MAX 作为 EPR 的代理变量。此外，我们的研究需要确定特定 EPR 的日间日期。我们认为，如果股票在某一天达到涨停板，那么意味着市场对该股票的价格预期在那一天没有完全得到体现，因此我们需要考虑涨停后第二天的价格上涨。我们将整个累积收益归因于第一天的交易而不是达到涨停板的那一天，因此我们使用纳尔提亚等（2017）的方法计算 MAX 而不是姚等（2021）的方法。纳尔提亚等（2017）使

---

① 大额交易和总交易数据可以从 2003 年 1 月开始从 CSMAR 数据库中获得。

② ST 股票代表"特别处理"股票，表示其公司具有异常的财务或其他状况。PT 股票代表"特殊转让"股票。如果上市公司连续三年亏损，则将暂停 PT 股票。删除处于异常交易状态的股票，以避免公司状态对交易的干扰。处于异常交易状态的股票主要是 ST 股票。删除 ST / PT 股票的另一个原因是它们与正常交易的股票不同，后者的价格限制为 10%，而所有与 ST 相关的股票的价格限制为 5%，而 PT 则上涨 5% 但下跌没有限制。

③ 当交易正常时，交易日少于 15 天的月份包括 2004 年 1 月（13 天）和 2005 年 2 月（13 天）。因此，在这两个月中少于正常交易日的股票被排除在外。

用的方法是将交易限制后续上下波动计入第一次交易限制日，而姚等（2021）使用的方法是将前面上涨计入交易限制结束日。两种方法得出的月度 EPR 值几乎相等，但对于每日 EPR 日期而言则不同。此外，如果一个月内触发了两个（或更多）限制，则巴利等（2011）无法确定应选择哪一天作为 EPR 发生日期，通过使用修改后的 MAX 可以在很大程度上避免这个问题。

根据邹等（2011）的方法，我们通过将月度累计交易金额除以月末流通市值来计算周转率（TURN）。公司规模（SIZE）和账面市值比（BM）是根据法玛和弗伦奇（1992）以及杰加代什和提特曼（1993）的方法计算的。CAPM beta（β）是用股票回报和市场回报的协方差除以市场风险计算的。使用 CAPM 模型获得的个体股票数据的残差标准偏差来获得月度股票特异波动率（IVOL）。所有回报都减去无风险回报（用中国一年期存款利率的月度值表示）。短期反转（REV）、动量（MOM）和特异偏度（ISKEW）是根据巴利等（2011）的方法计算的。

我们在回归中使用的变量的时间序列中位数、平均值和标准差（SD）如表 5-1 的 Panel A 所示。为了减轻离群值的影响，数据在 0.5 和 99.5 个百分位数处进行了截尾处理。Panel B 显示了相关系数的时间序列平均值。IVOL 与 MAX 高度相关，相关系数高达 72%，因此在中国市场上，IVOL 可以解释 MAX，参见万（Wan，2018）、纳尔提亚等（2017）、桂和朱（2021）的研究。

表 5-1　　　　　　　　　　回归变量的描述性统计

Panel A：描述性统计

变量	R	MAX	SIZE	BM	β	REV	TURN	MOM	ISKEW	IVOL
Mean	1.35	6.01	7.85	-0.57	1.12	1.49	0.49	18.04	0.42	2.13
Median	0.07	5.07	7.72	-0.55	1.14	0.20	0.39	10.53	0.39	1.97
SD	9.87	3.58	0.93	0.66	0.24	9.83	0.39	36.86	0.68	0.86

Panel B：截面相关系数的时间序列平均值

变量	R	MAX	SIZE	BM	β	REV	TURN	MOM	ISKEW	IVOL
R	1									
MAX	-0.04	1								
SIZE	-0.03	-0.04	1							
BM	0.03	-0.14	-0.16	1						
β	-0.01	0.08	-0.17	0.05	1					

Panel B：截面相关系数的时间序列平均值

变量	R	MAX	SIZE	BM	β	REV	TURN	MOM	ISKEW	IVOL
REV	−0.06	0.48	0.07	−0.11	−0.01	1				
TURN	−0.06	0.44	−0.27	−0.05	0.16	0.17	1			
MOM	0.00	0.07	0.23	−0.31	−0.08	−0.02	0.14	1		
ISKEW	−0.01	0.24	−0.05	0.02	0.03	0.14	0.02	−0.08	1	
IVOL	−0.05	0.72	−0.09	−0.23	0.07	0.36	0.58	0.19	0.13	1

注：该表格提供了所有回归变量的描述性统计数据，包括 R、MAX、SIZE、BM、β、REV、TURN、MOM、ISKEW 和 IVOL，使用 2003 年 1 月至 2020 年 12 月的月度数据。

我们使用 CSMAR 数据库中的大额交易和总交易量直接获取每日股票的股份和价值数据。在 CSMAR 数据库中，大额交易被定义为交易股份超过 100000 股。本章定义了多种交易代理，并将其分为四类进行分析。

（1）绝对交易量。包括总交易股份（TNum）、总交易价值（TVal）、大额交易股份（LNum）、大额交易价值（LVal）、小额交易股份（SNum）和小额交易价值（SVal）。TNum、TVal、LNum 和 LVal 直接从 CSMAR 数据库中获得，而小额交易量等于相应的总交易量减去大额交易量。

（2）相对于 MAX 日期的相对价值。包括相对总交易股份（INumRela）、相对总交易价值（TValRela）、相对小额交易股份（SNumRela）、相对小额交易价值（SValRela）和相对收盘价（PRela）。

相对交易量是通过每天的绝对交易量除以 MAX 日的交易量获得的。MAX 日是指月内日回报最大的那一天。构建相对交易量的目的是通过变化比率来比较交易。因为大宗交易可能不是每天都存在，也可能没有发生在 MAX 日，所以我们不定义和研究大宗交易的相对量。

（3）成交量比例值。包括小额交易股份比率（StoTNum）、小额交易价值比率（StoTVal）、大额交易股份比率（LtoTNum）和大额交易价值比率（LtoTVal）。根据绝对成交量计算成交比例值。

（4）相对于月度平均成交量的相对价值。相对大额交易股份（INumRela2）、相对大额交易价值（LValRela2）、相对小额交易股份（SNumRela2）和相对小额交易价值（SValRela2）。与前一类相对数据不同，这里的大额相对值等于每日大额成交量除以大额成交月平均数，而小额相对值等于每日小额成交量除以小额成

交月平均数。如果某一天没有发生大额成交，那么大额成交就等于 0，没有大额
成交的日期在计算月平均数时不会被删除。这些相对数据基于月平均数而不是
MAX 日值，可以更好地反映成交量变化的时间。

这些变量的定义如表 5 - 2 所示，所有的变量都是针对每只股票单独计算的，以
衡量每只股票的相对和绝对成交量。在括号里，d_i 指的是第 i 日的交易数据，而 d 指
的是 MAX 日的交易数据。d_i/d 是指与 MAX 日相比，第 i 日的交易数据的相对数量。

表 5 - 2   **变量介绍**

Panel A：Relative value compared to the MAX date

变量	Definition
TNumRela	Total trading shares compare to the MAX day （d_i/d）
TValRela	Total trading value compare to the MAX day （d_i/d）
SNumRela	Small trading shares compare to the MAX day （d_i/d）
SValRela	Small trading value compare to the MAX day （d_i/d）
PRela	Close price compare to the MAX day （d_i/d）

Panel B：Absolute trading volume

变量	Definition
TNum	Total trading shares （d_i）
TVal	Total trading value （d_i）
SNum	Small trading shares （d_i）
SVal	Small trading value （d_i）
LNum	Large trading shares （d_i）
LVal	Large trading value （d_i）

Panel C：Trading volume's proportion

变量	Definition
StoTNum	Small/Total trading shares （d_i）
StoTVal	Small/Total trading value （d_i）
LtoTNum	Large/Total trading shares （d_i）
LtoTVal	Large/Total trading value （d_i）

Panel D：Relative value compared to the average value of transaction in the month

变量	Definition
LNumRela2	Large trading shares compare to the average large transaction
LValRela2	Large trading values compare to the average large transaction
SNumRela2	Small trading shares compare to the average small transaction
SValRela2	Small trading values compare to the average small transaction

注：本表呈现了我们在本章中使用的交易变量的定义。

基于股票交易和价值交易的结果是相似的。因此，为了使本章整体简明扼

要，基于股票的结果主要显示在正文中，而基于交易价值的结果则作为稳健性检验在本章附录 B 中呈现。

5.3　实 证 结 果

MAX 效应在巴利等（2011）的研究中首次被记录。随后的许多论文证实了该效应的存在，并试图解释其在不同市场中的效果。学者们把 MAX 效应的原因归结为彩票偏好和错误定价。与以往的研究不同，本章着重分析投资者交易，通过大宗交易数据探索 MAX 效应。实证检验分为三个部分：检验中国股市中 MAX 效应的存在；发现 MAX 日前后大额和小额交易活动如何变化，并展示大额交易如何影响 MAX 效应；展示大额交易与预期回报之间的关系。

5.3.1　中国股票市场的 MAX 效应

我们使用 2003 年 1 月至 2020 年 12 月的月度数据，对超额股票收益与各种定价变量进行了 Fama – MacBeth 回归。

$$R_{i,t+1} = \lambda_{0,t} + \lambda_{1,t}MAX_{i,t} + \Lambda_t X_{i,t} + \varepsilon_{i,t+1} \tag{5.1}$$

其中，R_{t+1} 是 t + 1 月份的超额收益（股票的月度收益与一个月的无风险利率之差），MAX 是月份的最大日收益率，$X_{i,t}$ 是一组控制变量，包括 t 月的 SIZE、BM、β、REV、TURN、MOM、ISKEW 和 IVOL。

结果如表 5 – 3 所示。单变量回归中 MAX 的系数为 – 0.103（t 值为 – 4.99），这表明 MAX 与预期收益之间存在负相关关系，从而证实了 MAX 效应的存在。此外，除了 IVOL 之外，它不能被其他控制变量完全解释。第（6）栏中的 MAX 的系数较小，大约在 – 0.04，表明 MAX 效应可以部分地由 TURN 解释。由于交易量的增加可以引起 MAX 效应，所以 TURN 可以部分地解释 MAX 效应。第（9）列中 MAX 的系数不显著，这与 IVOL 可以解释中国股市中的 MAX 的事实相一致。我们还发现，在完整的规范中，该效应成为正值，因为对的平均斜率系数为 0.070（t 值为 3.92）。[①]

---

① 与 MAX 和控制变量相关的实证结果与巴利等（2011）发现的结果不同，但是与姜等（2020）对美国股市的研究一致。

表 5 - 3　对 MAX 和超额收益的 Fama - MacBeth 回归结果

变量	(1)	(2)	(3)	(4)	(5)	(6)	(7)	(8)	(9)	(10)	(11)
MAX	-0.103*** (-4.99)	-0.106*** (-5.49)	-0.094*** (-4.81)	-0.102*** (-5.14)	-0.069** (-2.86)	-0.043** (-2.37)	-0.108*** (-5.74)	-0.102*** (-4.72)	-0.015 (-0.67)	-0.107*** (-0.67)	0.070*** (3.92)
SIZE		-0.276* (-1.80)									-0.521*** (-3.81)
BM			0.324** (2.59)								0.125 (1.21)
β				0.056 (0.14)							0.229 (0.63)
REV					-0.032** (-2.60)						-0.033*** (-3.31)
TURN						-1.371*** (-5.19)					-2.060*** (-9.16)
MOM							0.002 (0.42)				0.007** (2.41)
ISKEW								-0.037 (-0.66)			-0.114*** (-2.92)
IVOL									-0.600*** (-4.70)		-0.404*** (-4.73)
Constan										2.636*** (2.77)	1.552 (1.33)
R²	1.925*** (3.05)	4.252*** (2.72)	-0.263 (-0.28)	1.903*** (3.26)	1.380*** (2.24)	2.208*** (3.67)	1.930*** (3.11)	1.935*** (3.08)	2.677*** (4.32)	1.790*** (2.88)	6.422*** (4.57)

注：表格报告了使用 2003 年 1 月到 2020 年 12 月的月度数据，对多个定价变量进行超额股票回报的 Fama - MacBeth 回归的斜率系数和 t 值的时间序列平均值。*** 、** 和 * 分别代表 1%，5% 和 10% 的显著性水平。

5.3.2 大额交易和 MAX

5.3.2.1 大额交易与 MAX 效应之间的关系

巴利等（2011）认为，MAX 效应存在是由于投资者的彩票偏好。方和杜（2014）后来提到，MAX 异常反映了错误定价。我们试图从投资者的交易活动中解释 MAX 效应，并探讨交易活动在 MAX 日前后的变化。

我们计算了 MAX 日之间每一天的交易代理的平均值（从 MAX 日开始，到 MAX 日之后十天结束；参见本章附录 B 的表 IA－1），并使用每日平均值绘制，其中横轴是用"天"表示的时间。0 表示 MAX 日，－10 表示 MAX 日前 10 天，10 表示 MAX 日后 10 天。

交易股票数量如图 5－1 所示。在 MAX 日，总交易股票数量急剧上升约 74%，小额交易股票数量增加约 60%，大额交易股票数量增加到前一天的三倍。在 MAX 日后一天，交易股票开始下降，其中大额交易股票数量变化最大（下降约 15%），而小额交易股票数量仅下降 4%。因此，总交易股票数量仅下降了 6%。在 MAX 日之后的第二天（横轴上标为 2），小额交易和总交易股票数量开始迅速下降，然后稳步下降直到最终稳定。从曲线的变化中，我们看到大额交易股票数量在约 3 天后恢复到正常水平，而小额和总交易股票数量需要至少 5 天才能恢复到正常水平[①]。

图 5－1 中的"正常水平"和恢复正常水平的时间是没有经过任何统计检验得出的，因此我们还进行了 t 检验以检查统计显著性。为了便于比较，在当前月份发生 MAX 日之前，每只股票的平均交易量被视为该月份该股票的统计正常水平[②]。

以大额交易为例，我们从当月正常水平中减去每只股票每日大额交易的正常水平，以获得相对于正常水平的每只股票每日偏差。然后，在 MAX 日前后 21 天进行 t 检验，检查偏差是否等于 0。然后我们对小额交易和总交易进行类似的测试。结果如图 5－2 所示，黑色虚线表示 1% 显著性水平下的置信区间。可以发现，在第 5 天时大

---

① 正常水平是指交易量边际变化很小的情况。
② 如果将月度交易平均值用作正常水平，则 MAX 日之前这些天的交易量将显著低于平均交易量，因此月度交易平均值不是比较的良好基准。

额交易偏差接近 0，在第 6 天完全恢复到正常水平。相比之下，小额交易在第 8 天左右就几乎恢复到正常水平了。回归正常水平的日期因标准而异，但从统计学上讲，"MAX 日后，大额交易恢复到正常水平比小额交易快得多"也是有道理的。

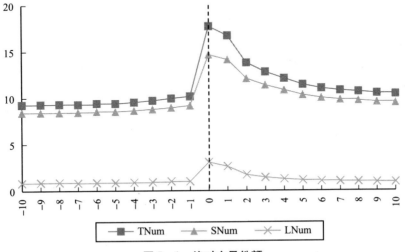

图 5-1　绝对交易份额

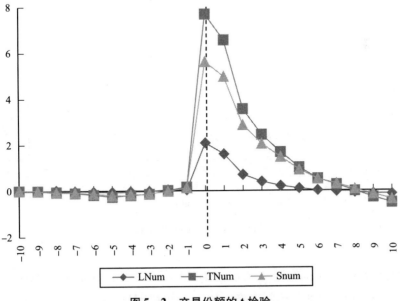

图 5-2　交易份额的 t 检验

基于对图 5-1 和图 5-2 的观察，我们得出两个结论：（1）大额交易和小额交易在 MAX 日同时急剧增加；（2）MAX 日后大额交易恢复到正常水平比小额交易快得多。

MAX 日附近的相对交易份额如图 5-3 所示。左边的纵轴是相对交易份额，右边的纵轴是相对交易价格。相对交易价格和交易份额具有类似的模式。由于相对交易份额是通过除以 MAX 日的相应份额得到的，因此在 MAX 日的任何相对交易份额等于 1。在 MAX 日，相对交易份额和相对交易价格都迅速增加。相对交易份额增加了 50% 以上，相对交易价格增加了 5.4%。在 MAX 日之后的几天里，小的相对交易份额和相对交易价格略微增加，然后逐渐减少。整体股票相对交易价格的趋势与相对交易份额几乎相同。因此，根据图 5-3 所示的曲线，我们观察到，在 MAX 日之后的几天里，小额交易继续增加，而总交易在 MAX 日开始减少，这表明，在 MAX 日之后，大额交易开始减少。

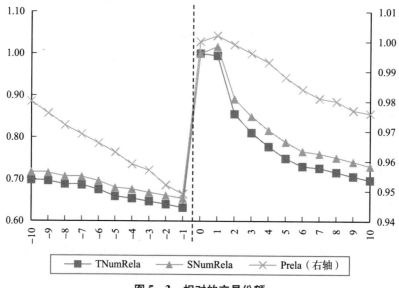

图 5-3　相对的交易份额

交易份额的比例如图 5-4 所示。在 MAX 日，大额交易的比例比前一天增加到三倍，而小额交易的比例则下降。随后，大额交易的比例减少，小额交易的比例增加，它们都在 5 天或之后恢复到正常水平。

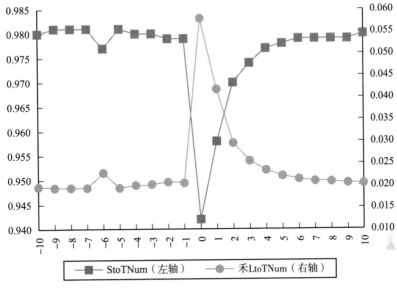

图 5 - 4　交易份额占比

　　尽管大额交易、小额交易和总交易的绝对份额在 MAX 日都显著上升（见图 5 - 1），但大额交易的比例增加而小额交易的比例下降（见图 5 - 4）。因此，我们得出结论：最大日回报发生在 MAX 日主要是由大额交易的急剧增加驱动的。大额交易和小额交易份额都在 MAX 日上涨，但是，小额交易返回正常水平的速度比大额交易慢（见图 5 - 1 和图 5 - 2）。因此，我们可以推断出大额交易先上涨，然后是小额交易，小额交易的交易活动增加持续时间更长。图 5 - 3 中突然上涨的相对价格证实了 MAX 日是该月最大的每日回报日。相对价格在 MAX 日之后继续上涨，主要是由于小额交易量的增加。

　　我们还通过相关系数矩阵和 Fama - MacBeth 横断面回归来展示相对交易量和价格的相关结果，如表 5 - 4 所示。表 5 - 4 的 Panel A 研究了相对交易量和相对价格之间的横截面相关性的月度时间序列平均数。TNumRela，TValRela，SNumRela 和 SValRela 都与 PRela 有 0.484 到 0.525 的正相关，表明相对交易活动与相对价格之间有正相关。

　　相对价格和相对交易价值之间的正向关系也被 Fama - MacBeth 横截面回归所证实。对 Fama - MacBeth 回归，我们使用股票的每日数据。因变量是相对价格，而自变量是相对交易量。正系数也表明相对交易量和相对价格之间存在正相关关

系（见表 5 - 4 的 Panel B）。

表 5 -4   相关性分析

Panel A：Correlations

变量	TNumRela	TValRela	SNumRela	SValRela	PRela
TNumRela	1				
TValRela	0.993	1			
SNumRela	0.979	0.97	1		
SValRela	0.978	0.982	0.992	1	
PRela	0.405	0.475	0.385	0.461	1

Panel B：Univariate Fama - MacBeth regression

变量	TNumRela	TValRela	SNumRela	SValRela
	0.058 ***	0.064 ***	0.056 ***	0.063 ***
	(36.86)	(37.03)	(37.72)	(36.99)
R^2	0.181	0.231	0.168	0.220

注：在 1% 水平上的显著性用 *** 表示。

5.3.2.2　大额交易与 MAX 回报之间的关系

上文直观地展示了 MAX 日前后 10 天的大额交易、小额交易和总交易量的变化趋势，并指出是由大额交易引起的。在这一部分，我们将用回归的方法来进一步支持前面的观点，数据的相对值都是与当月交易的平均值相比较的，这在表 5 - 2 的 Panel D 中有描述。

首先，我们用下面的 Probit 模型来检验较高的大额交易量是否能使 MAX 更容易发生：

$$MAX\_happen_{i,t} = \lambda_{0,t} + \lambda_{1,t}Large_{i,d} + L_t W_{i,t} + \varepsilon_{i,t} \tag{5.2}$$

在 MAX 日，MAX_happen = 1，在 MAX 日以外的其他日子，MAX_happen 为 0。Large 包括 LNumRela2 和 LValRela2。控制变量 W 包括第 t 月的 SIZE、BM、β、REV、TURN、MOM、ISKEW。回归结果如表 5 - 5 所示。每次回归的平均边际效应为 0.009，在 1% 的显著水平下具有统计学意义，表示大额交易翻倍时，MAX 发生的概率增加 0.9%。

表 5 – 5　　　　　　　　　　　大额交易与 MAX 的 Probit 模型

变量	（1）	（2）	（3）	（4）
LNumRela2	0.009 *** (390.1)		0.009 *** (369.7)	
LValRela2		0.009 *** (390.8)		0.009 *** (370.6)
Controls	NO	NO	YES	YES

注：该表格呈现了 Probit 回归结果。系数为 Probit 回归的边际效应，z 统计量在括号中，控制变量包括月度 t 的 SIZE、BM、β、REV、TURN、MOM 和 ISKEW。使用 2003 年 1 月至 2020 年 12 月的月度数据。在 1%、5% 和 10% 水平上的显著性分别用 ***、** 和 * 表示。

在 MAX 日，回归方程显示如下：

$$MAX_{i,t} = \lambda_{0,t} + \lambda_{1,t} Large_{i,d} + L_t W_{i,t} + \varepsilon_{i,t} \quad\quad\quad (5.3)$$

其中，W 为控制变量，Large 表示 LNumRela2 或 LValRela2。回归结果见表 5 – 6，大额交易数量和金额的结果相似，回归中 MAX 收益的基线值（常数项）[在第（1）栏和第（3）栏中显示] 为 6%。大额交易的平均数量每增加一倍，回报率就增加 0.12%，这相当于没有大额交易时的 2% 左右（= 0.12% / 6%）。

表 5 – 6　　　　　　　　大额交易与 MAX 的 Fama – MacBeth 回归

变量	（1）	（2）	（3）	（4）
LNumRela2	0.121 *** (27.04)	0.122 *** (29.46)		
LValRela2			0.115 *** (26.64)	0.116 *** (29.77)
SIZE		– 0.407 *** (– 14.33)		– 0.409 *** (– 14.38)
BM		– 0.347 *** (– 12.48)		– 0.348 *** (– 12.54)

变量	（1）	（2）	（3）	（4）
β		0.602 *** （7.06）		0.603 *** （7.06）
REV		0.024 *** （7.30）		0.024 *** （7.28）
TURN		0.754 *** （11.52）		0.751 *** （11.47）
MOM		0.003 *** （4.39）		0.003 *** （4.39）
ISKEW		− 0.044 *** （− 2.74）		− 0.044 *** （− 2.72）
Constant	5.948 *** （39.92）	9.901 *** （24.84）	5.964 *** （39.70）	9.940 *** （24.87）
R²	0.034	0.121	0.033	0.119

注：这张表格汇报了自 2003 年 1 月至 2020 年 12 月的每个月的日数据中使用大额交易变量（第 1 列）对 MAX 进行 Fama – MacBeth 回归所得到的斜率系数和 t 值的时间序列均值。在 1%、5% 和 10% 水平上的显著性分别用 ***、** 和 * 表示。

接下来，我们用 Fama – McBeth 的 "反向" 回归来验证 MAX 确实是由大额交易而不是小额交易造成的。将每个月的回报率作为自变量，将 MAX 日前后 10 天的大额交易和小额交易的相对值作为因变量，检验 MAX 回报率对不同时期大额交易和小额交易的影响。回归结果如下：

$$\text{Large}_{i,d+k} = \lambda_{0,d+k} + \lambda_{1,d+k}\text{MAX}_{i,t} + \varepsilon_{i,d}, \; k$$
$$= -10, \; -9, \; \cdots, \; -1, \; 0, \; 1, \; \cdots, \; 9, \; 10$$
$$\text{Small}_{i,d+k} = \lambda_{0,d+k} + \lambda_{1,d+k}\text{MAX}_{i,t} + \varepsilon_{i,d}, \; k$$
$$= -10, \; -9, \; \cdots, \; -1, \; 0, \; 1, \; \cdots, \; 9, \; 10 \tag{5.4}$$

每个公式代表 21 个 Fama – McBeth 回归，因为 k 从 −10 变化到 10。Large 表示 LNumRela2，Small 表示 SNumRela2。为了便于表述，图 5 – 5 中画出 MAX，$\lambda_{1,d+k}$ 前面的系数。在 MAX 日之前，当月的 MAX 回报不能引起大额交易和小额交易的上升（系数明显为负）。对大宗交易来说，积极的影响只持续到第 3 天，对小额交易来说，则持续到第 8 天。由于 MAX 日和大额交易在同一天急剧增加，所以大额交易导致 MAX 的收益情况并不明显。此外，图 5 - 5 提供了另一个证据，表明 MAX 回报不是由小额交易引起的。MAX 回报率对小额交易的驱动作用在 MAX 日的第二天（第 1 天）明显高于 MAX 日（第 0 天），因为这两天的系数置信区间没有重叠。然而，对于大额交易，从第 0 天到第 1 天，系数略有下降，两个系数的置信区间是重叠的。因此，我们可以看到，在第 0 天和第 1 天之间，MAX 回报率对大额交易的推动作用没有明显差异。这表明，小额交易的峰值出现在大额交易的后面。此外，中小型交易的反应时间比大型交易的反应时间要长，这与图 5 - 1 和图 5 - 2 相吻合。

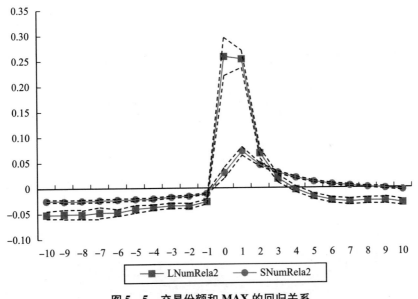

图 5 - 5　交易份额和 MAX 的回归关系

同时，我们检验大宗交易的相对价值对小宗交易的相对价值的领先情况，回归结果如下：

$$Small_{i,t+k} = \lambda_{0,t+k} + \lambda_{1,t+k}MAX_{i,t} + \lambda_{2,t+k}Large_{i,t+k-s} + \varepsilon_{i,t}, \quad k$$
$$= 1, 2, \cdots, 10; \quad s = 1, 2 \tag{5.5}$$

其中，Small 表示 SNumRela2，Large 表示 LNumRela2。s = 1 表示大交易比小交易领先 1 天，s = 2 表示大交易比小交易领先 2 天。L1NumRela2 表示 NumRela2 的滞后一天，L2NumRela2 表示 NumRela2 的滞后两天。对于 MAX 日之后的第 1

天至第 10 天，回归系数如图 5 - 6 所示。可以看出，当大额交易领先于小额交易时，在每个阶段中，它对小额交易有正的拉动作用。

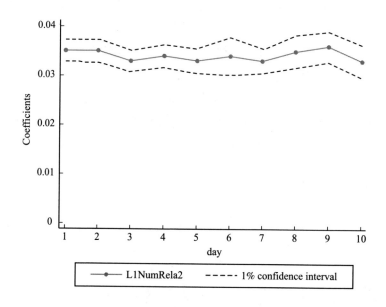

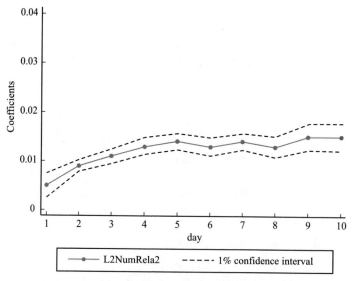

图 5 - 6　大额交易份额与小额交易份额之间的主导关系

对于股票的价值，结果也是类似（见本章附录 B 的图 IA - 1 至图 IA - 6）。

5.3.3　大额交易、MAX 效应和预期收益

在本小节中，我们要检验大额交易或小额交易与未来预期收益之间的关系。我们还研究了 MAX 效应在大额交易的不同水平上的条件变化。

首先，我们使用 2003 年 1 月至 2020 年 12 月的每个月的每日数据，对交易变量的超额股票收益进行 Fama – MacBeth 回归。

$$r_{i,d+1} = \lambda_{0,d+1} + \lambda_{1,d+1} \text{Large}_{i,d+1} + \lambda_{2,d+1} \text{Small}_{i,d+1} + \epsilon_{i,d+1} \qquad (5.6)$$

其中，$r_{i,d+1}$ 是股票 i 在每个月的 MAX 日之后一天的超额收益（原始股票收益率与无风险利率之差）；$\text{Large}_{i,d+1}$ 和 $\text{Small}_{i,d+1}$ 分别是 MAX 日之后一天的大额交易和小额交易。大额交易包括 LNum 和 LtoTNum，小额交易包括 SNum 和 StoTNum。

如表 5 – 7 第（1）列所示，以股票数量计算的小额交易和大额交易都与 MAX 日之后一天的超额收益率呈正相关。第（2）列显示，大额交易比例与 MAX 日之后的超额收益率呈正相关，而小额交易比例与 MAX 日之后的超额收益率呈负相关。所有这些结果都表明，大额交易对 MAX 日之后的超额收益率的影响比小额交易的影响要重要得多。

表 5 – 7　　MAX 日之后的交易份额和日收益率的 Fama – MacBeth 回归

变量	（1）	（2）	（3）
SNum	0.018 *** (4.68)		
LNum	0.057 *** (6.23)		
LtoTNum		10.573 *** (30.61)	
StoTNum			− 10.573 *** (− 30.61)

续表

变量	（1）	（2）	（3）
Constant	0.054 (0.75)	-0.270 *** (-4.95)	10.304 *** (29.65)
R^2	0.043	0.092	0.092

注：该表格报告了使用 2003 年 1 月至 2020 年 12 月的每日数据对超额股票收益与交易变量［见第（1）列］进行 Fama – MacBeth 回归的斜率系数和 t 值的时间序列平均值。在 1%、5% 和 10% 水平上的显著性分别用 ***、** 和 * 表示。

我们接下来使用 2003 年 1 月至 2020 年 12 月的月度数据，对股票超额收益与 MAX 和交易变量进行了 Fama – MacBeth 回归。

$$R_{i,t+1} = \lambda_{0,t} + \lambda_{1,t}MAX_{i,t} + \lambda_{2,t}r_{i,d+1} + \lambda_{3,t}Large_{i,d} + \lambda_{4,t}Small_{i,d} +$$

$$\lambda_{5,t}Large_{i,d+1} + \lambda_{6,t}Small_{i,d+1} + \lambda_{7,t}Z_{i,t} + \epsilon_{i,t+1} \tag{5.7}$$

其中，$R_{i,t+1}$ 是 t + 1 月的超额收益（股票 i 的月度股票收益率与一个月的无风险利率之差），$MAX_{i,t}$ 是 t 月的最大日收益率，$r_{i,d+1}$ 是股票 i 在每个月的 MAX 日之后一天的超额收益。$Large_{i,d}$ 和 $Small_{i,d}$ 分别是 MAX 日的大额交易和小额交易。$Large_{i,d+1}$ 和 $Small_{i,d+1}$ 分别是 MAX 日之后一天的大额交易和小额交易。Large 包括 LNum 和 LtoTNum，Small 包括 SNum 和 StoTNum。$Z_{i,t}$ 是显示大额交易和 MAX 之间相互影响的项。

结果如表 5 – 8 所示。出现在 MAX 前面的系数在所有规格中都是明显的负值，这意味着 MAX 效应不能被 MAX 日或之后一天的大额交易和小额交易所解释。第（2）列和第（4）列显示，由于 LtoTNum 的系数都是负数，所以 MAX 日或之后一天的大额交易比率与一个月后的预期收益率之间存在负相关。

表 5 – 8　　　　　　　　预期收益率的 Fama – MacBeth 回归

变量	（1）	（2）	（3）	（4）
MAX	-0.114 *** (-4.88)	-0.092 *** (-3.73)	-0.117 *** (-4.94)	-0.101 *** (-3.85)
$r_{(d+1)}$	0.013 (0.82)	0.019 (1.23)	0.013 (0.80)	0.019 (1.21)

续表

变量	（1）	（2）	（3）	（4）
LNum$_d$	0.062 *** (3.4)		0.060 * (1.89)	
SNum$_d$	− 0.012 （− 1.43）		− 0.015 * （− 1.72）	
LNum$_{d+1}$	− 0.028 （− 0.81）		− 0.044 （− 1.15）	
SNum$_{d+1}$	− 0.024 ** （− 2.00）		− 0.022 * （− 1.79）	
LtoTNum$_d$		− 1.000 * （− 1.80）		− 2.235 ** （− 2.53）
LtoTNum$_{d+1}$		− 3.135 *** （− 4.34）		− 3.275 *** （− 4.62）
LNum$_d$ × MAX			0.003 (0.64)	
LtoTNum$_d$ × MAX				0.131 * (1.72)
R^2	0.039	0.028	0.041	0.029

注：该表格报告了使用从 2003 年 1 月至 2020 年 12 月的月度数据，对超额股票收益率进行 Fama – MacBeth 回归的斜率系数和 t 值的时间序列平均值［请参考第（1）列］。在 1%、5% 和 10% 水平上的显著性分别用 ***、** 和 * 表示。

接下来，我们还利用投资组合排序分析来检查 MAX 效应在不同的大额交易水平下是如何变化的。对于这部分，我们进行了三种排序：单变量排序、双变量依存排序和三变量排序。

单变量排序组合分析结果如表 5 – 9 所示。表 5 – 9 呈现了按照前一个月的 MAX 排序的五分位组合的每月股票收益的等权平均值和价值加权平均值，资本资产定价模型（CAPM）α 和 Fama – French 3 因子（FF3）α 以及它们的 t 值（括号中给出），我们的样本包含 2003 年 1 月至 2020 年 12 月在中国股票市场上市的所有普通股。组合 1（最低）是过去一个月 MAX 最低的股票组合，而组合 5（最高）是前一个月 MAX 最高的股票组合。组合的平均回报率随 MAX 的增加而先增加后减少。排序中五个组合的结果不是严格单调的。这种非单调性在排序结果中很常见。单调模式是一个很好的结果，但是没有单调性的结果也是可以接受的。MAX 日或之后一天大额交易比例较高可能会推高当前股票价格，因此预期一个月后的回报率将会降低。

第 5 个五分位组合（最高）和第 1 个五分位组合（最低）之间的等权平均超额回报差为每月 -0.886%，t 统计量为 -3.84。在 1% 水平上、经济上和统计上都显著。此外，CAPM 或 Fama - French 3 因子模型都无法解释回报差异，因为两者的 α 在 1% 水平上统计显著。相反，价值加权平均回报差为每月 -0.406%，t 统计量为 -1.13；其相关 CAPM 和 Fama - French 3 因子 α 在 10% 水平上统计显著。

表 5 - 9　　　　　　　　　　　　　　分位数组合

五分位分组	Equal-weighted			Value-weighted		
	Excess Return	CAPM α（%）	FF3 α（%）	Excess Return	CAPM α（%）	FF3 α（%）
1（lowest）	1.529 ** 2.44	0.539 ** （2.58）	0.239 ** （1.97）	0.905 * （1.72）	0.101 （0.59）	0.073 （0.43）
2	1.769 *** （2.66）	0.717 *** （3.18）	0.401 *** （3.87）	1.235 ** （2.06）	0.297 ** （2.17）	0.246 * （1.86）
3	1.706 ** （2.50）	0.624 *** （2.83）	0.345 *** （3.79）	1.501 ** （2.49）	0.561 *** （3.83）	0.603 *** （4.35）
4	1.307 * （1.92）	0.225 （1.02）	- 0.037 （- 0.41）	0.793 （1.29）	- 0.165 （- 1.03）	- 0.090 （- 0.60）
5（highest）	0.644 （0.90）	- 0.481 ** （- 1.99）	- 0.709 *** （- 5.41）	0.499 （0.72）	- 0.576 *** （- 3.01）	- 0.518 *** （- 2.84）
5 - 1 spread	- 0.886 *** （- 3.84）	- 1.020 *** （- 4.66）	- 0.947 *** （- 4.78）	- 0.406 （- 1.13）	- 0.677 ** （- 2.13）	- 0.591 * （- 1.94）

注：在 1%、5% 和 10% 水平上的显著性分别用 ***、** 和 * 表示。

双变量从属分类组合分析的结果如表 5 - 10 和表 5 - 11 所示。表 5 - 10 列出了 2003 年 1 月至 2020 年 12 月，按 MAX 日大额交易排序，然后按 MAX 排序的五分位数投资组合的月度股票收益率的等值和价值加权平均值及其 t 值（在括号内给出）。A 组的 $LNum_d1$（B 组的 $LtoTNum_d1$）和 A 组的 $LNum_d5$（B 组的 LtoT-Num_d5）分别表示 A 组的 $LNum_d$ 的最低和最高五分位数（B 组的 $LtoTNum_d$）。M1 和 M5 表示 MAX 的最低和最高五分位数。M5 - M1 表示最高五分位数和最低五分位数的 MAX 组合之间的回报率差。其相关的 Fama – French 3 因子（FF3）α 也被报告。Avg（L1 – L5）呈现了组合 $LNum_d1$ 到 $LNum_d5$（Panel A；$LtoTNum_d1$ 到 $LtoTNum_d5$ 为 Panel B）的平均值。

如表 5 – 10 Panel A 所示，由于最低两个 LNum 组之间没有 MAX 效应，因此最高和最低 MAX 组合之间的回报差以及它们相关的 FF3 alpha 都不具有统计显著性。相反，MAX 效应仅存在于最高三个 LNum 组之间。因此，随着 MAX 日大额交易量的增加，MAX 效应正在变得更加强烈。即使无法通过大量交易来解释 MAX 效应，但是当 MAX 日大额交易水平发生变化时，MAX 效应也会发生变化。B 组报告的结果在性质上是相似的。

表 5 – 10　　　　　　　　　　根据 MAX 日大额交易和 MAX 的排序组合

Panel A：Maximum day's LNum and MAX

MAX	Equal-weighted				Value-weighted			
	M1 (%)	M5 (%)	M5 – M1 (%)	FF3 α (%)	M1 (%)	M5 (%)	M5 – M1 (%)	FF3 α (%)
$LNum_d1$	1. 578 ** (2. 55)	1. 410 ** (2. 02)	− 0. 168 (− 0. 69)	− 0. 191 (− 1. 00)	1. 177 ** (2. 14)	1. 056 (1. 62)	− 0. 121 (− 0. 39)	− 0. 145 (− 0. 53)
$LNum_d2$	5. 339 *** (2. 93)	5. 728 ** (2. 71)	0. 390 (0. 32)	− 0. 230 (− 0. 17)	4. 490 ** (2. 57)	5. 188 ** (2. 49)	0. 697 (0. 52)	0. 702 (0. 45)
$LNum_d3$	2. 096 ** (2. 14)	1. 000 (1. 06)	− 1. 138 *** (− 2. 62)	− 1. 075 ** (− 2. 53)	1. 262 (1. 42)	0. 827 (0. 87)	− 0. 471 (− 0. 87)	− 0. 496 (− 0. 92)
$LNum_d4$	1. 599 ** (2. 21)	0. 826 (1. 05)	− 0. 773 *** (− 2. 62)	− 0. 881 *** (− 3. 32)	1. 350 ** (1. 98)	0. 853 (1. 08)	− 0. 497 (− 1. 31)	− 0. 699 ** (− 2. 01)
$LNum_d5$	0. 819 (1. 29)	0. 122 (0. 16)	− 0. 698 ** (− 2. 27)	− 0. 818 *** (− 3. 01)	0. 762 (1. 39)	− 0. 042 (− 0. 06)	− 0. 803 * (− 1. 74)	− 1. 151 *** (− 3. 01)
Avg (L1 – L5)	1. 388 ** (2. 18)	0. 776 (1. 10)	− 0. 612 ** (− 2. 52)	− 0. 648 *** (− 3. 22)	1. 133 ** (2. 03)	0. 630 (0. 92)	− 0. 503 (− 1. 62)	− 0. 626 ** (− 2. 43)

Panel B：Maximum day's LtoTNum and MAX

MAX	Equal-weighted				Value-weighted			
	M1 (%)	M5 (%)	M5 – M1 (%)	FF3 α (%)	M1 (%)	M5 (%)	M5 – M1 (%)	FF3 α (%)
$LtoTNum_d1$	1. 578 ** (2. 550)	1. 409 ** (2. 020)	− 0. 169 (− 0. 70)	− 0. 192 (− 1. 01)	1. 177 ** (2. 140)	1. 055 (1. 620)	− 0. 122 (− 0. 39)	− 0. 146 (− 0. 54)

Panel B: Maximum day's LtoTNum and MAX

MAX	Equal-weighted				Value-weighted			
	M1 (%)	M5 (%)	M5 − M1 (%)	FF3 α (%)	M1 (%)	M5 (%)	M5 − M1 (%)	FF3 α (%)
$LtoTNum_d2$	4.914 ** (2.650)	3.792 * (1.950)	− 1.121 (− 1.14)	− 1.153 (− 0.98)	3.265 * (1.810)	3.613 * (1.820)	0.348 (0.240)	1.058 (0.630)
$LtoTNum_d3$	1.692 * (1.770)	0.753 (0.780)	− 0.787 ** (− 2.07)	− 0.922 *** (− 2.63)	1.120 (1.250)	0.967 (0.990)	0.003 − 0.010	− 0.284 (− 0.61)
$LtotNum_d4$	1.522 ** (2.140)	0.908 (1.190)	− 0.614 * (− 1.90)	− 0.618 ** (− 2.04)	0.911 (1.480)	0.871 (1.150)	− 0.040 (− 0.09)	− 0.251 (− 0.61)
$LtoTNum_d5$	1.055 * (1.660)	0.220 (0.300)	− 0.835 *** (− 2.74)	− 0.947 *** (− 3.45)	0.916 (1.640)	0.060 (0.080)	− 0.856 * (− 1.80)	− 1.207 *** (− 3.02)
Avg (L1 − L5)	1.341 ** (2.120)	0.713 (1.020)	− 0.628 ** (− 2.56)	− 0.662 *** (− 3.18)	0.983 * (1.810)	0.627 (0.920)	− 0.357 (− 1.08)	− 0.501 * (− 1.85)

注：在1%、5%和10%水平上的显著性分别用 ***、** 和 * 表示。

表5-11 的结果也类似。我们没有首先按照 MAX 日的大额交易对股票进行分类，而是根据 MAX 日之后的下一个交易日的大额交易将股票分为五等分，然后按照 MAX 在每个大额交易五等分组合中分为五个组合。随着 MAX 日之后的下一个营业日的大额交易的增加，MAX 效应变得更强。

表 5-11   按照 MAX 日及之后的大额交易排序组合

Panel A: The day following maximum day's LNum and MAX

MAX	Equal-weighted				Value-weighted			
	M1 (%)	M5 (%)	M5 − M1 (%)	FF3 α (%)	M1 (%)	M5 (%)	M5 − M1 (%)	FF3 α (%)
$LNum_{d+1}1$	1.546 ** (2.520)	1.273 * (1.840)	− 0.272 (− 1.09)	− 0.277 (− 1.36)	1.092 ** (2.030)	1.035 (1.580)	− 0.057 (− 0.18)	− 0.105 (− 0.37)
$LNum_{d+1}2$	6.433 (1.230)	5.601 (1.120)	− 0.832 (− 0.34)	− 0.122 (− 0.04)	3.394 (0.720)	5.010 (1.080)	1.617 (0.500)	2.663 (0.710)

续表

Panel A: The day following maximum day's LNum and MAX

MAX	Equal-weighted				Value-weighted			
	M1 (%)	M5 (%)	M5 - M1 (%)	FF3 α (%)	M1 (%)	M5 (%)	M5 - M1 (%)	FF3 α (%)
LNum$_{d+1}$3	3.355 *** (2.690)	3.765 *** (2.810)	0.410 (0.600)	-0.139 (-0.20)	2.518 ** (2.150)	2.801 ** (2.050)	0.284 (0.340)	-0.540 (-0.62)
LNum$_{d+1}$4	2.020 ** (2.550)	1.324 (1.540)	-0.735 ** (-2.04)	-0.815 ** (-2.56)	1.737 ** (2.290)	1.108 (1.280)	-0.666 (-1.42)	-0.797 * (-1.87)
LNum$_{d+1}$5	0.674 (1.050)	-0.407 (-0.56)	-1.081 *** (-3.31)	-1.206 *** (-4.24)	0.621 (1.140)	-0.460 (-0.61)	-1.081 ** (-2.13)	-1.443 *** (-3.27)
Avg (L1 - L5)	1.284 ** (2.010)	0.638 (0.890)	-0.645 ** (-2.40)	-0.674 *** (-3.08)	1.087 * (1.960)	0.469 (0.670)	-0.618 * (-1.78)	-0.752 *** (-2.67)

Panel B: The day following maximum day's LtoTNum and MAX

MAX	Equal-weighted				Value-weighted			
	M1 (%)	M5 (%)	M5 - M1 (%)	FF3 α (%)	M1 (%)	M5 (%)	M5 - M1 (%)	FF3 α (%)
LtoTNum$_{d+1}$1	1.546 ** (2.520)	1.273 * (1.840)	-0.272 (-1.09)	-0.277 (-1.36)	1.092 ** (2.030)	1.035 (1.580)	-0.057 (-0.18)	-0.105 (-0.37)
LtoTNum$_{d+1}$2	5.792 (1.100)	7.063 (1.270)	1.271 (0.680)	0.848 (0.380)	4.514 (1.050)	8.736 (1.420)	4.221 (1.380)	1.725 (0.620)
LtoTNum$_{d+1}$3	2.655 ** (2.220)	2.674 ** (2.020)	0.018 (0.030)	-0.483 (-0.76)	2.182 * (1.970)	2.546 * (1.950)	0.364 (0.570)	-0.307 (-0.46)
LtoTNum$_{d+1}$4	1.679 ** (2.140)	1.165 (1.380)	-0.563 (-1.62)	-0.692 ** (-2.18)	1.124 (1.550)	0.890 (1.060)	-0.281 (-0.60)	-0.644 (-1.51)
LtoTNum$_{d+1}$5	0.988 (-1.520)	-0.262 (-0.35)	-1.250 *** (-3.69)	-1.340 *** (-4.48)	0.587 (1.090)	-0.382 (-0.49)	-0.970 * (-1.87)	-1.358 *** (-3.02)
Avg (L1 - L5)	1.209 * (1.900)	0.559 (0.780)	-0.650 ** (-2.49)	-0.699 *** (-3.23)	0.901 * (1.660)	0.469 (0.670)	-0.433 (-1.27)	-0.651 ** (-2.35)

注：在 1%、5% 和 10% 水平上的显著性分别用 ***、** 和 * 表示。

　　一般来说，在 MAX 日或之后一个营业日有较多大额交易的股票中，如果这些股票在一个月内经历了较高的最大日回报率，那么这些股票随后更有可能被定价过高。因此，在 MAX 日或之后的一个营业日有更多的大额交易，会导致更强的 MAX 效应。

最后，我们还进行了三元排序分析，其中所有股票都按照 MAX 日的大额交易、次日的大额交易和 MAX 进行 2×2×5 依赖排序，将其分为 20 个组合。组合的每月股票超额收益及其 t 值（括号中给出）如表 5 – 12 所示。最高 MAX 减去最低 MAX（M5 – M1）的超额回报和 FF3 alpha 以及它们的 t 值也被报告。每组的最后两行显示了最高和最低 MAX 五分位组合的平均值和 t 值（括号中给出）以及它们之间的差异。基于大额交易变量 LNum 和 LtoTNum 的等权重结果分别显示在 Panel A 和 Panel B 中。

如表 5 – 12 Panel A 所示，当股票的大额交易数量（MAX 日和次日的 LNum）最小时，MAX 效应最弱，因为最高和最低 MAX 组合之间的回报差为 – 0.170%（t 值为 – 0.67）。当 MAX 日和次日的 LNum 最强时，MAX 效应最强，因为最高和最低 MAX 组合之间的回报差为 – 1.10%（t 值为 – 3.42）。因此，当 MAX 日和下一个工作日的大额交易增加时，MAX 效应更强。考虑到 Fama – French 3 因子模型或大额交易的不同度量时，结果是稳健的。表 5 – 12 Panel C 和 Panel D 中的价值加权结果在数量上类似。

表 5 – 12　　　　　　按 MAX 大额交易及 MAX 之后的大额交易排序组合

Panel A：Maximum day's LNum, following maximum day's LNum, and MAX

MAX	LNum$_d$1				LNum$_d$2			
	M1 (%)	M5 (%)	M5 – M1 (%)	FF3 α (%)	M1 (%)	M5 (%)	M5 – M1 (%)	FF3 α (%)
LNum$_{d+1}$1	1.594 ** (2.600)	1.424 ** (2.060)	– 0.170 (– 0.67)	– 0.166 (– 0.80)	1.424 ** (2.120)	0.849 (1.130)	– 0.575 * (– 1.97)	– 0.635 ** (– 2.43)
LNum$_{d+1}$2	1.135 (1.640)	0.335 (0.460)	– 0.800 ** (– 2.21)	– 0.813 ** (– 2.47)	0.845 (1.270)	– 0.255 (– 0.34)	– 1.100 *** (– 3.42)	– 1.219 *** (– 4.26)
Avg（L1 – L2）	1.365 ** (2.120)	0.880 (1.260)	– 0.485 * (– 1.76)	– 0.489 ** (– 2.12)	1.134 * (1.720)	0.297 (0.400)	– 0.838 *** (– 2.99)	– 0.927 *** (– 3.83)

Panel B：Maximum day's LtoTNum, following maximum day's LtoTNum, and MAX

MAX	LtoTNum$_d$1				LtoTNum$_d$2			
	M1 (%)	M5 (%)	M5 – M1 (%)	FF3 α (%)	M1 (%)	M5 (%)	M5 – M1 (%)	FF3 α (%)
LtoTNum$_{d+1}$1	1.579 ** (2.580)	1.383 ** (2.000)	– 0.196 (– 0.78)	– 0.207 (– 1.00)	1.428 ** (2.140)	0.878 (1.180)	– 0.550 * (– 1.97)	– 0.592 ** (– 2.43)

Panel B：Maximum day's LtoTNum, following maximum day's LtoTNum, and MAX

MAX	LtoTNum$_d$1				LtoTNum$_d$2			
	M1 (%)	M5 (%)	M5 − M1 (%)	FF3 α (%)	M1 (%)	M5 (%)	M5 − M1 (%)	FF3 α (%)
LtoTNum$_{d+1}$2	1.148 (1.580)	0.371 (0.500)	− 0.777 * (− 1.93)	− 0.778 ** (− 2.05)	0.973 (1.460)	− 0.237 (− 0.32)	− 1.210 *** (− 3.72)	− 1.300 *** (− 4.46)
Avg（L1 − L2）	1.363 ** (2.080)	0.877 (1.240)	− 0.486 * (− 1.70)	− 0.492 ** (− 1.98)	1.201 * (1.820)	0.321 (0.430)	− 0.880 *** (− 3.17)	− 0.946 *** (− 3.97)

Panel C：Maximum day's LNum, following maximum day's LNum, and MAX

MAX	LNum$_d$1				LNum$_d$2			
	M1 (%)	M5 (%)	M5 − M1 (%)	FF3 α (%)	M1 (%)	M5 (%)	M5 − M1 (%)	FF3 α (%)
LNum$_{d+1}$1	1.278 ** (2.330)	1.088 * (1.660)	− 0.190 (− 0.58)	− 0.201 (− 0.68)	1.015 * (1.680)	0.800 (1.090)	− 0.215 (− 0.57)	− 0.358 (− 1.06)
LNum$_{d+1}$2	0.964 (1.380)	0.230 (0.310)	− 0.734 (− 1.42)	− 0.746 (− 1.51)	0.640 (1.130)	− 0.399 (− 0.51)	− 1.039 ** (− 2.03)	− 1.413 *** (− 3.15)
Avg（L1 − L2）	1.121 * (1.860)	0.659 (0.980)	− 0.462 (− 1.30)	− 0.473 (− 1.46)	0.827 (1.470)	0.200 (0.270)	− 0.627 (− 1.62)	− 0.885 *** (− 2.73)

Panel D：Maximum day's LtoTNum, following maximum day's LtoTNum, and MAX

MAX	LtoTNum$_d$1				LtoTNum$_d$2			
	M1 (%)	M5 (%)	M5 − M1 (%)	FF3 α (%)	M1 (%)	M5 (%)	M5 − M1 (%)	FF3 α (%)
LtoTNum$_{d+1}$1	1.273 ** (2.310)	1.085 * (1.660)	− 0.188 (− 0.58)	− 0.208 (− 0.71)	0.927 (1.580)	0.763 (1.050)	− 0.164 (− 0.43)	− 0.330 (− 1.01)
LtoTNum$_{d+1}$2	0.934 (1.260)	0.396 (0.530)	− 0.539 (− 0.97)	− 0.549 (− 1.01)	0.765 (1.330)	− 0.415 (− 0.54)	− 1.181 ** (− 2.32)	− 1.537 *** (− 3.41)
Avg（L1 − L2）	1.104 * (1.780)	0.740 (1.090)	− 0.364 (− 0.98)	− 0.378 (− 1.10)	0.846 (1.510)	0.174 (0.240)	− 0.672 * (− 1.72)	− 0.934 *** (− 2.88)

注：样本期为 2003 年 1 月到 2020 年 12 月。LNum$_d$1 在 Panel A （LtoTNum$_d$1 在 Panel B 中）和 LNum$_d$2 在 Panel A （LtoTNum$_d$2 在 Panel B 中）分别表示按 LNum$_d$ 在 Panel A 中 （LtoTNum$_d$ 在 Panel B 中）排序后最低和最高的组合。LNum$_{d+1}$1 在 Panel A （LtoTNum$_{d+1}$1 在 Panel B 中），LNum$_{d+1}$2 在 Panel A （LtoT-Num$_{d+1}$2 在 Panel B 中）分别表示按 LNum$_{d+1}$ 在 Panel A 中 （LtoTNum$_{d+1}$在 Panel B 中）排序后最低和最高的组合。M1 和 M5 表示按 MAX 排序后最低和最高的五分位组合。M5 − M1 表示最高和最低五分位 MAX 组合之间的回报差距。表格还报告了与之相关的 Fama − French 三因子 （FF3） alpha 值。Avg（L1 − 12）显示了组合 LNum$_{d+1}$1 到 LNum$_{d+1}$2 （Panel A；LtoTNum$_{d+1}$1 到 LtoTNum$_{d+1}$2，Panel B）的平均值。Panel A 和 Panel B 显示的是等权结果。Panel C 和 Panel D 显示的是加权结果，与 Panel A 和 Panel B 类似。在 1%、5% 和 10% 上的显著性水平分别用 ***、** 和 * 表示。

通过双变量分析和三变量排序分析，即使 MAX 效应不能完全由 MAX 日或之后一个工作日的大额交易直接解释，但当大额交易份额发生变化时，MAX 效应的强度也有所不同。

对于股票的价值，结果也是类似的（见本章附录 B 的表 IA - 2 至表 IA - 6）。

5.4　总　　结

以前的文献主要关注个人投资者的行为，以解释 MAX 效应。研究人员认为，MAX 效应主要集中在个人投资者持有的股票上，因为他们通常更喜欢类似于彩票的股票（Kumar，2009；Bali、Cakici and Whitelaw，2011；Fong and Toh，2014；Bali，Brown、Murray and Tang，2017）。我们的研究基于中国股市，与先前的文献不同之处在于它是第一个发现 MAX 效应是由机构投资者的交易行为驱动而不是个人投资者驱动的。

我们利用 CSMAR 数据库中的大宗交易数据作为机构交易的代理，并发现大额交易比例从 MAX 日前一天的 2% 急剧增加到 MAX 日的 6%，表明机构交易在 MAX 日更加活跃。在 MAX 日之后，大额交易减少，而股票的小额交易数量或价值在 MAX 日后一天继续增加。小额交易从 MAX 日后第二天开始减少。最大日回报存在是由于机构投资者的活动。即使机构投资者已经离开市场，由于个人投资者的参与，股价仍然会在 MAX 日之后继续上涨。此外，即使无法通过 MAX 日或下一个工作日直接解释大额交易来完全解释 MAX 效应，在大额交易水平发生变化时也会有所不同。

附录 A　变量定义

在附录 A 中我们提供了详细的变量定义。

（1）超额收益（R）。股票 i 在 t + 1 月份的超额收益是用股票 i 的月度股票收益率和 t + 1 时间的一个月 T - bill 利率之差计算的。

（2）特质偏度（ISKEW）。我们首先计算 Fama - French 三因子模型在 t 月份的残差，然后用以下公式计算 t 月份的特质偏度：

$$r_{i,d} - r_{f,d} = \alpha_i + \beta_{MKT,i}MKT_d + \beta_{SMB,i}SMB_d + \beta_{HML,i}HML_d + \epsilon_{i,d}$$

$$ISKEW_{i,t} = \frac{\frac{1}{n}\sum_{d=1}^{n}\epsilon_{i,d}^3}{\left(\left(\frac{1}{n}\sum_{d=1}^{n}\epsilon_{i,d}^2\right)^{3/2}\right)} \tag{5.A.1}$$

（3）市场贝塔（β）。

$$r_{i,d} = \alpha + \beta_{i,y}r_{m,d} + \epsilon_{i,d}, \quad d = 1, \cdots, D_y \tag{5.A.2}$$

其中，$r_{i,d}$ 是股票 i 在 d 日的超额收益，$r_{m,d}$ 是 d 日的市场超额收益，D_y 是 y 年的交易日数，β 的更新频率为年度。

（4）最大值（MAX，单位：百分点）。MAX 是某月的最大日回报率，与巴利等（2011）一致：

$$MAX_{i,t} = \max(r_{i,d}), \quad d = 1, \cdots, D_t \tag{5.A.3}$$

其中，$r_{i,d}$ 是股票 i 在 d 日的回报率，D_t 是 t 月的交易日数。然后按照纳尔提亚等（2017）的说法，如果股票回报率达到 10% 的上行限制，我们将每日回报率相加，得到更准确的每日回报率。修订后的 MAX 是在价格限制的场合下对日收益率的更好的代表。

（5）规模（SIZE，单位：百万人民币）。每个月 t 日的公司规模用 t 月末股权市值的自然对数来衡量。

（6）账面与市场比率（BM）。BM 定义为账面市值除以市值，然后取对数。y 年的 12 个月的账面市值使用 y 年第 12 个月的账面市值 –1。市值是指第 1 个月末的股票市值。

（7）MOMENTUM（MOM，单位：百分点）。按照杰加代什和提特曼（1993）的做法，每只股票在第 t 个月的动量效应是用前 12 个月的累积回报率来衡量的，其中跳过一个月。即从第 t–12 个月到第 t–1 个月的累积回报率。

（8）短期反转（REV，单位：百分点）。按照杰加代什（1990）和雷曼（1990）的做法，每只股票在 t 月份的逆转被定义为这个月的股票回报，即 t 月份的回报。

（9）TURNOVER（TURN，单位：百分点）。TURN 的计算方法是每月的交易量除以月末的流通股。

（10）特质波动率（IVOL）。使用 CAPM 模型求出股票 i 在 d 日的特质收益率 e. d。股票 i 在 t 月的 IVOL 被定义为该月内特质收益的标准差。

$$R_{i,d} - r_{f,d} = \alpha_i + \beta_i(R_{m,d} - r_{f,d}) + \epsilon_{i,d}, \quad IVOL_{i,t} = \sqrt{var(\epsilon_{i,d})}, \quad d = 1, \cdots. D_t$$

$$(5.A.4)$$

附录 B 补充数据

与本章有关的补充数据可在网上查找：https：//doi. org/10. 1016/j. pacfin. 2022. 101852。

第 6 章

基于价格和成交量的
凸显理论与实证

本章不仅证实了股票凸显收益的负预测能力，还揭示了股票凸显交易量对中国股市预期收益的增量预测能力。除了在投资者分歧更大时有更强的凸显交易量效应之外，这两种负面的凸显效应对股票资金状态（收益或损失）、彩票需求、短期反转、投资者情绪以及引人注意的新闻或事件都不敏感。突出性引起的价格压力（指令不平衡）分析表明，机构和散户投资者都可以成为关于股票收益和交易量的凸显思维者。

6.1 简　　介

当投资者对一只股票作出投资决策时，涉及两个基本步骤。首先，他们对这只股票形成心理表征。其次，他们对这一表征进行评估，形成相关的预期，并决定是否购买或出售该股票（Barberis et al.，2016）。一般来说，一只股票的历史收益分布对投资者来说是一个很好并且容易获得的心理表征，投资者会自然地据此推断出该股票的未来收益（Barberis et al.，2016）。从股票的历史收益中得出的诸多预测因子也被记录下来。然而，投资者如何评价一只股票的表现，还是需要斟酌的。就历史回报率的表述而言，一种基本的处理方法是，投资者以其客观概率为股票过去的回报率分配权重，这样的例子包括特质波动率（Ang et al.，2006；Stambaugh et al.，2015）和偏度（Barberis and Huang，2008；Boyer et al.，

2010）。① 另一类文献认为，投资者对过去回报的重视程度不同，并对其分配不同的权重，如最大收益（Bali et al. , 2011；Zhong and Gray, 2016）、前景理论价值（Tversky and Kahneman, 1992；Barberis et al. , 2016）以及按时间顺序的回报排序（Mohrschladt, 2021）。②

作为第二类文献的补充，科斯曼（Cosemans）和弗莱恩（Frehen）（2021）验证了另一个基于过去回报的强大预测器，即投资者根据最初由博尔达罗等（Bordalo et al. , 2012）提出的凸显理论来评估股票的过去回报。理论上，认知有限的决策者总是关注他们选择中最不寻常的属性。因此，他们过分强调突出的属性，而忽略了不突出的属性，导致对这些属性的决策权重相对于其客观概率来说不平衡。科斯曼和弗莱恩（2021）将这种凸显的思维应用于股票回报横截面。他们表示，投资者根据股票过去回报与市场平均水平的差异程度对其分配权重，并在评估回报时高估表现突出的股票。投资者提高了对特别高回报股票的预期，降低了对特别低回报股票的预期。因此，前者（后者）股票被高估（低估），并获得低（高）的未来回报，表明突出回报效应为负向的。

在本章中，我们在两个方面扩展了凸显理论的应用。首先，我们研究了中国股票市场是否存在负的突出回报效应。与美国市场相比，中国市场在投资者构成、信息环境和制度安排方面有其独特的特点（Zhang and Yang, 2014；Cui and Hong, 2017；Song and Xiong, 2018；Ma and Tian, 2020）。因此，它提供了一个不同的市场环境（与发达市场和新兴市场相比均如此），能够对凸显理论的可预测性进行宝贵的样本外检验。同时，由于股票市值的上升和对外国投资者的开放，中国市场已经吸引了越来越多的关注。因此，研究该市场中与凸显性理论相关的收益预测能力对学者和从业者来说都很有意义。

其次，投资者也可以根据过去交易量的分布情况对一只股票进行刻画，然后根据凸显理论对其表现进行评价。③ 一方面，交易量对于股票市场的价格发现非

---

① 用于构建股票已实现的特质波动率和偏度的样本回报是等权重的，因此具有相同的客观概率。

② 最大收益意味着投资者完全依赖过去一段时间的最大收益，而忽略其他收益。在前景理论中，投资者根据给定的概率加权函数来评估股票过去的回报，其中两个尾部的事件被高估了。按时间顺序的回报排序表明，投资者高估过去回报中更新的观测所包含的信息。

③ 尽管投资者在心理上通过过去收益的分布来代表股票是合理的，但巴贝里斯等（2016）也在结论中提到"其他表征可能更现实"，因此对其他表征的研究仍有开阔空间。受此启发，我们进一步以交易量作为表征。我们在本章附录 B 的图 IA-1 展示了一个常用的移动应用程序和网站的快照，其提供了关于中国股票市场的数据。该快照表明，除了价格信息外，数量信息也很明显。由于交易量信息很容易获得，投资者很可能会将其纳入投资决策。

常重要，因为它包含了与波动性、流动性、投资者分歧、投资者注意力和私人信息等有关的信息（Han et al.，2022）。大量的研究也表明，交易量在理论上和经验上都对股票的未来收益提供了比价格信号更多的预测信息（田利辉等，2014；何家璇等，2022；Blume et al.，1994；Gervais et al.，2001；Kaniel et al.，2012；Han et al.，2016；Liu et al.，2021；Israel et al.，2022）。另一方面，在研究MAX异象时，巴利等（2011）指出，如果一只股票过去的回报率很高，投资者往往会相信它的未来回报率也会很高。这样的观点也适用于股票的交易量：假设一只股票过去的交易量很高，那么它在未来的交易量也会很高。①

　　相对而言，对于一只股票来说，高交易量意味着更高的流动性（Easley et al.，2002），更弱的信息非对称性（Easley et al.，1996；Leuz and Verrecchia，2000），以及更低的风险（Kyle，1985）。② 鉴于高交易量的这些潜在优势，投资者对过去交易量高的股票的购买需求应该更强，而对交易量低的股票的抛售力度应该更强。此外，由于投资者倾向于将他们的认知限制在股票层面（即狭义的框架），他们更可能被那些交易量突出且远高于市场平均水平的股票所吸引，导致这些股票的价格过高。相反，投资者不喜欢那些交易量远低于市场平均水平的股票，这导致此类股票的价格过低。因此，我们认为凸显理论将适用于交易量，对股票过去突出的交易量和预期收益之间的关系进行进一步研究是有价值的。此外，许多与交易量相关的指标也被用作股票成交量的代理指标，包括换手率、成交量、交易金额、交易次数等（Datar et al.，1998；Nagel，2005；Lo and Wang，2010；Han et al.，2022）。罗和王（2010）与韩等（2022）建议将换手率作为股票交易量的最自然的衡量标准，因为他们认为换手率与标准的投资组合理论和均衡资产定价模型更加一致。因此，我们使用换手率来代表交易量。

　　我们的实证分析主要分为三个方面。第一，我们研究了中国市场中凸显理论

---

　　① 在实证上，我们通过检查一个交易量变量的跨期转移概率来验证这一说法。当我们使用换手率（上个月内，日度换手率的均值）作为交易量的代理变量，我们发现目前换手率最高的十分位数（P10）的股票有90.36%的可能性在其后一个期间仍然位于换手率最高的三个十分位数（P7～P10）中，如本章附录B的表 IA – 1 所示。

　　② 更具体地说，伊斯利等（Easley et al.，2002）发现基于信息的交易量可以部分反映股票的流动性，并且能够正向预测预期股票的回报。洛伊策和韦雷基亚（Leuz and Verrecchia，2000）认为交易量反映了投资者购买和出售公司股票的意愿，这与信息不对称程度呈负相关；同时，当交易量增加时，基于私人信息进行交易的概率降低（Easley et al.，1996）。此外，根据凯勒（Kyle，1985）的说法，高交易量股票的流动性风险溢价也会更低。

对股票预期收益的横截面预测能力。按照科斯曼和弗莱恩（2021）的框架，我们定义了两个凸显理论的衡量指标，STR 和 STV。它们分别量化了由凸显思维所引起的对回报和交易量预期的扭曲。STR（STV）越大，意味着股票的高回报（交易量）越突出，投资者的预期越高。相反，较小的 STR（STV）意味着一只股票的低回报（交易量）更加突出，投资者的期望值更低。通过单变量排序分析，我们发现 STR 和 STV 都负向预测了横截面上的预期收益，证实了市场上有两个显著的凸显效应。平均来说，通过按市值加权做多处于 STR（STV）最小十分位区间的股票并做空最大十分位区间的股票来构建的零成本对冲组合，可以获得15.780%（13.896%）的年化收益。如 Fama - MacBeth 回归和双重排序的结果所示，当我们单独或同时控制其他公司特征时，STR 或 STV 的负面预测能力是稳健的。值得注意的是，尽管控制换手率降低了 STV 效应的幅度（大约 70%），但该效应在经济学上仍然是可观的，在统计上也是显著的。突出效应不能被包括刘等（2019）的中国四因子模型（CH4）在内的中国常用因子模型所归纳。[①] STV 的负向效应更加持久，它持续到未来四个月（是 STR 的两倍）还没有发生反转。考虑到刘等（2019）基于成交量信息构建了异常换手率指标，我们在概念上和实证上将 STV 与异常换手率区分开来，以解决它们在收益预测性方面可能存在关联的问题。此外，我们发现两个凸显效应相互促进，进一步证实了 STR 和 STV 独立的增量预测能力。

　　第二，通过结合高和低 STR（STV）股票的不同特征，我们进行了一些测试来判断 STR 和 STV 对未来回报的负向预测能力是否存在可能的替代性解释。第一种替代性解释认为，高 STR 和高 STV 的股票通常风险更大。由于投资者的风险偏好取决于其在处置效应下的股票资本状态（收益或损失）（Shefrin and Statman，1985；Grinblatt and Han，2005；Wang et al.，2017），我们研究由未实现盈利值（CGO）代表的股票资本状态对凸显效应的影响，发现 CGO 不能解释 STR 和 STV 在中国的作用。然后，我们研究了高 STR 和 STV 股票是否呈现出类似于彩票型股票的特征。我们研究了 STR 和 STV 效应与投资者的彩票偏好之间的关联。实证结果显示，凸显效应显著存在于不同的彩票偏好组合中，从而排除

---

　　① 刘等（2019）认为，CH4 优于 FF3 和 FF5，并且可以解释他们论文中提到的中国股票市场的所有 14 个异常现象。然而，我们发现 CH4 不能解释 STV 和 STR 的负向影响。

了彩票需求的可能解释。由于股票的 STR（STV）与收益的短期反转（REV）有一定的相关性，我们进行了第三个测试，通过在较长的估计窗口上重建突出性指标并检验 STR 或 STV 条件下的 REV 效应，以澄清它们的关系。我们的结果显示，STR（STV）完全（大部分）吸收了 REV 的可预测性。鉴于投资者的高涨情绪可能会加剧股票的错误定价（Stambaugh et al.，2012，2015），我们进一步研究了不同情绪机制下 STR（STV）对预期收益的预测能力。我们看到，当情绪机制转变时，凸显效应的变化可以忽略不计。此外，我们测试了投资者分歧对凸显效应的影响。使用分析师的预测分散度来衡量投资者的分歧（Kelley and Tetlock，2013；Han et al.，2022），我们发现 STV 效应与分歧有关，而 STR 效应则没有。最后，我们在排除了发生引人注意的新闻或事件的月份后重新检查了凸显效应，并且检验了 STR 和 STV 成分的预测。结果显示，新闻或事件对凸显效应影响不大、负的 STR 和 STV 成分产生正的未来收益，从而将凸显理论的预测与巴伯和奥迪恩（Barber and Odean，2008）的注意力假说的预测区分开。

第三，为了深刻理解 STR 和 STV 的负向预测能力，我们从交易指令不平衡和价格变化两个方面探讨了高、低 STR（STV）股票的突出性引起的价格压力。追捧（回避）过去回报率或交易量特别高（低）的股票会导致交易指令净流入（流出）并推高（降低）其价格。当暂时的价格压力在接下来的时期逆转时，负向的凸显效应就会出现。我们的分析结果与这个机制是一致的。具体来说，我们发现高 STR 和高 STV 值首先会导致净买入，但在下一个时期会导致净卖出。高 STR 和高 STV 股票的平均价格会经历相似的由上至下的趋势。相反，低 STR 值会导致同期的净流出和随后的净流入，所以低 STV 值会促进下一期的净买入。因此，低 STR 和低 STV 股票的平均价格在随后的一个月内上升。此外，我们按照姜等（2021）的方法，将订单流根据其现金价值进一步划分为四组。由于订单规模通常与投资者类型相关，我们还揭示了即使是机构投资者也会受到突出性引起的行为偏差的影响。

本章的贡献可以概括为以下几点。第一，就我们所知，我们最早在中国股票市场中深入研究凸显理论的负向预测性和定价能力。第二，除了价格信号之外，我们还分析了股票交易量信息。我们不仅证实了股票突出收益的负面预测能力，而且还发现了突出交易量对预期收益的更多预测能力。因此，我们的研究也对有关交易量和未来股票收益关系的海量文献起到补充作用。[①] 第三，我们发现，中国市场中两种凸显效应几乎在所有的短期反转（REV）五分位数中都相当稳健，并且对情绪不敏感。这个发现与美国不同。而美国的结果表明 REV 部分取代了 STR 效应，并且在投资者情绪高涨时更加明显。这些结果表明，在不同的市场环境中，凸显效应具有独特性，并强调了在其他市场中研究凸显理论的普遍性是必要的。更重要的是，STR 甚至可以完全解释中国的短期反转效应——这一结果促使我们在凸显理论的基础上重新考虑负面的短期逆转效应。第四，我们对高、低 STR（STV）组合指令的不平衡的分析为机构投资者的偏见行为提供了新的见解，表明他们在面对股票回报或成交量时，也会使用凸显的思考方式。

本章的其余部分安排如下：6.2 节简要介绍了我们如何构建凸显理论的衡量指标，6.3 节讨论了数据来源、变量、描述性统计和研究方法，6.4 节展示了两个负面凸显效应的实证结果，6.5 节探讨了 STR 和 STV 负向预测能力的其他解释，6.6 节研究了突出性引起的价格压力，6.7 节包括几个稳健性检验，6.8 节为结论。

6.2　凸显理论价值

由博尔达罗等（2012）提出的凸显理论是一个关于在风险条件下进行选择的新理论，其中决策者的偏好是由他们选择的属性中的凸显性来驱动的。对一次选择中的凸显性判断取决于它与选择集内平均水平的差异。具有凸显性思维的人通过对其凸显的属性附加与环境有关的高权重来选择选项。博尔达罗等（2013）提出了一个有代表性的基于两期消费的模型，以说明凸显理论对资产价格的预测。在均衡状态下，一项资产的价格如下：

$$p_i = E(\tilde{\omega}_{i,s} \times x_{i,s}) = E(x_{i,s}) + cov(\tilde{\omega}_{i,s}, x_{i,s}) \tag{6.1}$$

其中，资产 i 的价格是其预期报酬（用状态报酬的客观概率 $x_{i,s}$ 计算）加上报酬与凸显权重（$\tilde{\omega}_{i,s}$）的协方差。协方差体现了投资者的凸显思维。科斯曼和

---

① 股票交易量与其预期收益之间的关系可以是正的、不显著的或负的（Blume et al., 1994; Gervais et al., 2001; Lo and Wang, 2010; Kaniel et al., 2012; Hou et al., 2020; Han et al., 2022; israel et al., 2022）。

弗莱恩（2021）进一步使用这个模型来推导股票的价格，关于定价有三个假设：
（1）如果没有凸显的特殊情况，股票价格等于其预期收益，即其合理价格。
（2）当股票较低的过去收益突出时，投资者过分关注这些没有吸引力的收益，从而降低他们对股票未来收益的预期。这导致股票定价过低，并在价格修正期获得高收益。（3）当股票较高的过去收益突出时，投资者过分关注这些令人满意的回报，从而提高他们对此类股票未来收益的预期。而后股票定价过高，意味着更低的未来回报率。

按照科斯曼和弗莱恩（2021）的研究框架，我们根据股票的收益属性定义了第一个凸显理论的衡量指标——凸显回报价值（STR）。投资者会通过评估一只股票过去的收益分布来考虑它的潜力，然后根据凸显思维来选择股票。在这个模型中，我们使用一只股票过去一个月的收益率来计算凸显理论的取值，这一个月内的交易日构成了状态空间。

在 t 月，我们首先计算股票 i 在状态 s 下回报 $r_{i,s}$ 的凸显性，如下所示：

$$\sigma(r_{i,s;t},\ \bar{r}_{s;t}) = \frac{|r_{i,s;t} - \bar{r}_{s;t}|}{|r_{i,s;t}| + |\bar{r}_{s;t}| + \theta} \tag{6.2}$$

其中，$\bar{r}_{s;t}$ 是状态 s 下市场上所有可得股票收益的算术平均数，要求 $\theta > 0$ 以避免收益为 0 时的凸显性总是最大。凸显性 σ 代表收益率与市场平均水平的相对差异。然后我们将股票 i 的状态回报从 1（最突出）到 S_t（最不突出）进行排序。S_t 表示月份 t 的总状态数。接下来我们将计算出股票 i 在该月内的收益决策权重，具体如下：

$$\tilde{\omega}_{i,s;t} = \frac{\delta^{rank_{i,s;t}}}{\sum_{s'} \delta^{rank_{i,s';t} \cdot \pi_{i,s';t}}} \cdot \pi_{i,s;t} \tag{6.3}$$

其中，$rank_{i,s;t}$ 和 $\pi_{i,s;t}$ 分别为凸显性排名和收益率 $r_{i,s;t}$ 的客观概率；$\pi_{i,s;t}$ 为 S_t 的倒数；这里 $\delta \in (0, 1]$ 体现了凸显性偏离决策权重的程度。如果 $\delta = 1$，那么所有状态下 $\tilde{\omega}_{i,s;t} = \pi_{i,s;t}$，且不存在偏离。这与理性定价的情况相一致。$\delta < 1$ 表示投资者是凸显思维者，他们过度重视凸显收益（$\tilde{\omega}_{i,s;t} < \pi_{i,s;t}$），代价是轻视了非凸显收益（$\tilde{\omega}_{i,s;t} > \pi_{i,s;t}$）。我们将股票 i 的凸显权重归一化，使其总和为 1。式（6.1）两边同时除以 p_i，可以得到[①]：

---

① 将式（6.1）的两边除以 p_i，我们得到 $1 = E(R_{i,s}) + cov(\tilde{\omega}_{i,s}, r_{i,s})$。

$$E(r_{i,s}) = -cov(\tilde{\omega}_{i,s}, r_{i,s}) \tag{6.4}$$

然后，我们将股票 i 在 t 月的凸显值定义为：

$$STR_{i;t} \equiv cov(\tilde{\omega}_{i,s;t}, r_{i,s;t}) = \sum_s^{S_t} \tilde{\omega}_{i,s;t} \cdot r_{i,s;t} - \sum_s^{S_t} \pi_{i,s;t} \cdot r_{i,s;t} \tag{6.5}$$

其中右边的方程是成立的，因为 $E(\tilde{\omega}_{i,s}) = 1$。此外，式（6.4）和式（6.5）指示了 STR 和预期收益之间的负向关系。

投资者也可能将凸显思维运用于股票的交易量属性，使得对过去交易量凸显状态的权重出现偏离。结果是，他们可能会提高（降低）对具有凸显的大（小）交易额的股票的预期。在此基础上，我们同样以股票的交易量属性为基础，构建了凸显理论的第二个衡量指标——凸显交易量价值（STV）。

我们首先计算出在 t 月股票 i 的每个成交量状态的突出权重，公式如下：

$$\sigma(v_{i,s;t}, \bar{v}_{s;t}) = \frac{|v_{i,s;t} - \bar{v}_{s;t}|}{|v_{i,s;t}| + |\bar{v}_{s;t}| + \theta} \tag{6.6}$$

$$\tilde{\omega}_{i,s;t}^{v} = \frac{\delta^{rank_{i,s;t}^{v}}}{\sum_{s'} \delta^{rank_{i,s';t}^{v} \cdot \pi_{i,s';t}^{v}}} \cdot \pi_{i,s;t}^{v} \tag{6.7}$$

其中，$v_{i,s;t}$ 和 $\bar{v}_{s;t}$ 分别表示在状态 s 下，股票 i 的换手率和市场平均换手率；$rank_{i,s;t}^{v}$（$s = 1, \cdots, S_t$）是股票 i 在 t 月份成交量状态的凸显性排序；$\tilde{\omega}_{i,s;t}^{v}$ 表示状态 s 下基于凸显性的股票成交量决策权重；$\pi_{i,s;t}^{v}$ 是与之相关的客观决策权重。

然后，我们将股票 i 在 t 月的凸显交易量值定义为：

$$STV_{i;t} \equiv cov(\tilde{\omega}_{i,s;t}^{v}, v_{i,s;t}) = \sum_s^{S_t} \tilde{\omega}_{i,s;t}^{v} \cdot v_{i,s;t} - \sum_s^{S_t} \pi_{i,s;t}^{v} \cdot v_{i,s;t} \tag{6.8}$$

需要注意的是，我们在此只是按照 STR 的类似步骤来构建 STV，这不一定意味着 STV 和预期股票收益之间的联系可以直接根据博尔达罗等（2013）以及科斯曼和弗莱恩（2021）的基于收益的资产定价模型来解释。与 STV 相关的有趣回报模式产生的原因，仍需进一步的理论研究来阐明。此外，参数 θ 和 δ 是外生设定的。在主要分析中，我们按照博尔达罗等（2013）以及科斯曼和弗莱恩（2021）的方法，设定 θ = 0.1，δ = 0.7，但我们也对 θ 和 δ 的其他值进行测试作为稳健性检验。

6.3 数据和研究方法

6.3.1 数据来源

我们以上海和深圳证券交易所的所有 A 股上市股票为样本股。公司层面的日度和月度数据，即卡哈特（1997）四因子（记为 Carhart4，包括市场（MKT）、规模（SMB）、账面价值比率（HML）和动量（MOM））以及 Fama－French（2015）五因子［记为 FF5，包括 MKT、SMB、HML、盈利能力（RMW）和投资（CMA）］，均于中国证券市场与会计研究（CSMAR）数据库获得。刘等（2019）的中国四因子［记为 CH4，包括 MKT、SMB、基于 EP 的价值（VMG）和异常换手率（PMO）］数据来自 Robert Stambaugh 的个人网站（http：//finance. wharton. upenn. edu/stambaug/）。机构持股比率（IOR）的数据来自 WIND 金融数据库。核心研究分析的样本期从 2000 年 1 月到 2020 年 12 月。值得注意的是，为了避免前视偏差，如果一项分析涉及财务报表中的数据，那么某个月末可用于分析的财务数据严格限制在该月末之前公开发布的财务报告中。

为了减少异常值的影响，我们采取了几个样本筛选规则，并剔除了以下股票样本：（1）首次公开发行（IPO）日之后交易数据少于 6 个月的股票，以减少 IPO 效应；（2）账面—市值比率（BM）小于 0 的股票；（3）过去 12 个月内交易记录少于 200 天的股票；（4）最近一个月内交易记录少于 15 天的股票①。除了这些过滤规则之外，我们还进一步在横截面上排除了公司规模最低的 30% 的股票，以避免刘等（2019）所强调的壳污染现象。最终，我们获得了超过 32 万个月度观测值，并能够将 3545 只股票纳入我们的主要分析中。

6.3.2 控制变量

我们对公司的一系列特征进行控制，这些特征是横截面上公认的股票收益的

---

① 当交易正常时，少于 15 个交易日的月份包括 1999 年 2 月（7 天）、2000 年 2 月（12 天）、2001 年 1 月（14 天）、2002 年 2 月（10 天）、2004 年 1 月（13 天）、2005 年 2 月（13 天）。因此，我们剔除了在这几个月中正常交易天数不足的股票。

预测因子。公司资本总额（SIZE）和账面市值比率（BM）是按照法玛和弗伦奇（1993）以及杰加代什和提特曼（1993）的方法计算的。一个月内的最大日收益率（MAX）是按照纳尔提亚等（2017）的方法计算的，而一个月内的最小日收益率（MIN）参照巴利等（2011）的方法计算而来。按照刘等（2019）的方法，我们用过去20个交易日股票日度换手率的平均值来衡量换手率（TURN）；而股票日度换手率是以其股票交易量除以其总流通股数计算的。市场贝塔系数（BE-TA）是通过对一年内每日股票超额收益与每日市场超额收益的回归来估计的，其中无风险利率为一年期存款利率。非流动性（ILLIQ）是按照阿米胡德（2002）的方法估计的。前一个月的超额收益（REV，短期逆转）、前12个月（跳过一个月）的累积收益（MOM，动量效应）、波动率（VOL）、特质波动率（IVOL）、一年滚动窗口的每日股票收益与每日市场收益的协偏度（COSKEW）以及特质偏度（ISKEW）按照巴利等（2016）的方法计算。此外，我们还分别按照莫赫施拉特（Mohrschladt，2021）和巴贝里斯等（2016）的方法构建了股票的时序回报排序（CRO）和前景理论（TK）值。本章附录A提供了上述变量和其他在前面讨论的变量的详细定义。在我们的实证分析中，所有这些公司层面的变量都在0.5分位数和99.5分位数上采取缩尾处理。

6.3.3 简要统计和研究方法

我们展示了月度截面描述性统计的时间序列平均数并在表6-1中介绍了股票特征的相关系数矩阵。表6-1A组展示了平均值和标准差；B组记录了变量间的相关关系。如表6-1所示，STR和STV之间的相关系数较低（0.381）。STR与REV是正相关的，但只是略微相关（0.612）。这样的相关性并不奇怪，因为推高（或拉低）一个月回报率的极端日度收益率比适度的日度率更突出（Cosemans and Frehen，2021）。类似的论述适用于STR和MAX（ISKEW）之间的关系，因为MAX（ISKEW）与REV在一定程度上相关。与其他股票属性相比，STV与TURN表现出更强的相关性（0.413），因为两者都是由股票的交易量中得出的。此外，STR和STV表现出与CRO和TK极低的相关性，反映了STR和STV与CRO和TK在概率加权方面的差异。

表 6-1　描述性统计和相关系数矩阵

A 组：汇总统计

项目	STR	STV	CRO	TK	SIZE	BM	MOM	REV	BETA	TURN	MAX	MIN	COSKEW	ISKEW	VOL.	IVOL.	ILLIQ
平均值	0.678	0.464	0.044	-0.057	22.464	0.449	0.225	0.019	1.105	0.013	0.056	-0.051	-2.560	0.385	0.028	0.018	0.161
中位数	0.605	0.291	0.050	-0.058	22.264	0.392	0.133	0.003	1.110	0.010	0.051	-0.049	-2.787	0.361	0.026	0.017	0.113
标准差	1.658	1.407	0.180	0.023	0.761	0.291	0.428	0.117	0.580	0.011	0.041	0.018	6.973	0.687	0.013	0.012	0.449

B 组：相关系

变量	STR	STV	CRO	TK	SIZE	BM	MOM	REV	BETA	TURN	MAX	MIN	COSKEW	ISKEW	VOL.	IVOL.	ILLIQ
STR	1																
STV	0.381	1															
CRO	0.015	0.052	1														
TK	0.022	-0.034	-0.047	1													
SIZE	-0.021	-0.140	-0.042	0.326	1												
BM	0.001	-0.018	0.008	-0.195	0.092	1											
MOM	-0.021	-0.006	-0.052	0.300	0.170	-0.060	1										
REV	0.612	0.218	0.011	0.085	0.034	-0.008	-0.020	1									
BETA	0.039	0.157	0.047	-0.186	-0.149	0.051	-0.103	-0.022	1.000								
TURN	0.250	0.413	0.100	0.020	-0.213	-0.063	0.138	0.242	0.203	1							
MAX	0.569	0.345	0.064	0.031	-0.046	-0.092	0.090	0.453	0.192	0.395	1						
MIN	0.096	-0.097	-0.038	0.054	0.141	0.087	-0.111	0.177	-0.284	-0.353	-0.292	1					
COSKEW	-0.046	-0.041	-0.010	0.184	0.192	-0.026	0.093	0.001	-0.208	-0.035	-0.024	0.096	1				

续表

B组: 相关关系

变量	STR	STV	CRO	TK	SIZE	BM	MOM	REV	BETA	TURN	MAX	MIN	COSKEW	ISKEW	VOL	IVOL	ILLIQ
ISKEW	0.465	0.192	-0.022	-0.038	-0.042	0.027	-0.081	0.379	0.046	0.015	0.306	0.134	-0.044	1			
VOL	0.366	0.304	0.08	-0.007	-0.114	-0.130	0.140	0.298	0.294	0.521	0.807	-0.623	-0.077	0.085	1		
IVOL	0.405	0.276	0.071	0.062	-0.072	-0.157	0.198	0.132	0.070	0.506	0.751	-0.462	-0.034	0.112	0.862	1	
ILLIQ	0.035	-0.014	0.002	-0.140	-0.257	-0.043	-0.078	0.050	-0.084	-0.066	0.047	-0.018	-0.06	0.015	0.065	0.079	1

注: 本表提供了股票各种特征的描述性统计和相关系数矩阵。A组报告了股票特征（包括STR、STV、CRO、TK、SIZE、BM、MOM、REV、BETA、TURN、MAX、MIN、COSKEW、ISKEW、VOL、IVOL和ILLIQ）的截面平均数和标准差的时间序列。STR和STV在6.2节中定义。其他股票特征的详细定义见本章附录A。B组报告了同一时期股票特征的横截面相关系数矩阵的时间序列平均值。样本期为2000年1月至2020年12月。

我们主要应用两种方法——投资组合排序法和 Fama – MacBeth 回归法。

对于投资组合的排序分析，我们采用单变量投资组合排序法。在每个月的月初，我们首先根据前一个月估计的 STR（STV）将股票分为十等分组合。然后，我们持有这些投资组合一个月，计算它们的等权（价值加权）超额收益和从几个因子模型中对应得到的 alpha。最后，我们估计每个 STR（STV）投资组合和多空对冲［最高和最低 STR（STV）十分位数之间的差异］组合的月度收益和 alphas 的时间序列平均值。对于双变量组合的排序分析，在每个月的月初，我们首先按前一个月估计的控制变量之一将股票分为五等份。在每个五分位数组合中，我们再根据上个月的 STR（STV）将股票分为更小的五等份。随后的步骤与单变量组合排序分析步骤相似。双变量排序为我们提供了 5×5 个组合，其中组合 1（组合 5）表示最低（最高）的 STR 或 STV 子五分位。我们计算组合 5 和组合 1 之间的超额收益差异（用 H – L 表示），以及参考法玛和弗伦奇（2015）的 FF5 或刘等（2019）的 CH4 在每个控制变量的五分位组合内计算 H – L 的 alpha。我们还计算了最大和最小的控制变量五分位数之间的收益率差值（用 DIFF 表示）和 alpha。

Fama – MacBeth 的回归模型如下：

$$ExR_{i,t+1} = \beta_{0,t} + \beta_{1,t}ST_{i,t} + \Lambda_t X_{i,t} + \varepsilon_{i,t+1} \tag{6.9}$$

其中，$ST_{i,t}$ 表示股票 i 在 t 时的 STR 或 STV 值；$ExR_{i,t+1}$ 是超额收益，即月度股票收益率与 t + 1 时刻一年期存款利率之差；$X_{i,t}$ 是控制变量的向量。我们根据模型（6.9）在每个月的横截面上估计系数。在得到这些系数的时间序列后，我们计算其平均相关系数和相关的 Newey – West t 值。

6.4　实　证　结　果

6.4.1　单变量组合分析

我们通过基于 STR 和 STV 的单变量投资组合分析来测试股票的凸显值（即 STR 和 STV）是否能预测后续的横截面回报。

价值加权的 STR（STV）十分位数投资组合的月度超额收益的时间序列均值如表 6 – 2 所示。平均回报率在不同的 STR（STV）分位数中呈现出大致单调下

表 6-2

STR 和 STV 的十等分组合

投资组合	STR					STV				
	超额回报	CAPM alpha	Carhart4 alpha	FF5 alpha	CH4 alpha	超额回报	CAPM alpha	Carhart4 alpha	FF5 alpha	CH4 alpha
1 (最低的)	1.103* (1.86)	0.388** (2.51)	0.424*** (2.88)	0.441*** (2.76)	0.531** (2.53)	0.917 (1.62)	0.156 (1.08)	0.170 (1.39)	0.114 (0.86)	0.495*** (2.71)
2	0.840 (1.29)	0.143 (1.17)	0.243** (1.99)	0.295** (2.26)	0.145 (0.74)	1.126** (2.47)	0.434*** (3.00)	0.516*** (3.06)	0.388** (2.55)	0.387** (2.18)
3	0.911* (1.72)	0.228* (1.87)	0.334*** (2.65)	0.260* (1.87)	0.133 (0.82)	0.782 (1.17)	0.122 (1.01)	0.231* (1.86)	0.065 (0.60)	-0.081 (-0.63)
4	0.743 (1.22)	0.097 (0.72)	0.121 (0.94)	-0.049 (-0.35)	0.026 (0.15)	0.864* (1.29)	0.193 (1.53)	0.304** (2.51)	0.244* (1.78)	0.075 (0.47)
5	0.717 (1.10)	0.029 (0.24)	0.080 (0.66)	-0.012 (-0.09)	-0.073 (-0.40)	0.555 (1.07)	-0.097 (-0.85)	-0.057 (-0.52)	-0.142 (-1.20)	-0.300** (-1.98)
6	0.607 (0.93)	-0.092 (-0.73)	-0.057 (-0.45)	-0.093 (-0.74)	-0.158 (-0.96)	0.610 (1.08)	-0.077 (-0.58)	-0.083 (-0.70)	-0.063 (-0.45)	-0.086 (-0.48)
7	0.520 (0.79)	-0.208* (-1.95)	-0.203** (-2.13)	-0.209* (-1.65)	-0.114 (-0.72)	0.416 (0.86)	-0.320** (-2.55)	-0.364*** (-2.76)	-0.281** (-2.05)	-0.124 (-0.56)
8	0.338 (0.51)	-0.387*** (-2.59)	-0.387*** (-3.17)	-0.281* (-1.91)	-0.001 (-0.00)	0.376 (0.74)	-0.407*** (-3.06)	-0.463*** (-3.01)	-0.246* (-1.76)	0.090 (0.66)
9	0.499 (0.74)	-0.230 (-1.62)	-0.170 (-1.21)	-0.123 (-0.83)	0.215 (1.28)	0.220 (0.20)	-0.617*** (-3.98)	-0.708*** (-4.65)	-0.468*** (-2.63)	0.058 (0.35)
10 (最高的)	-0.212 (-0.23)	-0.989*** (-5.41)	-1.063*** (-6.34)	-0.778*** (-4.56)	-0.152 (-0.87)	-0.240 (-0.65)	-1.067*** (-5.44)	-1.127*** (-5.48)	-0.831*** (-4.44)	-0.125 (-0.77)
10-1 价差	-1.315*** (-5.30)	-1.377*** (-5.83)	-1.487*** (-6.55)	-1.218*** (-4.86)	-0.684*** (-3.14)	-1.158*** (-6.31)	-1.224*** (-5.87)	-1.297*** (-5.53)	-0.945*** (-4.61)	-0.621*** (-3.08)

注：本表显示了根据第 2000 年 1 月至 2020 年 12 月的数据，按前一个月估计的 STR 或 STV 排序的十组股票按照市值加权构成的组合的月度超额收益和调整后的 alpha 值。回报率和 alpha 值。回报率和超额收益按最高和最低的 STR 或 STV 组合。10-1 价位组合。第 1 (10) 分位表示最低（最高）的 STR 或 STV 组合。10-1 价差组合之间的平均月均超额收益和相关的 alpha 值差异。t 值采用纽威和韦斯特（1987）的修正方法，有四个滞后期。在 1%、5% 和 10% 水平上的显著性分别用 ***、** 和 * 表示。

降的模式，因此，较高的 STR 或 STV 意味着较低的后续回报。STR 组合 10 和 1 之间的月度回报率之差平均为 −1.315%，t 值为 −5.30。STV 的类似收益差也达到每月 −1.158%，t 值为 −6.31。两者在经济学上都是可观的，在统计上也是显著的。此外，我们计算了十分位数投资组合和对冲投资组合的 CAPM 的 alpha、Carhart4 的 alpha、FF5 的 alpha 和 CH4 的 alpha 值（括号内为 t 值）。就 CAPM、Carhart4、FF5 和 CH4 而言，每月的 STR（STV）高低差组合的 alpha 值分别为 −1.377%（−1.224%）、−1.487%（−1.297%）、−1.218%（−0.945%）和 −0.684%（−0.621%）。这些 alpha 在 1% 的水平上是非常显著的。此外，等权的 STR（STV）十分位数的平均收益和 alphas 值如本章附录 B 的表 IA −2 所示。得到的结果与价值加权组合的结果相似；因此，一只股票的 STR 或 STV 确实与后续的回报率有负相关，这种关系不能用几个一般的因子模型来解释。研究结果还为投资者指出了一种零成本的多空交易策略，即做多最低 STR（STV）组合，做空最高 STR（STV）组合。通过使用这种交易策略并每月按照价值加权更新持股，如果忽略交易成本，投资者能够获得 STR（STV）15.780%（13.896%）的年度回报。2000 年 1 月至 2020 年 12 月 STR 和 STV 策略组合的累积回报如图 6 −1 所示。显然，利用该策略的回报是可观的。

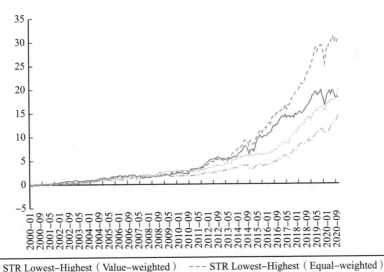

图 6 −1　STR 和 STV 的多空策略组合的累积收益

注：本图描绘了 2000 年 1 月至 2020 年 9 月，由做多最低 STR（STV）十分位数的股票和做空最高 STR（STR）十分位数的股票形成的策略组合的累积等值加权回报。

6.4.2 双变量组合分析

在这一节中，我们进行了双变量组合分析，在控制了前文介绍的其他股票特征后，研究 STR（STV）对预期收益的预测能力是否成立。

按照上面介绍的双变量组合排序的分析步骤，我们主要研究每个控制变量五分位数组合内最高和最低 STR（STV）子五分位数之间的超额收益差异。此外，对每个控制变量，我们计算五个控制五分位组合内部最高与最低组合的回报之差的平均值（H－L 组合均值），以及 H－L 组合均值对 FF5 因子的 alpha。STR 的价值加权组合的结果如表 6－3 的 A 组所示。即使考虑包括 STV 在内的所有 16 个控制因子，STR 的负面效应在经济学上仍然是可观的，在统计学上也是显著的。对这些控制因子，最高和最低的 STR 子五分位数之间超额收益（FF5 的 alphas 值）的平均差异从每月 －0.471%（－0.592%）到每月 －1.092%（－0.992%）不等。STV 的价值加权组合的结果如表 6－3 的 B 组所示。同样的，包括 STR 在内的 16 个控制因子中，没有一个能解释 STV 的负效应。获得的平均 H－L 值及其相关的 FF5 alphas 值范围从每月 －0.337% 和 －0.337% 到 －1.118% 和 －1.067% 不等，这在所有情况下都具有经济和统计意义。因此，STR 和 STV 对未来的回报提供了超越其他任何预测因子的更多预测能力。

值得注意的是，我们观察到 STR 和 STV 不能解释彼此的负效应，这表明正如预期的那样，两个变量都含有预测未来回报的独特信息。同时，在所有的公司规模五分位数中，最大与最小 STR（STV）投资组合之间的回报率差异很大并且显著，这表明 STR 和 STV 的负面效应普遍存在于任何市值的股票。

6.4.3 公司层面的 Fama－MacBeth 回归

双变量组合分析的好处是可以检测出股票特征和未来收益之间的潜在非线性关系。然而，它掩盖了投资组合内股票特征的差异，导致了信息的丢失；因此，我们采用公司层面的 Fama－MacBeth 回归来探讨 STR（STV）和后续收益之间的关系。这种方法也允许我们同时控制一系列的特征。预测的回归方程为式（6.9）。作为控制变量的股票特征包括 SIZE、BM、MOM、REV、BETA、TURN、MAX、COSKEW、ISKEW、VOL、IVOL、ILLIQ、CRO 和 TK。

双变量组合分析

表 6-3

A 组：基于每个控制变量和 STR 的分析

五分位数	STV	CRO	TK	SIZE	BM	MOM	REV	BETA	TURN	MAX	MIN	COSKEW	ISKEW	VOL	IVOL	ILLIQ
最低控制组	-0.587* (-1.88)	-0.595* (-1.77)	-1.185*** (-4.25)	-1.807*** (-10.11)	-1.291*** (-4.22)	-0.893*** (-2.98)	-0.855*** (-4.02)	-0.339 (-1.24)	-0.675** (-2.51)	-0.149 (-0.53)	-1.438*** (-5.85)	-1.385*** (-5.45)	-0.687** (-2.23)	-0.196 (-0.70)	-0.792** (-2.49)	-0.505* (-1.85)
2	-0.524* (-1.75)	-1.020*** (-3.21)	-0.727** (-2.33)	-1.388*** (-7.92)	-0.581** (-2.21)	-0.920** (-2.61)	-0.791*** (-3.34)	-0.971*** (-2.83)	-0.408 (-1.45)	-0.482 (-1.55)	-1.012*** (-3.19)	-0.935*** (-3.75)	-0.795*** (-2.66)	-0.389 (-1.30)	-0.164 (-0.59)	-0.760*** (-3.01)
3	-0.438* (-1.91)	-0.482 (-1.54)	-0.720** (-2.10)	-0.832*** (-3.58)	-0.946*** (-3.75)	-0.395 (-1.47)	-0.509* (-1.89)	-0.734** (-2.37)	-0.446* (-1.79)	-0.274 (-0.97)	-0.671** (-2.61)	-0.384 (-1.34)	-0.558* (-1.98)	-0.648** (-2.00)	-0.145 (-0.48)	-1.150*** (-5.01)
4	-0.746** (-2.49)	-0.864*** (-3.65)	-0.200 (-0.48)	-0.807*** (-4.19)	-0.617** (-1.99)	-0.829** (-2.63)	-1.151*** (-3.92)	-0.920*** (-3.29)	-0.641* (-1.88)	-0.781*** (-2.76)	-0.344 (-1.13)	-1.006*** (-3.42)	-0.853*** (-2.93)	-0.473 (-1.42)	-0.243 (-0.83)	-1.348*** (-5.99)
最高控制组	-1.101*** (-3.73)	-0.485* (-1.66)	-0.366 (-1.19)	-0.627** (-2.41)	-0.655** (-2.67)	-0.901*** (-3.17)	-1.138*** (-3.32)	-1.157*** (-4.37)	-1.285*** (-5.03)	-0.967*** (-3.51)	-0.519* (-1.72)	-0.407 (-1.29)	-0.774** (-2.37)	-1.558*** (-4.61)	-1.009*** (-3.54)	-1.628*** (-6.01)
H-L 均值	-0.679*** (-3.57)	-0.689*** (-3.57)	-0.640*** (-2.92)	-1.092*** (-7.41)	-0.818*** (-4.56)	-0.788*** (-3.84)	-0.889*** (-6.38)	-0.824*** (-4.34)	-0.691*** (-3.71)	-0.531** (-2.87)	-0.797*** (-4.08)	-0.823*** (-4.32)	-0.733*** (-3.47)	-0.653*** (-3.14)	-0.471** (-2.55)	-1.078*** (-6.43)
H-L 均值对 FF5 的 alpha	-0.753*** (-3.41)	-0.755*** (-3.89)	-0.653*** (-2.36)	-0.973*** (-5.76)	-0.817*** (-4.15)	-0.730*** (-3.72)	-0.884*** (-6.12)	-0.731*** (-3.55)	-0.762*** (-3.28)	-0.620*** (-3.87)	-0.625*** (-2.96)	-0.788*** (-3.64)	-0.703*** (-2.99)	-0.716*** (-3.45)	-0.529*** (-2.92)	-0.992*** (-5.89)

B 组：基于每个控制变量和 STV 的分析

五分位数	STR	CRO	TK	SIZE	BM	MOM	REV	BETA	TURN	MAX	MIN	COSKEW	ISKEW	VOL	IVOL	ILLIQ
最低控制组	-0.482** (-1.99)	-0.941*** (-2.72)	-1.034*** (-4.08)	-1.447*** (-9.01)	-1.513*** (-6.08)	-0.820*** (-3.74)	-1.149*** (-5.31)	-0.669** (-1.98)	-0.188 (-0.59)	-0.852*** (-3.53)	-1.572*** (-5.81)	-1.261*** (-5.96)	-0.928*** (-3.73)	-0.708** (-2.92)	-0.265 (-0.87)	-0.821** (-2.82)
2	-1.104*** (-3.36)	-0.697** (-2.36)	-0.384 (-1.18)	-0.951*** (-5.14)	-1.275*** (-4.85)	-0.417 (-1.48)	-1.011*** (-4.06)	-0.506* (-1.69)	0.012 (0.04)	-0.530** (-2.12)	-1.212*** (-4.64)	-1.315*** (-5.55)	-0.920*** (-2.93)	-0.387* (-1.69)	-0.425 (-1.53)	-1.085*** (-4.48)
3	-0.851*** (-2.76)	-0.756*** (-2.99)	-0.988*** (-3.80)	-1.268*** (-6.97)	-1.113*** (-4.82)	-1.042*** (-4.54)	-1.010*** (-4.07)	-0.924*** (-3.85)	-0.241 (-0.98)	-0.860*** (-3.22)	-0.731** (-2.78)	-0.328 (-1.21)	-0.982*** (-3.32)	-0.582** (-2.10)	-0.424 (-1.53)	-0.968*** (-3.95)
4	-1.204*** (-4.57)	-1.213*** (-4.05)	-0.739** (-2.41)	-1.169*** (-5.07)	-0.795*** (-3.24)	-0.683** (-2.29)	-1.234*** (-4.13)	-0.999*** (-3.08)	-0.509* (-1.90)	-0.989*** (-3.76)	-0.629** (-2.17)	-0.811** (-2.60)	-0.937*** (-3.13)	-1.153*** (-5.14)	-1.050*** (-5.54)	-0.988*** (-5.15)

续表

B 组：基于每个控制变量和 STV 的分析

五分位数	STR	CRO	TK	SIZE	BM	MOM	REV	BETA	TURN	MAX	MIN	COSKEW	ISKEW	VOL.	IVOL.	ILLIQ
最高控制组	-0.985*** (-2.89)	-1.460*** (-5.06)	-0.966*** (-2.87)	-0.725*** (-2.74)	-0.506* (-1.73)	-1.099*** (-3.72)	-1.187*** (-3.75)	-0.699*** (-2.49)	-0.756*** (-2.70)	-0.845*** (-2.72)	-0.776*** (-2.87)	-1.240*** (-3.81)	-0.995*** (-3.87)	-1.093*** (-4.09)	-1.150*** (-3.91)	-1.239*** (-4.15)
H-L 均值	-0.925*** (-5.09)	-1.013*** (-5.14)	-0.822*** (-4.71)	-1.112*** (-8.08)	-1.041*** (-5.76)	-0.812*** (-4.33)	-1.118*** (-6.25)	-0.759*** (-3.96)	-0.337** (-2.35)	-0.815*** (-4.70)	-0.984*** (-5.26)	-0.991*** (-5.61)	-0.952*** (-4.77)	-0.785*** (-4.68)	-0.663*** (-3.64)	-1.020*** (-6.01)
H-L 均值对 FF5 的 alpha	-0.812*** (-4.64)	-0.894*** (-4.63)	-0.780*** (-3.91)	-0.943*** (-6.66)	-0.902*** (-5.55)	-0.750*** (-4.74)	-1.067*** (-6.28)	-0.676*** (-4.27)	-0.337** (-2.20)	-0.754*** (-4.67)	-0.854*** (-5.05)	-0.881*** (-4.96)	-0.850*** (-3.98)	-0.656*** (-4.42)	-0.576*** (-3.75)	-0.935*** (-5.93)

注：本表列出了基于各种公司特征和 STR（STV）的因果（条件）双变量组合分析的结果。在每个月的月初，我们首先按控制变量（包括 STV（STR）、CRO、TK、SIZE、BM、MOM、REV、BETA、TURN、MAX、MIN、COSKEW、ISKEW、VOL、IVOL、ILLIQ）之一将股票分为五等份。在每个分位数组合中，我们再按 STR（STV）将股票分为五个子等份。控制组是指包含每个控制变量的最低（最高）值的股票的五分位数组合。最低（最高）值的股票的五分位数组合。在 1%、5% 和 10% 水平上的显著性分别用 ***，** 和 * 表示。

上月的收益率对 STR 和 STV 的单变量回归的结果见表 6 - 4 的第（1）列和第（5）列。STR 和 STV 的系数为 - 0.260 和 - 0.337，相应的 t 值为 - 8.03 和 - 9.61，表明 STR 和 STV 对预期收益有明显的负面影响。从经济学上看，STR（STV）每降低一个标准差会使一个月后的超额收益率上升大约 43（47）个基点。然后我们在回归中引入控制变量的子集。更确切地说，我们在第（3）列中加入了第（2）列的 REV，在第（7）列中加入了第（6）列的 TURN。与我们的双变量组合分析结果一致，REV 对 STR 系数的影响并不明显，而 TURN 可以部分解释 STV 的影响。尽管在加入换手率作为控制因子后，STV 的斜率估计值下降了大约 70%，但 STV 效应在 1% 的水平上仍然是统计上显著的。此外，我们在第（4）列和第（8）列中同时引入了所有的控制因子。STR 和 STV 的系数在经济学上仍然可观，在统计上也是显著的。完整明确的结果见第（10）列，STR（STV）标准差的降低促使一个月后的超额收益上升了大约 30（11）个基点。STR 的系数基本上不受影响。虽然 STV 的系数降低到 - 0.074，但它在 5% 的水平上仍然非常显著，再次证明 STV 提供了超越其他预测因子的更多预测能力，并且预测能力不能被 STR 所取代。总的来说，基于排序和回归分析的结果表明，STR 和 STV 在横截面上是预期股票收益的强而稳健的预测因子。

6.4.4　持久性分析

投资组合排序和回归分析证实了 STR 和 STV 的负面效应。我们进而对这些影响能持续多久产生兴趣；因此，我们探讨了 STR 和 STV 的长期预测能力。最高 - 最低（H - L）STR 和 STV 组合在组合形成后 1 ~ 12 个月内的价值加权收益以及对 FF5 的 alpha 的变化如图 6 - 2 所示。这一分析表明，STR 和 STV 的预测能力在未来几个月内仍然存在，在长期内没有表现出反转的趋势。具体来说，在投资组合形成后的两个月内，股票的 STR 强有力地预测了预期收益。相比之下，STV 的预测能力直至投资组合形成后的第四个月仍具有统计学意义，持续时间是 STR 的两倍。即使考虑到 FF5 的 alpha，这个结果也的稳健的。简而言之，这些发现表明，投资者对 STV 所引起的错误定价的敏感度低于 STR，从而市场需要更长的时间来纠正与凸显的成交量有关的股票错误定价。

表 6 - 4

Fama – MacBeth 回归

变量	(1)	(2)	(3)	(4)	(5)	(6)	(7)	(8)	(9)	(10)
STR	-0.260*** (-8.03)	-0.280*** (-9.99)	-0.272*** (-6.87)	-0.196*** (-4.73)					-0.258*** (-5.24)	-0.182*** (-4.39)
STV					-0.337*** (-9.61)	-0.314*** (-9.41)	-0.104*** (-3.52)	-0.101*** (-3.06)	-0.158*** (-3.78)	-0.074** (-2.10)
SIZE		-0.003* (-1.81)	-0.002 (-1.53)	-0.003** (-2.41)		-0.003 (-1.81)	-0.004*** (-2.95)	-0.003** (-2.51)		-0.003** (-2.50)
BM		0.004 (1.08)	0.004 (1.21)	0.003 (1.33)		0.007** (2.36)	0.007** (2.11)	0.003 (1.19)		0.003 (1.30)
MOM		0.004 (1.17)	0.003 (1.01)	0.008*** (3.57)		0.004 (1.16)	0.007** (2.24)	0.008*** (3.45)		0.008*** (3.47)
REV			-0.007 (-0.65)	0.017* (1.92)		-0.028*** (-3.49)	-0.014* (-1.70)	0.008 (0.89)		0.017* (1.86)
BETA				-0.008 (-1.63)		-0.001 (-0.27)	0.004 (0.99)	-0.008* (-1.67)		-0.008* (-1.65)
TURN				-0.675*** (-6.77)			-0.764*** (-8.89)	-0.637*** (-5.97)		-0.664*** (-6.57)
MAX				0.041* (1.72)				0.030 (1.31)		0.044* (1.79)
MIN				-0.020 (-0.49)				-0.057 (-1.51)		-0.007 (-0.16)
COSKEW				-0.000 (-0.42)				-0.000 (-0.62)		-0.000 (-0.49)

续表

变量	(1)	(2)	(3)	(4)	(5)	(6)	(7)	(8)	(9)	(10)
ISKEW				0.001** (1.96)				0.000 (0.46)		0.001* (1.85)
VOL				0.824*** (4.20)				0.744*** (3.92)		0.859*** (4.45)
IVOL				-1.168*** (-7.14)				-1.192*** (-7.34)		-1.161*** (-7.18)
ILLIQ				-0.025 (-1.11)				-0.020 (-0.86)		-0.027 (-1.16)
CRO				0.014*** (3.61)				0.015*** (3.92)		0.015*** (3.76)
TK				-0.049** (-2.04)				-0.049** (-2.10)		-0.048** (-2.02)
Constant	0.009 (1.43)	0.064* (1.91)	0.054 (1.59)	0.083** (2.50)	0.008 (1.33)	0.063* (1.83)	0.102*** (2.93)	0.087*** (2.59)	0.010 (1.38)	0.087*** (2.57)
平均 R^2	0.011	0.072	0.085	0.154	0.009	0.094	0.113	0.153	0.022	0.165

注：本表报告了 2000 年 1 月至 2020 年 12 月股票超额收益对不同变量（最左侧一列）Fama–MacBeth 回归的斜率系数和相关 t 值的时间序列平均值。在 1%、5% 和 10% 水平上的显著性分别用 ***、** 和 * 表示。

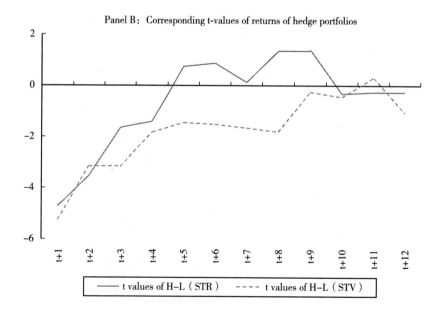

Panel A: Value-weighted returns of hedge portfolios in longer terms

Panel B: Corresponding t-values of returns of hedge portfolios

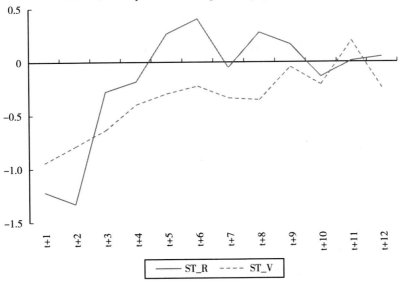

Panel C：FF5 alphas of value-weighted hedge portfolios in longer terms

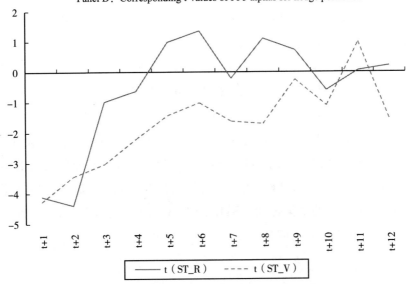

Panel D：Corresponding t-values of FF5 alphas for hedge portfolios

图 6 - 2　持久性分析：STR 和 STV 的长期预测能力

注：该图描绘了投资组合长期的月度价值加权收益和对 Fama - French（2015）五因子（FF5）的 alpha 值，该投资组合即在组合形成后的 1～12 个月内做多最高 STR（STV）分位数的股票并做空最低 STR（STV）分位数的股票的对冲组合（H - L）。样本期为 2000 年 1 月至 2020 年 12 月。A 组和 C 组的纵轴表示收益率和 alpha 的百分值，B 组和 D 组是 t 值；横轴表示组合形成后的月份。

6.4.5　对套利的限制作用

一般来说，市场上的理性套利者会利用股票错误定价所带来的有利可图的套利机会，推动股票价格向其基本面靠拢。然而，研究证明，各种摩擦（如噪音—交易者风险、信息不确定性、交易成本等）会阻碍套利过程，导致套利受到限制（Gu et al.，2018；Dong et al.，2020）。因此，短期内市场定价持续出现异常，导致市场异象出现（McLean and Pontiff，2016）。在这方面，我们认为对套利的限制可能会对STR和STV的持续负面效应起到关键作用，而且在对套利限制较大的股票中，这种影响会更大。

为了检验这个假设，我们首先用另一个指标——机构持股比率来补充最初由顾等人（Gu et al.，2018）提出的套利限制（LTA）的综合指数[①]。机构持有比例同样常被用来表示套利限制（Nagel，2005）。然后我们进行双变量组合分析，研究LTA条件下的STR（STV）效应。价值加权组合的结果如表6-5所示。对于套利限制最低的五分位数（LTA1）内的股票，最高和最低的STR（STV）组合的价值加权平均月回报率差值为-0.584%（-0.650%），t值为-1.33（-1.63），并不显著。相比之下，最高套利限制五分位数（LTA5）内的STR（STV）H-L组合相应回报率差达到每月-2.069%（-1.661%），t值为-5.29（-4.68）。双重差分检验（DIFF）也显示，LTA5五分位数内的STR（STV）溢价与LTA1五分位数内的溢价有明显差别。此外，我们在FF5 alpha分析的过程中也观察到类似的结果。因此，表6-5中得到的结果证明，STR（STV）和预期收益之间的负面关系在套利限制高的股票中更为明显。

[①] 顾等（2018）构建了中国股市股票在公司层面的套利限制指标。该指标包含六个成分指标，其中三个是股票特征，包括流动性、交易量和分析师覆盖率。另外三个是基于市场机构的，包括限价制度、卖空约束和沪深300指数期货的可得性。我们在本章附录B的表IA-3中描述了增强的限制套利指标的组成部分。具体来说，每个成分指标都被构建为一个虚拟变量，综合指标是七个变量的平均值，要求每个股票每月至少有五个变量。LTA的样本期为2005年1月至2020年12月。

表 6 - 5　　　　　　　　　　　　　　套利受限与凸显效应

变量	STR				STV			
	组合 1	组合 5	H - L	FF5 alpha	组合 1	组合 5	H - L	FF5 alpha
LTA1	0.685 (0.93)	0.101 (0.13)	- 0.584 (- 1.33)	- 0.361 (- 0.91)	0.576 (0.83)	- 0.074 (- 0.09)	- 0.650 (- 1.63)	- 0.433 (- 1.10)
LTA2	0.753 (0.96)	- 0.205 (- 0.25)	- 0.958 ** (- 2.57)	- 0.845 ** (- 2.27)	0.818 (1.06)	- 0.781 (- 0.89)	- 1.599 *** (- 2.96)	- 1.478 *** (- 4.05)
LTA3	0.516 (0.60)	- 0.422 (- 0.43)	- 0.938 * (- 1.71)	- 0.945 (- 1.50)	0.416 (0.51)	- 0.740 (- 0.75)	- 1.157 *** (- 2.71)	- 0.868 ** (- 2.06)
LTA4	0.210 (0.24)	- 1.168 (- 1.36)	- 1.378 *** (- 4.48)	- 1.193 *** (- 3.09)	- 0.089 (- 0.11)	- 1.199 (- 1.31)	- 1.289 *** (- 3.46)	- 0.965 *** (- 2.66)
LTA5	0.788 (0.85)	- 1.281 (- 1.35)	- 2.069 *** (- 5.29)	- 1.914 *** (- 4.54)	0.617 (0.67)	- 1.043 (- 1.06)	- 1.661 *** (- 4.68)	- 1.651 *** (- 3.97)
DIFF			- 1.485 *** (- 3.75)	- 1.553 *** (- 3.23)			- 1.011 ** (- 2.42)	- 1.218 ** (- 2.15)

　　注：本表列出了按套利受限程度（LTA）和 STR（或 STV）排序的五分位数市值加权组合的股票月度超额收益。样本期为 2005 年 1 月至 2020 年 12 月。t 值采用四期之后的纽威和韦斯特（1987）修正值。在 1% 、5% 和 10% 水平上的显著性分别用 *** 、** 和 * 表示。

6.4.6　STV 和非正常换手率

　　我们根据股票的交易量信息形成 STV 指标。考虑到股票的异常换手率（AB-TURN）与交易量直接相关，且其还是中国的一个重要的收益预测指标（Gervais et al.，2001；Liu et al.，2019），我们在本小节进一步比较 STV 与 ABTURN，以探究它们之间在收益预测性方面可能存在的联系。

　　从概念上讲，STV 衡量的是投资者对股票成交量状态的决策权重的偏离程度，其中这些成交量状态与市场上其他股票的成交量状态进行横截面上的比较。相比之下，ABTURN 表示一只股票最近的交易量相对于其过去一段时间的交易量的高低（即在时间序列中进行比较）。就背后的动机而言，STV 意味着投资者采用凸显思维（Cosemans and Frehen，2021），而 ABTURN 是由投资者的情绪引发的（Liu et al.，2019，2021）。因此，STV 应该与异常换手率有明显的区别。

我们进行了双变量组合分析来检验这一预期，结果见本章附录 B 的表 IA - 4。左边的四列报告了以 ABTURN 为条件的价值加权结果，揭示了 STV 的负效应在 ABTURN 的每个五分位数中都成立。当控制 STV 时（右边的四列），负的 AB-TURN 效应可以在两个高 STV 五分位数中观察到，且平均 ABTURN 效应在 10% 的水平上是显著的。这些结果说明，负的 STV 效应不能归属于 ABTURN。此外，我们进一步比较了不同子时期的 STV 和 ABTURN 的负效应，结果见本章附录 B 的表 IA - 5。正如预期的那样，这两种效应的表现在不同的子时期有很大的不同，STV 效应在最近几年更为突出。

6.4.7　STR 和 STV 效应的相互作用

鉴于 STR 和 STV 都能提供负向预测未来股票收益的更多信息，进一步研究这两种效应之间的相互作用如何影响未来收益也是很自然和有趣的。对于投资者来说，具有凸显的高回报和大交易量的股票可能更有吸引力，而具有凸显的低回报和流动性不足的股票应该更不受欢迎。基于依赖独立或非独立的双变量排序，我们构建了一个双变量多空交易策略，以研究 STR 和 STV 效应的相互作用。该策略涉及买入 STR 和 STV 最低五分位数的股票，做空 STR 和 STV 最高五分位数的股票。对于独立的双变量排序，我们在每个月的月初分别根据 STR 和 STV 的独立升序排序，将股票分为五分位数组合。这些五分位数组的交集被用来形成 5 × 5 的投资组合。在本章附录 B 的表 IA - 6 中，我们给出了策略组合的平均月度收益率之差和相应的 FF5 与 CH4 的 alphas 值。

如本章附录 B 的表 IA - 6 所示，该策略的可行收益与具体的排序方法有关。以 STV 为条件的双变量排序产生最高的月度超额收益，等权重（价值加权）组合回报率为 1.984%（1.918%），并在 1% 水平上显著。特别的，这种方法意味着，首先根据成交量凸显性（STV）将股票分为五个五分位数，然后去做多（做空）最低（最高）STV 五分位数中的最低（最高）STR 子五分位数。相比之下，独立的双变量排序下的策略回报相对较低。这一结果也意味着，具有较大收益突出性的股票不一定对应着较大的成交量突出性。尽管如此，无论采用何种排序方法，双重排序的零成本多空交易策略都能比 4.1 节中介绍的单一排序交易策略产生更可观的回报。在 FF5 和 CH4 风险调整下，这些结果仍然没有改变。因此，我们得出结论，STR 和 STV 对后续收益的影响可以相互促进。

6.5   潜在的替代机制

根据凸显理论，投资者在形成对股票预期收益的看法时，扭曲了与过去收益（或过去交易量）相对应的权重。他们高估（低估）具有凸显的正收益或大交易量（负收益或小交易量）的股票，导致这些股票的后续回报率低（高）。因此，我们需要在更仔细地探索高和低 STR（STV）股票的特征之后，研究 STR 和 STV 的负向预测能力是否存在其他机制。

6.5.1 STR 和 STV 分位数的特点

在 2000 年 1 月至 2020 年 12 月的每个月月末，我们首先根据 STR（STV）将股票分为十等分组合。然后，我们为每个十等分组合的股票计算各种公司层面特征（包括同期交易价格）在每月截面上的时间序列均值。此外，我们还计算了最高和最低 STR（STV）十分位数之间每个特征的差异。结果如表 6 - 6 所示。

表 6 - 6 A 组展示了 STR 十分位数的特征。与其他分位数的股票相比，两个极端 STR 十分位数组合内的股票规模较小，但价格较高。STR 最高十分位数组合的交易价格略高于 STR 最低十分位数组合（15.699 元对 15.610 元）。同时，最高 STR 十分位数组合有更大的历史回报（REV 和 MOM）、更高的上升潜力（MAX 和 ISKEW）和更高的换手率，但风险更大（BETA 和 IVOL）、流动性更差（ILLIQ）。在表 6 - 6 的 B 组中对 STV 的观察也得到类似的结果，但最高的 STV 十分位数组合比最低的 STV 十分位数组合有更强的流动性和更低的价格。

表 6-6　STR 和 STV 排序的投资组合的特点

A 组：STR 分类的投资组合

十分位数	STR	STV	PRICE	CRO	TK	SIZE	BM	MOM	REV	BETA	TURN	MAX	MIN	COSKEW	ISKEW	VOL	IVOL	ILLIQ
1（最低的）	-1.965	-0.117	15.610	0.032	-0.056	22.486	0.456	0.240	-0.079	1.233	0.013	0.051	-0.067	-2.336	-0.302	0.029	0.019	0.151
2	-0.879	0.107	14.243	0.041	-0.057	22.525	0.499	0.223	-0.039	1.102	0.011	0.047	-0.053	-2.231	-0.061	0.025	0.015	0.146
3	-0.347	0.161	13.620	0.048	-0.057	22.542	0.532	0.185	-0.021	1.047	0.010	0.047	-0.048	-2.268	0.117	0.024	0.015	0.151
4	0.063	0.206	13.259	0.047	-0.056	22.551	0.542	0.176	-0.009	1.023	0.010	0.048	-0.047	-2.105	0.279	0.023	0.014	0.161
5	0.430	0.251	13.373	0.047	-0.057	22.548	0.541	0.179	0.002	1.019	0.011	0.050	-0.046	-2.296	0.414	0.024	0.015	0.152
6	0.792	0.342	13.567	0.046	-0.057	22.521	0.532	0.184	0.016	1.038	0.011	0.055	-0.047	-2.440	0.529	0.025	0.016	0.160
7	1.183	0.449	14.101	0.046	-0.057	22.507	0.517	0.192	0.029	1.066	0.012	0.062	-0.048	-2.561	0.631	0.026	0.018	0.150
8	1.649	0.626	14.665	0.042	-0.056	22.502	0.500	0.209	0.050	1.100	0.014	0.071	-0.049	-2.555	0.713	0.028	0.020	0.152
9	2.271	0.926	15.234	0.042	-0.056	22.483	0.489	0.238	0.078	1.163	0.016	0.085	-0.052	-2.776	0.776	0.031	0.022	0.153
10（最高的）	3.616	1.658	15.699	0.045	-0.055	22.443	0.482	0.264	0.155	1.266	0.023	0.131	-0.057	-3.022	0.771	0.039	0.029	0.176
H-L	5.581	1.776	0.089	0.013	0.002	-0.043	0.026	-0.076	0.234	0.033	0.010	0.081	0.010	-0.686	1.073	0.010	0.011	0.025
H-L 的 t 值	83.40	53.68	0.32	2.20	3.17	-2.45	4.14	-5.21	44.06	2.06	24.86	34.53	14.25	-4.31	46.61	23.07	26.82	2.57

B 组：STV 分类的投资组合

十分位数	STR	STV	PRICE	CRO	TK	SIZE	BM	MOM	REV	BETA	TURN	MAX	MIN	COSKEW	ISKEW	VOL	IVOL	ILLIQ
1（最低的）	-1.678	0.333	16.945	0.033	-0.055	22.579	0.415	0.216	0.016	1.167	0.011	0.069	-0.058	-2.448	0.178	0.030	0.021	0.183
2	-0.809	0.513	14.550	0.034	-0.055	22.615	0.445	0.226	0.014	1.042	0.008	0.057	-0.047	-2.253	0.364	0.025	0.017	0.191
3	-0.432	0.405	13.500	0.037	-0.055	22.613	0.466	0.202	0.006	1.002	0.008	0.053	-0.046	-2.188	0.366	0.024	0.016	0.183
4	-0.137	0.300	12.834	0.038	-0.056	22.580	0.481	0.189	-0.001	0.990	0.008	0.050	-0.046	-2.260	0.336	0.023	0.015	0.183

续表

B组：STV 分类的投资组合

十分位数	STR	STV	PRICE	CRO	TK	SIZE	BM	MOM	REV	BETA	TURN	MAX	MIN	COSKEW	ISKEW	VOL	IVOL	ILLIQ
5	0.145	0.240	12.615	0.038	-0.057	22.536	0.488	0.184	-0.003	1.012	0.009	0.051	-0.047	-2.250	0.311	0.024	0.015	0.191
6	0.456	0.246	12.511	0.041	-0.059	22.466	0.488	0.184	-0.001	1.042	0.010	0.053	-0.049	-2.586	0.297	0.025	0.016	0.173
7	0.832	0.379	13.028	0.047	-0.059	22.376	0.475	0.199	0.006	1.096	0.013	0.058	-0.052	-2.771	0.325	0.026	0.017	0.161
8	1.306	0.718	13.862	0.052	-0.059	22.300	0.448	0.217	0.022	1.162	0.017	0.066	-0.054	-2.860	0.421	0.029	0.019	0.131
9	1.910	1.283	14.927	0.060	-0.058	22.277	0.436	0.243	0.044	1.218	0.020	0.079	-0.055	-2.968	0.562	0.031	0.021	0.109
10（最高的）	3.046	2.344	16.323	0.064	-0.057	22.302	0.424	0.294	0.085	1.319	0.025	0.110	-0.059	-3.017	0.692	0.037	0.027	0.109
H－L	4.724	2.010	-0.622	0.031	-0.002	-0.276	0.009	-0.022	0.069	0.151	0.014	0.041	-0.001	-0.568	0.514	0.007	0.006	-0.074
H－L 的 t 值	61.27	43.18	-3.10	7.93	-5.22	-21.63	2.03	-2.36	24.69	10.82	26.05	24.58	-2.21	-4.88	26.94	17.09	16.23	-6.60

注：本表报告了按 STR 或 STV 排序的十等分组合（STV）将其分为十等分组合，并为每个组合计算各种股票特征（包括 STR（STV）、STV（STR）、PRICE、CRO、TK、SIZE、BM、MOM、REV、BETA、TURN、MAX、MIN、COSKEW、ISKEW、VOL、IVOL 和 ILLIQ）的时间序列平均数。PRICE 是投资组合月末每个十分位数的平均交易价格。STR 和 STV 以百分比表示。第 1（10）分位数表示最低（最高）的 STR 或 STV 组合。最后两行是最高和最低 STR 或 STV 十分位数之间的平均特征和相关 t 值的差额。样本期为 2000 年 1~12 月。

6.5.2 资本利得突出量

格林布拉特和韩（2005）以及王等（2017）提供的理论和经验证据表明，投资者对风险的态度与股票的资本状态相关联。具体来说，当投资者投入的资本获得收益时，他们是风险厌恶的，而当遭受损失时，他们是风险偏好的。由于高 STR 或高 STV 的股票一般风险较高，如果凸显效应主要与股票的资本状态有关，那么 STR 或 STV 与资本损失（收益）的股票的未来收益之间预计会出现负（正）相关关系。

根据格林布拉特和韩（2005）以及王等（2017）的方法，我们使用资本利得突出量（CGO）来区分股票的收益或损失状态。低 CGO 意味着大量的资本损失，而高 CGO 则意味着大量的资本收益。基于 CGO 和 STR（STV）的双重排序分析的价值加权组合的结果见本章附录 B 的表 IA－7。在最小的 CGO 五分位数（CGO1）内，回报率差（H－L）和相应的 FF5 alpha 值证实了 STR 或 STV 与预期回报之间的负相关关系。这个结果被预料到是因为当投资者先前遭受损失时，他们更喜欢风险。然而，这样的负向关系在 CGO5 五分位数内也存在，表明即使投资者先前获得了收益，他们也不讨厌高 STR（STV）的股票。[①] 总之，这些结果拒绝了 STR 或 STV 效应的表现与中国股市中股票的某种资本状态密切相关的说法。无论普通投资者是经历了资本收益还是损失，STR 和 STV 对所有股票都适用。因此，STR 和 STV 对市场未来收益的负面预测能力相当稳健，并与 CGO 相独立。

6.5.3 彩票偏好

表 6－6 显示，较高的 STR（STV）股票具有较大的特质波动率和较高的特质偏度。这些特征意味着具有凸显高收益或交易量的股票类似于典型的彩票型股

---

① 由于我们的研究与格林布拉特和韩（2005）以及王等（2017）的研究相比，样本期要小得多，我们也使用三年的窗口来估计股票的 CGO，其结果与本章的发现相似，可供索取。

票（Kumar，2009；Bali et al.，2011）。由于散户投资者更有可能表现出彩票偏好（Kumar，2009；Han and Kumar，2013；Cox et al.，2020），而且这类投资者在中国股市中占主导地位，我们推断 STR（STV）的负面预测能力可能源于对彩票类股票的相应需求。因此，我们基于收益非对称性变量来检验这一猜想，因为它在捕捉对彩票类股票的需求方面表现良好（Jiang et al.，2020；Chen et al.，2022a）。

我们构建了以往文献中提到的股票回报非对称性（ASYM），如表 6 - 7 所示。表 6 - 7 列出了基于 ASYM 和 STR（STV）的双变量排序的价值加权组合的结果。我们发现，STR（STV）和预期股票收益之间的负相关性在 ASYM 的各个五分位数组合中仍然显著，表明 STR 和 STV 对 AYSM 不敏感。Fama - MacBeth 回归结果见本章附录 B 的表 IA - 8。同样，我们观察到，即使在回归中考虑了 AYSM 之后，无论是否存在其他各种控制，STR 和 STV 仍然保持着负向可预测能力。这些结果与之前的发现一致，即 STR（STV）效应不会被 MAX 和 ISKEW 所取代，而 MAX 和 ISKEW 变量也被用来表示彩票偏好（Bali et al.，2011；Jiang et al.，2022）。简而言之，STR 和 STV 在中国的负向效应不是由彩票类股票的需求驱动的。

表 6 - 7 彩票偏好和凸显效应

变量	STR				STV			
	组合 1	组合 5	H - L	FF5	组合 1	组合 5	H - L	FF5
ASYM1	1.028 * (1.79)	0.317 (0.53)	-0.710 ** (-2.36)	-0.690 ** (-2.11)	1.257 ** (2.23)	0.187 (0.29)	-1.070 *** (-3.82)	-1.064 *** (-3.67)
ASYM2	0.978 * (1.68)	0.354 (0.59)	-0.623 ** (-2.12)	-0.657 ** (-2.05)	1.238 ** (2.25)	0.332 (0.50)	-0.906 *** (-3.03)	-0.702 ** (-2.41)
ASYM3	0.975 * (1.76)	0.207 (0.34)	-0.768 ** (-2.52)	-0.755 ** (-2.31)	0.876 * (1.66)	0.177 (0.27)	-0.699 ** (-2.34)	-0.488 * (-1.85)
ASYM4	1.052 * (1.83)	-0.097 (-0.16)	-1.149 *** (-3.81)	-1.249 *** (-3.79)	0.856 (1.54)	0.042 (0.06)	-0.815 *** (-2.84)	-0.767 *** (-2.59)

续表

变量	STR				STV			
	组合 1	组合 5	H－L	FF5	组合 1	组合 5	H－L	FF5
ASYM5	0.635 (1.11)	－0.158 (－0.25)	－0.792 ** (－2.18)	－0.795 ** (－2.01)	0.671 (1.17)	－0.407 (－0.65)	－1.077 *** (－3.47)	－0.848 *** (－2.65)
回报率差值			－0.082 (－0.20)	－0.105 (－0.24)			－0.007 (－0.02)	0.216 (0.56)

注：本表分析了彩票偏好对凸显效应的影响。我们按照姜等（2020）和陈等（2022a）的方法，构建了收益非对称性变量（ASYM）来捕捉对股票的彩票需求。在 1%、5% 和 10% 水平上的显著性分别用 ***、** 和 * 表示。

6.5.4 短期反转

美国股市的证据表明，在考虑了 REV 之后，STR 对未来股票收益的预测能力较低（Cosemans and Frehen，2021）。这意味着 REV 在一定程度上取代了美国市场的 STR 效应。作为一个鲜明的对比，表 6－3 和表 6－4 的结果说明，当我们控制 REV 时，STR（STV）的负面预测能力在中国几乎没有变化。因此，尽管股票的 STR 与 REV 适度相关，但中国的凸显效应似乎不受股票回报率短期逆转的影响。在本小节中，我们进一步将 STR（STV）效应与 REV 效应区分开来。

我们首先按照科斯曼和弗莱恩（2021）的做法，在更广泛的状态空间设定上重构 STR 和 STV。具体来说，我们分别用之前三个月和之前一年的日度收益来衡量股票的 STR 和 STV。在更长的时间范围内估计的指标并没有表现出短期逆转。最高和最低 STR（STV）十分位数之间的价值加权的超额收益差（H－L）以及对应 FF5 和 CH4 的 alphas 值见本章附录 B 表 IA－9 的 A 组。STR 和 STV 的回报率差都显示为逐渐递减，但随着估计窗口的扩大，仍然是明显的负值。在一个季度范围内估计的 H－L 投资组合的 FF5 和 CH4 的 alpha 值也很大，并具有统计学意义。这些结果显示，中国的突出效应是一个不同于月度收益反转的独特现象。随后，我们研究了基准（一个月）STR

（STV）对 REV 效应的影响。以 STR（STV）为条件的价值加权结果见本章附录 B 的表 IA－9 的 B 组。负的 REV 效应在所有 STR 和大多数 STV 五分位数中都不能被观察到。通常来说，在控制了 STR 和 STV 之后，REV 的预测能力也不存在。因此，STR 和 STV 各自均能掩盖 REV 对股票收益的绝大部分影响。

总之，上述结果表明，一只股票的 STR 和 STV 所包含的预测信息远远超过了 REV。更重要的是，一个月的 STR（STV）对 REV 的负效应提供了充分的（相当大的）解释，表明在中国，凸显效应能获得股票收益的短期反转。

6.5.5　投资情绪

斯坦堡等（2012，2015）指出，当投资者情绪高涨时，错误定价更普遍，从而导致更大的异常回报。科斯曼和弗莱恩（2021）证明了这一说法，他们发现美国市场在投资情绪高涨时有更强的 STR 效应。在本小节中，我们也对预期收益的突出性效应是否与中国的投资者情绪有关进行研究。

我们通过两个常用的投资者情绪指标来研究这个问题，即中国投资者综合情绪指数（CICSI）（Yi and Mao，2009）和投资者情绪指数（ISI）（Wei et al.，2014）。凸显效应在不同情绪时期的表现见表 6－8。高情绪期包括 CICSI（或 ISI）高于其中位数的月份，低情绪期则是 CICSI（或 ISI）低于其中位数的月份。有趣的是，无论使用哪种情绪指标，价值加权的结果表明，低情绪期后的负面 STR 效应比高情绪期略为突出。就 CICSI 而言，最高和最低 STR 分位数之间的回报差异（H－L）在投资者情绪高涨时期为每月－1.084%，而在投资者情绪低落时期，这一回报率的差异扩大到每月－1.349%。至于 STV，高情绪期和低情绪期的回报差异在幅度和显著性上都很相似，表明 STV 的预测能力在不同情绪期几乎保持不变。

简而言之，对于中国股市来说，高涨的情绪并不是促进投资者凸显思维、加强 STV 和 STR 效果的关键因子。相反，STR 和 STV 解释收益率变化的能力对投资者的情绪相当不敏感。

表6-8 投资者的情绪和突出效应

十分位数	CICIS				ISI			
	STR		STV		STR		STV	
	高涨	低落	高涨	低落	高涨	低落	高涨	低落
1（最低）	1.451 (1.64)	1.010 (1.10)	1.296 (1.41)	0.863 (0.96)	1.840** (1.99)	1.885** (2.00)	1.802* (1.81)	0.366 (0.45)
10（最高）	0.367 (0.35)	-0.339 (-0.36)	0.085 (0.08)	-0.353 (-0.36)	0.818 (0.75)	0.785 (0.71)	0.515 (0.48)	-0.775 (-0.84)
H-L	-1.084** (-2.13)	-1.349*** (-3.52)	-1.211*** (-3.03)	-1.216*** (-4.08)	-1.021** (-1.99)	-1.460*** (-3.96)	-1.287*** (-3.21)	-1.141*** (-3.82)
FF5	-1.061** (-2.15)	-1.388*** (-3.17)	-1.067*** (-2.65)	-1.107*** (-3.20)	-1.049** (-2.06)	-1.560*** (-3.72)	-1.125*** (-2.62)	-1.022*** (-2.98)

注：该表显示了 STR 和 STV 效应在不同投资者情绪时期的表现。我们展示了高情绪期和低情绪期基于 STR 或 STV 的单变量排序分析的结果。为简洁起见，我们只显示最高和最低 STR（STV）十分位数组合的月度回报的价值加权平均值，以及两个极端 STR（STV）组合之间的回报差（H-L）及对应的 Fama-French（2015）五因子（FF5）alpha 值。回报率和 alpha 值以百分比表示，括号内为 t 值。CICSI 和 ISI 的数据分别从 2003 年的 2 月和 1 月开始。因此，CICSI（ISI）的样本期是从 2003 年 2 月（1 月）到 2020 年 11 月。在 1%、5% 和 10% 水平上的显著性分别用 ***、** 和 * 表示。

6.5.6 投资者分歧

凯利和泰特洛克（Kelley and Tetlock，2013）指出，投资者分歧是交易量的主要驱动力。先前的高度分歧更有可能诱发股票的凸显大交易量，使股票更具吸引力，价格过高。因此，负 STV 效应可能与投资者分歧有关。我们用盈利预测分散度表示分歧以检验这一潜在机制。[1] 作为比较，我们也对 STR 进行了同样的分析。

---

① 分析师的预测为引导投资者的交易行为提供了直接的、可操作的信息，他们的分散性是一种在经济意义上干净的对分歧的测度（Kelley and Tetlock，2013；Han et al.，2022）。一般来说，分析师预测公司未来三个报告年度的收益。在本研究中，我们只使用对下一财年的预测。

盈利预测分散性（DISP）被定义为分析师盈利预测的标准偏差。较高的 DISP 意味着投资者的分歧更大。我们首先根据 DISP 将股票分为三组，然后记录 STR（STV）和每个 DISP 组内预期收益的关系。[①] 本章附录 B 的表 IA－10 列出了这一研究结果。对于平均或价值加权的投资组合，在低 DISP 组和高 DISP 组（DISP1 和 DISP3），股票的 STR 与预期收益呈显著负相关。相反，STV 主要对高分歧的股票（DISP3）表现出显著的可预测性。这些结果表明，当投资者对股票价值形成相对一致的看法（低分歧）时，他们很少受成交量凸显性的吸引，但仍会对收益凸显性做出反应。然而，如果分歧很大，投资者会将凸显思维应用于股票回报和交易量。因此，在中国市场上，当投资者分歧较大时，STV 效应更强，而 STR 效应则不强。

以往的文献也使用换手率（TURN）和特质波动率（IVOL）来衡量投资者的分歧（Miller，1977；Boehme et al.，2006；Berkman et al.，2009）。如表 6－3 所示，负面的 STV 效应只存在于高 TURN 或 IVOL 五分位数内，进一步证实了我们的研究结果。此外，投资者的分歧反映了信息的不确定性（Hong et al.，2000；Kumar，2009）。我们的分析还表明，投资者对具有凸显收益股票的非理性偏见在市场信息的背景下仍然是稳健的。

6.5.7　引人注目的新闻和活动

巴伯和奥迪恩（2008）提出的注意力假说表明，投资者更喜欢购买那些新闻或事件引人注意的公司的股票。投资者的这种偏好不仅会推高这些股票的价格，还会放大股票的交易量，产生突出的高回报（大交易量）。因为基于注意力的股票价格压力是暂时的，通常随后发生逆转（Barber and Odean，2008），我们可能会观察到一个负面的回报效应。因此，我们测试 STR 和 STV 效应是否可以用注意力假说来替代解释。

首先，注意力假说依赖于公司特定的引人注意的新闻或事件，但凸显理论并不如此。因此，如果注意力假说确实促进了 STR 和 STV 效应，那么在没有引人

---

① 考虑到有分析师预测覆盖的月度观察值只占总样本的 55.64%，我们将股票分为三组，以确保每组有足够的观察值。

注意的新闻或事件的月份，这两种效应应该被削弱。在本小节中，我们将收益公告（EA）和并购公告（MA）作为引人注意的新闻或事件。[①] 我们通过单变量组合分析比较了排除 EA 或 MA 月份时的 STR 和 STR 效应与原始的效应，结果见表 6－9 的 A 组。最后一行记录了每个单项排序的观测数。如记录所示，即使我们将 EA 和 MA 月从样本期中剔除，最高 STR（STV）减去最低 STR（STV）对冲组合的平均超额收益率也从每月的 －1.315%（－1.158%）稍变为每月 －1.090%（－0.929%）。这些结果说明，在没有 EA 或 MA 月份的情况下，STR 和 STR 效应略微减弱（即无明显变化）。因此，吸引注意力的新闻或事件对 STR 和 STV 的可预测性影响不大，表明巴伯和奥迪恩（2008）的注意力假说并不能导致凸显效应。

其次，在注意力假说下，无论新闻或事件是好是坏，投资者都会购买吸引注意力的股票（Cosemans and Frehen，2021）。因此，即使股票经历了不好的冲击，股票仍然存在着暂时的正向价格压力。这意味着，注意力假说预测，STR 或 STV 值为负的股票也容易被定价过高，而后产生较低的未来回报。相比之下，凸显理论将投资者的注意力与凸显的属性（而不是股票本身）联系在一起，并预测低凸显性的过去回报或交易量的股票会被定价过低，并获得更高的未来回报。基于他们不同的机制，我们对 STR 或 STV 值为负的股票进行进一步的实证研究。按照科斯曼和弗莱恩（2021）的方法，我们把 STR 和 STV 分成正负两部分。当 STR 为正时，STR_{pos} 等于 STR，否则为零。当 STR 为负时，STR_{neg} 等于 STR，否则为零。STV_{pos} 和 STV_{neg} 以同样方式得出。表 6－9 的 B 组报告了这些组成要素的 Fama－MacBeth 回归结果。第（2）~（3）列和第（5）~（6）列显示，STR_{neg} 和 STV_{neg} 的系数显著为负。这一结果在第（7）列中考虑了所有的 STR 和 STV 成分后仍然成立，这意味着凸显较大的下降趋势或较小的交易量的股票可以在随后的一个月产生较高的收益。这一发现支撑了凸显理论的预测，并再次排除了 STR 和 STV 效应可以由注意力假说来解释的可能性。

---

① 在中国，企业通常在财务报表中公布其收益。因此，收益公布日期就是财务报表的披露日期。此外，我们还从 CSMAR 数据库中获得股票的并购日期。

表 6 - 9 　　　　　　　　　　　　　　　注意假说和凸显效应

A 组：基于 STR 和 STV 的单变量投资组合分析，包括或不包括盈利/并购月。

投资组合	STR				STV			
	所有月份	不包括 EA 月份	不包括 MA 月份	不包括 EA/MA 月份	所有月份	不包括 EA 月份	不包括 MA 月份	不包括 EA/MA 月份
1（最低）	1.103 * (1.86)	1.131 * (1.82)	0.995 * (1.69)	0.938 (1.47)	0.917 (1.62)	1.053 * (1.74)	0.880 (1.55)	0.874 (1.55)
2	0.840 (1.29)	1.073 * (1.70)	0.940 * (1.77)	0.985 * (1.66)	1.126 ** (2.47)	1.289 ** (2.29)	1.001 * (1.93)	1.041 * (1.90)
3	0.911 * (1.72)	0.895 (1.53)	0.754 (1.40)	0.681 (1.16)	0.782 (1.17)	0.874 (1.60)	0.792 (1.58)	0.679 (1.24)
4	0.743 (1.22)	0.735 (1.37)	0.922 * (1.87)	1.030 * (1.91)	0.864 * (1.29)	0.867 (1.53)	0.764 (1.50)	0.801 (1.44)
5	0.717 (1.10)	0.787 (1.40)	0.438 (0.87)	0.333 (0.62)	0.555 (1.07)	0.731 (1.32)	0.511 (1.06)	0.682 (1.26)
6	0.607 (0.93)	0.700 (1.24)	0.666 (1.24)	0.572 (0.99)	0.610 (1.08)	0.854 (1.51)	0.576 (1.10)	0.748 (1.31)
7	0.520 (0.79)	0.729 (1.22)	0.345 (0.64)	0.280 (0.48)	0.416 (0.86)	0.672 (1.09)	0.423 (0.76)	0.551 (0.89)
8	0.338 (0.51)	0.360 (0.60)	0.439 (0.79)	0.380 (0.64)	0.376 (0.74)	0.534 (0.85)	0.330 (0.56)	0.477 (0.76)
9	0.499 (0.74)	0.642 (1.05)	0.433 (0.78)	0.470 (0.78)	0.220 (0.20)	0.496 (0.73)	0.144 (0.23)	0.317 (0.47)
10（最高）	-0.212 (-0.23)	-0.122 (-0.19)	-0.107 (-0.17)	-0.152 (-0.24)	-0.240 (-0.65)	0.101 (0.15)	-0.249 (-0.39)	-0.055 (-0.08)
10 - 1	-1.315 *** (-5.30)	-1.253 *** (-4.15)	-1.102 *** (-4.02)	-1.090 *** (-3.55)	-1.158 *** (-6.31)	-0.952 *** (-4.27)	-1.129 *** (-4.91)	-0.929 *** (-4.28)
观测数量	323263	245216	274932	195154	323263	245216	274932	195154

B 组：STR 或 STV 正负成分的 Fama - MacBeth 回归结果

变量	(1)	(2)	(3)	(4)	(5)	(6)	(7)
STR_{pos}	-0.194 *** (-3.59)		-0.172 *** (-3.29)				-0.135 ** (-2.50)
STR_{neg}		-0.269 *** (-3.07)	-0.252 *** (-2.73)				-0.235 *** (-2.56)
STV_{pos}				-0.028 ** (-2.51)		-0.024 ** (-2.14)	-0.025 ** (-2.06)

续表

B组：STR 或 STV 正负成分的 Fama - MacBeth 回归结果							
变量	（1）	（2）	（3）	（4）	（5）	（6）	（7）
STV$_{neg}$					− 0. 231 ** （2. 00）	− 0. 212 * （− 1. 85）	− 0. 249 * （− 1. 87）
Controls	YES	YES	YES	YES	YES	YES	YES
Avg R^2	0. 135	0. 135	0. 136	0. 133	0. 132	0. 134	0. 137

注：本表展示了单变量投资组合分析和公司层面的 Fama - MacBeth 分析的结果，用于考察注意力假说与凸显效应。A 组根据 2000 年 1 月至 2020 年 12 月的数据，显示了按前一个月估计的 STR 或 STV 排序的十等分投资组合的月度超额收益的价值加权平均数，其中包括或不包括公布盈利或并购消息的月份。收益率以百分比表示。第 1（10）十分位表示 STR 或 STV 最低（最高）的组合。10 - 1 价差表示 STR 或 STV 最高和最低的十等分组合之间的平均超额收益差值。最后一行展示了每种分类的观测数。B 组展示了正或负STR 或 STV 的 Fama - MacBeth 回归结果。每个回归的 Avg R^2 统计数在最后几行列出。在 1% 、5% 和 10%水平上的显著性分别用 *** 、** 和 * 表示。

6.6　突出引起的价格压力

巴伯和奥迪恩（2008）认为，暂时的正向价格压力解释了为什么最初引人注意的股票往往获得低未来回报。巴利等（2017）提出，基于彩票需求的价格压力解释了 β 异常现象。在本节中，我们进一步探讨了凸显性引起的价格压力，以更好地理解中国股市的负向突出效应。

6.6.1　指令不平衡

在凸显思维的诱导下，投资者倾向于高估具有突出高收益（交易量）的股票，低估具有突出低收益（交易量）的股票。就订单流而言，股票的高估可能导致投资者的净买入，并推高股价，而股票的低估可能导致净卖出，并贬低其价格。暂时的价格压力会在之后恢复到基本面。因此，过去凸显的高回报或交易量产生未来低股票回报，而过去凸显的低回报或交易量产生未来高股票回报。为了研究这种解释，我们研究了一只股票的订单流和 STR（STV）之间的关系。首

先，按照巴伯和奥迪恩（2008）与陈等（2022b）的方法，股票的月度订单流定义如下：

$$\text{Imb}_{i,t} = \frac{\text{TNB}_{i,t} - \text{TNS}_{i,t}}{\text{TNB}_{i,t} + \text{TNS}_{i,t}} \qquad (6.10)$$

其中，$\text{Imb}_{i,t}$ 是股票 i 在 t 月的买卖失衡指标，$\text{TNB}_{i,t}$ 是股票 i 在 t 月内买入指令的总数，$\text{TNS}_{i,t}$ 是股票 i 在 t 月内卖出指令的总数。我们使用 CSMAR 数据库中 2003 年 1 月至 2020 年 12 月的每日交易数据来计算 $\text{Imb}_{i,t}$。然后，我们对高 STR（STV）股票和低 STR（STV）股票的买卖失衡指标进行 Fama - MacBeth 回归。为了保证足够的股票数量，我们将最大的三个和最小的三个 STR（STV）十分位数的股票分别作为高 STR（STV）和低 STR（STV）的投资组合（其中凸显值分别为正和负，如表 6 - 9 B 组所示）。回归模型如下：

$$\text{Imb}_{i,t+h} = \beta_{0,t} + \beta_{1,t}\text{ST}_{i,t} + \Lambda_t X_{i,t} + \varepsilon_{i,t+h}, \ h = 0, \ 1 \qquad (6.11)$$

其中，$\text{Imb}_{i,t+h}$ 为 t + h 月内买卖失衡指标，h = 0，1 表示同期和后一个月的指令失衡；$\text{ST}_{i,t}$ 表示股票 i 在 t 时的 STR 或 STV 值，$X_{i,t}$ 表示控制变量，包括 TURN、SIZE 和过去收益（REV 和 MOM）。[①]

表 6 - 10 给出了结果。平均而言（见 A 组）我们发现，有证据表明高 STR 或低 STR 对同期和随后的订单流都有强烈的影响。当 h = 0 时，高 STR 股票对 STR 的回归斜率为正（0.227），t 值为 1.98，意味着高 STR 的股票会产生大量的净买入。相反，对于 STR 为负的股票，在 1% 的显著性水平上，STR 的系数为 0.614，表明低 STR 产生净卖出。因此，我们预计高（低）STR 组合的价格会同时上升（下降）。相反，当 h = 1 时，两个 STR 组合的 STR 斜率明显为负（- 0.278 和 - 0.499）。这一结果说明，高 STR 产生净订单流出，而低 STR 在 t + 1 期间产生净订单流入，这支持了对后续价格反转的解释。我们在高 STV 组合中得到了类似的证据。然而，对于低 STV 组合，尽管 STV 的斜率为 - 0.011，t 值为 - 0.08，在接下来的时期会变为显著负值。这表明，低 STV 组合更有可能在 t + 1 时遇到正的价格压力，而不是在 t 时间遇到负价格压力（这在低 STR 组合中可以看到）。

综上所述，我们的分析表明 STR（STV）和投资者交易行为之间有着密

---

① 按照达等（Da et al.，2011）的方法，我们控制了可能影响股票订单流的公司市值和过去回报。同时，考虑到 TURN 与 STV 的相关性，我们也将其作为控制变量。

切的联系。尽管低 STV 组合的订单流表现与我们原来的解释不同，但这些结果仍然得出了一致的结论：高 STR（STV）的股票往往会在后期获得低回报，而低 STR（STV）的股票则容易在下一期表现得更好。因此，负的突出效应是存在的。

此外，根据 CSMAR 的定义，交易指令可以根据指令规模（现金价值）分为四种类型：小额指令（低于 5 万元人民币），中等指令（5 万 ~ 20 万元人民币），大额指令（20 万 ~ 100 万元人民币）和超大指令（超过 100 万元人民币）。我们还计算了关于四类指令的买卖失衡度，并重复之前的解释回归。表 6 - 10 的 B ~ E 组展示了结果，揭示了有关 STR 和 STV 对订单流量影响的更多细节。具体来说，STR 主要影响高 STR 股票的小额买卖指令不平衡，而对低 STR 股票来说，大额指令和中等规模指令不平衡受影响较大。相反，高 STV 组合与低 STV 组合中，STV 主要通过大订单和中型订单来影响指令不平衡。这些结果在 6.6.3 节中进行了解释。

表 6 - 10 订单不平衡性

A 组：所有订单

变量	高 STR 投资组合		低 STR 投资组合		高 STV 投资组合		低 STV 投资组合	
	$h=0$	$h=1$	$h=0$	$h=1$	$h=0$	$h=1$	$h=0$	$h=1$
STR/STV	0.227 **	− 0.278 **	0.614 ***	− 0.499 ***	0.245 **	− 0.292 ***	− 0.011	− 0.381 **
	(1.98)	(− 2.07)	(4.37)	(− 5.11)	(2.08)	(− 3.84)	(− 0.08)	(− 2.33)
控制措施	是	是	是	是	是	是	是	是
Avg R^2	0.242	0.209	0.200	0.258	0.284	0.244	0.259	0.228

B 组：超大订单

变量	高 STR 投资组合		低 STR 投资组合		高 STV 投资组合		低 STV 投资组合	
	$h=0$	$h=1$	$h=0$	$h=1$	$h=0$	$h=1$	$h=0$	$h=1$
STR/STV	− 0.209	− 0.181	0.121	− 0.632	0.894 *	− 0.105	0.472	− 1.140
	(− 0.28)	(− 0.19)	(1.15)	(− 0.79)	(1.88)	(− 0.93)	(0.68)	(− 1.16)
控制措施	是	是	是	是	是	是	是	是
Avg R^2	0.146	0.115	0.126	0.166	0.205	0.145	0.228	0.167

续表

C 组：大额订单

变量	高 STR 投资组合		低 STR 投资组合		高 STV 投资组合		低 STV 投资组合	
	h = 0	h = 1	h = 0	h = 1	h = 0	h = 1	h = 0	h = 1
STR/STV	0.007 (0.02)	−0.055 (−0.16)	0.602 ** (2.00)	−1.087 *** (−4.83)	0.485 ** (2.25)	−0.423 (−1.16)	−0.401 (−1.36)	−0.738 ** (−2.22)
控制措施	是	是	是	是	是	是	是	是
Avg R^2	0.264	0.187	0.217	0.325	0.333	0.223	0.336	0.253

D 组：中等订单

变量	高 STR 投资组合		低 STR 投资组合		高 STV 投资组合		低 STV 投资组合	
	h = 0	h = 1	h = 0	h = 1	h = 0	h = 1	h = 0	h = 1
STR/STV	0.263 (1.31)	−0.306 * (−1.86)	0.882 *** (5.40)	−0.948 *** (−6.16)	0.399 *** (2.73)	−0.349 *** (−3.91)	−0.354 (−1.55)	−0.325 * (−1.90)
控制措施	是	是	是	是	是	是	是	是
Avg R^2	0.217	0.186	0.195	0.260	0.246	0.183	0.231	0.204

E 组：小额订单

变量	高 STR 投资组合		低 STR 投资组合		高 STV 投资组合		低 STV 投资组合	
	h = 0	h = 1	h = 0	h = 1	h = 0	h = 1	h = 0	h = 1
STR/STV	0.305 *** (2.75)	−0.336 *** (−3.74)	0.397 *** (3.04)	−0.173 (−1.32)	−0.015 (−0.16)	−0.128 * (−1.85)	0.083 (0.39)	−0.147 (−0.99)
控制措施	是	是	是	是	是	是	是	是
Avg R^2	0.139	0.143	0.171	0.173	0.134	0.147	0.147	0.154

注：本表分别展示了 STR（STV）值较高和较低股票的订单不平衡对 STR（STV）的 Fama – MacBeth 回归结果。

我们将最大和最小的三个 STR（STV）分位数的股票作为高和低 STR（STV）组合。值得注意的是，高 STR（STV）组合和低 STR（STV）组合中的股票的 STR（STV）值分别为正和负。在 A 组中，我们使用一只股票的所有交易订单来计算其买卖不平衡度。从面板 B 到面板 E，我们将每只股票的买卖指令根据其份额大小（美元价值）分为四种类型，即超大订单、大额订单、中等订单和小额订单。然后，我们计算每一类订单的买入 – 卖出不平衡度。样本期为 2003 年 1 月至 2020 年 12 月。t 值为滞后四期的 Newey – West（1987）调整，每个回归的 Avg R^2 统计量列在每组的最后一行。在 1%、5% 和 10% 水平上的显著性分别用 ***、** 和 * 表示。

6.6.2　价格变化

为了直观展现高低STR（STV）组合的具体价格压力和之后的反转，我们在图6-3中绘制了较长时间范围内的价格变化。更确切地说，基于月末排序的股票十分位数，我们首先计算出高、低STR（STV）组合内股票从 t−5 月份到 t＋5 月份的平均价格。我们在样本期的每个月都重复这一程序（不包括第1个月和最后5个月）。然后，我们分别计算这11个月内高、低STR（STV）组合平均价格的时间序列均值。

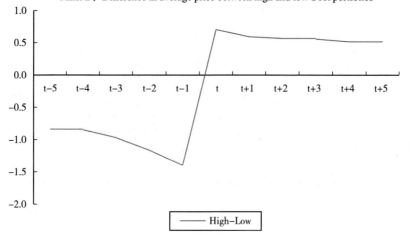

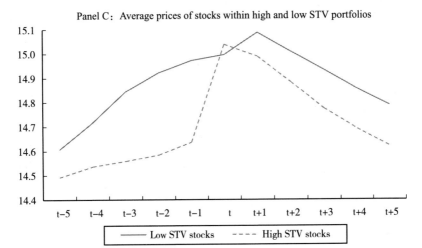

Panel C：Average prices of stocks within high and low STV portfolios

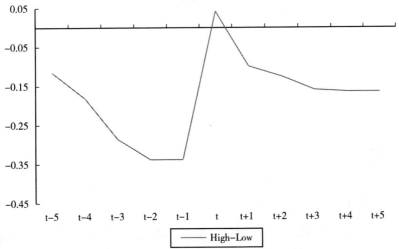

Panel D：Difference in average price between high and low STV portfolios

图 6 - 3　高、低 STR（STV）组合的价格变化

注：高 STR（STV）组合包括最高的三个 STR（STV）分位数的股票，而低 STR（STV）组合则包括最低的三个 STR（STV）分位数的股票。面板 A（面板 C）绘制了高和低 STR（STV）组合的估计价格平均值。面板 B（面板 D）显示了高和低 STR（STV）组合之间的价格均值差值。

图 6 - 3 A 组详细介绍了 STR 组合的价格变化。高 STR 组合的平均价格在 t 时急剧上升，之后逐渐下降，这意味着投资者追求高 STR 股票并推高其价格，而后股票价格恢复到基本面。相反，低 STR 组合的平均价格在 t 时暴跌，证实了同期价格负压力的存在。虽然其价格在 t + 1 时略有反弹，但在长期内没有表现出反转。如图 6 - 3 C 组所示，高 STV 组合的价格变化趋势与高 STR 组合相似（即

在时间 t 时突然上升，在接下来逐渐下降）。相比之下，低 STV 组合的平均价格在 t 时几乎没有变化，虽然在 t + 1 时价格略有上升，表现出积极的价格压力，但从长期来看，它又回到了基本面上。总的来说，从 t 时到 t + 1 时刻高和低 STR（STV）股票平均价格的变化明确对应于订单流的变化；因此，这些结果进一步证实了价格压力和随后的价格反转对凸显效应的解释。

图 6 - 3 B 组（D 组）显示了高、低 STR（STV）组合之间的价差变化。两条价差曲线在 t 时期都呈现出激增，突出了高 STR（STV）组合相对于低组合的大幅价格变化。此外，从 t 到 t + 4 期间，两个 STV 组合之间的价格差以更大的速度下降，而 STR 价格差的下降趋势则比较平缓。由于价格变化与股票收益密切相关，这一结果在一定程度上印证了我们在 6.4.4 节中的发现，即 STV 效应比 STR 效应更加持久。

6.6.3 机构持股比例

在 6.6.1 节，我们揭示了 STR 和 STV 对各类的交易指令的不同影响。一般来说，指令规模与投资者类型有关。大额交易更有可能来自大规模和专业化的投资者，而小额交易主要来自不太专业的散户投资者（Hvidkjaer, 2008；Jiang et al., 2020；Liu et al., 2021）。因此，我们可以用两个论断来解释表 6 - 10 的 B ~ E 组的结果。首先，散户投资者更容易成为凸显思维者。他们喜欢追求高 STR 的股票，避开低 STR 的股票。尽管专业化的投资者不愿意交易高 STR 的股票，但他们倾向于出售低 STR 的股票，从而加速了这些股票的低估。其次，与直接引导投资者（尤其是散户）交易股票的凸显回报不同，凸显交易量提供了相对难以感知的隐性信息。因此，主要的专业投资者追逐高 STV 的股票，并表现出交易量的凸显思维。然而，我们不能排除散户投资者也有这种思维的可能性，因为 STV 显著影响了中等指令的不平衡。总的来说，凸显思维并不局限于散户投资者，也反映在专业投资者的行为中。

机构投资者被认为是专业化的，很少受到行为偏差的影响（Nagel, 2005；Wang et al., 2021）。我们进一步研究不同水平的 IOR 的凸显效应，以研究上述解释。基于 IOR 和 STR（STV）的双重排序分析结果如表 6 - 11 所示。我们观察到，在各 IOR 五分位数上，STR（STV）与股票一个月后收益的负向关系在经济

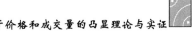

学上可观，并且也在统计上显著。这表明 STR 和 STV 效应对机构持股水平不敏感。这些结果证实了机构和散户都是通过凸显思维来交易股票的，导致 STR 和 STV 对预期收益的负向预测能力。

表 6 - 11　　　　　　　　　　　机构持股比例和凸显效应

变量	STR				STV			
	组合 1	组合 5	H - L	FF5	组合 1	组合 5	H - L	FF5
IOR1	0.705 (0.99)	-0.433 (-0.60)	-1.138 *** (-4.13)	-1.035 *** (-3.44)	0.910 (1.32)	-0.140 (-0.19)	-1.050 *** (-3.99)	-0.998 *** (-3.52)
IOR2	1.105 (1.63)	0.144 (0.21)	-0.962 *** (-3.51)	-0.824 *** (-2.78)	0.985 (1.51)	-0.105 (-0.15)	-1.089 *** (-4.29)	-0.988 *** (-3.69)
IOR3	1.093 * (1.68)	0.415 (0.61)	-0.679 ** (-2.40)	-0.502 * (-1.65)	0.934 (1.52)	-0.007 (-0.01)	-0.941 *** (-3.60)	-0.721 *** (-2.80)
IOR4	1.257 ** (2.06)	0.325 (0.53)	-0.932 *** (-3.25)	-0.992 *** (-3.16)	1.529 ** (2.48)	-0.034 (-0.05)	-1.562 *** (-5.77)	-1.580 *** (-5.36)
IOR5	1.139 ** (2.09)	0.276 (0.45)	-0.863 ** (-2.62)	-0.929 *** (-2.67)	1.045 * (1.80)	0.326 (0.55)	-0.719 ** (-2.44)	-0.640 *** (-3.07)
收益差值			0.275 (0.73)	0.106 (0.26)			0.330 (0.90)	0.358 (0.67)

注：本表列出了按机构持股比例（用 IOR 表示）和 STR（STV）分类的五分位数组合的月度股票超额收益的价值加权平均值。样本期为 2000 年 1 月至 2020 年 12 月。括号内为 t 值。在 1%、5% 和 10% 水平上的显著性分别用 ***、** 和 * 表示。

6.7　附加测试

图 6 - 1 表明，在中国的样本期（2000 ~ 2020 年）后半段，STR 和 STV 效应都更强。为了进一步证实这一发现，我们将样本期划分为两个子期（2000 ~ 2010 年和 2011 ~ 2020 年），进行了分期分析。这些子时期基于 STR 和 STV 的单变量价值加权组合的分析结果见本章附录 B 表 IA - 11 的 A 组。

最高和最低的 STR（STV）十分位数之间的超额收益差从 2000 ~ 2010 年的 88.4（87.6）个基点增加到 2011 ~ 2020 年的 167.3（145.5）个基点。此外，对应的 FF5 alpha 值也可以观察到类似的变化，从而支持了图 6 - 1 所表明的现象。

我们的发现似乎与美国市场上许多异象减弱的趋势相矛盾，尤其是发布后效应（McLean and Pontiff, 2016）。在这方面，我们比较了中国 33 个显著异象中每个异象在两个子周期的平均月度回报，结果见本章附录 B 的表 IA - 11 的 B 组。结果显示，33 个异象中有 22 个在第二个子周期变得更强，这意味着中国的大多数异常点随着时间的推移变得更强①。然而，考虑到中国的股票市场还不成熟，对冲手段也不充分（如卖空），当更多的投资者（尤其是散户）参与市场时，由投资者行为偏差引起的股票错误定价可能会更加严重②。因此，我们合理地预期，在最近的子期间内，异常效应变得更强。

6.8 总　　结

在本章中，我们研究了突出性理论对中国市场上股票收益的预测能力。我们提供的经验证据表明，股票过去的凸显收益和交易量（STR 和 STV）都可以强烈地负向预测股票的预期收益。这些影响不能用一般的公司特征和因子模型来解释，也不能相互解释。因此，STR 和 STV 都含有对未来股票收益的更多预测信息。尽管两种凸显效应的影响持续到未来几个月，且在长期内没有明显的逆转，投资者对凸显交易量所引起的股票错误定价仍然反应缓慢。

基于 STR 和 STV 十等分组合的特点，我们从几个方面研究了突出效应的潜在替代驱动因子。我们的结果表明，STR 和 STV 的负向预测能力不是由股票的资本状态（盈利或损失）、彩票需求、短期反转、投资者情绪和吸引人的新闻或事件所驱动。值得注意的是，在中国股市中，当投资者分歧较大时，STR 效应充分反映了股票收益的短期反转，而 STV 效应则更为明显。此外，我们从订单不平衡的角度分析了 STR 和 STV 产生的价格压力。这种自下而上的分析提供了支持以下假设的证据：投资者过度购买具有突出高回报或高成交量的股票，而不喜欢具

---

① 我们的发现与雅各布和穆勒（Jacobs and Müller, 2020）的研究相一致。他们研究了 39 个股票市场（包括中国）的 241 个截面异象在公布前后对回报的预测能力，发现美国是唯一一个在异象公布后多空组合的收益出现可靠下降的国家。

② 中国股市的日均交易量从 2000 年的 252 亿元急剧增加到 2021 年的 1.06 万亿元。此外，根据上海证券交易所（SSE）2019 年统计年鉴，2018 年散户投资者的账户达到 86.92%，而来自散户的交易量占 82.01%。同样，2002~2009 年，深圳证券交易所（SZSE）总交易量的 89% 来自散户投资者（Shi et al., 2009）。

有突出低回报或低成交量的股票。重要的是，在考虑股票收益和交易量时，机构和散户投资者都被证明是凸显思维者。

尽管中国的投资者构成、信息背景和其他相关因子与美国股市有很大不同，我们的研究也证实了凸显理论在中国的有效性。这一发现启发我们在全球其他金融市场进一步进行样本外测试，以验证凸显理论的稳健性。此外，机构投资者在面对股票的突出回报或交易量时，也可能表现得像散户。因此，我们期望凸显理论在其他资产类别，如在机构投资者占主导地位的共同基金市场中，也有作用。

附录 A　变量定义

（1）异常换手率（ABTURN）。按照刘等（2019）的理论，企业的异常换手率是用过去 20 天的平均日换手率与过去 250 天的平均日换手率之比来计算的。

（2）账面市值比（BM）。根据法玛和弗伦奇（1993）的理论，公司的账面市值比是用普通股的账面价值加上该公司上一财年资产负债表上的递延税项和上年度 12 月底的股权市值来计算的。

（3）资本利得突出量（CGO）。w 周的资本利得突出量定义如下：

$$CGO_w = \frac{P_{w-1} - RP_w}{P_{w-1}} \qquad (6.A.1)$$

为避免市场微观结构影响，市场价格滞后一周，P_{w-1} 为 w − 1 周末的股价；RP_w 是每只股票的参考价格。正如格林布拉特和韩（2005）、王等（2017）和姜等（2020）所述，我们使用过去 260 周的信息（至少有 200 个有效的价格和成交量观测值）来计算每只股票的参考价格。RP_w 的定义如下：

$$RP_w = k^{-1} \sum_{n=1}^{260} \left(V_{w-n} \prod_{\tau=1}^{n-1} (1 - V_{w-n+\tau}) \right) P_{w-n} \qquad (6.A.2)$$

其中，V_w 是 w 周的换手率，k 是使过去价格权重之和为 1 的常数。我们使用每个月最后一周的 CGO 来作为每月的 CGO 值。

（4）协偏度（COSKEW）。我们用如下公式计算 COSKEW：

$$R_{i,d} = \alpha + \beta_{i,t} R_{m,d} + COSKEW_{i,y} R_{m,d}^2 + \varepsilon_{i,d}, \quad d = 1, \cdots, D_t \qquad (6.A.3)$$

其中，$R_{i,d}$ 为股票 i 在 d 日的超额收益，$R_{m,d}$ 为 d 日的市场超额收益，D_y 是以 t 月为终点的 12 个月期间内的交易天数。

（5）时序回报排序（CRO）。根据莫赫施拉特（2021）的方法，我们使用日收益与截至当月月底的相应交易天数之间的相关性来作为股票 i 在 t 月的 CRO。

$$CRO_{i,t} = corr(R_{i,t-d}, d) \tag{6.A.4}$$

其中，$R_{i,t-d}$ 是股票 i 在 t-d 当天的日收益，d 是截止到 t 月末的交易日天数。

（6）分析师收益预测的分散度（DISP）。根据韩等（2022）的方法，在给定的月末，我们首先将分析师对过去三个月股票的预测收益除以他们上个月的实际股价。然后，我们计算出该股票在该月的这些收益比例的标准差。

（7）特质收益非对称性（ASYM）。根据陈等（2022a）的研究，我们首先使用以下回归估计日收益残差：

$$R_{i,d} = \beta_{0,i} + \beta_{1,i}R_{m,d} + \beta_{2,i}R_{m,d}^2 + \varepsilon_{i,d} \tag{6.A.5}$$

其中，$R_{i,d}$ 是股票 i 在 d 日的超额收益，$R_{m,d}$ 为 d 日的市场超额收益，$\varepsilon_{i,d}$ 为 d 日的每日收益残差。然后，我们使用 t-6 月到 t-1 月的 $\varepsilon_{i,d}$ 来估计 ASYM。ASYM 被定义为股票收益分布上下尾之间的累积收益概率之差：

$$ASYM = \int_c^{+\infty} f(x)dx - \int_{-\infty}^{c} f(x)dx = \int_2^{+\infty} [f(x) - f(-x)]dx \tag{6.A.6}$$

双尾的累积收益概率是距离平均值以外的两个标准差计算而来的。在实证上，我们使用经验累积分布函数来计算股票的 ASYM。

（8）特质波动率（IVOL）。根据洪崇理等（2006）的研究，将股票 i 在 t 月的 IVOL 定义为 t 月每日特质收益的标准差。为了计算收益残差，我们调整了 Fama-French 的三因子。

$$R_{i,d} = \alpha_i + \beta_{1,i}MKT_d + \beta_{2,i}SMB_d + \beta_{3,i}HML_d + \varepsilon_{i,d}, \ d = 1, \cdots, D_t \tag{6.A.7}$$

其中，$\varepsilon_{i,d}$ 是股票 i 在 d 日的特质收益，D_t 是 t 月的交易天数。t 月股票 i 的 IVOL 值计算如下：

$$IVOL_{i,t} = \sqrt{var(\varepsilon_{i,d})}, \ d = 1, \cdots, D_t \tag{6.A.8}$$

（9）特质偏度（ISKEW）。按照巴利等（2016）的方法，股票 i 在 t 月的 ISKEW 值使用式（6.3）中在月内回归的日度回归残差计算得到，即：

$$ISKEW_{i,t} = \frac{1}{D_t}\sum_{d=1}^{D_t}\left(\frac{\varepsilon_{i,d} - \mu_{\varepsilon_i}}{\sigma_{\varepsilon_i}}\right)^3 \tag{6.A.9}$$

其中，D_t 是 t 月的交易天数，μ_{ε_i} 是 $\varepsilon_{i,d}$ 的均值，σ_{ε_i} 是股票 i 在 t 月 $\varepsilon_{i,d}$ 的标准差。

（10）非流动性（ILLIQ）。根据阿米胡德（2002）的定义，股票 i 在 t 日的非流动性计算为：

$$\text{ILLI Q}_d = \frac{|\text{ret}_d|}{\text{volume}_d} \tag{6. A. 10}$$

其中，$|\text{ret}_d|$，是股票在 d 日的绝对回报 volume_d 是股票在 d 日的成交金额，我们取前 6 个月的平均非流动性作为 t 月的流动性不足指标，并要求至少 50 个日度观测值。

（11）市场贝塔指数（BETA）。我们用如下公式计算 BETA：

$$R_{i,d} = \alpha + \beta_{i,t} R_{m,d} + \varepsilon_{i,d}, \quad d = 1, \cdots, D_t \tag{6. A. 11}$$

其中，$R_{i,d}$ 为股票 i 在 d 日的超额收益，$R_{m,d}$ 为 d 日的市场超额收益，D_t 是以 t 月为终点的 12 个月的交易日天数。

（12）最大日收益（MAX）。根据巴利等（2011）的定义，MAX 为某月的最大日收益。

$$\text{MAX}_{i,t} = \max(R_{i,d}), \quad d = 1, \cdots, D_t \tag{6. A. 12}$$

其中，$R_{i,d}$ 为股票 i 在 d 日的收益，D_t 是 t 月的交易天数。根据纳尔提亚等（2017）的研究，如果股票收益达到 10% 的上限，我们将日收益相加以获得更准确的日收益。考虑到在没有价格限制的情况下，这能更好地表现每日收益。

（13）最小日收益（MIN）。根据巴利等（2011）的定义，MIN 为某月的最小日收益。

$$\text{MIN}_{i,t} = \min(R_{i,d}), \quad d = 1, \cdots, D_t \tag{6. A. 13}$$

其中，$R_{i,d}$ 为股票 i 在 d 日的收益，D_t 是 t 月的交易天数。

（14）动量（MOM）。根据杰加代什和提特曼（1993）的研究，每个股票在第 t 月份的动量效应是由前 12 个月并跳过一个月的累积回报率来衡量的（即从 t – 12 月到 t – 1 月的累积收益）。

（15）前景理论值（TK）。TK 由通过五年的月度回报构建而来；因此，从 2005 年 1 月开始就可以获取了。更多细节见巴贝里斯等（2016）的研究。

（16）短期反转（REV）。如杰加代什（1990）和雷曼（1990）的所述，每只股票在 t 月份的反转被定义为该股票前一个月的超额收益（即 t – 1 月份的收益）。

（17）规模（SIZE）。公司规模的月度数据用 t 月底的股权市值（单位：千元）自然对数来衡量。

（18）成交额（TURN）。在每个月月底，我们以过去 20 个交易日的平均日换手率来估计 TURN。公司的每日换手率是以其股票日交易量除以其总流通股计算的。

（19）波动率（VOL）。VOL 或总波动率被定义为股票 i 在 t 月内日度回报的标准差：

$$VOL_{i,t} = \sqrt{var\left(R_{i,d}\right)}, \quad d = 1, \cdots, D_t \qquad (6.A.14)$$

其中，$R_{i,d}$ 为股票 i 在 d 日的回报率，D_t 为 t 月的交易天数。

附录 B　补充数据

有关本章的补充资料可在以下网址找到：https：//doi.org/10.1016/j.jempfin.2022.11.005。

第 7 章

分位数投资策略

本章构建了一个新的基于分位数的彩票测度——QBL，用于评估股票的彩票偏好特征。这个新的测量指标不同于常用的代理指标，如最大日回报（MAX）和偏度（SKEW）。在美国和中国的股票市场中，QBL 与预期收益的关系为负。然而，在美国市场中，QBL 效应可以通过 MAX 解释，但在中国市场中，它仍然无法通过任何控制变量解释。在高投资者情绪期间，QBL 的负可预测性显著，不能归因于任何市场中的其他控制变量。此外，我们观察到，股票彩票偏好对美国市场的机构持股比例敏感，但在中国市场中却不成立。

7.1　简　介

赌博和获利是根深蒂固的人性。股市上市的股票不计其数，投资者的关注度有限，他们不可能对数千只股票进行单独评估。因此，在特定时期表现特别出色的股票往往更容易吸引投资者的注意力。股票收益通常偏离严格的正态分布，一些呈正态分布，而另一些呈负态分布。正偏态或彩票类股票的特点是小幅亏损频繁，偶尔大涨，而负偏态或非彩票类股票则常有小幅上涨，少数大跌。库玛（2009）发现许多投资者，尤其是收入较低的投资者，更喜欢投资正偏态股票。这些具有高异质偏度的股票更具吸引力，因为投资者认为它们的高波动性和可观回报将在未来再次出现。因此，这些股票往往被高估。许多研究人员调查了倾斜股票的盈利能力。博耶、米顿（Mitton）和沃尔金克（Vorkink）（2010）以及康拉德、迪特玛和吉塞尔（Ghysels）（2013）确定偏度与预期股票回报之间存在负相关关系，而巴利、卡基奇（Cakici）和怀特劳（Whitelaw）（2011）发现这种关系在统计上不显著。博耶和沃尔金克（2014）指出，偏好偏度的投资者通常会为他们的偏好支付溢价。

除了偏度之外，还有用于评估类似彩票的收益股票的替代代理变量，例如巴利、卡基奇和怀特劳（2011）提出的一个月内最大每日收益（MAX），以及姜、吴、周和朱（2020）提出的股票收益不对称性（IE 或 IS）。巴利、卡基奇和怀特劳（2011）以及姜、吴、周和朱（2020）发现 MAX 和 IE（或 IS）与预期股票收益呈负相关。对于中国市场，学者也进行了博彩型股票的相关研究（廖理等，2016；孔东民等，2010；尹力博等，2019；向诚等，2021）。

在本章中，我们介绍了一种新的彩票代理，称为基于分位数的彩票度量（以下简称 QBL），其灵感来自风险价值（以下简称 VaR）。VaR 由日收益经验分布的左尾决定，对应持有期间原始 q% 分位数的负值。[①] 在风险管理领域，VaR 用于评估投资者或机构面临的风险，因为它关注回报分布的左尾，其中 q 通常小于或等于 10。阿蒂尔甘、巴利、德米尔达斯（Demirtas）和古奈丁（Gunaydin）（2020）以及毕和朱（2020）对 VaR 进行了分析，揭示了横截面背景下 VaR 与预期回报之间的负相关关系。

与检查左尾风险的 VaR 不同，QBL 侧重于右尾收益。与 VaR 类似，我们根据收益分布的分位数来定义 QBL，它等于 1 - q% 分位数。因此，当 q 小于等于 10 时，QBL 有效地衡量了股票收益分布的右尾，使其成为合适的彩票代理。简而言之，q% QBL 等于 1 - q% 分位数。为了进行稳健性检查并与预期短缺（ES）保持一致，我们还引入了基于预期分位数的彩票测度（QBL_E）的概念。QBL_E 定义为在持有期间以收益大于 QBL 为条件的预期收益。例如，如果一只股票本月的 95% 分位数（5% QBL）为 7%，则意味着该股票回报率在该月内增长超过 7% 的可能性为 5%。超过 7% 的平均增益代表 5% QBL_E。我们将重点分析 1%、5% 和 10% 的 QBL 和 QBL_E 水平，因为这些水平在文献中经常与 VaR 和 ES 相关进行研究。

QBL 相对于 MAX 的优势之一是它对极值或异常值的弹性。MAX 代表指定时

---

① 在本章中，我们主要使用一年的每日收益来估计 QBL。

间段内最大的每日股票收益，这是一个不受其他日子股票表现影响的数字。相比之下，QBL 作为股票超额收益分布的分位数，不易受到极值的影响，具有稳健性。QBL 捕获了更全面的股票彩票特征趋势，而不仅是最高的股票回报率。此外，QBL 与偏度（SKEW）不同，因为偏度考虑了三次矩，而 QBL 特别关注收益分布的右尾。

本研究最初通过对美国和中国股票市场的横断面分析，调查了 QBL 与预期股票回报之间的联系。我们的研究结果表明，截至 2018 年 12 月的美国市场和 2019 年 12 月的中国市场，QBL 与预期回报之间普遍呈负相关，这与使用其他彩票代理获得的结果一致。在中国股市，这种关系不能用任何其他控制变量来解释。但在美股市场，QBL 对预期收益的影响完全可以归结为最大日收益（MAX）或波动率（VOL）。

我们也很好奇 QBL 与预期回报之间的关系是否会根据不同的投资者情绪水平而变化。贝克（Baker）和沃格勒（Wurgler）（2006）开发了一个广泛使用的指数（BW 指数）来评估投资者情绪。该指数由六个代理组成，每个代理分配了不同的权重。贝克和沃格勒（2007）将投资者情绪视为外生因子，并将情绪分为两类：高和低。在中国股市，我们采用消费者信心指数作为投资者情绪的替代指标，遵循莱蒙（Lemmon）和波特尼亚吉纳（Portniaguina）（2006）以及桂和朱（2021）的方法。情绪指数高于其均值的月份被视为高情绪期，而低情绪期被定义为情绪指数低于其均值的月份。

现有文献强调了情绪对彩票和非彩票股票回报的显著影响。方（2013）假设，在高情绪时期，彩票类股票对寻求风险的投资者的吸引力会大幅增加。千（Cheon）和李（Lee）（2018）提供了一个全球视角，表明由于投资者之间的文化差异，彩票类股票的吸引力差异很大。他们发现，在投资者情绪高涨的时期，小型、年轻和高度波动的公司的股票回报率相对较高。斯坦堡、余和袁（2012）报告说，在高水平的投资者情绪下，11 种错误定价异常的影响更为强烈。在随后的一项研究（2015）中，他们发现在高情绪时期，定价过高的股票对预期收益的负面特殊波动率影响也更为明显。姜、吴、周和朱（2020）观察到当情绪高时偏度对预期回报有显著的负面影响，但当情绪低时则有显着的积极影响。此外，毕和朱（2020）发现，风险价值对预期回报的影响在高情绪时期显著，而在低情绪时期结果不明确。鉴于这些发现，我们有兴趣探索 QBL 在不同投资水平下的表现情绪。

利用排序和 Fama – MacBeth 回归分析，我们发现 QBL 仅在美国股市情绪高涨期间与预期回报呈负相关。这种关系不能用 VaR、动量、短期反转、总波动率、偏度、异质波动率和最大日收益等控制变量来解释。此外，QBL 对预期回报的影响无法用法玛和弗伦奇（2015）五因子模型（FF – 5）来解释，该模型包括市场（MKT）、规模（SMB）、账面市值（HML）、投资（CMA）和盈利能力（RMW）因子。基于所有上述因子模型，最高和最低 QBL 十分位数的价值加权平均值和等加权平均值之间的 alpha 差异在经济和统计上均显著。因此，QBL 捕获了 MAX 和 SKEW 等常用彩票代理不包含的彩票偏好。在情绪高涨时期，投资者被高 QBL 股票所吸引，期望这些资产未来会有更好的表现。

在中国股市情绪高涨或低迷时期，QBL 与股票回报之间的关系反映了中美股市的情况。QBL 在高情绪时期与预期回报呈负相关，而在低情绪时期结果不确定。

负面的实证结果与特沃斯基和卡尼曼（1992）、巴贝里斯和黄（2008）以及韩、希什莱弗（Hirshleifer）和沃顿（Walden）（2022）提出的理论研究以及本章提出的模型一致。特沃斯基和卡尼曼（1992）介绍了累积前景理论，后来由巴贝里斯和黄（2008）建模。他们认为，投资者倾向于高估获得大收益的小概率。最近，韩、希什莱弗和沃顿（2022）提出了一个社交互动模型，在该模型中，投资者倾向于分享有关其股票的信息，以获得显著收益。在这两种模型中，类似彩票的股票定价过高，因此产生较低的预期回报。为了进一步阐明这种关系，我们提供了一个以风险中性投资者为特征的简单两期模型，证明 QBL 与预期回报呈负相关。

这些论文中的模型分析将预期收益与产生显著收益的投资产品或策略联系起来，这表明彩票类股票与较低的预期收益有关。与方（2013）的研究结果一致，在高情绪时期，寻求风险的投资者更容易被类似彩票的股票所吸引，从而强化了这些时期 QBL 与预期股票回报之间的强烈负相关关系。相反，在低情绪时期，QBL 与预期回报之间的关联是模糊的。

此外，我们观察到彩票偏好或 QBL 效应对于美国股市中机构所有权比率（IOR）较低的股票更为明显。另外，中国股市高低 IOR 股票的彩票偏好不存在显著差异。这表明中国市场的散户和机构投资者对类似彩票的股票表现出相似的偏好。

有几个原因证明我们选择与美国股市一起分析中国股市是合理的。首先，中国拥有世界市值第二大的股票市场，近年来一直是世界第二大经济体（按 GDP 计算）。因此，其金融市场与美国市场一起在维持全球经济增长方面发挥着至关重要的作用。此外，中国是发展中国家的代表，与被视为发达市场的美国或欧洲国家形成鲜明对比。例如，巴利、卡基奇和怀特劳（2011）报告，MAX 效应可以逆转众所周知的负异质波动率（IVOL）对美国市场预期回报的影响。同样，阿纳尔特等（2013）发现 MAX 效应可以削弱欧洲市场的 IVOL 效应。相比之下，纳尔提亚、孔（Kong）和吴（2017）观察到中国股市的 MAX 效应并没有削弱 IVOL 效应。通过考察中国股票市场，我们旨在更深入地了解发达国家和发展中国家股票市场之间的差异。

其次，中国股市主要由散户投资者驱动，这与美国市场不同。与机构投资者相比，散户投资者的换手率更高。他们更容易被极端的股票收益所吸引。利润极高的股票，也称为 MAX 或 QBL，更有可能吸引投资者有限的注意力（Bali、Brown、Murray and Tang，2017）。纳尔提亚等（2017）和万（2018）发现中国股市的投资者表现出对彩票类股票的强烈偏好。散户更倾向于购买偏度高的股票，当他们的情绪或信念发生变化时，他们更倾向于买卖股票。在我们的研究背景下，收益极高的股票更有可能吸引散户投资者的注意力，因为它们的投资组合往往不够多元化。

最后，中国政府对跨境资本流动实施严格限制，导致国内投资者主导的市场分散。这是中国股市有别于美国和其他没有资本流动管制的发达国家的另一个重要特征（Nartea et al.，2017）。随着中国金融业开放的不断深入，了解投资者的行为特征和中国股市的基本格局变得越来越重要。此外，中国股市还具有 T + 1 交易机制、卖空限制、股价波动限制等特点。中国股市存在众多市场摩擦，为套利设置了明显的阻碍，进而使经验丰富的投资者难以利用错误定价的机会（Nartea et al.，2017；Wan，2018；Sun、Wang and Zhu，2023）。

目前关于彩票类股票的文献主要关注极值、第三时刻（偏度），或低价、高异质波动率和异质偏度的组合。我们的研究不同于现有文献，并通过识别不同于常用代理的新彩票代理来为当前的知识体系作出贡献。正如我们对美国和中国股市的分析所证明的那样，这种新的彩票代理的预测能力在高情绪时期没有被现有代理捕获。尽管两个市场的大多数结果相似，但确实存在一些差异。我们提出的新彩票代理与预期回报呈负相关，无法用中国的其他控制措施来解释。相比之下，美国的 MAX 和 VOL 可以解释对预期回报的负面影响。与美国的机构投资者相比，散户投资者表现出更强的彩票偏好，而中国的散户和机构投资者的彩票偏好相似。

本章的其余部分安排如下：7.2 节介绍了基于分位数的彩票测度及其在美国和中国股票市场的汇总统计数据，还提供了一个简单的资产定价模型，将基于分位数的彩票度量与预期回报之间的关系联系起来；7.3 节显示了实证结果；7.4节为总结。

7.2　基于分位数的彩票措施

7.2.1　基于分位数的彩票措施的构建

与计算风险价值的方法类似，我们通过使用当前一年间隔的每日超额回报来计算每个月每只股票的基于分位数的彩票测度（QBL），要求有 200 个非缺失回报观察。[①] 基于 q% 分位数的彩票测度（QBL）等于原始（1 - q%）分位数的值。基于 q% 预期分位数的彩票测度（QBL_E）等于预期收益，条件是在持有期间收益大于 q% QBL。

我们根据 1965 年 7 月至 2018 年 12 月最后一个月的 1% QBL 对股票进行排序，如表 7 - 1 面板 A 所示。同时，我们总结了每个月形成的股票的其他一些特征的十分位数。面板 A 报告了每个月内各种特征的中值的时间序列平均值以及十

[①]　该要求来源于巴利、恩格尔和默瑞（2016）以及阿蒂尔甘等（2020）的研究。

分位数中股票的市场贝塔——1% QBL、1% QBL$_E$、市值（SIZE）、账面价值—市场比率（BM），跳过一个月的动量效应或前六个月的累积回报（MOM），周转率（TURN），流动性不足（ILLIQ），市场贝塔（BETA），平均值前一个月的五个最高每日收益（MAX5），偏度（SKEW）和特殊波动率（IVOL）。从 1965 年 7 月到 2018 年 12 月，每个月都会形成十分位数投资组合，方法是根据对滞后一年的每日回报率估计的上个月 1% QBL 对股票进行分类。从最低到最高的 1% QBL 十分位数，中位数的时间序列平均值从 3.37% 单调增加到 18.82%。前六个月的表现（动量效应）、周转率、流动性不足、市场贝塔、最大值和异质波动率也显示出相同的模式。然而，当股票的 1% QBL 增加时，公司规模和账面市值比会下降。结果表明，高 QBL 股票通常具有更强的动量效应、更高的换手率、更少的流动性、更大的风险（更高的市场贝塔和异质波动率）和更高的上涨潜力（更高的最大值）。这些股票的规模也较小，账面市值比也较低。我们将这九个变量与 QBL 和 QBL$_E$ 一起用于相关性分析，如表 7 – 1 的面板 B 所示。1% QBL、5% QBL、10% QBL、1% QBL$_E$、5% QBL$_E$ 和 10% QBL$_E$ 彼此高度相关，因为相关性都高于 0.78。它们也与 MAX5 和 IVOL 高度相关，因为相关性在 0.59 ~ 0.68。相关矩阵还显示了 QBL 或 QBL$_E$ 与 SIZE 或 BM 之间的负相关关系。同时，BETA 或其余特征与 QBL 或 QBL$_E$ 之间的关系是轻微正相关的。为了便于比较，我们对 1997 年 1 月至 2019 年 12 月中国股市按 1% QBL 一个月滞后值进行排序，每月形成的十分位数中股票的汇总统计见表 7 – 1 面板 C。1% QBL 与其他变量之间的关系类似于表 7 – 1 面板 B 中显示的美国结果。QBL 与其他股票特征或中国市场贝塔的横截面相关性的时间序列平均值如表 7 – 1 的面板 D 所示。同样，美国和中国的相关矩阵模式看起来相似。本章附录 A 提供了变量定义。

美国股市从 1965 年 7 月到 2018 年 12 月时间线中基于分位数的彩票测度（QBL）的横截面平均值如图 7 – 1 所示。图中的三条曲线分别表示 1% QBL、5% QBL 和 10% QBL。正如我们可以想象的那样，较高的基于分位数的彩票测度通常意味着股票可能具有较大的超额回报。每条线的两个最高点位于 2000 ~ 2008 年，这是美国金融史上的两个繁荣时期。说明在股市泡沫巨大的时候，人们对彩票股的回报预期很高。1997 年 1 月至 2019 年 12 月中国股市的平均 QBLs 如图 7 – 2 所示。最近的两个峰值时间是 2008 年和 2016 年，显示了中国的两个繁荣时期。

表7-1

汇总统计数据和相关性

面板A：美国按1% QBL 排序的十分位数股票组合的汇总统计

十分位分组	1% QBL	1% QBL$_E$	SIZE	BM	MOM	TURN	ILLIQ	BETA	MAX5	SKEW	IVOL
1（最低）	3.370	4.135	6.975	-0.361	4.837	1.139	0.294	0.546	1.533	-0.108	1.098
2	4.447	5.460	6.597	-0.478	5.241	1.323	0.306	0.735	2.009	-0.112	1.414
3	5.329	6.565	6.125	-0.491	5.631	1.421	0.354	0.813	2.346	-0.105	1.665
4	6.245	7.706	5.708	-0.504	5.684	1.528	0.421	0.883	2.689	-0.100	1.923
5	7.260	8.986	5.336	-0.538	6.005	1.624	0.508	0.962	3.069	-0.097	2.203
6	8.411	10.448	5.062	-0.574	6.018	1.726	0.577	1.051	3.496	-0.093	2.511
7	9.772	12.173	4.815	-0.630	7.029	1.820	0.675	1.143	3.970	-0.092	2.833
8	11.565	14.524	4.589	-0.700	9.060	1.899	0.815	1.217	4.570	-0.088	3.207
9	14.239	18.264	4.350	-0.838	16.040	1.984	1.012	1.279	5.455	-0.089	3.678
10（最高）	18.815	25.433	3.913	-1.033	31.475	2.040	1.474	1.233	6.870	-0.091	4.156

面板B：美国 QBL 的不同衡量标准与其他股票特征的相关性

十分位分组	1% QBL	5% QBL	10% QBL	1% QBL$_E$	5% QBL$_E$	10% QBL$_E$	SIZE	BM	MOM	TURN	ILLIQ	BETA	MAX5	SKEW	IVOL
1% QBL	1														
5% QBL	0.909	1													
10% QBL	0.867	0.962	1												
1% QBL$_E$	0.920	0.822	0.780	1											
5% QBL$_E$	0.972	0.943	0.901	0.952	1										
10% QBL$_E$	0.961	0.973	0.944	0.918	0.992	1									

续表

面板 B：美国 QBL 的不同衡量标准与其他股票特征的相关性

十分位分组	1% QBL	5% QBL	10% QBL	1% QBL$_E$	5% QBL$_E$	10% QBL$_E$	SIZE	BM	MOM	TURN	ILLIQ	BETA	MAX5	SKEW	IVOL
SIZE	−0.478	−0.457	−0.426	−0.451	−0.481	−0.478	1								
BM	−0.161	−0.190	−0.205	−0.149	−0.173	−0.184	−0.221	1							
MOM	0.175	0.180	0.187	0.182	0.188	0.191	0.010	−0.244	1						
TURN	0.280	0.313	0.328	0.272	0.297	0.308	0.159	−0.211	0.110	1					
ILLIQ	0.230	0.224	0.213	0.210	0.233	0.236	−0.501	0.181	−0.060	−0.379	1				
BETA	0.369	0.438	0.462	0.320	0.387	0.412	0.171	−0.240	0.075	0.512	−0.256	1			
MAX5	0.625	0.651	0.646	0.591	0.646	0.659	−0.289	−0.143	0.027	0.363	0.147	0.354	1		
SKEW	0.010	0.014	0.014	0.011	0.013	0.014	0.007	0.013	−0.050	−0.053	0.028	−0.019	0.013	1	
IVOL	0.646	0.657	0.645	0.624	0.669	0.675	−0.398	−0.085	0.021	0.316	0.247	0.257	0.871	0.010	1

面板 C：中国按 1% QBL 排序的股票等分组合的汇总统计

十分位分组	1% QBL	5% QBL	1% QBL$_E$	5% QBL$_E$	SIZE	BM	TURN	MOM	REV	MAX	ISKEW	IVOL
1（最低）	4.992	3.538	6.039	4.581	7.486	1.892	0.254	2.800	0.036	3.708	0.269	1.496
2	6.053	3.959	7.199	5.382	7.443	1.885	0.293	3.203	−0.078	4.362	0.335	1.633
3	6.629	4.208	7.823	5.801	7.431	1.875	0.315	6.141	−0.045	4.621	0.348	1.734
4	7.106	4.471	8.267	6.166	7.423	1.867	0.336	8.662	0.057	4.880	0.370	1.837
5	7.545	4.693	8.661	6.496	7.435	1.861	0.359	11.569	0.107	5.101	0.365	1.914
6	8.006	4.902	9.072	6.808	7.431	1.853	0.379	15.928	0.141	5.316	0.379	1.987
7	8.516	5.115	9.439	7.148	7.409	1.847	0.399	18.780	0.255	5.481	0.387	2.070

续表

面板 C：中国按 1% QBL 排序的股票等分组合的汇总统计

十分位分组	1% QBL	5% QBL	1% QBL$_E$	5% QBL$_E$	SIZE	BM	TURN	MOM	REV	MAX	ISKEW	IVOL
8	9.071	5.340	9.793	7.528	7.361	1.842	0.436	21.632	0.414	5.758	0.404	2.156
9	9.601	5.692	10.037	8.044	7.290	1.832	0.484	26.202	0.402	5.956	0.420	2.272
10（最高）	10.038	6.228	10.341	8.753	7.246	1.831	0.550	28.978	0.292	6.232	0.437	2.404

面板 D：中国不同 QBL 指标与其他群特征的相关性

十分位分组	1% QBL	5% QBL	1% QBL$_E$	5% QBL$_E$	SIZE	BM	TURN	MOM	REV	MAX	ISKEW	IVOL
1% QBL	1.000											
5% QBL	0.634	1.000										
1% QBL$_E$	0.858	0.503	1.000									
5% QBL$_E$	0.880	0.861	0.801	1.000								
SIZE	−0.092	−0.105	−0.082	−0.105	1.000							
BM	−0.121	−0.266	−0.060	−0.196	−0.087	1.000						
TURN	0.297	0.392	0.246	0.375	−0.236	−0.041	1.000					
MOM	0.178	0.345	0.129	0.276	0.213	−0.259	0.114	1.000				
REV	0.048	0.080	0.034	0.067	0.057	−0.095	0.196	−0.022	1.000			
MAX	0.311	0.343	0.265	0.362	−0.037	−0.105	0.435	0.053	0.457	1.000		
ISKEW	0.073	0.029	0.073	0.061	−0.038	0.016	0.016	−0.069	0.129	0.236	1.000	
IVOL	0.347	0.455	0.286	0.436	−0.126	−0.201	0.587	0.147	0.335	0.687	0.113	1.000

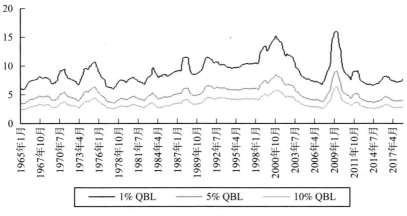

图 7-1 美股 QBL

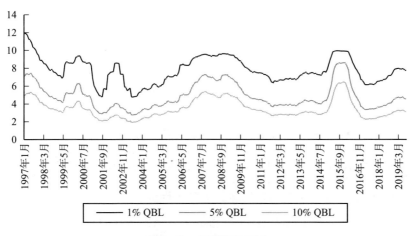

图 7-2 中国股市 QBL

7.2.2 一个简单的资产定价模型

在本小节中，我们证明 QBL_E 与简化假设下的预期回报呈负相关。类似于姜等提供的模型（2020），我们考虑一个简化的两阶段（0 期和 1 期）代表性投资者经济和一种风险资产，该资产的单期收益仅为 r。还有一种无风险资产，收益为 r_f。第 0 期的初始财富为 W_0，第 1 期的最终财富为 W_1，U 作为代表投资者的效用函数，则投资者的一阶条件或欧拉方程为：

$$E[U'(W_1)(r-r_f)]=0 \tag{7.1}$$

和

$$W_1 = W_0 \cdot (\omega r + (1 - \omega) r_f) \tag{7.2}$$

其中，ω 是最优投资组合权重。

因此，我们有以下公式：

$$
\begin{aligned}
E[U'(W_1)]E[r - r_f] &= -\text{Cov}(U'(W_1), \ r - r_f) \\
&= -\text{Cov}(U'(W_1), \ r) \\
&= -\sigma \cdot \text{Cov}(U'(W_1), \ \tilde{r}) \\
&= -\sigma \cdot E[U'(W_1) \tilde{r}] \\
&= -\sigma \int_{-\infty}^{+\infty} U'(W_1) \tilde{r} f(\tilde{r}) d\tilde{r}
\end{aligned}
\tag{7.3}
$$

其中，μ 和 σ^2 表示 r 的均值和方差，$\tilde{r}$ 是标准化的 r 的回归，$f(\tilde{r})$ 表示 $\tilde{r}$ 的概率密度函数。

我们假设 $r_f = 0$ 和 $W_0 = 1$ 不失一般性，并定义效用函数如下：

$$
U(W_1) = \begin{cases} \dfrac{1}{\sigma(1-q)}(W_1 - \mu), & \text{if } W_1 - \mu \geq \sigma \widetilde{QBL}; \\[2mm] u(W_1), & \text{if } W_1 - \mu < \sigma \widetilde{QBL}; \end{cases}
\tag{7.4}
$$

其中，$\widetilde{QBL}$ 表示 $\tilde{r}$ 的 QBL，$u(W_1)$ 是在边界处平滑的效用函数。$W_1 - \mu \geq \sigma \widetilde{QBL}$ 时效用函数的规范表明投资者是风险中性的。

在均衡状态下，基于要求 $\omega = 1$ 的市场出清条件，我们有以下公式：

$$
\begin{aligned}
E[U'(W_1)]E[r] &= -\sigma \int_{\widetilde{QBL}}^{+\infty} U'(W_1) \tilde{r} f(\tilde{r}) d\tilde{r} - \sigma \int_{-\infty}^{\widetilde{QBL}} U'(W_1) \tilde{r} f(\tilde{r}) d\tilde{r} \\[4mm]
&= -\sigma \cdot \frac{1}{(1-q)} \int_{\widetilde{QBL}}^{+\infty} \frac{1}{\sigma} \tilde{r} f(\tilde{r}) d\tilde{r} - \sigma \int_{-\infty}^{\widetilde{QBL}} u'(W_1) \tilde{r} f(\tilde{r}) d\tilde{r} \\[4mm]
&= -\frac{1}{(1-q)} \int_{\widetilde{QBL}}^{+\infty} \tilde{r} f(\tilde{r}) d\tilde{r} - \sigma \int_{-\infty}^{\widetilde{QBL}} u'(W_1) \tilde{r} f(\tilde{r}) d\tilde{r}
\end{aligned}
$$

$$\tag{7.5}$$

如果我们表示 $\xi = -\dfrac{1}{E[U'(W_1)]}$ 并且显然 $\xi < 0$，前面的等式意味着：

$$E[r] = \xi \widetilde{QBL_E} - \sigma \int_{-\infty}^{\widetilde{QBL}} u'(W_1)\, \tilde{r} f(\tilde{r})\, d\tilde{r} \qquad (7.6)$$

因此，如果其他条件相同，则更大的 QBL_E 值意味着更低的预期回报。

7.3　实证结果

7.3.1　数据

我们使用来自美国证券价格研究中心（CRSP）的数据，时间涵盖 1965 年 7 月至 2018 年 12 月，包括纽约证券交易所（NYSE）、美国证券交易所（AMEX）和全国证券交易商自动报价协会（NASDAQ）的数据。按照之前文献中的成果，我们将样本限制为月初价格为 5 美元或以上的股票。

我们的中国数据包括 1997 年 1 月至 2019 年 12 月在上海和深圳证券交易所的所有 A 股。我们从 CSMAR 数据库中获取公司层面的每日和每月股票数据。法玛和弗伦奇（2015）的月度超额市场回报率（MKT）、规模（SMB）、价值（HML）、盈利能力（RMW）和投资（CMA）因子来自中央财经大学中央银行中国资产管理研究中心。为了减少异常值的影响，我们去除了以下股票：（1）首次公开募股（IPO）日后的所有 6 个月的交易数据，以减少 IPO 的影响；（2）账面市值比为负的公司；（3）金融业公司；（4）具有"ST"地位的公司；（5）最近 12 个月内交易记录少于 120 天的股票；（6）最近一个月交易记录少于 15 天的股票。[①] 由于我国涨跌停板制度的限制，每个交易日股票收盘价的涨跌幅为 [-10%、10%]，或前一交易日收盘价乘以 0.9，1.1。因此，当删除异常值时，价格波动幅度四舍五入至小数点后两位。

---

① 交易正常时，交易日少于 15 天的月份包括 1997 年 2 月（10 天）、1999 年 2 月（7 天）、2000 年 2 月（12 天）、2001 年 1 月（14 天）、2002 年 2 月（10 天）、2004 年 1 月（13 天）和 2005 年 2 月（13 天）。因此，我们排除了这些月份交易日少于正常交易日的股票。

美国和中国分别采用一个月期国库券利率和一年期存款月利率作为无风险利率。公司规模（SIZE）、账面市值比（BM）和动量（MOM）是根据法玛和弗伦奇（1992）以及杰加代什和提特曼（1993）的方法计算的。市场贝塔（BETA）是通过使用市场上每日超额收益（超过美国一个月期国库券利率或中国一年期存款月利率）的时间序列回归来估计的超额回报。我们使用前一个月的超额回报作为短期逆转（REV）的指标。继巴利、卡基奇和怀特劳（2011）之后，我们将股票收益的波动率（VOL）和异质波动率（IVOL）计算为整个月的每日收益和每日异质收益的标准差。偏度（SKEW）和特殊偏度（ISKEW）是按照巴利、恩格尔（Engle）和默里（Murray）（2016）的方法计算的。

为了减轻对纳斯达克交易量重复计算的担忧，我们遵循高（Gao）和瑞特（Ritter）（2010）的方法并调整用于计算美国换手率（TURN）和阿米胡德（2002）比率（ILLIQ）的交易量股市。后者被标准化以解释通货膨胀，并被截断为30%以消除异常值的影响（Acharya and Pedersen，2005）。继巴利、卡基奇和怀特劳（2011）之后，股票当月最大日收益（MAX）计算为一个月内的最大日收益。对于中国股票市场，我们按照邹、郑（Zheng）和张（2011）的方法，用月累计交易额除以月末流通市值计算换手率（TURN）。根据巴利、卡基奇和怀特劳（2011）以及纳尔提亚、孔和吴（2017）的工作计算股票当月最高日回报率（MAX）。

对于情绪指数，我们使用贝克和沃格勒（2006，2007）的美国市场情绪代理，以及继莱蒙和波特尼亚吉纳（2006）以及桂和朱（2021）之后的消费者信心指数作为中国的情绪代理。贝克和沃格勒（2006，2007）情绪数据由 Jeffrey Wurgler 网站提供，我们将数据延展至 2018 年 12 月。消费者信心指数取自 Wind 金融数据库，数据为本期整个时间段论文的重点，时间从 1997 年 1 月到 2019 年 12 月。

对于美国市场分析，机构所有权数据来自 Thomson Reuters Institutional Holdings 数据库（向美国证券交易委员会（SEC）提交的 13 – F 机构）。中国股市的机构持股数据来自 Wind 金融数据库，可访问时间为 1999 年 1 月至 2019 年 12 月。

每只股票的 1% QBL、5% QBL、10% QBL、1% QBL_E、5% QBL_E、10% QBL_E、1% VaR 和 5% VaR 是根据当前一年的日收益率计算的，要求 200 个非遗漏观察结果，每月更新一次。q% 上行潜力值（QBL）是根据一年每日回报率的经验分布的右尾估算的，它等于原始（1 - q%）分位数的值。每只股票的 q% QBL$_E$ 大于等于相关 q% QBL 的所有收益的平均值。q% VaR 是根据一年期每日收益的经验分布的左尾估计的，它等于原始 q% 分位数的负值。

7.3.2　方法

我们主要使用两种方法：单排序和双排序方法以及 Fama - MacBeth 回归方法。Fama - MacBeth 回归用于确定超额收益与 QBL 之间的横截面关系。我们将整个样本分为高情绪期和低情绪期，并分别运行回归。应用投资者情绪（美国股市的 BW 情绪指数和中国股市的消费者信心指数），我们将投资者情绪指数高于其平均值的月份定义为高情绪期。低情绪期定义为情绪指数低于其均值的月份。[1]为了进行稳健性检查，我们还将数据分为极高和极低的情绪时期，分别是情绪大于 1 和小于负 1 的时期。我们的 Fama - MacBeth 回归模型如下：

$$ExR_{i,t+1} = b_{0,t} + b_{1,t}QBL_{i,t} + \varepsilon_{i,t+1} \tag{7.7}$$

我们也尝试了不同的控制变量，比如下面的回归：

$$ExR_{i,t+1} = b_{0,t} + b_{1,t}QBL_{i,t} + b_{2,t}X_{i,t} + \varepsilon_{i,t+1} \tag{7.8}$$

其中，$ExR_{i,t+1}$ 是超额收益（股票的原始收益与 t + 1 时的一个月期国库券利率之间的收益差），关键解释变量是不同水平的 QBL，可以通过最近一年的股票收益来计算。其他解释变量（$X_{i,t}$）是常规控制。

7.3.3　完整样本结果

在第一步中，我们对美国（1965 年 7 月至 2018 年 12 月）和中国（1997 年 1 月至 2019 年 12 月）的全样本使用单排序、Fama - MacBeth 回归和双排序方法进行 1% QBL。

我们将股票按 1% QBL 分为十个十分位数来检查它们的表现，结果见表 7 - 2。表 7 - 2 记录了从最低十分位数到最高十分位数的等权重和价值加权平均回报，以及最高减去最低投资组合的回报利差。表 7 - 2 面板 A 显示了等权重回报的结

---

① 如果我们使用中位数作为截止值来确定高情绪和低情绪时期，则所有结果在质量上都是相似的。

果。面板 A 的第（1）列和第（3）列显示了十分位数中回报递减的近似模式。因此，利差组合的每月负值为 −0.805% 和 −1.045%，这两个值在 1% 的水平上具有统计显著性。此外，美国的第（2）列和中国的第（4）列显示了基于法玛和弗伦奇（2015）提出的五个因子的 Fama − French 5 因子（FF5）alpha 的投资组合的 alpha：市场（MFT）、规模（SMB）、账面市值比（HML）、投资（CMA）和盈利能力（RMW）以及它们的 t 值。总体而言，1% QBL 对预期回报的影响在美国和中国股市中是相似的。基于均值检验的差异，高 − 低收益利差的差异是微不足道的。[①] 根据 1965 年 7 月的数据，上个月按 1% QBL 排序的十分位数投资组合美国为 2018 年 12 月，中国为 1997 年 1 月到 2019 年 12 月。表 7 − 2 面板 B 显示了基于价值加权平均值的类似结果，其中利差组合也具有统计显著性。我们进一步根据 5% QBL 进行单变量排序，发现最高减去最低投资组合的回报利差和相关的 alpha 在等权重和价值加权的情况下在经济和统计上都是显著的。结果显示在本章附录 B 的表 IA − 1 中。结果表明，QBL 与预期回报呈负相关，尽管有时并不显著（仅针对美国股票市场的价值加权 5% QBL 案例）。1% QBL_E 的结果显示在本章附录 B 的表 IA − 2 中，与表 7 − 2 在质量上相似。

表 7 − 2　　　　　　　　　　　1% QBL 的十分位数投资组合

Panel A	等权重			
	（1）	（2）	（3）	（4）
Portfolio 1% QBL	Excess Return（%）for the U. S.	FF5 alpha（%）for the U. S.	Excess Return（%）for China	FF5 alpha（%）for China
1（lowest）	0.683 *** (5.15)	0.105 * (1.73)	1.697 *** (3.18)	0.437 *** (2.81)
2	0.719 *** (4.40)	− 0.018 (− 0.38)	1.583 *** (2.95)	0.339 *** (2.95)

---

① 美国收益率差的标准误差为 − 0.805/ − 3.14 = 0.256，中国为 − 1.045/ − 4.4 = 0.238。而收益利差均值之差为 − 0.805 + 1.045 = 0.24，差值的标准误为 0.256^2 + 0.238^2 = 0.349 的平方根。那么差异的 t 统计量就是 0.24/0.349 = 0.69。因此，美国和中国的回报利差的差异微不足道。

Panel A	等权重			
	（1）	（2）	（3）	（4）
Portfolio 1% QBL	Excess Return（%）for the U. S.	FF5 alpha（%）for the U. S.	Excess Return（%）for China	FF5 alpha（%）for China
3	0. 804 *** (4. 46)	− 0. 005 （− 0. 11）	1. 489 *** （2. 68）	0. 418 *** （4. 14）
4	0. 795 *** （4. 10）	− 0. 062 （− 1. 29）	1. 413 ** （2. 49）	0. 283 *** （3. 12）
5	0. 798 *** （3. 82）	− 0. 072 （− 1. 47）	1. 305 ** （2. 27）	0. 132 （1. 50）
6	0. 794 *** （3. 52）	− 0. 088 * （− 1. 72）	1. 251 ** （2. 13）	0. 101 （1. 15）
7	0. 783 *** （3. 19）	− 0. 058 （− 1. 06）	1. 184 ** （2. 03）	0. 044 （0. 45）
8	0. 604 ** （2. 24）	− 0. 157 ** （− 2. 54）	1. 022 * （1. 72）	− 0. 126 （− 1. 36）
9	0. 465 （1. 60）	− 0. 230 *** （− 3. 37）	0. 902 （1. 47）	− 0. 197 * （− 1. 79）
10（highest）	− 0. 122 （− 0. 38）	− 0. 717 *** （− 7. 61）	0. 653 （1. 05）	− 0. 574 *** （− 4. 06）
10 − 1 spread	− 0. 805 *** （− 3. 14）	− 0. 822 *** （− 6. 54）	− 1. 045 *** （− 4. 40）	− 1. 011 *** （− 4. 52）

Panel B	市值加权			
	（1）	（2）	（3）	（4）
Portfolio 1% QBL	Excess Return（%）for the U. S.	FF5 alpha（%）for the U. S.	Excess Return（%）for China	FF5 alpha（%）for China
1（lowest）	0. 497 *** （3. 69）	− 0. 007 （− 0. 13）	1. 056 ** （2. 34）	0. 261 （1. 31）
2	0. 509 *** （3. 02）	− 0. 121 ** （− 2. 58）	1. 038 ** （2. 17）	0. 367 * （1. 94）
3	0. 625 *** （3. 39）	0. 020 （0. 39）	1. 138 ** （2. 22）	0. 520 *** （2. 97）
4	0. 536 *** （2. 63）	− 0. 132 ** （− 2. 09）	0. 981 * （1. 92）	0. 369 ** （2. 34）

Panel B	市值加权			
	（1）	（2）	（3）	（4）
Portfolio 1% QBL	Excess Return（%）for the U. S.	FF5 alpha（%）for the U. S.	Excess Return（%）for China	FF5 alpha（%）for China
5	0. 453 ** （2. 02）	− 0. 131 * （− 1. 81）	0. 870 （1. 62）	0. 042 （0. 28）
6	0. 653 *** （2. 67）	0. 033 （0. 40）	0. 727 （1. 32）	− 0. 018 （− 0. 13）
7	0. 486 * （1. 76）	− 0. 007 （− 0. 07）	0. 640 （1. 16）	− 0. 166 （− 0. 98）
8	0. 563 * （1. 87）	0. 036 （0. 33）	0. 453 （0. 80）	− 0. 378 ** （− 2. 30）
9	0. 305 （0. 94）	− 0. 137 （− 1. 19）	0. 364 （0. 64）	− 0. 400 ** （− 2. 48）
10（highest）	− 0. 194 （− 0. 54）	− 0. 520 *** （− 3. 72）	0. 261 （0. 42）	− 0. 744 *** （− 3. 44）
10 − 1 spread	− 0. 691 ** （− 2. 25）	− 0. 513 *** （− 3. 24）	− 0. 795 ** （− 2. 08）	− 1. 005 *** （− 3. 17）

注：在1%、5%和10%水平上的显著性分别用 ***、** 和 * 表示。

在使用表7 – 2中的单一排序方法后，我们使用 Fama – MacBeth 回归来进一步验证我们的结果，如表7 – 3所示。表7 – 3面板 A 和面板 B 中的第（1）列显示，1% QBL 与美国和中国股票市场的超额回报均存在显著的负相关关系，系数分别为 − 0. 07 和 − 0. 17。这意味着 QBL 变化1个百分点与每月预期回报率下降约7和17个基点相关，或者相应的，美国和中国每年分别下降 0. 84% 和 2. 04%。这一结果表明，无论是在美国还是在中国股市，投资者总体上都具有 QBL 偏好。在面板 A 的第（2）列中，我们将 MAX 作为控制变量添加到回归中，1% QBL 效应变得不显著。此外，当我们将波动率添加到回归中时，如第（3）列所示，会发生类似的结果。这意味着 QBL 对预期收益的影响完全可以用美国股市的 MAX 和波动率（VOL）来解释。因此，1% QBL 与预期收益负相关，但根据美国股市的 Fama – MacBeth 回归结果，可以完全用 MAX 和 VOL 效应来解释该效应。在表7 – 3的面板 B 中，我们可以发现在加入不同的控制变量后，1% QBL 总是与超额收益呈显著正相关。基于5% QBL 的 Fama – MacBeth 回归结果如本章附录 B 的表 IA – 3所示，这与表7 – 3的结果非常相似。如表 IA – 3面板 A 和面板 B 的第（1）列所示，5% 的 QBL 与美国和中国股票市场 1% 水平的股票超额收益均呈显著负相关。但是，当在美国股票市场中添加 MAX 或 VOL 时，这种关系在第（2）列和第（3）列中也消失了。这些结果表明，5% QBL 与超额收益的关系也可以用美国股市的最大日收益和波动率效应来充分解释。对于中国股市，加入不同控制变量后，5% QBL 与超额收益保持显著负相关。1% QBL_E 的结果显示在本章附录 B 的表 IA - 4 中，与表 7 - 3 类似，尤其是对于美国股票市场。

表 7 - 3 　　　　　　　　　　　1% QBL 和整个样本的预期回报

Panel A：The U. S.

	（1）	（2）	（3）	（4）	（5）	（6）
1% QBL	- 0.0700 *** (- 3.09)	- 0.0141 (- 0.62)	0.0035 (0.17)	- 0.1376 *** (- 10.95)	- 0.1197 *** (- 9.75)	- 0.0612 *** (- 5.05)
SIZE				- 0.2782 *** (- 7.13)	- 0.2933 *** (- 7.52)	- 0.2998 *** (- 7.52)
BM				0.1762 *** (3.25)	0.1732 *** (3.20)	0.1167 ** (2.15)
MOM				0.0098 *** (6.48)	0.0097 *** (6.55)	0.0074 *** (4.85)
TURN				- 0.0436 (- 1.15)	0.0009 (0.02)	0.0423 (1.21)
ILLIQ				0.0198 (1.08)	0.0410 ** (2.02)	0.0448 ** (2.22)
BETA				0.9824 *** (4.75)	1.0292 *** (4.84)	1.0810 *** (4.97)
MAX		- 0.0784 *** (- 11.67)		- 0.0793 *** (- 10.73)	- 0.0146 (- 1.41)	
MAX5						- 0.1602 *** (- 4.80)
SKEW						
ISKEW						0.0271 * (1.65)
REV						- 0.0255 *** (- 5.48)
VOL			- 0.2761 *** (- 11.29)		- 0.3037 *** (- 8.00)	

Panel A：The U. S.

	(1)	(2)	(3)	(4)	(5)	(6)
IVOL						− 0. 0634 (− 1. 61)
1% VaR						− 0. 1505 *** (− 10. 47)
Constant	1. 1772 *** (6. 88)	1. 2113 *** (7. 09)	1. 3097 *** (7. 72)	2. 7382 *** (9. 20)	2. 9114 *** (9. 70)	3. 1337 *** (10. 12)
R − squared	0. 027	0. 030	0. 031	0. 086	0. 088	0. 095

Panel B：China

	(1)	(2)	(3)	(4)	(5)	(6)
1% QBL	− 0. 1715 *** (− 5. 87)	− 0. 1414 *** (− 4. 89)	− 0. 1554 *** (− 5. 26)	− 0. 1568 *** (− 5. 76)	− 0. 1474 *** (− 5. 46)	− 0. 1102 *** (− 4. 20)
SIZE				− 0. 5731 *** (− 3. 76)	− 0. 5689 *** (− 3. 75)	− 0. 5838 *** (− 3. 68)
BM				0. 2956 (0. 58)	0. 3131 (0. 61)	0. 4021 (0. 78)
MOM				0. 0052 (1. 56)	0. 0052 (1. 57)	0. 0050 (1. 40)
TURN				− 1. 2786 *** (− 7. 98)	− 1. 2662 *** (− 7. 67)	− 1. 3692 *** (− 8. 28)
BETA				− 0. 0438 (− 0. 54)	− 0. 0426 (− 0. 53)	− 0. 0192 (− 0. 25)
IVOL			− 0. 1660 *** (− 2. 82)	0. 0885 * (1. 70)	0. 1740 *** (3. 44)	0. 1296 ** (2. 47)
ISKEW					− 0. 1331 *** (− 3. 73)	− 0. 1358 *** (− 3. 87)
MAX		− 0. 0637 *** (− 4. 12)			− 0. 0336 ** (− 2. 36)	− 0. 0333 ** (− 2. 38)
REV						− 0. 0519 *** (− 7. 70)
Constant	2. 5295 *** (3. 38)	2. 5802 *** (3. 53)	2. 7073 *** (3. 65)	6. 2632 *** (3. 09)	6. 1651 *** (3. 05)	5. 8920 *** (2. 81)
R − squared	0. 013	0. 019	0. 023	0. 092	0. 096	0. 112

注：该表使用 1965 年 7 月至 2018 年 12 月美国和 1997 年 1 月至 2019 年 12 月的中国的月度数据，报告了各种定价变量（见第（1）列）的超额股票回报的 Fama – MacBeth 回归的斜率系数的时间序列平均值及其 t 值。在 1%、5% 和 10% 水平上的显著性分别用 ***、** 和 * 表示。

为了证实 QBL 在美国股市可以完全用 MAX 解释，而中国股市不存在这种效应。我们基于 MAX 和 QBL 进行双重排序，如表 7 - 4 所示。面板 A（价值加权）和面板 C（等权重）中展示了 1965 年 7 月至 2018 年 12 月的美国数据的结果，面板 B（价值加权）和面板 D（等权重）中展示了 1997 年 1 月至 2019 年 12 月的中国数据。我们首先按 MAX 对股票进行排序。接下来，在每个 MAX 投资组合中，我们按 1% QBL 将股票分类到投资组合中。表 7 - 4 还显示了每月价值和等权重超额回报或回报差异以及平均 FFCPS 5 因子（包括市场（MKT）、规模（SMB）、账面市值比（HML）、动量（MOM）），以及法玛和弗伦奇（1993）、卡哈特（1997）、佩斯特（Pastor）和斯坦堡（2003）提出的流动性风险（LIQ）因子。V5 - V1 列表示最高 QBL 为 1% 和最低 QBL 为 1% 的投资组合之间的回报差异（我们称之为 QBL 利差）。在面板 A 中，基于表中的 Avg（M1 - M5）V5 - V1 条目，价值加权结果表明，1% QBL 的影响完全可以用美国股市中的 MAX 来解释。双重排序结果证实，QBL 对预期收益的影响可以用美股 MAX 充分解释。在表 7 - 4 的面板 B 中，我们显示了中国股票市场价值加权双重排序投资组合的结果。Avg（M1 - M5）V5 - V1 条目显示 1% QBL 与超额收益之间的负相关关系不能 MAX 在中国股市，与美国股市的不同之处，得到了充分的说明。面板 C 和面板 D 显示了美国和中国的等权重结果，这与价值加权结果相似。基于 MAX 和 5% QBL 的双变量投资组合价值和等权重结果相似（如本章附录 B 的表 IA - 5 所示）。

表 7 - 4　　按 MAX 和 1% QBL 对整个样本进行双重排序的投资组合回报

Panel A: the U.S. Value-weighted	Excess Return			FFCPS 5 - factor Alpha		
1% QBL	V1	V5	V5 - V1	V1	V5	V5 - V1
MAX1	0.651 *** (5.14)	1.139 *** (5.55)	0.488 *** (3.50)	0.259 *** (3.30)	0.463 *** (6.02)	0.204 ** (2.15)
MAX2	0.687 *** (4.61)	1.083 *** (4.36)	0.396 ** (2.57)	0.204 *** (3.28)	0.339 *** (4.10)	0.135 (1.41)
MAX3	0.703 *** (4.16)	0.962 *** (3.35)	0.259 (1.43)	0.137 ** (2.22)	0.206 ** (2.32)	0.069 (0.61)
MAX4	0.630 *** (3.32)	0.503 (1.59)	- 0.127 (- 0.67)	0.031 (0.49)	- 0.340 *** (- 3.53)	- 0.371 *** (- 2.86)

续表

Panel B：China Value-weighted	Excess Return			FFCPS 5 – factor Alpha		
1% QBL	V1	V5	V5 – V1	V1	V5	V5 – V1
MAX5	0.379 * (1.74)	– 0.671 ** (– 2.05)	– 1.075 *** (– 6.16)	– 0.255 *** (– 3.82)	– 1.500 *** (– 11.41)	– 1.241 *** (– 8.02)
Avg（M1 – M5）	0.610 *** (3.75)	0.604 ** (2.25)	– 0.006 (– 0.04)	0.075 (1.49)	– 0.159 ** (– 2.33)	– 0.234 *** (– 2.66)
MAX 1	1.331 *** (2.66)	0.431 (0.79)	– 0.900 *** (– 2.63)	0.400 (1.40)	– 0.438 ** (– 2.23)	– 0.838 ** (– 2.49)
MAX 2	1.072 ** (2.17)	0.863 (1.51)	– 0.208 (– 0.64)	0.320 (1.41)	– 0.112 (– 0.58)	– 0.432 (– 1.40)
MAX 3	1.193 ** (2.36)	1.100 (1.64)	– 0.093 (– 0.23)	0.308 (1.28)	0.209 (0.81)	– 0.100 (– 0.27)
MAX 4	1.134 ** (2.25)	0.530 (0.88)	– 0.604 * (– 1.67)	0.388 (1.64)	– 0.421 * (– 1.84)	– 0.809 ** (– 2.35)
MAX 5	0.998 * (1.69)	– 0.310 (– 0.48)	– 1.308 *** (– 3.48)	0.301 (1.22)	– 1.288 *** (– 4.23)	– 1.589 *** (– 4.23)
Avg（M1 – M5）	1.145 ** (2.37)	0.523 (0.90)	– 0.623 ** (– 2.30)	0.344 ** (2.40)	– 0.410 *** (– 2.97)	– 0.754 *** (– 3.26)

Panel C：the U.S. Equal-weighted	Excess Return			FFCPS 5 – factor Alpha		
1% QBL	V1	V5	V5 – V1	V1	V5	V5 – V1
MAX1	0.528 *** (3.95)	0.958 *** (4.43)	0.430 ** (2.56)	0.177 ** (2.15)	0.312 *** (2.66)	0.134 (0.97)
MAX2	0.537 *** (3.44)	0.636 ** (2.38)	0.100 (0.51)	0.114 * (1.66)	– 0.065 (– 0.49)	– 0.179 (– 1.16)
MAX3	0.590 *** (3.28)	0.666 ** (2.13)	0.075 (0.33)	0.150 ** (1.97)	– 0.067 (– 0.45)	– 0.217 (– 1.22)
MAX4	0.576 *** (2.88)	0.189 (0.53)	– 0.387 (– 1.54)	0.041 (0.45)	– 0.565 *** (– 3.37)	– 0.606 *** (– 3.14)
MAX5	0.427 * (1.80)	– 0.495 (– 1.32)	– 1.011 *** (– 4.08)	– 0.150 (– 1.37)	– 1.294 *** (– 6.29)	– 1.163 *** (– 5.04)
Avg（M1 – M5）	0.532 *** (3.25)	0.390 (1.38)	– 0.141 (– 0.80)	0.066 (1.64)	– 0.334 *** (– 3.36)	– 0.401 *** (– 3.40)

Panel D: China Equal-weighted	Excess Return			FFCPS 5 – factor Alpha		
1% QBL	V1	V5	V5 – V1	V1	V5	V5 – V1
MAX 1	1.632 *** (3.03)	1.142 * (1.96)	– 0.489 ** (– 2.15)	0.413 ** (2.01)	0.012 (0.08)	– 0.401 * (– 1.73)
MAX 2	1.737 *** (3.26)	1.487 ** (2.43)	– 0.250 (– 1.26)	0.572 *** (4.11)	0.200 (1.40)	– 0.372 ** (– 2.01)
MAX 3	1.620 *** (2.96)	1.352 ** (2.12)	– 0.268 (– 1.19)	0.334 ** (2.28)	0.216 (1.63)	– 0.118 (– 0.58)
MAX 4	1.312 ** (2.40)	0.647 (1.04)	– 0.664 *** (– 3.01)	0.118 (0.90)	– 0.423 *** (– 2.76)	– 0.540 ** (– 2.48)
MAX 5	0.959 * (1.67)	– 0.178 (– 0.28)	– 1.137 *** (– 4.85)	– 0.145 (– 1.09)	– 1.251 *** (– 6.07)	– 1.106 *** (– 4.75)
Avg (M1 – M5)	1.452 *** (2.71)	0.890 (1.46)	– 0.562 *** (– 3.32)	0.258 *** (2.62)	– 0.249 ** (– 2.52)	– 0.507 *** (– 3.36)

注：t 统计量在括号中报告。在 1%、5% 和 10% 水平上的显著性分别用 ***、** 和 * 表示。

如前所述，中国股市以散户投资者为主，这与美国市场不同。散户投资者的换手率往往高于业内投资者。他们的注意力更容易被极端的股票收益所吸引。因此，我们分别在美国从 1980 年 7 月至 2018 年 12 月和中国从 1997 年 1 月至 2019 年 12 月的整个样本期间，根据机构持股比率（IOR）和 QBL 的依赖双重排序（1%）形成双变量投资组合。在每个月月初，我们首先将股票按 IOR 分为五个五分位数组合，然后在每个 IOR 组合中，我们将股票按 1% QBL 分为五分位数组合。表 7-5 显示了控制 IOR 后未来股票收益与 1% QBL 之间关系的结果。对于每个 IOR 投资组合，最高 1% QBL 和最低 1% QBL 之间的回报差异及其 FFCPS 5 因子 alpha 始终为负，表明 QBL 偏好存在于任何水平的机构持股比例。表 7-5 面板 A 显示了美国股票市场的价值加权结果，DIFF（V5 – V1）条目为 1.017，t 统计量为 3.92，这表明 1% QBL 对预期收益的影响在最低点明显更强 IOR 水平与最高 IOR 水平下的 QBL 效应相比。面板 B 记录了中国股市的价值加权结果。根据结果，对于大多数最大的 IOR 组，QBL 传播显著为负。尽管中国股票市场较低的机构持股 QBL

与未来股票收益之间的负相关性更强，但最高和最低 IOR 五分位数之间的 QBL 差值差异并不显著，这表明 QBL 效应对 IOR 在中国股市不敏感，因此，中国散户和机构投资者对彩票的偏好没有差异。这一发现与面板 A 中显示的美国市场结果不同。桂和朱（2021）以及陈、吴和朱（2022）记录了中国股市中风险价值和不对称效应的类似模式。等权重结果类似于面板 C 和面板 D 中记录的价值加权结果。与最高 IOR 五分位数中的 QBL 效应相比，1% QBL 对最低 IOR 五分位数中预期回报的影响在美国股票市场明显更强，而中国最高和最低 IOR 五分位数之间的 QBL 价差没有显著差异。如本章附录 B 的表 IA－6 所示，美国和中国的 5% QBL 中存在类似的结果。

表 7－5　　　　按 IOR 和 1% QBL 对整个样本进行双重排序的投资组合回报

Panel A: the U. S. Value-weighted	Excess Return			FFCPS 5 – factor Alpha		
1% QBL	V1	V5	V5 – V1	V1	V5	V5 – V1
IOR 1	0. 549 *** (3. 38)	− 0. 647 (− 1. 59)	− 1. 185 *** (− 3. 34)	0. 050 (0. 44)	− 1. 493 *** (− 6. 59)	− 1. 529 *** (− 5. 89)
IOR 2	0. 657 *** (3. 90)	0. 134 (0. 31)	− 0. 523 (− 1. 31)	0. 075 (0. 69)	− 0. 713 *** (− 2. 99)	− 0. 788 *** (− 2. 85)
IOR 3	0. 720 *** (4. 38)	0. 059 (0. 15)	− 0. 661 * (− 1. 84)	0. 223 ** (2. 53)	− 0. 659 *** (− 3. 48)	− 0. 882 *** (− 4. 00)
IOR 4	0. 698 *** (3. 84)	0. 395 (1. 02)	− 0. 303 (− 0. 97)	0. 110 (1. 38)	− 0. 352 ** (− 2. 10)	− 0. 462 ** (− 2. 24)
IOR 5	0. 717 *** (3. 74)	0. 471 (1. 23)	− 0. 245 (− 0. 83)	0. 088 (0. 96)	− 0. 328 ** (− 2. 08)	− 0. 416 ** (− 2. 06)
DIFF			1. 017 *** (3. 92)			1. 128 *** (4. 22)
Panel B: China Value-weighted	Excess Return			FFCPS 5 – factor Alpha		
1% QBL	V1	V5	V5 – V1	V1	V5	V5 – V1
IOR 1	1. 443 ** (2. 35)	0. 364 (0. 52)	− 1. 079 *** (− 3. 20)	0. 515 ** (2. 06)	− 0. 647 ** (− 1. 99)	− 1. 162 *** (− 3. 22)

Panel B: China Value-weighted	Excess Return			FFCPS 5 – factor Alpha		
1% QBL	V1	V5	V5 – V1	V1	V5	V5 – V1
IOR 2	0.888 * (1.67)	0.368 (0.54)	– 0.520 (– 1.17)	0.253 (0.90)	– 0.299 (– 1.04)	– 0.552 (– 1.28)
IOR 3	1.585 *** (2.92)	0.352 (0.54)	– 1.233 *** (– 3.05)	0.884 *** (2.94)	– 0.406 (– 1.41)	– 1.290 *** (– 3.16)
IOR 4	1.185 ** (2.36)	0.219 (0.35)	– 0.966 ** (– 2.47)	0.476 * (1.79)	– 0.471 * (– 1.75)	– 0.947 ** (– 2.53)
IOR 5	0.832 * (1.85)	0.329 (0.54)	– 0.503 (– 1.24)	0.248 (1.04)	– 0.057 (– 0.20)	– 0.305 (– 0.82)
DIFF			0.575 (1.27)			0.857 * (1.83)
Panel C: the U. S. Equal-weighted	Excess Return			FFCPS 5 – factor Alpha		
1% QBL	V1	V5	V5 – V1	V1	V5	V5 – V1
IOR 1	0.844 *** (5.76)	– 0.676 ** (– 2.04)	– 1.520 *** (– 6.02)	0.338 *** (4.35)	– 1.457 *** (– 10.54)	– 1.784 *** (– 11.05)
IOR 2	0.909 *** (6.25)	0.098 (0.28)	– 0.811 *** (– 2.78)	0.353 *** (4.28)	– 0.688 *** (– 5.76)	– 1.041 *** (– 6.33)
IOR 3	0.868 *** (5.56)	0.260 (0.73)	– 0.608 ** (– 2.17)	0.327 *** (4.45)	– 0.486 *** (– 4.77)	– 0.813 *** (– 5.56)
IOR 4	0.877 *** (4.88)	0.545 (1.52)	– 0.332 (– 1.28)	0.272 *** (3.58)	– 0.216 ** (– 2.23)	– 0.488 *** (– 3.44)
IOR 5	0.834 *** (4.26)	0.575 (1.58)	– 0.259 (– 1.03)	0.180 ** (2.06)	– 0.219 * (– 1.86)	– 0.399 ** (– 2.57)
DIFF			1.321 *** (7.93)			1.390 *** (8.00)
Panel D: China Equal-weighted	Excess Return			FFCPS 5 – factor Alpha		
1% QBL	V1	V5	V5 – V1	V1	V5	V5 – V1
IOR 1	1.805 *** (2.80)	0.795 (1.11)	– 1.010 *** (– 3.83)	0.597 *** (3.11)	– 0.312 (– 1.12)	– 0.909 *** (– 3.25)
IOR 2	1.571 ** (2.59)	0.865 (1.26)	– 0.706 ** (– 2.46)	0.473 ** (2.39)	– 0.102 (– 0.45)	– 0.574 * (– 1.94)

续表

Panel D: China Equal-weighted	Excess Return			FFCPS 5 – factor Alpha		
1% QBL	V1	V5	V5 – V1	V1	V5	V5 – V1
IOR 3	1.691*** (3.00)	0.725 (1.09)	−0.966*** (−3.80)	0.708*** (3.70)	−0.156 (−0.66)	−0.863*** (−3.38)
IOR 4	1.369** (2.52)	0.634 (0.98)	−0.735*** (−3.04)	0.435*** (2.76)	−0.187 (−0.82)	−0.622*** (−2.63)
IOR 5	1.262*** (2.67)	0.657 (1.08)	−0.605* (−1.96)	0.594*** (2.61)	0.054 (0.22)	−0.540* (−1.82)
DIFF		0.405 (1.13)			0.369 (0.97)	

注：在美国从 1965 年 7 月到 2018 年 12 月和中国从 1997 年 1 月到 2019 年 12 月的每个月月初，我们首先将股票按机构持股比例（IOR）分为五个投资组合，然后在每个 IOR 投资组合中将股票分为五个投资组合 1% QBL。IOR1（V1）是 IOR 最低（1% QBL）的股票组合，而 IOR5（V5）表示最高。基于以下因子的每月价值或等权重超额回报和平均 FFCPS5 因子 alpha：市场（MKT）、规模（SMB）、账面市值比（HML）、动量（MOM）和报告了法玛和弗伦奇（1993）、卡哈特（1997）以及佩斯特和斯坦堡（2003）的流动性风险（LIQ）因子。V5 – V1 价差表示同一 IOR 五分位数投资组合中最高和最低 1% QBL 之间的平均超额回报或 FFCPS5 因子 alpha 差异。DIFF 报告 IOR5 和 IOR1 五分位数投资组合之间的 V5 – V1 价差差异或其 FFCPS5 因子 alpha 差异；t – 统计数据在括号中报告。在 1%、5% 和 10% 水平上的显著性分别用 ***、** 和 * 表示。

7.3.4 投资者情绪

由于彩票类股票和投资者的偏好属于行为金融学范畴。我们的研究不可避免地引入了投资者情绪的概念。我们想知道 QBL 与股票回报之间的关系在投资者情绪高低时期是否会有所不同。因为投资者的投资偏好会在不同的投资者情绪之间发生变化。考虑到投资者情绪的重要性，我们将所有数据按月划分为高情绪期和低情绪期。高情绪期被定义为投资者情绪指数大于其平均值的月份。低情绪期定义为投资者情绪指数小于其平均值的月份。

我们使用不同的指标来呈现投资者情绪。例如，在美国股市我们使用 BW 情绪（Baker and Wurgler, 2006），在中国股市使用客户信心指数。如果 BW 情绪（客户信心指数）大于其平均值，我们将其视为乐观时期（高情绪）。另外，如

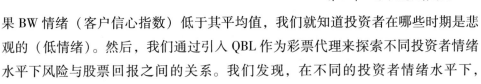

果 BW 情绪（客户信心指数）低于其平均值，我们就知道投资者在哪些时期是悲观的（低情绪）。然后，我们通过引入 QBL 作为彩票代理来探索不同投资者情绪水平下风险与股票回报之间的关系。我们发现，在不同的投资者情绪水平下，QBL 与超额收益之间的关系是多样的。

7.3.5　不同投资者情绪下的单－排序

基于全样本的分析表明，QBL 与预期股票收益之间存在显著的负相关关系，但这种关系可以用美国股市的 MAX 来解释。考虑到投资者情绪可能对该效应产生显著影响，我们将数据分为高情绪和低情绪两部分，分别检验 QBL 与股票收益之间的关系。

在这一部分，我们首先使用单排序的方法进行分析。我们检查了按 1% QBL 排序的十个十分位投资组合的表现，并报告了每个十分位的股票收益的价值加权平均值以及最高和最低 QBL 投资组合（十分位 10 和 1）之间的收益差，如表 7-6 所示。该表报告了美国第（1）列和中国第（3）列月度股票回报的价值加权平均值。美国的第（2）列和中国的第（4）列显示了基于法玛和弗伦奇（2015）提出的五个因子的 Fama－French 5 因子（FF5）alpha 的投资组合的 alpha：市场（MKT）、规模（SMB）、账面市值比（HML）、投资（CMA）和盈利能力（RMW）以及它们的 t 值，根据 1965 年 7 月的数据，上个月按 1% QBL 排序的十分位数投资组合美国到 2018 年 12 月，中国从 1997 年 1 月到 2019 年 12 月处于高情绪和低情绪时期。在面板 A 中，当投资者情绪较高时，投资组合 1 和 10 之间的回报差异在美国为每月 -1.919%（t 值为 -3.96），在中国为每月 -0.939%（t 值为 -1.83），高于其均值，这在经济和统计上都是显著的。在考虑了法玛和弗伦奇（2015）的五个因子（见第（2）列和第（4）列）后，这一结果是稳健的。因此，结果表明 1% QBL 与高情绪时期的预期回报显著负相关。投资者可以通过做多最低的 1% QBL 投资组合和做空最高的 1% QBL 投资组合获得可观的利润。每月更新他们的持有量，他们将在高情绪时期在美国平均每月赚取 1.9%，在中国平均每月赚取 1.2%。

表 7 - 6　　　　　　　　　不同情绪体系的 1% QBL 的十分位数投资组合

Panel A: 1% QBL	High-sentiment period (investor sentiment index higher than its mean)			
	(1)	(2)	(3)	(4)
组合	Excess Return (%) for the U. S.	FF5 alpha (%) for the U. S.	Excess Return (%) for China	FF5 alpha (%) for China
1 (lowest)	0. 597 *** (2. 91)	- 0. 000 (- 0. 00)	1. 573 ** (2. 41)	0. 388 (1. 38)
2	0. 529 ** (2. 15)	- 0. 148 ** (- 2. 15)	1. 514 ** (2. 24)	0. 651 ** (2. 12)
3	0. 558 ** (2. 07)	- 0. 065 (- 0. 81)	1. 558 ** (2. 17)	0. 782 *** (2. 77)
4	0. 446 (1. 51)	- 0. 117 (- 1. 17)	1. 223 * (1. 71)	0. 400 (1. 65)
5	0. 144 (0. 43)	- 0. 232 ** (- 2. 09)	1. 114 (1. 57)	0. 135 (0. 58)
6	0. 189 (0. 53)	- 0. 126 (- 1. 04)	0. 976 (1. 28)	0. 074 (0. 34)
7	- 0. 054 (- 0. 13)	- 0. 032 (- 0. 22)	0. 729 (0. 96)	- 0. 211 (- 0. 88)
8	- 0. 258 (- 0. 57)	- 0. 189 (- 1. 16)	0. 282 (0. 36)	- 0. 506 ** (- 2. 33)
9	- 0. 520 (- 1. 05)	- 0. 215 (- 1. 20)	0. 277 (0. 35)	- 0. 577 ** (- 2. 40)
10 (highest)	- 1. 322 ** (- 2. 45)	- 0. 798 *** (- 3. 84)	0. 634 (0. 67)	- 0. 496 * (- 1. 89)
10 - 1 spread	- 1. 919 *** (- 3. 96)	- 0. 798 *** (- 3. 52)	- 0. 939 * (- 1. 83)	- 0. 885 ** (- 2. 41)
Panel B: 1% QBL	Low-sentiment period (investor sentiment index less than its mean)			
	(1)	(2)	(3)	(4)
组合	Excess Return (%) for the U. S.	FF5 alpha (%) for the U. S.	Excess Return (%) for China	FF5 alpha (%) for China
1 (lowest)	0. 411 ** (2. 30)	- 0. 036 (- 0. 49)	0. 535 (0. 86)	0. 165 (0. 59)
2	0. 492 ** (2. 12)	- 0. 111 * (- 1. 75)	0. 559 (0. 82)	0. 108 (0. 49)

续表

Panel B: 1% QBL	Low-sentiment period (investor sentiment index less than its mean)			
	(4)	(1)	(2)	(3)
3	0.683 *** (2.69)	0.059 (0.91)	0.714 (0.98)	0.135 (0.66)
4	0.615 ** (2.19)	− 0.157 * (− 1.93)	0.738 (1.01)	0.221 (1.10)
5	0.722 ** (2.39)	− 0.064 (− 0.67)	0.625 (0.77)	− 0.068 (− 0.38)
6	1.056 *** (3.14)	0.164 (1.47)	0.477 (0.60)	− 0.258 (− 1.36)
7	0.955 *** (2.64)	0.016 (0.14)	0.550 (0.69)	− 0.083 (− 0.34)
8	1.276 *** (3.18)	0.237 * (1.66)	0.625 (0.75)	− 0.239 (− 0.99)
9	1.021 ** (2.43)	− 0.040 (− 0.27)	0.451 (0.55)	− 0.290 (− 1.34)
10 (highest)	0.786 * (1.68)	− 0.260 (− 1.40)	− 0.116 (− 0.14)	− 0.979 *** (− 2.96)
10 − 1 spread	0.375 (0.98)	− 0.224 (− 1.04)	− 0.650 (− 1.14)	− 1.144 ** (− 2.14)

注：在 1%、5% 和 10% 水平上的显著性分别用 ***、** 和 * 表示。

相比之下，表 7 - 6 中的面板 B 显示，当投资者情绪低落时，1% QBL 与预期回报之间的关系是复杂的。美国股市的平均 10 - 1 回报率差为每月 0.375%，t 统计量为 0.98，回报率差的 FF5 alpha 在统计上也微不足道。中国股市低情绪时期的平均 10 - 1 回报率差同样微不足道，为每月 - 0.65%，t 统计量为 - 1.14。因此，QBL 效应在低情绪时期也比高情绪时期弱。基于 1% QBL 十分位数的等加权平均回报的结果如本章附录 B 的表 IA - 7 所示，这与表 7 - 6 类似。QBL 效应在高情绪时期要强得多。

7.3.6 不同投资者情绪下的 Fama – MacBeth 回归

在表 7 - 7 的面板 A 中，我们仅对美国股市投资者情绪高于其平均值的月份

（我们将这些月份定义为属于高情绪期）运行 Fama – MacBeth 回归。结果表明，对于高情绪期，1% QBL 与预期收益呈显著负相关。并且与全样本结果不同的是，1% QBL 对预期收益的负面影响并不能被 MAX 和 VOL 排除，因为 1% QBL 前面的系数在加入其他控制变量 MAX 或 VOL 时总是负的，且在 5% 的水平上显著。QBL 与超额收益呈负相关，意味着当市场情绪高涨时，投资者希望购买更高 QBL 或更高上涨潜力的股票；这些股票的价格在当前时期会更高。因此，这些股票在未来将表现出较低的回报。在情绪高涨时期，除了 MAX 之外，QBL 还可以吸引投资者的彩票偏好，因为投资者可能认为这些股票在下个月会有更好的表现。

中国股市高情绪时期的 Fama – MacBeth 回归结果如表 7 – 7 的面板 B 所示。结果显示，对于高情绪期，1% QBL 与中国股市的超额收益呈显著负相关，这与面板 A 中美股的结果相似。美国股市低情绪时期的 Fama – MacBeth 回归结果如表 7 – 7 中的面板 C 所示。在这种情况下，1% QBL 的系数对于单变量回归在统计上不显著，这意味着投资者在此期间没有 QBL 偏好。这一发现与投资者情绪高时所见不同，如表 7 – 7 面板 A 所示。Fama – MacBeth 回归的结果与单一排序类似，1% QBL 在高情绪和低情绪时期的表现不同。中国股市投资者情绪低迷时的 Fama – MacBeth 回归结果如表 7 – 7 面板 D 所示。在这种情况下，1% QBL 的系数对于单变量回归也具有统计显著性，这意味着投资者在此期间也有 QBL 偏好。但是，完整规格的显著性仅在 10% 水平，低于高情绪时期面板 B 中所示的 1% 水平。不同投资者情绪水平下 5% QBL 的 Fama – MacBeth 回归结果见本章附录 B 的表 IA – 8 所示，与表 7 – 7 相似。

表 7 – 7　　　　　　　　　　1% QBL 和不同情绪体系的预期回报

Panel A: The U. S.	High-sentiment periods (the BW sentiment index is larger than its mean)					
	(1)	(2)	(3)	(4)	(5)	(6)
1% QBL	– 0. 1502 *** (– 5. 26)	– 0. 0873 *** (– 3. 10)	– 0. 0607 ** (– 2. 43)	– 0. 1694 *** (– 10. 18)	– 0. 1438 *** (– 9. 19)	– 0. 1476 *** (– 9. 44)
SIZE				– 0. 2422 *** (– 5. 22)	– 0. 2647 *** (– 5. 82)	– 0. 2660 *** (– 5. 88)
BM				0. 2719 *** (4. 31)	0. 2645 *** (4. 27)	0. 2627 *** (4. 23)

续表

Panel A: The U. S.	High-sentiment periods (the BW sentiment index is larger than its mean)					
	(1)	(2)	(3)	(4)	(5)	(6)
MOM				0. 0128 *** (6. 83)	0. 0124 *** (6. 87)	0. 0124 *** (6. 86)
TURN				−0. 0096 (−0. 23)	0. 0316 (0. 76)	0. 0206 (0. 50)
ILLIQ				0. 0307 (1. 50)	0. 0502 ** (2. 36)	0. 0454 ** (2. 17)
BETA				0. 8439 *** (3. 43)	0. 8052 *** (3. 17)	0. 7601 *** (3. 00)
COSKEW					−0. 6113 * (−1. 67)	−0. 5955 (−1. 63)
MAX		−0. 0856 *** (−11. 42)		−0. 0793 *** (−10. 29)	−0. 0117 (−0. 94)	−0. 0249 ** (−2. 10)
VOL			−0. 3247 *** (−9. 66)		−0. 3070 *** (−6. 72)	
IVOL						−0. 2468 *** (−6. 01)
Constant	1. 5318 *** (6. 48)	1. 5701 *** (6. 65)	1. 6930 *** (7. 17)	2. 8932 *** (7. 97)	3. 0060 *** (8. 40)	3. 0043 *** (8. 46)
R − squared	0. 029	0. 032	0. 033	0. 083	0. 091	0. 090

Panel B: China	High-sentiment periods (the Consumer confidence index is larger than its mean)					
	(1)	(2)	(3)	(4)	(5)	(6)
1% QBL	−0. 1827 *** (−3. 17)	−0. 1550 *** (−2. 95)	−0. 1498 *** (−2. 88)	−0. 1520 *** (−3. 47)	−0. 1442 *** (−3. 38)	−0. 1105 *** (−2. 66)
SIZE				−0. 4261 ** (−2. 41)	−0. 4183 ** (−2. 39)	−0. 4037 ** (−2. 32)
BM				1. 0769 (1. 57)	1. 0727 (1. 58)	1. 2581 * (1. 94)
MOM				0. 0076 (1. 61)	0. 0079 * (1. 68)	0. 0081 * (1. 91)
TURN				−1. 5243 *** (−4. 44)	−1. 5117 *** (−4. 42)	−1. 5705 *** (−4. 63)
BETA				0. 0135 (0. 11)	0. 0206 (0. 17)	0. 0216 (0. 19)
IVOL			−0. 2386 ** (−2. 24)	0. 1143 (1. 32)	0. 1840 * (1. 69)	0. 1483 (1. 40)

续表

Panel B: China	High-sentiment periods (the Consumer confidence index is larger than its mean)					
	(1)	(2)	(3)	(4)	(5)	(6)
ISKEW					−0.1869 *** (−3.15)	−0.1889 *** (−3.39)
MAX		−0.0605 ** (−2.49)			−0.0215 (−0.93)	−0.0190 (−0.86)
REV						−0.0357 *** (−2.95)
Constant	2.5861 *** (3.06)	2.5890 *** (3.08)	2.7762 *** (3.27)	3.3594 (1.42)	3.2616 (1.39)	2.5610 (1.11)
R − squared	0.012	0.018	0.020	0.093	0.097	0.113

Panel C: The U. S.	Low-sentiment periods (the BW sentiment index is less than its mean)					
	(1)	(2)	(3)	(4)	(5)	(6)
1% QBL	−0.0003 (−0.01)	0.0495 * (1.86)	0.0593 ** (2.56)	−0.1100 *** (−7.43)	−0.0915 *** (−6.29)	−0.0948 *** (−6.52)
SIZE				−0.3095 *** (−7.24)	−0.3210 *** (−7.83)	−0.3190 *** (−7.86)
BM				0.0930 (1.46)	0.1033 (1.64)	0.1028 (1.63)
MOM				0.0071 *** (3.59)	0.0073 *** (3.73)	0.0073 *** (3.75)
TURN				−0.0730 (−1.58)	−0.0369 (−0.84)	−0.0492 (−1.11)
ILLIQ				0.0104 (0.54)	0.0389 * (1.88)	0.0313 (1.51)
BETA				1.1028 *** (4.40)	1.0743 *** (4.20)	1.0591 *** (4.18)
COSKEW					−0.7612 * (−1.71)	−0.7665 * (−1.72)
MAX		−0.0721 *** (−10.02)		−0.0793 *** (−9.87)	−0.0199 (−1.63)	−0.0364 *** (−2.90)
VOL			−0.2338 *** (−6.54)		−0.2803 *** (−6.11)	

Panel C: The U. S.	Low-sentiment periods (the BW sentiment index is less than its mean)					
	(1)	(2)	(3)	(4)	(5)	(6)
IVOL						−0. 2021 *** (−4. 74)
Constant	0. 8691 *** (4. 47)	0. 8996 *** (4. 63)	0. 9767 *** (5. 19)	2. 6035 *** (8. 18)	2. 6939 *** (8. 83)	2. 6471 *** (8. 82)
R − squared	0. 025	0. 028	0. 030	0. 088	0. 098	0. 098
Panel D: China	Low-sentiment periods (the Consumer confidence index is less than its mean)					
	(1)	(2)	(3)	(4)	(5)	(6)
1% QBL	−0. 1366 ** (−2. 07)	−0. 1092 * (−1. 78)	−0. 1433 ** (−2. 49)	−0. 1416 *** (−2. 76)	−0. 1320 ** (−2. 59)	−0. 0936 * (−1. 88)
SIZE				−0. 7596 *** (−4. 15)	−0. 7592 *** (−4. 17)	−0. 8026 *** (−4. 35)
BM				−0. 4034 (−0. 69)	−0. 3691 (−0. 64)	−0. 3660 (−0. 64)
MOM				0. 0030 (0. 74)	0. 0027 (0. 67)	0. 0020 (0. 48)
TURNOVER				−1. 0716 *** (−5. 23)	−1. 0656 *** (−5. 23)	−1. 1993 *** (−5. 95)
BETA				−0. 0809 (−0. 58)	−0. 0860 (−0. 63)	−0. 0336 (−0. 27)
IVOL			−0. 0710 (−0. 59)	0. 0922 (1. 00)	0. 1822 * (1. 78)	0. 1305 (1. 27)
ISKEW					−0. 0962 ** (−1. 99)	−0. 0948 ** (−2. 04)
MAX		−0. 0620 *** (−2. 77)			−0. 0397 * (−1. 89)	−0. 0424 ** (−2. 02)
REV						−0. 0649 *** (−7. 08)

Panel D：China	Low-sentiment periods (the Consumer confidence index is less than its mean)					
	（1）	（2）	（3）	（4）	（5）	（6）
Constant	2.3975 *** (3.32)	2.5037 *** (3.47)	2.5576 *** (3.49)	9.1488 *** (3.87)	9.0736 *** (3.90)	9.1990 *** (3.91)
R - squared	0.013	0.019	0.023	0.085	0.089	0.104

注：该表使用 1965 年 7 月至 2018 年 12 月美国的月度数据，报告了各种定价变量（见第（1）列）的超额股票回报的 Fama - MacBeth 回归的斜率系数的时间序列平均值及其 t 值。（面板 A 和面板 C）以及 1997 年 1 月至 2019 年 12 月中国（面板 B 和面板 D）处于高情绪和低情绪时期。在 1%、5% 和 10% 水平上的显著性分别用 ***、** 和 * 表示。

7.3.7　不同投资者情绪下的双重排序

为了证实我们的结果，我们使用双排序方法来检查 QBL 对预期收益的影响是否可以用最高日收益、动量、短期反转、总波动率、偏度和高低点期间的特殊波动率来解释情绪期。我们还对 QBL 效应是否因高情绪或低情绪时期的不同机构所有权比率（IOR）水平而变化感兴趣。

美国和中国的动量最大每日回报率（MAX）和 1% QBL 之间的双重排序结果如表 7 - 8 所示（面板 A 和面板 B 用于高情绪时期；面板 C 和面板 D 用于低情绪时期）。在高情绪或低情绪时期，我们首先将股票按 MAX 分为五个五等分组合。然后，对于每个 MAX 投资组合，我们按 1% QBL 将股票分为五个子投资组合。表 7 - 8 显示了月度价值加权超额回报和平均 FFCPS 5 因子 alpha。对于每个 MAX 级别，最高 QBL 为 1% 和最低 QBL 为 1% 的投资组合之间的差异（QBL 利差）显示在列 V5 - V1 中。

如表 7 - 8 的面板 A 所示，当投资者情绪高涨时，最高和最低 1% QBL 之间的回报差异随着 MAX 水平的增加而变大。对于表 7 - 8 面板 A 中底部的 Avg（M1 - M5）、V5 - V1 条目，每月为 - 0.76%，t 统计量为 - 2.82，这表明 1% QBL 的效果仍然控制 MAX 后保留。在考虑 FFCPS5 因子模型后，这种关系仍然存在。结果表明，QBL 与超额股票收益之间的显著负相关关系不能用最大值来解释。中国在高情绪时期的类似结果显示在面板 B 中。基于美国和中国股市的低情绪时期结果记录在表 7-8 的面板 C 和面板 D 中以供比较。最高和最低 1% QBL 之间的回报差异是混合的。美国和中国基于 MAX 和 5% QBL 的双变量投资组合价值加权结果相似（如本章附录 B 的表 IA-9 所示）。

对动量（MOM）、短期反转（REV）、偏度（SKEW）、总波动率（VOL）、异质波动率（IVOL）或 1% 风险价值（VaR）的双重排序分析的结果和 1% QBL 相似。QBL 对预期收益的负面影响无法用高情绪时期的 MOM、REV、SKEW、VOL、IVOL 或 1% VaR 来解释（显示在本章附录 B 的表 IA-10～表 IA-15 中）。

表 7-8 按最大和 1% QBL 进行双重排序的投资组合回报

Panel A: The U.S.	High sentiment period (theBW sentiment index is higher than its mean)					
	Excess Return			FFCPS 5-factor Alpha		
	V1	V5	V5-V1	V1	V5	V5-V1
MAX1	0.741*** (3.71)	0.885*** (2.71)	0.144 (0.57)	0.277** (2.37)	0.413** (2.27)	0.135 (0.66)
MAX2	0.452* (1.96)	0.242 (0.60)	-0.209 (-0.67)	-0.016 (-0.16)	-0.110 (-0.52)	-0.094 (-0.38)
MAX3	0.526** (1.99)	-0.122 (-0.26)	-0.648* (-1.77)	0.161 (1.38)	-0.241 (-1.02)	-0.402 (-1.42)
MAX4	0.492* (1.66)	-0.971* (-1.83)	-1.463*** (-3.87)	0.099 (0.75)	-0.963*** (-4.09)	-1.062*** (-3.87)
MAX5	-0.040 (-0.11)	-1.665*** (-3.05)	-1.828*** (-5.18)	-0.289* (-1.79)	-1.629*** (-5.80)	-1.359*** (-4.43)
Avg (M1-M5)	0.434* (1.82)	-0.326 (-0.78)	-0.760*** (-2.82)	0.046 (0.80)	-0.516*** (-3.36)	-0.562*** (-3.15)
Panel B: China	High sentiment period (the consumer confidence index is higher than its mean)					
	Excess Return			FFCPS 5-factor Alpha		
	V1	V5	V5-V1	V1	V5	V5-V1
MAX1	1.463* (1.94)	0.415 (0.52)	-1.048** (-2.19)	0.163 (0.36)	-0.612** (-2.09)	-0.774 (-1.61)

续表

Panel B: China	High sentiment period (the consumer confidence index is higher than its mean)					
	Excess Return			FFCPS 5 – factor Alpha		
	V1	V5	V5 – V1	V1	V5	V5 – V1
MAX2	1.003 (1.43)	0.624 (0.77)	− 0.379 (− 0.84)	− 0.066 (− 0.19)	− 0.379 (− 1.38)	− 0.313 (− 0.74)
MAX3	1.502 ** (2.06)	1.093 (1.08)	− 0.409 (− 0.63)	0.415 (1.08)	0.035 (0.08)	− 0.380 (− 0.69)
MAX4	1.754 ** (2.48)	0.735 (0.86)	− 1.019 * (− 1.86)	0.900 ** (2.40)	− 0.405 (− 1.27)	− 1.305 ** (− 2.58)
MAX5	1.291 (1.54)	0.176 (0.18)	− 1.115 ** (− 2.09)	0.339 (0.95)	− 0.941 ** (− 2.32)	− 1.280 ** (− 2.58)
Avg (M1 – M5)	1.403 ** (2.06)	0.609 (0.72)	− 0.794 ** (− 2.15)	0.350 * (1.73)	− 0.460 *** (− 2.71)	− 0.810 *** (− 2.86)

Panel C: The U.S.	Low sentiment period (the BW sentiment index is less than its mean)					
	Excess Return			FFCPS 5 – factor Alpha		
	V1	V5	V5 – V1	V1	V5	V5 – V1
MAX1	0.343 * (1.91)	1.021 *** (3.54)	0.678 *** (3.04)	0.033 (0.29)	0.165 (1.13)	0.132 (0.71)
MAX2	0.610 *** (2.87)	0.979 *** (2.74)	0.368 (1.48)	0.192 ** (2.03)	− 0.051 (− 0.32)	− 0.244 (− 1.32)
MAX3	0.646 *** (2.63)	1.350 *** (3.20)	0.704 ** (2.43)	0.101 (1.03)	0.144 (0.75)	0.043 (0.19)
MAX4	0.649 ** (2.39)	1.196 ** (2.52)	0.547 * (1.65)	− 0.016 (− 0.13)	− 0.083 (− 0.36)	− 0.067 (− 0.25)
MAX5	0.833 ** (2.56)	0.479 (0.93)	− 0.331 (− 0.97)	− 0.020 (− 0.13)	− 0.806 *** (− 2.83)	− 0.788 ** (− 2.39)
Avg (M1 – M5)	0.616 *** (2.74)	1.012 *** (2.64)	0.396 * (1.73)	0.058 (1.05)	− 0.127 (− 1.01)	− 0.185 (− 1.21)

Panel D: China	Low sentiment period (the consumer confidence index is less than its mean)					
	Excess Return			FFCPS 5 – factor Alpha		
	V1	V5	V5 – V1	V1	V5	V5 – V1
MAX1	1.197 * (1.80)	0.446 (0.60)	− 0.751 (− 1.53)	0.767 ** (2.15)	− 0.272 (− 1.02)	− 1.039 ** (− 2.18)

Panel D: China	Low sentiment period (the consumer confidence index is less than its mean)					
	Excess Return			FFCPS 5 – factor Alpha		
	V1	V5	V5 – V1	V1	V5	V5 – V1
MAX2	1.140 (1.64)	1.104 (1.36)	– 0.037 (– 0.08)	0.832 *** (2.74)	0.110 (0.39)	– 0.722 (– 1.57)
MAX3	0.881 (1.26)	1.107 (1.27)	0.226 (0.44)	0.239 (0.81)	0.399 (1.31)	0.161 (0.32)
MAX4	0.510 (0.71)	0.324 (0.38)	– 0.186 (– 0.40)	– 0.165 (– 0.57)	– 0.402 (– 1.21)	– 0.237 (– 0.50)
MAX5	0.701 (0.85)	– 0.801 (– 0.93)	– 1.502 *** (– 2.84)	0.173 (0.49)	– 1.643 *** (– 3.78)	– 1.816 *** (– 3.20)
Avg（M1 – M5）	0.886 (1.29)	0.631 (0.78)	0.436 (0.55)	0.369 * (1.75)	– 0.131 (– 0.85)	– 0.362 (– 1.65)

注：t 统计量在括号中报告。在 1%、5% 和 10% 水平上的显著性分别用 ***、** 和 * 表示。

最后，我们根据机构持股比率（IOR）和 QBL 的依赖双重排序分别为美国和中国的高情绪和低情绪时期形成双变量投资组合，分别为 1%。进一步，高情绪和低情绪时期机构所有权五分位数之间 QBL – 回报关系的结果如表 7 – 9 所示。如表 7 – 9 的面板 A 所示，在美国股市中，高于全样本结果，最高 1% QBL 和最低 1% QBL 之间的回报差异及其 FFCPS 5 因子 alpha 对于所有 IOR 五分位数在高情绪期。表 7 – 9 的面板 B 显示中国的结果与美国的结果相似。唯一的区别是 QBL 效应对 IOR 水平不敏感，因为 DIFF 条目报告了 V5 – V1 传播差异或其 FFCPS 5 – IOR5 和 IOR1 五分位数投资组合之间的因子 alpha 差异在统计上不显著。结果再次证实，中国散户和机构投资者的彩票偏好相似。表 7 – 9 的面板 C 和 D 显示了美国和中国在低情绪时期的结果。QBL 价差仅对美国市场的最低 IOR 五分位数为负（对于回报差异在统计上不显著，– 0.273%，t 统计量为 – 0.54），而对于中国市场的两个 IOR 五分位数也仅具有统计显著性情绪低落时期的股市。情绪条件结果证实，在相同机构持有股票的高情绪时期，负 QBL – 回报关系更强。

在美国和中国，基于 IOR 和 5% QBL 的双变量投资组合价值加权结果相似（如互联网附录表 IA－16 所示）。

表 7－9　　　　　　按 IOR 和 1% QBL 双重排序的投资组合回报

Panel A：The U. S.	High sentiment period (the BW sentiment index is higher than its mean)					
	Excess Return			FFCPS 5－factor Alpha		
	V1	V5	V5－V1	V1	V5	V5－V1
IOR1	0. 514 ** (2. 29)	－ 1. 407 ** (－ 2. 55)	－ 1. 901 *** (－ 3. 90)	－ 0. 024 (－ 0. 16)	－ 1. 595 *** (－ 5. 28)	－ 1. 550 *** (－ 4. 37)
IOR2	0. 711 *** (3. 14)	－ 0. 730 (－ 1. 29)	－ 1. 441 *** (－ 2. 72)	0. 046 (0. 32)	－ 0. 798 *** (－ 2. 69)	－ 0. 845 ** (－ 2. 47)
IOR3	0. 715 *** (3. 23)	－ 0. 830 (－ 1. 45)	－ 1. 545 *** (－ 2. 97)	0. 234 * (1. 86)	－ 0. 820 *** (－ 2. 90)	－ 1. 053 *** (－ 3. 30)
IOR4	0. 652 *** (2. 62)	－ 0. 458 (－ 0. 87)	－ 1. 110 ** (－ 2. 47)	0. 081 (0. 74)	－ 0. 502 ** (－ 2. 20)	－ 0. 582 ** (－ 2. 10)
IOR5	0. 659 ** (2. 55)	－ 0. 229 (－ 0. 45)	－ 0. 888 ** (－ 2. 14)	0. 057 (0. 46)	－ 0. 425 * (－ 1. 89)	－ 0. 482 * (－ 1. 73)
DIFF			1. 146 *** (3. 42)			1. 084 *** (3. 01)
Panel B：China	High sentiment period (the consumer confidence index is higher than its mean)					
	Excess Return			FFCPS 5－factor Alpha		
	V1	V5	V5－V1	V1	V5	V5－V1
IOR1	1. 406 (1. 55)	0. 293 (0. 28)	－ 1. 113 ** (－ 2. 47)	0. 578 * (1. 70)	－ 0. 793 (－ 1. 61)	－ 1. 371 *** (－ 2. 90)
IOR2	1. 171 (1. 48)	0. 280 (0. 29)	－ 0. 890 (－ 1. 46)	0. 483 (1. 14)	－ 0. 366 (－ 0. 93)	－ 0. 849 (－ 1. 37)
IOR3	1. 873 ** (2. 30)	0. 273 (0. 29)	－ 1. 600 ** (－ 2. 54)	1. 252 ** (2. 48)	－ 0. 260 (－ 0. 55)	－ 1. 513 ** (－ 2. 26)
IOR4	1. 699 ** (2. 24)	0. 012 (0. 01)	－ 1. 687 *** (－ 3. 18)	0. 768 * (1. 91)	－ 0. 750 * (－ 1. 87)	－ 1. 518 *** (－ 2. 85)

Panel B: China	High sentiment period (the consumer confidence index is higher than its mean)					
	Excess Return			FFCPS 5 – factor Alpha		
	V1	V5	V5 – V1	V1	V5	V5 – V1
IOR5	1.177 * (1.69)	0.266 (0.31)	− 0.911 (− 1.54)	0.252 (0.62)	− 0.303 (− 0.68)	− 0.556 (− 0.99)
DIFF			0.202 (0.28)			0.815 (1.10)

Panel C: The U. S.	Low sentiment period (the BW sentiment index is less than its mean)					
	Excess Return			FFCPS 5 – factor Alpha		
	V1	V5	V5 – V1	V1	V5	V5 – V1
IOR1	0.594 ** (2.55)	0.321 (0.53)	− 0.273 (− 0.54)	0.138 (0.79)	− 1.103 *** (− 3.21)	− 1.240 *** (− 3.26)
IOR2	0.588 ** (2.32)	1.260 * (1.87)	0.672 (1.13)	0.059 (0.35)	− 0.463 (− 1.20)	− 0.522 (− 1.15)
IOR3	0.727 *** (2.96)	1.200 ** (2.13)	0.473 (1.03)	0.171 (1.33)	− 0.310 (− 1.25)	− 0.481 (− 1.57)
IOR4	0.757 *** (2.86)	1.489 *** (2.66)	0.732 * (1.79)	0.050 (0.44)	− 0.046 (− 0.18)	− 0.096 (− 0.32)
IOR5	0.791 *** (2.77)	1.370 ** (2.42)	0.579 (1.44)	0.040 (0.30)	− 0.194 (− 0.86)	− 0.234 (− 0.79)
DIFF			0.853 ** (2.09)			1.006 ** (2.44)

Panel D: China	Low sentiment period (the consumer confidence index is less than its mean)					
	Excess Return			FFCPS 5 – factor Alpha		
	V1	V5	V5 – V1	V1	V5	V5 – V1
IOR1	1.474 * (1.79)	0.411 (0.44)	− 1.063 ** (− 2.13)	0.380 (1.01)	− 0.553 (− 1.40)	− 0.933 * (− 1.68)
IOR2	0.585 (0.83)	0.426 (0.46)	− 0.159 (− 0.25)	0.096 (0.25)	− 0.096 (− 0.23)	− 0.192 (− 0.31)
IOR3	1.275 * (1.79)	0.417 (0.46)	− 0.858 * (− 1.73)	0.511 (1.59)	− 0.594 * (− 1.77)	− 1.105 ** (− 2.32)

续表

Panel D：China	Low sentiment period（the consumer confidence index is less than its mean）					
	Excess Return			FFCPS 5 – factor Alpha		
	V1	V5	V5 – V1	V1	V5	V5 – V1
IOR4	0.643 (0.99)	0.423 (0.47)	– 0.219 （– 0.39）	0.167 (0.48)	– 0.302 （– 0.84）	– 0.469 （– 0.88）
IOR5	0.473 (0.83)	0.370 (0.43)	– 0.102 （– 0.19）	0.253 (1.05)	0.158 (0.40)	– 0.095 （– 0.19）
DIFF			0.961 * (1.80)			0.838 (1.49)

注：t – 统计数据在括号中报告。在 1%、5% 和 10% 水平上的显著性分别用 *** 、 ** 和 * 表示。

7.4 总　　结

本章提出了一种新的彩票代理，称为基于分位数的彩票度量（QBL），作为对最大每日回报（MAX）和偏度（SKEW）的补充。通过研究基于分位数的彩票测度（QBL）与预期超额回报之间的关系，我们发现这种关系在美国和中国股市都是负的。这种关系无法用中国的动量、短期反转、总波动率、SKEW、异质波动率、MAX 等控制来解释。而在美股市场，QBL 对预期收益的影响完全可以用 MAX 来解释。

此外，这种关系因投资者情绪期的不同水平而异。在高情绪时期，QBL 与预期回报呈负相关，并且不能用两个股票市场的任何控制来解释。相比之下，在美国，低情绪时期 QBL 与预期回报之间的关系好坏参半。在中国，低情绪时期 QBL 与预期回报之间的关系仍然存在，但不如高情绪时期的关系强。

我们的研究通过引入一种受风险价值计算启发的新的右侧收益衡量方法对文献做出了贡献，该方法适用于美国和中国的股票市场。然后，我们通过理论资产定价模型证明了新彩票测度对预期回报的负面影响，并根据美国和中国股市的数据为这些结果找到了实证支持。此外，我们通过比较世界上两个最大的股票市场的实证结果来强调差异。

附录 A　变量定义

（1）BETA。市场贝塔，计算为：

$$R_{i,d} = \alpha_i + \beta_{i,y} R_{m,d} + \varepsilon_{i,d}, \ d = 1, \ \cdots, \ D_y \tag{7.A.1}$$

其中，$R_{i,d}$ 为股票 i 在 d 日的超额收益，$R_{m,d}$ 为市场在 d 日的超额收益，D_y 为 y 年的交易日数。BETA 每年更新一次。

（2）BM。账面市值比；按照法玛和弗伦奇（1992；1993），公司的 BM 是使用前一年 12 月底的股权市场价值和普通股的账面价值加上公司财政年度结束的资产负债表递延税来计算的。我们假设账面价值在报告日后 6 个月可用。我们对 t 月 BM 的度量定义为 t 月末账面市值比的自然对数。

（3）COSKEW。根据哈维和西迪克（2000），股票 i 在截至 t 月的 12 个月期间的协同偏度，定义为：

$$COSKEW_{i,t} = \frac{\dfrac{1}{D_t} \sum\limits_{d=1}^{D_t} R_{i,d} R_{m,d}^2}{\sqrt{\dfrac{1}{D_t} \sum\limits_{d=1}^{D_t} R_{i,d}^2 \left(\dfrac{1}{D_t} \sum\limits_{d=1}^{D_t} R_{m,d}^2 \right)}} \tag{7.A.2}$$

其中，D_t 是为截至 t 月的 12 个月内的交易日数，$R_{i,d}$ 为股票 i 在 d 日的超额收益，$R_{m,d}$ 为市场在 d 日的超额收益。

（4）ESatq%。预期缺口等于所有超过 VaRatq% 阈值的损失的平均值。

（5）ExR。股票 i 在第 t+1 月的超额收益是使用股票 i 的月股票收益与 1 个月的国库券利率（对于美国股票市场是一年期国库券的月利率）之间的差额。

（6）ILLIQ。非流动性；按照阿米胡德（2002），我们首先计算每只股票每天的绝对价格变化与美元交易量的比率。如果观察次数高于 15，然后我们取该月比率的平均值。根据阿查里亚（Acharya）和佩德森（Pedersen）（2005），我们将 Amihud 比率标准化并将其截断为 30。

（7）ISKEW。继巴利等（2016）之后，使用以下等式中的日残差 $\varepsilon_{i,d}$ 计算 t 月股票 i 的异质偏度：

$$R_{i,d} = \alpha_i + \beta_{1,i} MKT_d + \beta_{2,i} SMB_d + \beta_{3,i} HML_d + \varepsilon_{i,d} \tag{7.A.3}$$

其中，$R_{i,d}$ 为股票 i 在第 d 天的超额收益；MKT_d，SMB_d 和 HML_d 分别代表法

玛和弗伦奇（1993）提出的市场、规模和价值因子；$\varepsilon_{i,d}$是第 d 天的特殊回报。我们使用 t 月内的每日残差 $\varepsilon_{i,d}$ 来计算 ISKEW。

（8）IVOL。股票 i 在 t 月的异质波动率，定义为 t 月内日异质收益的标准差。要计算收益残差：

$$R_{i,d} = \alpha_i + \beta_i R_{m,d} + \varepsilon_{i,d}, \quad d = 1, \cdots, D_t \tag{7. A. 4}$$

其中，$\varepsilon_{i,d}$是股票 i 在 d 日的特殊收益，D_t是 t 月的交易日数。股票 i 在 t 月的 IVOL 定义如下：

$$IVOL_{i,t} = \sqrt{var\ (\varepsilon_{i,d})}, \quad d = 1, \cdots, D_t \tag{7. A. 5}$$

（9）MAX。巴利等（2011）之后给定月份的最大每日回报率（百分比）：

$$MAX_{i,t} = Max\ (R_{i,d}), \quad d = 1, \cdots, D_t \tag{7. A. 6}$$

其中，$R_{i,d}$为股票的超额收益 i 在 d 日，D_t 为 t 月的交易日数。然后，对于中国股市，如果股票收益率达到 10% 的上限，我们将日收益率相加以获得更准确的日收益率，因为在没有价格限制的情况下，它是日收益率的更好代理。

（10）MAX5。一个月内五个最高每日最高收益的平均值。

（11）MOM。继杰加代什和提特曼（1993）之后，每只股票在 t 月的动量效应（以百分点为单位），通过跳过 1 个月的前 6 个月的累积回报来衡量（即从 t - 6 月开始的累积回报至 t - 1 月）。

（12）QBLatq%。基于分位数的彩票度量（以百分点为单位），根据一年每日回报的经验分布的右尾估计，等于原始（1 - q%）分位数的值。QBL 每月更新一次。

（13）QBL_Eatq%。基于预期分位数的抽奖措施等于在 q% 阈值时超出 QBL 的所有收益的平均值。

（14）REV。继杰加代什和雷曼（1990）之后，每只股票在 t 月的短期反转（以百分点为单位），定义为股票较前一个月的超额回报（即 t 月的回报率）- 1）。

（15）SIZE。每个月 t 的公司规模（百万美元或人民币），使用 t 月末股权市场价值的自然对数来衡量。SKEW：股票 i 在 t 月的偏度是使用从 t 月到 t - 11 的每日回报计算的：

$$SKEW_{i,t} = \frac{1}{D_t} \sum_{d=1}^{D_t} \left(\frac{R_{i,d} - \mu_i}{\sigma_i} \right)^3 \tag{7. A. 7}$$

其中，D_t 是一年中的交易天数，$R_{i,d}$ 是股票 i 在第 d 天的超额收益，μ_i 是股票 i 一年收益的均值，σ_i 是标准差股票 i 超过一年的回报。

（16）TURN。换手率（以百分点为单位），计算方式为每月交易量除以美国已发行的月末股票。在中国股市中，我们沿用邹、郑和张（2011）的方法计算换手率每月累计交易额除以月末流通市值。

VaRatq%：Value – at – risk（以百分点为单位），根据一年每日收益的经验分布的左尾估计，等于原始 q% 分位数的负值。VaR 每月更新一次。

（17）VOL。股票 i 在 t 月的波动率，定义为 t 月内日收益的标准差。

附录 B　补充数据

本章的补充表格可以在以下网址找到：https：//doi.org/10.1016/j.pacfin.2021.101703。

第 8 章

融资融券制度对波动率投资策略的影响

本章发现中国股票市场预期收益存在特质波动率（IV）效应并且无法用其他变量解释。中国股票市场于 2010 年 3 月推出了融资融券机制。因此，本章分别对融资融券标的股票和非融资融券标的股票进行研究，结果发现特质波动率效应同时存在于两组股票中。融资融券标的股票的特质波动率效应可以用换手率解释，其机制表明卖空限制阻碍了卖家异质信念的表达。但是，非融资融券标的股票的特质波动率效应无法用其他变量解释。与融资融券标的股票相比，非融资融券标的股票更具有彩票性特征，其博彩行为更显著。

8.1 简 介

在经典风险—收益分析框架中，当风险增加时，投资者需要相应的补偿。但在洪崇理、霍德里克（Hodrick）、邢和张（2006）的文章中，拥有较高特质波动率的股票未来收益率较低。他们接着对 23 个国家和地区的数据做了检验，结果发现特质波动率和预期收益率之间的负相关性广泛存在于世界范围内（Ang et al. , 2009）。这种与经典资产定价理论相反的现象被称为特质波动率（IV）之谜。[①] 后来，一些学者证实了这个奇怪的现象（Stambaugh et al. , 2015），但其他学者仍对此存疑（Fu, 2009；Han and Lesmond, 2011）。在洪崇理等（2009）的

[①] 近年来一些文章通过用在险价值（VaR）代替风险，也发现了风险和预期收益率之间的负相关性，见巴利、德米尔达斯和古奈丁（2020）与毕和朱（2020）的文章。

研究中，中国不包括在 23 个区域之中。后来有一些学者按照洪崇理等（2006）提出的方法，测算了特质波动率并在中国股票市场得出了相似结果（熊伟等，2015；赵胜民等，2020；Yang and Han，2009；Zuo et al.，2011；Nartea et al.，2013）。①

在文献中，学者们尝试解释特质波动率之谜。近年来，学者们聚焦于由卖空限制造成的套利不对称性。斯坦堡等（2015）认为套利的不对称性引发了特质波动率效应。买进被低估的股票比卖出被高估的股票更容易，因此被低估的错误定价相对容易纠正，而被高估的错误定价难以被纠正。其结果是股票价格通常被高估，从而造成了特质波动率之谜。褚（Chu）、希什莱弗和马（Ma）（2018）检验了套利限制与 11 个资产定价异常之间的关联性。结果清晰表明套利限制增强了资产定价异常效应。杨（Yang）和韩（2009）认为缺乏做空机制以及中国股票市场的不合理结构引发了特质波动率效应。左等（Zuo et al.，2011）认为卖空限制和异质信念是引起中国股票市场特质波动率效应的原因。余、张和赵（Zhao）（2017）认为异质信念能够影响特质波动率效应并暗示运用做空机制可减少特质波动率之谜和异质信念。

一些学者也尝试使用过去一个月的最大日收益率（MAX）来解释特质波动率效应。巴利、卡基奇和怀特劳（2011）发现最大日收益率和预期股票收益率之间存在一个显著的负相关性。他们指出特质波动率和最大日收益率高度相关并且特质波动率可以用最大日收益率解释。②纳尔提亚、孔和吴（2017）提出了一种不同的解释。他们认为最大日收益率和特质波动率在中国股票市场独立共存。同时，顾（Gu）、康（Kang）和徐（Xu）（2018）以及万（2018）发现因为最大日收益率可以用特质波动率解释，所以最大日收益率是特质波动率的替代。所有这些发现都与美国和欧洲国家股票市场记录的观察结果不一致。此外，刘、邢和

---

① 那些持否定观点的学者主要从以下两个方面质疑特质波动率之谜的存在：（1）预期特质波动率的估算方法不准确；（2）样本选择不合理。邓（Deng）和郑（Zheng）（2011）使用 ARMA 模型估算特质波动率，并认为中国股票市场不存在特质波动率效应。付（2009）使用 EGARCH 模型估算预期特质波动率，因为他认为洪崇理等（2006）使用的方法错误，因此特质波动率与预期收益率之间不存在负相关性。然而，郭（Guo）、卡萨（Kassa）和弗格森（Ferguson）（2014）认为付（2009）使用的特质波动率估算方法错误。付（2009）搭建的 EGARCH 模型在估算 t 月份的特质波动率时使用的是 t 月份的收益率。因此，月份 t 的收益率与特质波动率之间存在虚假的正相关性。总之，关于特质波动率效应是否存在的争议是基于先前论文中的预期特质波动率的估算方法和样本选择。

② 侯和罗（2016）同样相信，当横截面相关性的时间序列平均值达到巴利等（2011）指出的 75% 时，最大日收益率是特质波动率的另一个代替物。

张（2014）指出，在价格幅度、最大日收益率和换手率的共同作用下特质波动率不再存在。对某些特殊股票的偏好是特质波动率之谜存在的主要原因。

在上述研究的基础上，本章旨在研究卖空限制、异质信念和博彩行为如何影响中国股票市场的特质波动率效应。

中国在 2010 年 3 月启动了融资融券机制。该机制无疑为学者们提供了一个研究卖空限制影响的天然实验场地。很多研究者已经开展了关于融资和融券对中国股票市场的影响的研究。①本章用上月特质波动率作为当月特质波动率的替代指标并研究中国股票市场的特质波动率效应。结果发现中国股票市场普遍存在特质波动率效应。本章区别于前述研究，聚焦以下两个方面。

第一，本章从异质信念和博彩行为的角度解释了特质波动率效应。特质波动率是对异常收益率的整体风险测量。本章推测博彩行为和异质信念是引发特质波动率效应的主要原因。库玛（2009）提出的投资者偏好彩票型股票（这类股票具有较低的月末价格、较高的特质波动率和特质偏度），本章称之为博彩行为。博彩行为倾向于高估预期收益率，从而引发异常负收益率（Boyer et al.，2010；Bali et al.，2011；Conrad et al.，2013；Jiang et al.，2020）。文中博彩行为用最大日收益率来指示；最大日收益率越高，博彩行为越强。异质信念指投资者对股票有矛盾的认知。本章发现，投资者的异质信念越强，股票交易越活跃，股票换手率（TURNOVER）越高。因此，与左等（2011）和刘等（2014）相似，本章用换手率指示异质信念，并发现换手率只能在标的股票范围内解释特质波动率之谜。

第二，本章探讨了卖空限制对股票特质波动率效应的影响。众所周知，买进行为将推动股价上升，而卖出则将造成股价下跌。斯坦堡等（2015）认为买进比卖出容易，这将造成由卖空限制的存在造成的特质波动率和预期收益率之间的负相关性增加。李、徐和朱（2014）认为卖空限制造成股价被高估，融资融券能够缓和这种现象。李、杜和林（Lin）（2015）也研究了融资融券标的股票和非标的

---

① 例如，李等（2014）通过白酒"塑化剂"事件发现卖空限制引起股价被高估，但融资融券有助于对被高估的股价的修正。李等（2015）比较了融资融券标的股票（标的股票）和非融资融券标的股票（非标的股票）的特质波动率效应，以及股票上市前后、退市前后的特质波动率效应。他们发现标的股票的特质波动率比非标的股票的低。启用融资融券后，股票的特质波动率会降低，反之则会上升（Fu，2009）。杨、华和陈（2016）用 EGARCH 模型计算特质波动率。他们对融资融券进行了分类讨论，并研究了融资融券对股票特质波动率效应的影响。他们以经验总结得出融资将增强股票特质波动率效应，而融券将降低股票特质波动率效应。

股票的特质波动率效应。本章将用融资融券机制研究卖空限制对股票特质波动率效应的影响。

本章研究了融资融券股票和非融资融券股票在投资者博彩行为和异质信念上的不同之处。根据中国证监会的相关监管制度规定，成为融资融券股票会受到更严格的监管，融资融券股票具有更强的流动性、更低的波动性以及更高的市值。因此，较之其他类型股票，融资融券股票的信息透明度应该更高，投资者异质信念应该更弱，博彩行为将更少。根据这些研究发现，本章进一步运用双重差分模型测试融资融券对股票特质波动率的影响。此外，本章推测异质信念造成的收益率异常是由卖空限制引起的。由于买进和卖出的不对称，买家可以表达自己的信念而卖家不能。这无疑使整体股价被高估，继而引发异常收益率。

本章做出了两方面贡献。首先，本章发现特质波动率效应在标的股票和非标的股票中均存在。本章是文献资料中第一篇阐明融资融券标的股票的特质波动率效应可以用换手率解释的研究。其次，本章通过实证分析得出特质波动率效应机制是卖空限制阻碍了卖家异质信念表达。杨和韩（2009）推测异质信念和卖空限制是引发中国股票市场特质波动率之谜的原因。

然而，由于中国在 2010 年才刚刚引入融资融券，由于研究时间的原因，他们未能进行实证检验。李等（2015）分别研究了标的股票和非标的股票。余等（2017）用双重差分模型研究了融资融券的影响。本章的不同之处在于本章结合了这些方法并且用双重差分模型检验了融资融券对股票特质波动率的影响，并且发现由于中国启动了融资融券机制，特质波动率在标的股票范围内显著下降。最后，本章得出相较于标的股票，非标的股票具有更强的彩票性特征。

本章其余部分安排如下：8.2 节展示数据描述和变量定义，8.3 节提出主要的经验结论，8.4 节是总结。

8.2　数据和变量

公司层面的股票每日数据和月度数据源自 CSMAR 数据库。Fama – French 三因子模型的三个因子 [市场因子（MKT）、市值因子（SMB）和账面市值比因子（HML）] 数据源自中央财经大学中国资产管理研究中心。融资融券交易数据源自 RESSET 数据库。机构持有比例源自 Wind 数据库。样本包括上海证券交易所和深圳证券交易所的所有 A 股股票。由于上海证券交易所和深圳证券交易所从 1996 年 12 月 16 日开始实行涨跌幅限制，样本期间是 1997 年 1 月至 2019 年 10 月。为了减少异常值的影响，本章剔除了各公司首次公开募股（IPO）当日交易的股票。为确保准确率，一个月中交易天数不到 10 天的股票（1999 年 2 月除外①）也从波动率计算中剔除了。受中国涨跌幅限制制度的制约，每个交易日每只股票的涨跌幅区间为 ［-10%，10%］，即收盘价是前一交易日收盘价的 0.9 倍和 1.1 倍。因此，当一个异常值被剔除后，价格波动范围精确至两位小数。

本章将就全样本股票②、标的股票和非标的股票展开研究。选取的 1997 年 1 月至 2019 年 10 月的沪深股市共 2630 只股票作为全样本数据。2010 年 3 月，中国正式推出融资融券机制并将融资融券股票清单逐渐扩大。同时，也有一些股票被剔除出清单。为保证样本大小，本章仅选取 2013 年 1 月 25 日至 2019 年 10 月的 429 只股票作为标的股票样本。③ 1159 只从未参与融资融券的股票作为本研究的非标的股票样本。④考虑到融资的时间以及标的股票的抽样时间，本章将 1997 年 1 月至 2010 年 3 月作为第一个阶段，将 2013 年 2 月至 2019 年 10 月作为第二个阶段。本章对融资融券前后两个阶段进行了比较研究。对 Fama - MacBeth 横截面回归的所有变量以 0.5% 和 99.5% 进行缩尾处理。

本章按照纳尔提亚、孔和吴（2017）的方法计算最大日收益率，用 MAX 表示。按照左等（2011）和刘等（2014）的方法，本章通过用月累积交易量除以月末流通市值计算换手率（TURNOVER）。特质波动率（IV）、规模因子（SIZE）、账面市值比（BM）、CAPM 模型贝塔系数（BETA）、短期反转因子

---

① 交易正常的情况下，1999 年 2 月只有 7 个交易日。因此本章剔除了 1999 年 2 月交易日不足 7 天的股票。

② 2019 年 10 月 31 日中国股票市场有 3815 只 A 股股票。本章从中剔除了样本间隔短于 60 个月的股票，最后仅保留了 2630 只股票。

③ 2013 年 2 月以前，上海证券交易所分别于 2011 年 11 月 25 日和 2013 年 1 月 25 日两次宣布标的股票清单。深圳证券交易所则分别于 2010 年 2 月 12 日、2010 年 6 月 21 日、2011 年 11 月 25 日和 2013 年 1 月 25 日四次宣布标的股票清单。2011 年 11 月 25 日，标的股票清单上有 281 只股票。2013 年 1 月 25 日起标的股票清单上有 500 只股票。本章亦剔除了 2013 年 1 月至 2019 年 10 月被移除出标的股票清单的股票。因此，为确保样本数量，本章将 2013 年 1 月 25 日作为起始时间。

④ 本章仅考虑从未参与融资融券交易的股票。一旦一只股票被列入标的股票清单，不论其列入清单的时间长久，都将其剔除。共有 2083 只股票满足此要求。本章亦剔除交易时长短于 60 个月的股票，因此剩余仅有 1159 只股票。

（REV）、动量因子（MOM）以及特质偏度（ISKEW）按照巴利、恩格尔和默里（2016）的方法计算。具体而言，先用 CAPM 模型计算出单只股票数据的残差标准差，再以此计算月度股票特质波动率（IV）。为确保特质波动率的准确性，除1999 年 2 月外，单月交易日短于 10 天的股票数据被剔除。本章使用上一个月的日剩余收益率的标准差代替当月的特质波动率。使用 t 月份末证券市值的自然对数测量规模因子（SIZE）。账面市值比（BM）用账面市值除以市场资本额。CAPM 模型贝塔系数（BETA）是股票收益率和市场收益率的协方差除以市场收益率的方差。MarBuy 是一个月内通过融资买进的股票价值。SsSell 是一个月内通过融券卖出的股票价值。

8.3　经　验　检　验

8.3.1　中国股票市场的特质波动率之谜

8.3.1.1　投资组合分析

如表 8 - 1 所示，我们使用投资组合分析，根据每个月的特质波动率将股票被分为五个投资组合。[①]我们持有这些投资组合一个月，每月更新一次。然后计算平等加权和价值加权的平均数[②]、每个五分位数的股票收益率的 CAPM 阿尔法、Fama - French 三因子阿尔法。最后两行显示了最高和最低特质波动率投资组合之间的收益率和阿尔法差值，以及括号内的 t 统计量。每月最高和最低特质波动率投资组合的等权平均收益率的差是 - 1.259%（价值加权的是 - 0.750%），在5% 的水平上具有统计学意义。因此，特质波动率效应存在并且特质波动率与预期收益率成负相关，这不能通过前述因子模型解释。

---

① 如果将股票按其特质波动率分为十个投资组合，所有结果定性特征相似。
② 在计算价值加权均值时使用总市值。

表 8 - 1　　　　　　　　　按特质波动率排序的投资组合的收益率

五分位分组	EW portfolios			VW portfolios		
	Average return（%）	CAPM alpha（%）	FF - 3 alpha（%）	Average return（%）	CAPM alpha（%）	FF - 3 alpha（%）
low IV	1.493 *** (2.80)	0.741 *** (4.90)	0.341 *** (3.14)	0.760 * (1.67)	0.143 (0.81)	0.334 ** (2.05)
2	1.597 *** (2.79)	0.790 *** (4.80)	0.304 *** (3.30)	1.084 ** (2.02)	0.342 * (1.88)	0.522 *** (2.90)
3	1.436 ** (2.47)	0.620 *** (3.57)	0.088 (1.16)	0.874 * (1.72)	0.152 (1.11)	0.267 ** (1.97)
4	1.069 * (1.80)	0.240 (1.25)	- 0.339 *** (- 4.43)	0.585 (1.07)	- 0.177 (- 1.03)	- 0.162 (- 0.94)
High IV	0.234 (0.38)	- 0.600 *** (- 2.63)	- 1.206 *** (- 9.53)	0.009 (0.02)	- 0.781 *** (- 3.83)	- 0.880 *** (- 4.34)
high - low	- 1.259 *** (- 5.52)	- 1.341 *** (- 6.03)	- 1.547 *** (- 7.78)	- 0.750 ** (- 2.25)	- 0.924 *** (- 2.94)	- 1.214 *** (- 4.13)

　　注：最后两行显示了最高和最低特质波动率投资组合之间的收益率和阿尔法差值，以及括号中报告的 t 统计量。本节对 1997 年 1 月至 2019 年 10 月的全样本进行分析。在 1%、5% 和 10% 水平上的显著性分别用 ***，** 和 * 表示。

8.3.1.2　Fama - MacBeth 横截面回归

　　除单一分类法之外，本章在公司层面亦采用了 Fama - MacBeth 横截面回归分析，使用 1997 年 1 月至 2019 年 10 月的月度数据。将股票的超额收益率作为因变量，并将特质波动率、最大日收益率、规模因子、账面市值比、CAPM 模型贝塔系数、短期反转因子、换手率、动量因子和特质偏度作为自变量，建立了如下模型：

$$R_{i,t} - r_{f,t} = \beta_{0,t-1} + \beta_{1,t-1}IV_{i,t-1} + \beta_{2,t-1}MA\,X_{i,t-1} + \beta_{3,t-1}SIZE_{i,t-1} +$$
$$\beta_{4,t-1}BM_{i,t-1} + \beta_{5,t-1}BETA_{i,t-1} + \beta_{6,t}REV_{i,t-1} +$$
$$\beta_{7,t-1}TURNOVER_{i,t-1} + \beta_{8,t-1}MOM_{i,t-1} +$$
$$\beta_{9,t-1}ISKEW_{i,t-1} + \varepsilon_{i,t-1} \tag{8.1}$$

　　我们首先完成了一个单变量回归分析，使用 1997 年 1 月至 2019 年 10 月的月度数据，对收益率和特质波动率及其他控制变量的 1 个月滞后值进行公司层面的单变量 Fama - MacBeth 横截面回归。一个单变量的回归系数的时间序列均值如表 8 - 2 所示。结果显示特质波动率和预期收益率显著负相关，t 统计量为 7.00，意味着特质波动率效应存在于中国股票市场。最大日收益率和股票预期收益率也呈显著负相关，t 统计量为 5.94，由此确认了最大日收益率效应也存在于中国股票市场。两个发现均支持纳尔提亚、孔和吴（2017）的研究结论。同时，规模因子、CAPM 模型贝塔系数、短期反转因子、换手率和特质偏度与股票预期收益率也呈显著负相关，账面市值比与股票预期收益率呈显著正相关，动量因子和股票预期收益率之间无显著相关性。

表 8 - 2　　　　　　　所有股票的单变量 Fama - MacBeth 回归分析结果

MAX	SIZE	BM	BETA	REV	TURNOVER	MOM	ISKEW	IV
- 0. 114 ***	- 0. 446 ***	0. 290 ***	- 0. 252 **	- 0. 036 ***	- 1. 683 ***	0. 001	- 0. 270 ***	- 0. 653 ***
（ - 5. 94）	（ - 2. 99）	（3. 05）	（ - 2. 34）	（ - 4. 00）	（ - 7. 20）	（0. 34）	（ - 5. 21）	（ - 7. 00）

注：在单行中报告了斜率系数的时间序列平均值及对应的 t 统计量，但每个变量都对股票收益率进行独立回归。特质波动率和其他控制变量的定义见附录。在 1% 和 5% 水平上的显著性分别用 *** 和 ** 表示。

仍聚焦于全样本数据，将股票预期收益率作为因变量。我们通过用 Fama - MacBeth 横截面回归进行多元回归分析以检验最大日收益率效应的稳健性和最大日收益率与特质波动率的相关性，结果如表 8 - 3 所示。对于所有股票，将 1997 年 1 月至 2019 年 10 月期间的收益率对最大日收益率和其他控制变量的 1 个月滞后值进行公司层面的双变量和多变量 Fama - MacBeth 横截面回归。我们发现特质波动率能解释最大日收益率，因为当控制回归中的特质波动率时最大日收益率效应消失了。此发现与顾等（2018）的研究结论一致，但是与纳尔提亚、孔和吴（2017）的结论不同，他们的结论是最大日收益率效应和特质波动率效应独立共存于中国股票市场。

表 8 - 3　　　　　　　所有股票的双变量和多变量 Fama - MacBeth
回归结果的全样本数据及最大日收益率

MAX	SIZE	BM	BETA	REV	TURNOVER	MOM	ISKEW	IV
- 0. 117 ***	- 0. 459 ***							
（ - 6. 61）	（ - 3. 10）							
- 0. 109 ***		0. 240 ***						
（ - 5. 95）		（2. 61）						

续表

MAX	SIZE	BM	BETA	REV	TURNOVER	MOM	ISKEW	IV
−0.115 *** (−6.12)			−0.223 ** (−2.09)					
−0.113 *** (−5.05)				−0.016 (−1.55)				
−0.051 *** (−2.95)					−1.500 *** (−6.79)			
−0.121 *** (−6.74)						0.002 (0.45)		
−0.111 *** (−5.45)							−0.148 *** (−2.80)	
−0.030 (−1.46)								−0.575 *** (−4.94)
0.051 *** (3.01)	−0.689 *** (−5.34)	0.073 (0.98)	−0.068 (−0.72)	−0.018 ** (−2.01)	−2.501 *** (−10.67)	0.006 ** (2.17)	−0.226 *** (−5.60)	−0.356 *** (−4.31)

注：每行报告了斜率系数的时间序列平均值及对应的 t 统计量。最大日收益率和其他控制变量的定义见附录。在1% 和5% 水平上的显著性分别用 *** 和 ** 表示。

8.3.2 能否解释特质波动率之谜

本部分将研究全样本股票、标的股票以及非标的股票以尝试解释特质波动率之谜。按照之前的方法，使用 1997 年 1 月至 2019 年 10 月的全样本并将股票预期收益率作为因变量，用 Fama - MacBeth 回归完成一个多变量回归分析以检验特质波动率效应的稳健性。结果如表 8 - 4 所示。当向回归中增加其他控制变量时，特质波动率效应始终存在于中国股票市场并且无法用其他变量解释。根据先前的文献资料，最大日收益率代表的博彩行为和换手率代表的异质信念在一定程度上可以解释特质波动率。但是，结果显示在控制换手率和最大日收益率后，虽然特质波动率的 t 值大幅降低（从 7.00 降至 −2.35），但是在 5% 水平上其效应依然显著。此结果表示博彩行为和异质信念不能充分解释特质波动率效应。对于多变量回归，特质波动率效应在控制其他所有变量后仍然存在。

表 8 – 4   所有股票的双变量和多变量 Fama – MacBeth

回归结果的全样本数据与特质波动率

IV	SIZE	BM	BETA	REV	TURNOVER	MOM	ISKEW	MAX
-0.725 *** (-8.48)	-0.516 *** (-3.52)							
-0.621 *** (-6.97)		0.139 (1.54)						
-0.665 *** (-7.38)			-0.221 ** (-2.12)					
-0.728 *** (-7.15)				-0.013 (-1.29)				
-0.332 *** (-3.63)					-1.365 *** (-6.11)			
-0.685 *** (-7.88)						0.003 (0.94)		
-0.641 *** (-6.82)							-0.187 *** (-3.70)	
-0.265 ** (-2.35)					-1.333 *** (-6.03)			-0.026 (-1.29)
-0.356 *** (-4.31)	-0.689 *** (-5.34)	0.073 (0.98)	-0.068 (-0.72)	-0.018 ** (-2.01)	-2.501 *** (-10.67)	0.006 ** (2.17)	-0.226 *** (-5.60)	0.051 *** (3.01)

注：对于所有股票，使用 1997 年 1 月至 2019 年 10 月的月度数据，对收益率与特质波动率和其他控制变量的 1 个月滞后值进行公司层面的双变量和多变量 Fama – MacBeth 横截面回归。每行报告了斜率系数的时间序列平均数及对应的 t 统计量。特质波动率和其他控制变量的定义见本章附录 A。在 1% 和 5% 水平上的显著性分别用 *** 和 ** 表示。

　　与非标的股票相比，标的股票市值更高并且流动性更强但波动性更低，这表示其具有更小的价格波动变量，公司信息披露也更透明。基于以上事实，标的股票的特质波动性效应应该比非标的股票的弱。因此，我们检验了两类股票的特质波动率效应并且研究了博彩行为和异质信念分别如何影响这两类股票的特质波动率效应。

　　本章使用 Fama – MacBeth 横截面回归分析了 1997 年 1 月至 2019 年 10 月的标的股票和非标的股票。结果如表 8 – 5 和表 8 – 6 所示。当控制换手率后，标的股票的特质波动率效应变得完全不显著（t 值仅为 0.06；见表 8 – 5），表明异质信念可解释特质波动率效应。非标的股票和全样本股票的结果类似，特质波动率效应存在并且不能被其他变量解释（见表 8 - 6）。特质波动率系数的数量级和 t 值都减小了，但是仍显著，这表示换手率和最大日收益率不能充分解释特质波动率效应。

表 8 - 5　　标的股票双变量和多变量 Fama - MacBeth 回归结果及特质波动率

IV	SIZE	BM	BETA	REV	TURNOVER	MOM	ISKEW	MAX
- 0. 356 *** (- 3. 28)								
- 0. 473 *** (- 4. 65)	- 0. 381 *** (- 2. 75)							
- 0. 354 *** (- 3. 50)		0. 051 (0. 37)						
- 0. 332 *** (- 3. 09)			- 0. 236 (- 1. 57)					
- 0. 518 *** (- 4. 44)				0. 004 (0. 33)				
- 0. 007 (- 0. 06)					- 1. 637 *** (- 4. 60)			
- 0. 413 *** (- 3. 93)						0. 005 (1. 29)		
- 0. 354 *** (- 3. 26)							- 0. 087 (- 1. 09)	
- 0. 352 *** (- 2. 75)								- 0. 021 (- 0. 72)
- 0. 287 ** (- 2. 24)	- 0. 590 *** (- 4. 69)	0. 061 (0. 53)	- 0. 005 (- 0. 04)	0. 003 (0. 28)	- 2. 537 *** (- 6. 54)	0. 007 ** (1. 99)	- 0. 168 ** (- 2. 19)	0. 042 (1. 46)

注：对于目标股票，使用 1997 年 1 月至 2019 年 10 月的月度数据，对收益率与特质波动率和其他控制变量的 1 个月滞后值进行公司层面的双变量和多变量 Fama - MacBeth 横截面回归。每一行报告了斜率系数的时间序列平均值及对应的 t 统计量。特质波动率和其他控制变量的定义见本章附录 A。在 1% 和 5% 水平上的显著性分别用 *** 和 ** 表示。

表 8 - 6　　非标的股票双变量和多变量 Fama - MacBeth 回归结果及特质波动率

IV	SIZE	BM	BETA	REV	TURNOVER	MOM	ISKEW	MAX
- 0. 900 *** (- 9. 66)								
- 0. 927 *** (- 10. 44)	- 1. 179 *** (- 7. 33)							

续表

IV	SIZE	BM	BETA	REV	TURNOVER	MOM	ISKEW	MAX
−0.867 *** (−9.36)		0.263 *** (2.94)						
−0.928 *** (−10.17)			−0.087 (−0.88)					
−0.898 *** (−9.29)				−0.029 *** (−2.92)				
−0.573 *** (−6.06)					−1.416 *** (−6.19)			
−0.927 *** (−10.38)						−0.001 (−0.41)		
−0.897 *** (−9.52)							−0.167 *** (−2.67)	
−0.819 *** (−6.96)								−0.030 (−1.33)
−0.502 *** (−4.28)					−1.414 *** (−6.20)			−0.027 (−1.17)
−0.376 *** (−3.98)	−1.527 *** (−10.17)	0.019 (0.23)	0.002 (0.02)	−0.039 *** (−4.10)	−2.797 *** (−11.16)	0.004 (1.33)	−0.193 *** (−3.53)	0.057 *** (2.67)

注：对于非标的股票，使用 1997 年 1 月至 2019 年 10 月的月度数据，对收益率与特质波动率和其他控制变量的滞后值进行公司层面的双变量和多变量 Fama - MacBeth 横截面回归。每行都报告了斜率系数的时间序列平均数及对应的 t 统计量。特质波动率和其他控制变量的定义见本章附录 A。在 1% 水平上的显著性用 *** 表示。

本章研究未能发现任何变量可以解释全样本的特质波动率效应。此外，最大日收益率代表的博彩行为可以被特质波动率解释。非标的股票和全样本股票的结果相似。但是标的股票的特质波动率效应可以用代表异质信念的换手率解释。换手率只能解释标的股票的特质波动率效应，而非全样本股票的，其主要原因可能是非标的股票的高风险或波动较大。

8.3.3 卖空限制的影响

8.3.3.1 两类股票的比较

为研究融资融券对特质波动率、换手率和最大日收益率的影响，并进一步探索博彩行为和异质信念在两类股票中的存在，本部分分两个阶段分别对标的股票和非标的股票做了 Fama – MacBeth 横截面回归分析。中国股票市场于 2010 年 3 月推出了融资融券机制。我们将 1997 年 1 月至 2010 年 3 月作为第一阶段，将 2013 年 2 月至 2019 年 10 月作为第二阶段。研究结果如表 8 – 7 和表 8 – 8 所示。在第二阶段，特质波动率、换手率和最大日收益率对标的股票的影响相较于第一阶段明显减弱。但是，第二阶段非标的股票变量系数的显著性没有降低。若比较这两组不同类的股票，第二阶段特质波动率、换手率和最大日收益率对标的股票的影响都比对非标的股票的弱，但是在第一阶段这些变量对标的股票和非标的股票的影响是相似的。此结果表明，标的股票的特质波动率效应、异质信念和博彩行为可以被融资融券降低。与之相对的是，非标的股票几乎不受融资融券影响。

表 8 – 7　　　　　　　　标的股票两阶段 Fama – MacBeth 回归分析结果

The first stage			The second stage		
IV	MAX	TURNOVER	IV	MAX	TURNOVER
− 0. 398 *** (− 2. 83)			− 0. 361 * (− 1. 86)		
	− 0. 075 ** (− 2. 15)			− 0. 047 (− 1. 07)	
		− 1. 702 *** (− 4. 12)			− 1. 520 ** (− 2. 64)

注：选取标的股票做此项分析。表左侧，对 1997 年 1 月至 2010 年 3 月的收益率与特质波动率和其他控制变量的 1 个月滞后值进行公司层面的单变量 Fama – MacBeth 横断面回归（第一阶段）。每行报告了斜率系数的时间序列均值和对应的 t 统计量；但是，每个变量都对股票收益率进行独立回归。特质波动率、最大日收益率和换手率的定义见本章附录 A。表右侧，对 2013 年 2 月至 2019 年 10 月的收益率与特质波动率和其他控制变量的 1 个月滞后值进行公司层面的单变量 Fama – MacBeth 横截面回归（第二阶段）。在 1%、5% 和 10% 的水平上的显著性分别用 ***、** 和 * 表示。

表 8 – 8　　　　　　　　非标的股票两个阶段 Fama – MacBeth 回归分析结果

The first stage			The second stage		
IV	MAX	TURNOVER	IV	MAX	TURNOVER
− 0. 924 *** (− 7. 26)			− 0. 884 *** (− 5. 31)		

续表

The first stage			The second stage		
IV	MAX	TURNOVER	IV	MAX	TURNOVER
	− 0. 150 ***			− 0. 177 ***	
	(− 5. 20)			(− 5. 95)	
		− 2. 501 ***			− 1. 400 ***
		(− 7. 01)			(− 4. 20)

注：选取非标的股票做此项分析。表左侧，对 1997 年 1 月至 2010 年 3 月的收益率与特质波动率和其他控制变量的 1 个月滞后值进行公司层面的单变量 Fama – MacBeth 横断面回归（第一阶段）。每行报告了斜率系数的时间序列均值和对应的 t 统计量；但是，每个变量都对股票收益率进行独立回归。特质波动率、最大日收益率和换手率的定义见本章附录 A。表右侧，对 2013 年 2 月至 2019 年 10 月期间的收益率与特质波动率和其他控制变量的 1 个月滞后值进行公司层面的单变量 Fama – MacBeth 横截面回归（第二阶段）。在 1% 水平上的显著性用 *** 表示。

在两个阶段中最大日收益率对非标的股票的影响比对标的股票的都要强，这说明非标的股票的博彩行为比标的股票的强。一方面，我们认为此研究结果与融资融券对投资者规则的要求有关。上海证券交易所和深圳证券交易所都规定信用证券账户开户必须达到近 20 个交易日日均证券类资产不低于 50 万元的要求。本章称达到此标准要求的投资者为合格投资者；其余为不合格投资者。合格投资者的投资实力、经验和分析水平都处于较高水准，并且他们的投资决策更多是基于理性分析，因此他们的博彩行为可能较少。与之相对的是，不合格投资者表现出更多的博彩行为。另一方面，应该注意此结果与对标的股票的融资融券选择有关。根据融资融券规则，标的股票大部分具有较高市值、较高的流动性和较低的波动性，这类股票的彩票性特征较弱。因此投资者更喜欢在非标的证券上"赌博"。根据库玛（2009）的定义，彩票型股票价格较低，特质波动率及特质偏度较高。我们对标的股票和非标的股票的这三种特征进行了描述性检验，使用独立样本 t 检验观测差异显著性水平。如表 8 – 9 所示，非标的股票价格更低，波动性和偏度更高，且差异更显著。因此，股票的性质和实证检验结果都说明了标的股票的彩票性特征更弱，投资者对这类股票的博彩行为也更少。

表 8 – 9　　　　　　　　　　彩票型股票描述性统计

指标	Target stocks			Non – target stocks			Independent sample t test（t value）		
	price	IV	ISKEW	price	IV	ISKEW	price	IV	ISKEW
MEAN	14. 95	1. 910	0. 360	11. 80	2. 150	0. 420	45. 872	− 75. 833	− 25. 198

续表

指标	Target stocks			Non－target stocks			Independent sample t test （t value）		
	price	IV	ISKEW	price	IV	ISKEW	price	IV	ISKEW
SD	20.60	0.950	0.690	9.360	1.050	0.710			
MIN	0.680	0.0200	－3.230	0.150	0.0200	－4.420			
MEDIAN	10.58	1.720	0.340	9.380	1.940	0.390			
MAX	1180	9.030	3.590	370.5	9.550	3.870			

注：表中从均值（MEAN）、标准差（SD）、最小值（MIN）、中位数（MEDIAN）、最大值（MAX）五个方面对标的股票和非标的股票的价格、特质波动率、特质偏度特征进行了描述性统计。使用独立样本 t 检验来观察差异的显著性水平。使用 1997 年 1 月至 2019 年 10 月的月度数据进行分析。

本章假设非标的股票的异质信念比标的股票的强是因为投资者对非标的股票的异质信念无法表达。结合上述关于用换手率解释标的股票特质波动率效应（见表 8－5）和第二阶段标的股票特质波动率和换手率显著性下降（见表 8－7）的研究结果，我们推测启用融资融券后投资者对标的股票的异质信念可以表达，从而降低了特质波动率效应。接下来，我们将进一步研究融资融券机制对股票特质波动率效应的影响。

8.3.3.2 双重差分模型

基于标的股票选择标准，其具有较低特质波动率是合理的。因此，根据公司自己的特点，简单比较不能充分说明标的股票特质波动率降低是因为引入了融资融券机制。为验证稳健性，本章使用双重差分模型检验融资融券对股票特质波动率的影响。

本章引入 T 和 D 两个虚拟变量。T 用以区分引入融资融券机制前后的两个阶段的时间。将 T＝0 作为第一阶段（从 1997 年 1 月至 2010 年 3 月），此时尚未引入融资融券机制；将 T＝1 作为第二阶段（从 2013 年 2 月至 2019 年 10 月），此时一些股票已可融资融券。虚拟变量 D 反应的是一只股票是否为标的股票。D＝0 表示的是 1159 只非标的股票，D＝1 表示的是 429 只标的股票。最后引入交互项 DID＝T×D。如果 DID 的 t 值显著，表明引入融资融券机制后两类股票的特质波动率明显分化。该模型如下所示：

$$IV = \alpha + \lambda_1 T + \lambda_2 D + \lambda_3 DID + \varepsilon \tag{8.2}$$

其中，λ_3 表示融资融券对特质波动率的影响。

结果如表 8 - 10 所示，实施融资融券对股票特质波动率（t 值是 - 38.35）的下降有显著影响。为检验该结果的稳健性，从标的股票和非标的股票中分别选取 204 只规模相似的股票，然后进行双重差分法检验、共同趋势检验和安慰剂检验以避免对股票规模进行控制引起的潜在影响因素。

表 8 - 10　　　　　　　　　　　　　双重差分模型

	IV
DID	- 0. 343 *** (- 38. 35)
T	0. 152 *** (27. 65)
D	- 0. 095 *** (- 15. 73)

注：虚拟变量 T，T = 0 代表第一阶段（从 1997 年 1 月至 2010 年 3 月），T = 1 代表第二阶段（从 2013 年 2 月至 2019 年 10 月）。虚拟变量 D，D = 0 代表 1159 只非标的股票，D = 1 代表 429 只标的股票。引入交互项 DID = T × D。在 1% 水平上的显著性用 *** 表示。

首先，在控制规模后使用双重差分模型。结果如表 8 - 11 所示。控制规模变量后，标的股票的特质波动率效应仍然显著低于非标的股票的。

表 8 - 11　　　　　　　控制规模变量后的双重差分模型

	IV
DID	- 0. 110 *** (- 7. 38)
T	0. 001 (0. 12)
D	0. 020 ** (2. 20)

注：分别从标的股票和非标的股票中选取 204 只规模相近的股票。变量设置与表 8 - 10 的一致。1% 和 5% 水平上的显著性分别用 *** 和 ** 表示。

其次，进行共同趋势检验。两个时间段内两类股票的等权特质波动率的折线图如图 8 - 1 所示。2010 年 3 月至 2013 年 2 月的折线图仅是为了时间的连续性，不具有实际价值。特质波动率之差等于标的股票特质波动率减非标的股票特质波动率。在第一阶段，两类股票的特质波动率几乎完全相等，特质波动率之差几乎为 0。在第二阶段，特质波动率折线下滑。该结果表明在第一阶段，两类股票具有共同趋势；第二阶段，在引入融资融券机制后，两类股票之间出现了差异。

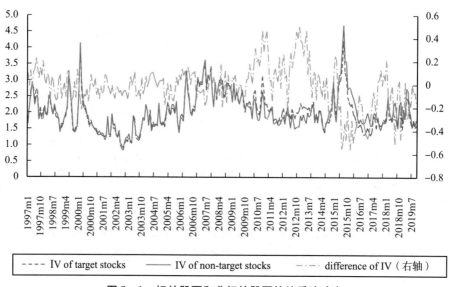

图 8 - 1　标的股票和非标的股票的特质波动率

最后，进行安慰剂检验。样本区间从 1997 年 1 月至 2010 年 2 月，此时尚未引入融资融券机制。如果假设融资融券机制在 2003 年 1 月引入，则第一阶段是从 1997 年 1 月至 2002 年 12 月，第二阶段是从 2003 年 1 月至 2010 年 2 月。其他所有变量 T 和 D 保持不变。双重差分模型检验结果如表 8 - 12 所示。在此情形下，融资融券机制的引入大幅度增加了标的股票的特质波动率。因此，不能说有其他因素导致前述结果不可信。

表 8 – 12	安慰剂检验	
		IV
DID		0. 104 *** (5. 78)
time		0. 373 *** (30. 35)
treated		– 0. 054 *** (– 3. 88)

注：样本源自 1997 年 1 月至 2010 年 2 月数据。假设融资融券机制在 2003 年 1 月引入，则第一阶段是从 1997 年 1 月至 2003 年 1 月，第二阶段是从 2003 年 3 月至 2010 年 2 月。分别从标的股票和非标的股票中选取 204 只规模相近的股票。变量设置与表 8 – 10 的一致。在 1% 水平上的显著性用 *** 表示。

总之，融资融券机制的发展可以有效降低股票的特质波动率。

8.3.4　融资还是融券

融资融券可以分为两类行为：融资和融券。为探索特质波动率是否被融资或融券抑制，本章使用 SsSell 和 MarBuy 分别代替融资和融券活动。MarBuy 是一个月内融资购得的股票价值，SsSell 是一个月内融券卖出的股票价值。用 SsSell 和 MarBuy 作自变量，用股票特质波动率作因变量。然后进行 Fama – MacBeth 回归分析以检验 SeSell 和 MarBuy 是否与特质波动率显著相关，结果如表 8 – 13 所示。结果显示 SeSell 与特质波动率呈显著负相关，而 MarBuy 与特质波动率呈正相关。这表明融券可以有效降低特质波动率。当投资者借钱购买股票时，他们相信这些股票被低估了；若他们借出股票，则表明他们认为这些股票被高估了。当可以融资时，更容易高估股票；当可以融券时，更容易低估股票。中国股票市场引入了融券机制，其消除了标的股票的卖空限制并降低了标的股的特质波动率。因此，股票特质波动率效应存在的部分原因是卖空限制导致的。

表 8 – 13		SsSell 和 MarBuy 的 Fama – MacBeth 回归分析						
SsSell	MarBuy	SIZE	BM	BETA	REV	MOM	TURNOVER	ISKEW
– 4. 205 *** (– 6. 24)	0. 315 *** (10. 74)							

续表

SsSell	MarBuy	SIZE	BM	BETA	REV	MOM	TURNOVER	ISKEW
- 0. 541 ***	0. 018 **	0. 020 **	- 0. 184 ***	0. 003	0. 030 ***	0. 004 ***	1. 381 ***	0. 108 ***
(- 2. 75)	(2. 27)	(2. 57)	(- 17. 73)	(0. 21)	(18. 44)	(13. 31)	(20. 57)	(11. 49)

注: 使用目标股票, 用 2013 年 2 月至 2019 年 10 月的月度数据, 对特质波动率与 SsSell 和 MarBuy 的同月值进行公司层面的双变量和多变量 Fama - MacBeth 横截面回归。结果报告了斜率系数的时间序列均值和相应的 t 统计量。特质波动率和其他控制变量的定义见本章附录 A。在 1% 和 5% 水平上的显著性分别用 *** 和 ** 表示。

根据斯坦堡等（2015）和李等（2014）的研究结果, 卖空限制将引起买家和卖家之间的套利不对称。褚、希什莱弗和马（2018）也提及由于卖空限制的存在, 卖出成本比买进成本高很多。我们相信异质信念在股票市场是正常现象, 否则将无交易活动。但是, 如果异质信念不能表达, 将引发异常收益率。若没有融资融券, 买进比卖出容易。因此, 买家信念在市场上强烈表达, 而卖家无法表达其信念。结果则是股价将被高估并引发负异常收益率。

在其他相似情形下, 标的股票与经典资本资产定价模型假定下的所有投资者均可及时获得充分的市场信息的想法更为一致。因此, 市场对信息的反应更迅速, 这将使股价更合理。任何由其他干扰造成的异常都很微弱。当买卖不对称时, 卖家的卖空信念被压制。引入融资融券机制后, 卖家信念可以充分表达。标的股票的特质波动率和换手率在第二阶段降低了。因此, 融资融券标的股票的特质波动率效应可以用异质信念解释, 该机制表明卖空限制抑制了卖家异质信念的表达。

8.3.5 稳健性检验

本章通过在剔除所有金融行业股票后消除共同因子进行了稳健性检验。金融行业杠杆极高, 对结果影响较大, 因此在检验前将金融行业股票都剔除了。使用 Fama - MacBeth 三因子模型消除共同因子。式（8.3）是计算收益率的公式。收益率来自两部分: 共同相关的收益率和异常收益率。剔除共同风险因子（市场因子（MKT）、市值因子（SMB）和账面市值比因子（HML））后, 得到经风险调整的收益率 $R_{i,m}$, 式（8.4）是其公式。

$$R_{i,m} - r_{f,m} = \alpha_i + \beta_{MKT,i}MKT_m + \beta_{SMB,i}SMB_m + \beta_{HML,i}HML_m + \in_{i,m} \tag{8.3}$$

$$R_{i,m}\_adj = \alpha_i + \in_{i,m} \tag{8.4}$$

经风险调整的收益率可以消除共同因子的影响，仅剩下特质部分和无法解释的部分用以检验结果的稳健性。如此能避免 CAPM 贝塔系数（Brennan，Chorida，and Subrahmanyam，1998）的估算错误。重新对上述所有的实证部分进行重复检验。

主要结果基本与先前的研究结果一致，但是仍有两个显著差异。首先，通过比较 3.1 节讨论的两个相关的时间段，标的股票两个阶段横截面回归分析的稳健性检验的所有特质波动率、最大日收益率和换手率没有显著变化。[1]很难判断卖空限制是否对这三个特征有影响。通过比较标的股票和非标的股票，虽然标的股票的 t 值较小，但标的股票和非标的股票的特质波动率、最大日收益率和换手率具有相同显著性水平。[2]其次，对于多变量 Fama - MacBeth 横截面回归分析，SsSell 的 t 值变得更小，而 MarBuy 的 t 值基本保持不变（见互联网附录的表 IA - 2）。

本研究的结果不受特质波动率估算方法或效果检验的样本期间的驱动。由于 2015 年中国股票市场经历了一次大幅下跌，中国政府在当年实施了一系列规则以控制卖空和提高市场流动性，本章也用三因子模型（Fama and French，1993）计算了特质波动率并将取样期间缩短至从 1997 年 1 月至 2014 年 12 月以进行额外的稳健性检验。结果从定性分析来看是相似的。[3]

此外，由于中国噪声交易者[4]很多，本章同样关注噪声交易如何影响特质波动率。[5]虽然很难获取噪声交易数据，但收集机构交易数据相对容易。我们做折线图，用年份（1999～2019 年）作横坐标，用机构持股比例作纵坐标。结果如本章附录 B 的图 IA - 1 所示。相较于非标的股票，标的股票的机构持股比例更高；截至 2010 年，标的股和非标的股的机构持股比例都大幅上升，此后维持在一个稳定水平。非标的股票因为特质波动率更强，因此噪声交易者更多，这与亚博（Aabo）、潘萨利斯（Pantzalis）和帕克（Park）（2017）的研究结果一致。

---

[1]　结果见本章附录 B 的表 IA - 1。
[2]　非标的股票的结果相似。可根据需求提供数据。
[3]　可根据需求提供数据。
[4]　"噪声交易者"是指那些根据似乎是真实的信息而实际是噪声信息开展交易的非理性人群。
[5]　亚博、潘萨利斯和帕克（2017）指出特质波动率越大反映出噪音交易者的影响越大。

8.4　总　　结

总的来说，特质波动率存在于中国股票市场，且不能被其他变量解释。若将股票分为标的股票和非标的股票，标的股票的特质波动率可以用换手率解释。这表明标的股票的特质波动率主要源自异质信念，原因是卖空限制阻碍了异质信念表达。非标的股票的特质波动率不能被解释，其受异质信念外的其他因子的影响较大。

在标的股票中发生的博彩行为少于非标的股票。一方面，标的股票流通市值更大，流通性更强，波动率更低，它们在所有彩票性特征上都很微弱；另一方面，投资者受卖空限制影响，他们更喜欢在非标的股票上"赌博"。

本章使用双重差分模型分析，结果发现引入融资融券机制可以显著降低标的股票的特质波动率。考虑多项额外检验后，结果仍然稳健。股票特质波动率的抑制主要源自融券。因此，引入卖空机制有助于中国股票价格修正。

附录A　变量定义

月度特质波动率、最大日收益率和特质偏度数据基于每日数据计算得出。下文的 i 代表第 i 只股票，d 代表第 d 天，t 代表第 t 月，y 代表第 y 年，R_i 是股票 i 的收益率，R_m 是市场收益率，r_f 是无风险收益率，$R_m - r_f$ 是市场收益率减无风险收益率。

（1）特质波动率（IV）。使用 CAPM 模型计算出股票 i 在第 d 天的特质收益率 $\varepsilon_{i,d}$。股票 i 在月份 t 的特质波动率被定义为该月内特质收益率的标准差。

$$R_{i,d} - r_{f,d} = \alpha_i + \beta_i(R_{m,d} - r_{f,d}) + \varepsilon_{i,d}, \quad IV_{i,t} = \sqrt{var(\varepsilon_{i,d})} \quad (8.A.1)$$

（2）最大日收益率（MAX，用百分比表示）。由于受中国股票市场涨跌影响，每日股价波动可能无法充分表达。如果使用巴利等（2011）的方法计算最大日收益率，将出现错误。因此，根据纳尔提亚、孔和吴（2017），本章用累积最大日收益率作为最大日收益率的替代。若第一天股票收益率达到 10% 的上限，第二天达到 5%，则该股票第一天的累积收益率为 15%。同样，若股票第一天的收益率是 10%，第二天收益率为 10%，第三天为 5%，则该股票第一天的累积收益率为 25%。

（3）短期反转因子（REV，用百分比表示）。t 时期的短期反转因子被定义为前一个月 t−1 的收益率乘以 100。

（4）动量因子（MOM，用百分比表示）。根据杰加代什和提特曼（1993），月份 t 每只股票的动量效应用前十二个月减一个月的累积收益率计算，例如，月份 t−12 至月份 t−1 的累积收益率。

（5）规模因子（SIZE，单位是百万人民币）。每个月份 t，公司规模用 t 月末权益市值的自然对数来计算。

（6）账面市值比（BM）。账面市值比被定义为账面市值除以市场资本额。用此计算对数。y 年的 12 个月的账面市值用 y−1 年 12 月的账面市值。市场资本额是 t 月末的权益市值。

$$BM_{i,t} = \ln\left(\frac{BE_{i,y-1}}{ME_{i,t}}\right) \tag{8. A. 2}$$

其中，BE 是账面市值，ME 是流通市值。

（7）CAPM 贝塔系数（BETA）。定义为每月股票 i 的收益率与市场收益率的协方差除以市场收益率的方差。用月度数据计算年度数据：

$$BETA_{i,y} = \frac{\mathrm{cov}(R_{i,t} - r_{f,t},\ R_{m,t} - r_{f,t})}{\mathrm{var}(R_{m,t} - r_{f,t})} \tag{8. A. 3}$$

（8）换手率（TURNOVER）。定义为每月累计交易量除以当月末的市场资本额：

$$TURNOVER_{i,t} = \frac{volume_{i,t}}{MktCap_{i,t}} \tag{8. A. 4}$$

（9）特质偏度（ISKEW）。首先计算 Fama−MacBeth 三因子模型的残差，再用下列公式计算特质偏度：

$$R_{i,d} - r_{f,d} = \alpha_i + \beta_{MKT,i}MKT_d + \beta_{SMB,i}SMB_d + \beta_{HML,i}HML_d + \in_{i,d},$$

$$ISKEW_{i,t} = \frac{\frac{1}{n}\sum_{d=1}^{n} \in_{i,d}^{3}}{\left(\frac{1}{n}\sum_{d=1}^{n} \in_{i,d}^{2}\right)^{3/2}} \tag{8. A. 5}$$

（10）MarBuy。一个月内融资买进的股票价值。

（11）SsSell。一个月内融券卖出的股票价值。用交易量乘以月末收盘价来计算。

附录 B　补充数据

本章的补充数据见 https：//doi. org/10. 1016/j. iref. 2020. 08. 021。

第 9 章

趋势因子的相关投资策略

在美国市场和中国市场，韩等（2016）和刘等（2023）分别研究了基于价格移动平均和基于价格、交易量移动平均构建的趋势因子对未来股票收益率的预测能力。研究发现，美国市场的趋势因子表现优于短期反转因子、中期动量因子和长期反转因子。由于中国市场交易量大部分来源于个体投资者这一特征，在中国市场上构造的趋势因子，同时包含价格和交易量移动平均。实证结果显示，加入趋势因子的中国四因子模型的解释能力优于现有的因子模型。

9.1 简　　介

在美国市场上，有三种异象难以用传统的因子模型进行解释。这三种异象分别是：由雷曼（1990）、罗（Lo）和麦金莱（MacKinlay）（1990）以及杰加代什（1990）提出的短期反转效应（在日、周和月的水平上），杰加代什和提特曼（1993）提出的动量效应（在 6~12 个月的水平上）以及德邦特（De Bondt）和泰勒（Thaler）（1985）提出的长期反转效应（在 3~5 年的水平上）。传统的研究往往从一个时间期限的价格信息入手，针对单个异象进行分析。那么通过结合三个投资期限的价格信息，能否获得更好的收益？韩等（2016）针对这一问题进行研究，并在美国市场上构建结合短期反转、中期动量和长期反转这三个不同时间期限的趋势因子。

中国的股票市场规模仅次于美国，是全球第二大的股票市场。但是与美国由机构投资者主导交易不同，中国的个人投资者占据了 80% 的总交易量。考虑到中国市场的这一特性，刘等（2023）在构建中国市场的趋势因子时，在价格信息之外，也加入了交易量信息。

本章余下部分的结构安排如下：9.2 节给出美国市场上趋势因子的构造和表现，9.3 节对中国 A 股市场上趋势因子的构造和实证结果进行阐述，9.4 节进行总结。

9.2　美国市场上的趋势因子

在本节中，我们首先介绍了美股上将短期反转、中期动量和长期反转合并成趋势因子的方法。随后，我们给出了这一结合不同期限价格信息的趋势因子在美国市场上的实证表现结果。

9.2.1　基于价格移动平均构建美国市场上趋势因子

为了构建趋势因子，要选择具体的方法来计算不同时间尺度下的动量、反转。为此，韩等（2016）采用的是 Moving Average（MA，移动平均）。移动平均是一个被技术分析广泛采用的简单指标，许多实盘交易结果指出 MA 对于未来的收益率有一定的预测性。在理论方面，韩等（2016）受到王（1993）的启发，使用一个简单的随机过程模型对于 MA 在收益率上面的预测性进行了分析。此外，朱和周（2009）从资产配置的角度研究了移动平均的价值。理论分析和实证数据均显示移动平均在交易中的作用。

趋势因子的计算步骤首先计算出每只股票在不同时间尺度下的价格移动平均值，然后将其标准化。将得到的移动平均因子指标和下一期的收益率做横截面回归以得到每期因子收益率。再通过滚动窗口计算出每个移动平均因子在这段时间内的收益率均值。最终使用移动平均因子收益率和最新的因子取值计算出个股下一期收益率的预测，以此对个股排序。具体的步骤如下：

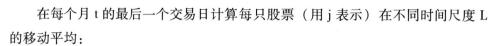

在每个月 t 的最后一个交易日计算每只股票（用 j 表示）在不同时间尺度 L 的移动平均：

$$A_{jt,L} = \frac{P_{j,t-L+1} + P_{j,t-L+2} + \cdots + P_{j,t}}{L} \qquad (9.1)$$

其中，$P_{j,t-L+i}$ 为股票 j 在第 $t-L+i$ 个月最后一个交易日的价格。考虑到不同股票价格的量级存在巨大的差别，计算的下一步是使用最新的价格 $P_{j,t}$ 对上述移动平均进行标准化：

$$\widetilde{A}_{jt,L} = \frac{A_{jt,L}}{P_{j,t}} \qquad (9.2)$$

在有了不同时间尺度的移动平均之后，再将它们视作不同级别的趋势（可能是动量、也可能是反转）信号，在每期使用股票最新的 MA 指标和下一期的收益率进行截面回归，得到这些移动平均因子的收益率：

$$r_{j,t} = \beta_{0,t} + \sum_i \beta_{i,t}\widetilde{A}_{jt-1,L_i} + \epsilon_{j,t}, \ j = 1, \cdots, n \qquad (9.3)$$

其中，$r_{j,t}$ 为个股 j 在 t 期的收益率，L_i 为第 i 个计算价格移动平均的时间尺度。通过截面回归就可以得到这些移动平均因子的收益率。具体计算时，均线的时间尺度的取值为 3、5、10、20、50、100、200、400、600、800 以及 1000 个交易日。

在不同时期 t 上使用截面回归得到了 $\beta_{i,t}$，可以在时序上取均值来预测下一个选股窗口各均线因子的预期收益率。为此，我们采用了使用过去 12 个月的 $\beta_{i,t}$ 来计算下个月的预期收益率：

$$E_t[\beta_{i,t+1}] = \frac{1}{12}\sum_{m=1}^{12}\beta_{i,t+1-m} \qquad (9.4)$$

接下来，使用对 t+1 期的均线预期收益率 $E_t[\beta_{i,t+1}]$ 和个股 j 在 t 期的最新均线指标取值就可以计算出每只股票在 t+1 期的收益率预测，并以此对股票排序构建趋势因子：

$$E[r_{i,t+1}] = \sum_i E_t[\beta_{i,t+1}]\widetilde{A}_{jt,L_i} \qquad (9.5)$$

最终，在每个月末将股票按照预期收益率从大到小进行排序，将排在前 20% 的股票等权重构建多头组合，将排名后 20% 的股票等权重构建空头组合，多空组合的收益率之差就是趋势因子。

9.2.2 美国市场上趋势因子实证表现结果

韩等（2016）从 CRSP 数据库中搜集美股交易和财务数据，样本期为 1930 年 6 月至 2014 年 12 月，计算趋势因子的频率是月频。

韩等（2016）采用 Fama – MacBeth 回归在控制许多公司特征变量的同时，考察目标变量解释股票预期收益率截面的显著性。在该回归中，韩等（2016）将式（9.4）右侧的解释变量替换为使用不同时间尺度价格移动平均计算得到的预期收益率 ER_{trd}^{12}、ER_{trd}^{6} 和 ER_{trd}^{60}，其他变量为常见的公司特征变量。Fama – MacBeth 回归的结果如表 9 - 1 所示。

表 9 – 1　　　　　　　　　　　Fama – ManBeth 回归结果

变量	（1）	（2）	（3）	（4）	（5）	（6）	（7）	（8）
Intercept	-0.17 *** (-6.41)	-0.17 *** (-3.35)	-0.12 *** (-6.46)	-0.18 *** (-13.06)	-0.15 *** (-6.91)	-0.15 *** (-11.76)	-0.18 *** (-5.86)	-0.22 *** (-15.30)
ER_{trd}^{12}	-0.67 *** (7.84)	0.61 *** (4.22)	0.47 *** (7.87)	0.58 *** (17.15)				
ER_{trd}^{5}					0.54 *** (8.85)	0.50 *** (15.74)		
ER_{trd}^{60}							0.71 *** (6.48)	0.69 *** (18.78)
Log（size）	-1.00 ** (-1.98)	-1.00 ** (-2.19)	-1.21 *** (-2.79)	-1.56 *** (-3.58)	-1.09 ** (-2.16)	1.56 *** (-3.59)	-1.02 ** (-2.01)	-1.59 *** (-3.54)
Log（B/M）	1.52 ** (2.06)	1.43 ** (2.12)	1.39 ** (2.20)	0.69 (0.80)	1.50 ** (2.05)	0.68 (0.80)	1.50 ** (2.03)	0.56 (0.65)
R_{-1}		-0.24 (-1.43)	-0.57 *** (-7.57)	-0.32 *** (-6.20)		-0.37 *** (-6.57)		-0.25 *** (-4.45)
$R_{-6, -2}$		0.61 (1.03)	0.76 ** (2.13)	0.27 (0.96)		0.22 (0.77)		0.21 (0.75)
$R_{-60, -25}$		-0.13 (-0.08)	0.16 (0.11)	-1.38 ** (-2.09)		-1.39 ** (-2.17)		-1.31 ** (-1.98)
IVol			-0.15 (-1.39)	-0.10 *** (-1.98)		-0.11 ** (-2.03)		-0.12 ** (-2.26)

变量	(1)	(2)	(3)	(4)	(5)	(6)	(7)	(8)
Turnover			11.0 * (1.76)	9.91 ** (2.46)		10.1 *** (2.61)		10.1 ** (2.40)
% Zero			−0.39 (−1.14)	−0.55 * (−1.73)		−0.56 * (−1.79)		−0.55 * (−1.66)
C/P				0.40 *** (3.84)		0.40 *** (3.99)		0.40 *** (3.72)
E/P				0.10 (1.37)		0.09 (1.20)		0.12 (1.39)
S/P				−0.35 (−1.64)		−0.32 (−1.56)		0.41 * (−1.67)

注：表格报告了使用趋势信号预测的收益率和其他公司特征变量对股票月度回报进行 Fama – MacBeth 横截面回归的结果。该回归是修正后的 Fama – MacBeth 回归，第一步采用加权最小二乘法，权重是从整个样本期间估计的股票方差的倒数。出于稳健性考虑，表格报告了三种形式的预期回报，分别是使用滚动的 12 个月、6 个月和 60 个月平均值来估计系数的预期回报 ER_{trd}^{12}、ER_{trd}^{6} 和 ER_{trd}^{60}。括号中是纽威和韦斯特 (1987) 的 t 统计量，在 1% 水平上的显著性用 *** 表示。样本期间为 1930 年 6 月至 2014 年 12 月。

回归结果显示，通过价格移动平均计算得到具有高预期期望回报的股票平均而言在未来也有更高的回报。且该结果在使用不同时间尺度计算预期期望回报或加入其他变量后仍然显著。

样本期内趋势因子（Trend）和短期反转因子（SREV）、中期动量因子（MOM）、长期反转因子（LREV）以及 Fama – French 三因子的收益如表 9 – 2 所示。

表 9 – 2　　　　　　　趋势因子及其他因子的描述性统计

因子	Mean（%）	Std dev（%）	Sharpe ratio	Skewness	Excess kurtosis
Trend	1.63 *** (15.0)	3.45	0.47	1.47	11.3
SREV	0.79 *** (7.21)	3.49	0.23	0.99	8.22
MOM	0.79 *** (3.29)	7.69	0.10	−4.43	40.7
LREV	0.34 *** (3.09)	3.50	0.10	2.93	24.8

因子	Mean（%）	Std dev（%）	Sharpe ratio	Skewness	Excess kurtosis
Market	0.62 *** (3.69)	5.40	0.12	0.27	8.03
SMB	0.27 *** (2.63)	3.24	0.08	2.04	19.9
HML	0.41 *** (3.64)	3.58	0.11	2.15	18.9

注：表格报告了趋势因子（Trend）、短期逆转因子（SREV）、动量因子（MOM）、长期逆转因子（LREV）以及包括市场投资组合（Market）、SMB 和 HML 因子的 Fama – French 三因子的摘要统计信息。对于每个因子，报告了百分比的样本均值、百分比的样本标准偏差、夏普比率、偏度和超额峰度。括号中是 t 统计量，在 1% 水平上的显著性用 *** 表示。样本期间为 1930 年 6 月至 2014 年 12 月。

从均值极其对应的 t 统计量来看，趋势因子的优势十分明显，其在样本期间的平均月度收益为 1.63%。这一回报是规模因子和账面市值比因子的四倍多，也是短期反转因子、动量因子和长期反转因子的两倍多。

9.3　中国市场上的趋势因子

在本节中，我们首先介绍了中国市场上价格移动平均和交易量移动平均合并成趋势因子的方法。随后，我们给出趋势因子在 A 股市场上的实证表现结果。

9.3.1　基于价格和交易量移动平均构建中国市场上趋势因子

与美国市场上机构投资者占据交易不同，中国市场上 80% 的交易量来自个人投资者。因此在中国市场上构造趋势因子不仅需要使用价格移动平均，同时也需要使用交易量移动平均来反映信息。刘等（2023）构建了中国市场上的趋势因子，具体而言，在每月月末进行如下回归：

$$r_j^t = \alpha_t + \sum_i \beta_{i,t}^P \widetilde{MA}_{j,L_i^P}^{P,t-1} + \sum_i \beta_{i,t}^V \widetilde{MA}_{j,L_i^V}^{V,t-1} \tag{9.6}$$

其中，上标 P 和 V 分别代表价格和成交量，r_j^t 为个股 j 在 t 期的收益率，MA 为对应时间尺度 L_i 下标准化后的价格、交易量的移动平均值。值得注意的是，与韩等（2016）不同，刘等（2023）在中国市场上利用了更长周期的指数移动平均来估计 $E_t(\beta_{i,t+1}^x)$：

$$E_t[\beta_{i,t+1}^x] = (1 - \lambda_t)E_t[\beta_{i,t}^x] + \lambda\beta_{i,t}^x \tag{9.7}$$

其中，λ_t 是决定平滑程度的系数。在计算美国市场上的趋势因子时，韩等（2016）使用固定窗口的简单移动平均进行平滑。刘等（2023）在构建中国市场上的趋势因子时对其进行扩展，通过历史数据计算目前为止什么长度的窗口为最佳，并在下一个预测期使用该窗口。采用中国市场上的数据计算，λ_t 在样本期内在 $0.01 \sim 0.02$。这一结果与现实吻合，中国市场比美国更为波动，因此采用较长的窗口来平滑系数。

9.3.2 中国市场上趋势因子实证表现结果

刘等（2023）以中国 A 股市场沪、深交易所上市的全部股票为样本，对趋势因子在中国市场上实证表现进行检验。由于上市和交易系统的不同，样本剔除了 2019 年启动的科创板中的股票。还剔除了在上海证券交易所上市但在深圳证券交易所进行股份配售的股票。所有的股票交易数据和公司财务数据都来自 Wind 数据库。样本期间为 2000 年 1 月至 2022 年 12 月。

刘等（2023）提出了一个结合趋势因子的中国市场四因子模型。基于 ER_{Trend}（由价格、交易量移动平均计算的预期收益率）、规模、市盈率，采用 $2 \times 3 \times 3$ 对股票进行分组，构建出趋势因子（Trend）、规模因子（SMB*）和价值因子（VMG*）。

我们对刘等（2023）的结合趋势因子的中国市场四因子模型（LZZ-4）和刘等（2019）所提出的中国四因子模型（LSY-4）中各因子进行了描述性统计，如表 9-3 所示。

表 9-3　　　　　　　　　中国市场上因子描述性统计表

	MKT	SMB	VMG	PMO	SMB*	VMG*	Trend
Panel A：Summary statistics							
Mean（%）	0.78 (1.28)	1.30*** (3.44)	1.06*** (4.87)	0.71*** (2.83)	1.28*** (4.07)	1.09*** (5.82)	1.50*** (5.47)

续表

	MKT	SMB	VMG	PMO	SMB*	VMG*	Trend
Panel A：Summary statistics							
Std. dev.（%）	7.74	5.33	3.42	3.50	4.18	2.90	3.71
Sharpe ratio	0.10	0.24	0.31	0.20	0.30	0.37	0.40
Skewness	-0.23	-0.02	0.20	0.38	-0.05	0.00	0.57
Panel B：Correlation matrix							
MKT	1.00	0.10	-0.22	-0.20	0.03	-0.19	0.09
SMB	0.10	1.00	-0.57	0.21	0.96	-0.60	0.31
VMG	-0.22	-0.57	1.00	0.00	-0.49	0.94	-0.11
PMO	-0.20	0.21	0.00	1.00	0.19	-0.08	0.32
SMB*	0.03	0.96	-0.49	0.19	1.00	-0.55	0.24
VMG*	-0.19	-0.60	0.94	-0.08	-0.55	1.00	-0.06
Trend	0.09	0.31	-0.11	0.32	0.24	-0.06	1.00

注：该表报告了中国市场上 LSY-4 中市场因子（MKT）、规模因子（SMB）、价值因子（VMG）和换手率因子（PMO），以及 LZZ-4 的趋势因子（Trend）、市场因子（MKT）、规模因子（SMB*）和价值因子（VMG*）的描述性统计量。面板 A 报告了各个因子的均值、Newey-West（1987）t 统计量、标准差、夏普比率以及偏度。面板 B 报告了因子的相关系数矩阵。样本期间是 2005 年 1 月至 2022 年 12 月。

表 9-3 的结果显示，趋势因子的表现优秀，在样本期间的平均月收益在各因子中最高，为 1.5%，夏普比率为 0.40。LSY-4 因子中价值因子（VMG）的夏普比率最高为 0.31，比趋势因子低约 1/4。

接下来刘等（2023）对 LZZ-4 解释其他模型因子的能力和解释异象的能力进行了检验。结果表明 LZZ-4 能解释 LSY-4（Liu et al, 2019）、q-4（Hou et al, 2015）和 FF5（Fama and French, 2015）模型中的因子，也能对包括规模异象、反转异象、换手率异象和壳价值异象的中国市场上 60 个具有代表性的异象进行解释。

9.4　总　　结

在趋势因子及其策略的研究中，韩等（2016）和刘等（2023）利用美国股市数据分别研究了基于价格移动平均和基于价格、交易量移动平均构建的趋势因子对未来股票收益率的预测能力。

韩等（2016）通过截面回归将美股上的短期反转、中期动量和长期反转合并成一个新的趋势因子。通过使用不同时间长度的移动平均价格来捕捉信息，横截面回归显示具有高预期期望回报的股票平均而言在未来表现出更高的回报，而预期期望回报较低的股票则平均而言产生较低的未来回报。趋势因子的平均回报为每月 1.63%。这一回报是规模因子和账面市值比因子的四倍多，也是短期反转因子、动量因子和长期反转因子的两倍多。同时趋势因子的表现在加入各种公司和市场特征变量下都具有稳健性。

刘等（2023）通过取移动平均来提取不同期限的价格和交易量信息来构建中国市场上的趋势因子。同时也将趋势因子与市场因子、规模因子和价值因构成中国四因子模型。在中国市场上构造的趋势因子，同时包含价格和交易量信息，这是对美国市场上由价格构建趋势因子的重要拓展。实证结果显示，加入趋势因子的中国四因子模型在解释能力方面显著优于现有的因子模型。它不仅能解释其他模型中的因子，还能对中国市场上 60 个有代表性的异象进行解释。

参 考 文 献

[1] 陈坚. 中国股票市场尾部风险与收益率预测——基于 Copula 与极值理论的 VaR 对比研究 [J]. 厦门大学学报（哲学社会科学版），2014 (4): 45-54.

[2] 陈浪南，黄杰鲲. 中国股票市场波动非对称性的实证研究 [J]. 金融研究，2002 (5): 67-73.

[3] 何家璇，徐加根. 交易量、注意力分配和中国股市凸显效应 [J]. 财贸经济，2022, 43 (11): 91-107.

[4] 何兴强，李涛. 不同市场态势下股票市场的非对称反应——基于中国上证股市的实证分析 [J]. 金融研究，2007 (8): 131-140.

[5] 孔东民，代昀昊，李捷瑜. 知情交易与中国股市博彩溢价 [J]. 金融评论，2010 (2): 61-72, 124.

[6] 赖黎，蓝春丹，秦明春. 市场化改革提升了定价效率吗？——来自注册制的证据. 管理世界 [J]，2022 (4): 172-190, 199.

[7] 李锋森. 我国融资融券助涨助跌了吗？——基于波动非对称性视角 [J]. 金融研究，2017 (2): 147-162.

[8] 李少育，张滕，尚玉皇，等. 市场摩擦对特质风险溢价的影响效应——基于 A 股主板市场的实证分析 [J]. 金融研究，2021 (8): 190-206.

[9] 廖理，梁昱，张伟强. 谁在中国股票市场中"博彩"？——基于个人投资者交易数据的实证研究 [J]. 清华大学学报（自然科学版），2016, 56 (6): 677-684.

[10] 陆蓉，李金龙，陈实. 中国投资者的股票出售行为画像——处置效应研究新进展 [J]. 管理世界，2022, 38 (3): 59-78.

[11] 屈源育，沈涛，吴卫星. 壳溢价：错误定价还是管制风险？[J]. 金融研究，2018 (3): 155-171.

［12］饶育蕾，徐莎，彭叠峰．股价历史新高会导致股票收益异常吗？——来自中国 A 股市场的证据［J］．中国管理科学，2014，22（12）：18－25．

［13］田利辉，王冠英．我国股票定价五因子模型：交易量如何影响股票收益率？［J］．南开经济研究，2014（2）：54－75．

［14］向诚，杨俊．谁在市场中赌博？基金博彩行为研究［J］．中国管理科学，2021，29（11）：224－236．

［15］熊和平，刘京军，杨伊君，等．中国股票市场存在特质波动率之谜吗？——基于分位数回归模型的实证分析［J］．管理科学学报，2018，21（12）：37－53．

［16］熊伟，陈浪南．股票特质波动率、股票收益与投资者情绪［J］．管理科学，2015，28（5）：106－115．

［17］尹力博，廖辉毅．中国 A 股市场存在品质溢价吗？［J］．金融研究，2019（10）：170－187．

［18］赵胜民，刘笑天．特质风险、投资者偏好与股票收益——基于前景理论视角的分析［J］．管理科学学报，2020，23（3）：100－115．

［19］郑振龙，孙清泉．彩票类股票交易行为分析：来自中国 A 股市场的证据［J］．经济研究，2013，48（5）：128－140．

［20］朱红兵，张兵．价值性投资还是博彩性投机？——中国 A 股市场的 MAX 异象研究［J］．金融研究，2020（2）：167－187．

［21］左浩苗，郑鸣，张翼．股票特质波动率与横截面收益：对中国股市"特质波动率之谜"的解释［J］．世界经济，2011，34（5）：117－135．

［22］Aabo, T. , Christos P. , Jung C. P. Idiosyncratic volatility：An indicator of noise trading？［J］Journal of Banking and Finance, 2017, 75：136－151.

［23］Aboulamer, A. , L. Kryzanowski. Are idiosyncratic volatility and MAX priced in the Canadian market？［J］Journal of Empirical Finance, 2016, 37：20－36.

［24］Acharya, V. V. , L. H. Pedersen. Asset pricing with liquidity risk［J］. The Journal of Financial Economics, 2005, 77（2）：375－410.

［25］Agarwal, V. , Jiang, L. , Wen, Q. Why do mutual funds hold lottery stocks？［J］. Journal of Financial and Quantitative Analysis, 2020, Forthcoming.

［26］Amaya, D. , Christoffersen, P. , Jacbos, K. , et al. Does realized skewness predict the cross-section of equity returns? [J]. Journal of Financial Economics, 2015, 118 (1): 135–167.

[27] Amihud, Y. Illiquidity and stock returns: Cross–section and time series effects [J]. Journal of Financial Markets, 2002, 5 (1): 31–56.

[28] Ang, A., Chen, J., Xing, Y. Downside risk [J]. Review of Financial Studies, 2006, 19 (4): 1191–1239.

[29] Ang, A., Hodrick, R., Xing, Y., et al. The cross-section of volatility and expected returns [J]. Journal of Finance, 2006, 61 (1): 259–299.

[30] Ang, A., Hodrick, R. J., Xing, Y., et al. High idiosyncratic volatility and low returns: international and further US evidence [J]. Journal of Financial Economics, 2009, 91 (1): 1–23.

[31] Annaert, J., De Ceuster, M., Verstegen, K. Are extreme returns priced in the stock market? [J]. European evidence. Journal of Banking & Finance, 2013, 37 (9): 3401–3411.

[32] Arditti, Fred D. Risk and the required return on equity [J]. Journal of Finance, 1967, 22 (1): 19–36.

[33] Arditti, Fred D. Another look at mutual fund performance [J]. Journal of Financial and Quantitative Analysis, 1971, 6 (3): 909–912.

[34] Atilgan, Y., & Demirtas, K. O. Downside risk in emerging markets [J]. Emerging Markets Finance and Trade, 2013, 49 (3): 65–83.

[35] Atilgan, Y., Bali, T. G., Demirtas, K. O., et al. Left–tail momentum: Underreaction to bad news, costly arbitrage and equity returns [J]. Journal of Financial Economics, 2020, 135 (3): 725–753.

[36] Aziz, T., Ansari, V. A. Value–at–risk and stock returns: Evidence from India [J]. International Journal of Emerging Markets, 2017, 12 (2): 384–399.

[37] Baba–Yara, F., Boons, M., & Tamoni, A. New and old Sorts: Implications for asset pricing [J]. Working Paper. 2020.

[38] Backus, D., Boyarchenko, N., Chernov, M. Term structures of asset prices and returns [J]. Journal of Financial Economics, 2018, 129 (1): 1–23.

［39］ Bai, J. , Bali, T. G. , Wen, Q. Common risk factors in the cross-section of corporate bond returns ［J］. Journal of Financial Economics, 2019, 131 (3): 619 –642.

［40］ Baker, M. , J. Wurgler. Investor sentiment and the cross-section of stock returns ［J］. The Journal of Finance, 2006, 61 (4): 1 –17.

［41］ Baker, M. , J. Wurgler. Investor sentiment in the stock market ［J］. Journal of Economic Perspectives, 2007, 21 (2): 129 –151.

［42］ Bakshi, Gurdip, Chabi – Yo, Fousseni. New entropy restrictions and the quest for better-specified asset-pricing models ［J］. Journal of Financial and Quantitative Analysis, 2019, 54 (6): 2517 –2541.

［43］ Bali, T. G. , N. Cakici. Value at risk and stock returns ［J］. Financial Analysts Journal, 2004, 60 (2): 57 –73.

［44］ Bali, T. G. , Brown, S. J. , Murray, S. , et al. A lottery-demand-based explanation of the beta anomaly ［J］. Journal of Financial and Quantitative Analysis, 2017, 52 (6): 2369 –2397.

［45］ Bali, T. G. , Cakici, N. , Whitelaw, R. F. Maxing out: Stocks as lotteries and the cross-section of expected returns ［J］. Journal of Financial Economics, 2011, 99 (2): 427 –446.

［46］ Bali, T. G. , Demirtas, K. O. , Levy, H. Is there an intertemporal relation between downside risk and expected returns? ［J］ Journal of Financial and Quantitative Analysis, 2009, 44 (4): 883 –909.

［47］ Bali, T. G. , Gokcan, S. , Liang, B. Value at risk and the cross-section of hedge fund returns ［J］. Journal of Banking and Finance, 2007, 31 (4): 1135 – 1166.

［48］ Bali, T. G. , R. F. Engle, and S. Murray. Empirical asset pricing: The cross section of stock returns ［M］. Wiley, 2016.

［49］ Barber, B. M. , Odean, T. All that glitters: The effect of attention and news on the buying behavior of individual and institutional investors ［J］. The review of financial studies, 2008, 21 (2): 785 –818.

［50］ Barberis, N. , M. Huang. Mental accounting, loss aversion, and individual stock returns ［J］. The Journal of Finance, 2001, 56 (4): 1247 –1292.

[51] Barberis, N. , M. Huang. Stocks as lotteries: The implications of proba- bility weighting for security prices [J]. American Economics Review, 2008, 98 (5): 2066 – 2100.

[52] Barberis, N. , Mukherjee, A. , Wang, B. Prospect theory and stock re- turns: an empirical test [J]. Review of Financial Studies, 2016, 29 (11): 3068 – 3107.

[53] Barberis, N. , Shleifer, A. , Vishny, R. A model of investor sentiment [J]. Journal of Financial Economics, 1998, 49: 307 – 343.

[54] Barillas, Francisco, Shanken, Jay. Which alpha? [J] Review of Finan- cial Studies, 2017, 30 (4): 1316 – 1338.

[55] Barillas, Francisco, Shanken, Jay. Comparing asset pricing models [J]. Journal of Finance, 2018, 73 (2): 715 – 754.

[56] Barro, R. J. Rare disasters and asset markets in the twentieth century [J]. Quarterly Journal of Economics, 2006, 121 (3): 823 – 866.

[57] Bassi, A. , Colacito, R. , & Fulghieri, P. 'O Sole Mio: An experimental analysis of weather and risk attitudes in financial decisions [J]. Review of Financial Studies, 2013, 26 (7): 1824 – 1852.

[58] Berkman, H. , Dimitrov, V. , Jain, P. C. , et al. Sell on the news: Differences of opinion, short-sales constraints, and returns around earnings announce- ments [J]. Journal of Financial Economics, 2009, 92 (3): 376 – 399.

[59] Bi, J. , Y. Zhu. Value at risk , cross-sectional returns and the role of in- vestor sentiment [J]. Journal of Empirical Finance, 2020, 56: 1 – 18.

[60] Blume, L. , Easley, D. , O' hara, M. Market statistics and technical analysis: The role of volume [J]. The Journal of Finance, 1994, 49 (1): 153 – 181.

[61] Boehme, R. D. , Danielsen, B. R. , Sorescu, S. M. Short – sale con- straints, differences of opinion, and overvaluation [J]. Journal of financial and quan- titative analysis, 2006, 41 (2): 455 – 487.

[62] Bordalo, P. , Gennaioli, N. , Shleifer, A. Salience theory of choice un- der risk [J]. The Quarterly Journal of Economics, 2012, 127 (3): 1243 – 1285.

［63］ Bordalo, P. , Gennaioli, N. , Shleifer, A. Salience and asset prices ［J］. American Economic Review , 2013, 103 (3): 623 – 628.

［64］ Boyer, B. H. , and Vorkink, K. Stock options as lotteries ［J］. The Journal of Finance, 2014, 69 (4): 1485 – 1527.

［65］ Boyer, B. , Mitton, T. , Vorkink, K. Expected idiosyncratic skewness ［J］. The Review of Financial Studies, 2010, 23 (1): 169 – 202.

［66］ Brennan, M. J. , Chordia, T. , Subrahmanyam, A. Alternative factor specifications, security characteristics, and the cross-section of expected stock returns ［J］. Journal of Financial Economics, 1998, 49 (3): 345 – 373.

［67］ Brown, Stephen, Yan, Lu, Ray, Sugata, Teo, Melvyn. Sensation seeking and hedge funds ［J］. Journal of Finance, 2018, 73 (6): 2871 – 2914.

［68］ Carhart, M. M. On persistence in mutual fund performance ［J］. The Journal of Finance, 1997, 52 (1): 52 – 82.

［69］ Carpenter, J. N. , Lu, F. , Whitelaw, R. F. The real value of China's stock market ［J］. Journal of Financial Economics, 2021, 139 (3): 679 – 696.

［70］ Chabi – Yo, F. Pricing kernels with stochastic skewness and volatility risk ［J］. Management Science, 2012, 58 (3): 624 – 640.

［71］ Chabi – Yo, Fousseni, Colacito, Riccardo. The term structures of coentropy in international financial markets ［J］. Management Science, 2019, 65 (8): 3541 – 3558.

［72］ Chabiyo, Fousseni. Pricing kernels with stochastic skewness and volatility risk ［J］. Management Science, 2012, 58 (3): 624 – 640.

［73］ Chen, C. Y. – H. , Chiang, T. C. Empirical analysis of the intertemporal relationship between downside risk and expected returns: evidence from time-varying transition probability models ［J］. European Financial Management Journal, 2016, 22 (5): 749 – 796.

［74］ Chen, D. H. , Chen, C. D. , Wu, S. C. VaR and the cross-section of expected stock returns: An emerging market evidence ［J］. Journal of Business Economics and Management, 2014, 15 (3): 441 – 459.

［75］ Chen, D. , K. Wu, Y. Zhu. Stock return asymmetry in China ［J］. Pacific – Basin Finance Journal, 2022, 73: 101757.

[76] Chen, J., Tang, G., Yao, J., et al. Investor attention and stock returns [J]. Journal of Financial and Quantitative Analysis, 2022, 57 (2): 455 – 484.

[77] Cheon, Y., K. Lee. Maxing out globally?: Individualism, investor attention, and the cross section of expected stock returns [J]. Management Science, 2018, 64 (12): 5461 – 5959.

[78] Chu, Yongqiang, David Hirshleifer, Liang Ma. The causal effect of limits to arbitrage on asset pricing anomalies [J]. Journal of Finance, 2018, 75 (5): 2631 – 2672.

[79] Conrad, J., R. F. Dittmar, and E. Ghysels. Ex ante skewness and expected stock returns [J]. The Journal of Finance, 2013, 68 (1): 85 – 124.

[80] Cosemans, M., Frehen, R. Salience theory and stock prices: Empirical evidence [J]. Journal of Financial Economics, 2021, 140 (2): 460 – 483.

[81] Cox, R., Kamolsareeratana, A., Kouwenberg, R. Compulsive gambling in the financial markets: Evidence from two investor surveys [J]. Journal of Banking & Finance, 2020, 111: 105709.

[82] Cui, L., Hong, Y. Do investors' distorted beliefs in economic fundamentals affect equity prices? A comparative study of China and the United States (Translated from Mandarin) [J]. Economic Research Journal, 2017, 8: 94 – 109.

[83] Da, Z., Engelberg, J., Gao, P. In search of attention [J]. The Journal of Finance, 2011, 66 (5): 1461 – 1499.

[84] Daniel, K., Hirshleifer, D., Subrahmanyam, A. Investor psychology and security market under-and overreactions [J]. Journal of Finance, 1998, 53, 1839 – 1885.

[85] Daniel, K., Hirshleifer, D., Sun, L. Short – and long-horizon behavioral factors [J]. Review of Financial Studies, 2020, 33 (4): 1673 – 1736.

[86] Datar, V. T., Naik, N. Y., Radcliffe, R. Liquidity and stock returns: An alternative test [J]. Journal of financial markets, 1998, 1 (2): 203 – 219.

[87] DeBondt, W. F. M., Thaler, R. Does the stock market overreact? [J].

Journal of Finance, 1985, 40: 783 – 805.

[88] Deng, Xuechun, and Zhenlong Zheng. Is there an idiosyncratic volatility puzzle in China's equity market? [J]. Journal of Business Economics, 2011, 231: 60 – 67.

[89] Dittmar, Robert F. Nonlinear pricing kernels, kurtosis preference, and evidence from the cross section of equity returns [J]. Journal of Finance, 2002, 57 (1): 369 – 403.

[90] Dong, X. , Kang, N. , Peress, J. Fast and slow arbitrage: Fund flows and mispricing in the frequency domain [J]. Working Paper, 2020.

[91] Easley, D. , Hvidkjaer, S. , O'hara, M. Is information risk a determinant of asset returns? [J]. The journal of finance, 2002, 57 (5): 2185 – 2221.

[92] Easley, D. , Kiefer, N. , O'hara, M. , et al. Liquidity, information, and infrequently traded stocks [J]. The journal of finance, 1996, 51 (4): 1405 – 1436.

[93] Edelen, R. , Ince, O. , Kadlec, G. Institutional investors and stock return anomalies [J]. Journal of Financial Economics, 2016, 119 (3): 472 – 488.

[94] Fama, E. F. , & French, K. R. The cross-section of expected stock returns [J]. Journal of Finance, 1992, 47 (2): 427 – 465.

[95] Fama, E. F. , & French, K. R. Common risk factors in the returns on stocks and bonds [J]. Journal of Financial Economics, 1993, 33: 3 – 56.

[96] Fama, E. F. , & French, K. R. A five-factor asset pricing model [J]. Journal of Financial Economics, 2015, 116 (1): 1 – 22.

[97] Fama, E. , MacBeth, J. Risk, return, and equilibrium: Empirical tests. Journal of political economy, 1973, 81 (3): 607 – 636.

[98] Fama, Eugene F. , French, Kenneth R. Choosing factors [J]. Journal of Financial Economics, 2018, 128: 234 – 252.

[99] Fong, W. M. Risk preferences, investor sentiment and lottery stocks: A stochastic dominance approach [J]. Journal of Behavioral Finance, 2013, 14 (1): 42 – 52.

[100] Fong, W. M. , Toh, B. Investor sentiment and the MAX effect [J].

Journal of Banking & Finance, 2014, 46: 190 – 201.

[101] Frazzini, A. The disposition effect and underreaction to news [J]. Journal of Finance, 2006, 61 (4): 2017 – 2046.

[102] Frazzini, Andrea, Lasse H. Pedersen. Betting against beta [J]. Journal of Financial Economics, 2014, 111 (1): 1 – 25.

[103] Fu, F. Idiosyncratic risk and the cross-section of expected stock returns [J]. Journal of Financial Economics, 2009, 91 (1): 24 – 37.

[104] Gervais, S., Kaniel, R., Mingelgrin, D. H. The high-volume return premium [J]. The Journal of Finance, 2001, 56 (3): 877 – 919.

[105] Gibbons, Michael R., Ross, Stephen A., Shanken, Jay. A test of the efficiency of a given portfolio [J]. Econometrica, 1989, 57, 1121 – 1152.

[106] Goulding, Christian. Pricing Implications of Clearing a Skewed Asset from the Market [J]. Working Paper, 2018.

[107] Granger, Clive W., Maasoumi, Esfandiar, Racine, Jeffrey. A dependence metric for possibly nonlinear processes [J]. Journal of Time Series Analysis, 2004, 25 (5): 649 – 669.

[108] Grinblatt, M., Han, B. Prospect theory, mental accounting and momentum [J]. Journal of financial economics, 2005, 78 (2): 311 – 339.

[109] Gu, M., Kang, W., Xu, B. Limits of arbitrage and idiosyncratic volatility: Evidence from China stock market [J]. Journal of Banking & Finance, 2018, 86: 240 – 258.

[110] Gui, P., Zhu, Y. Value at risk and the cross-section of expected returns: Evidence from China [J]. Pacific – Basin Finance Journal, 2021, 66, 101498.

[111] Gui, P., Zhu, Y. Margin trading and stock idiosyncratic volatility: Evidence from the Chinese stock market [J]. International Review of Economics and Finance, 2021, 71: 484 – 496.

[112] Guo, Hui, Haimanot Kassa, et al. Ferguson. On the relation between EGARCH idiosyncratic volatility and expected stock returns [J]. Journal of Financial and Quantitative Analysis, 2014, 49 (1): 271 – 296.

[113] Han, B., Hirshleifer, D., J. Walden. Social transmission bias and investor behavior [J]. Journal of Financial and Quantitative Analysis, 2022, 57 (1): 390 – 412.

[114] Han, B., Kumar, A. Speculative retail trading and asset prices [J]. Journal of Financial and Quantitative Analysis, 2013, 48 (2): 377 – 404.

[115] Han, Bing, Hirshleifer, David A., et al. Social transmission bias and investor behavior [J]. Working paper, 2020.

[116] Han, Y., Huang, D., Huang, D., et al. Expected return, volume, and mispricing [J]. Journal of Banking & Finance, 2022, 143 (3): 1295 – 1315.

[117] Han, Y., Zhou, G., Zhu, Y. A trend factor: Any economic gains from using information over investment horizons? [J]. Journal of Financial Economics, 2016, 122 (2): 352 – 375.

[118] Han, Y, Lesmond., D. Liquidity biases and the pricing of cross-sectional idiosyncratic volatility [J]. Review of Financial Studies, 2011, 24 (5): 1590 – 1629.

[119] Harvey, Campbell R., Siddique, Akhtar. Conditional skewness in asset pricing tests [J]. Journal of Finance, 2000, 55 (3): 1263 – 1295.

[120] Haugen, R., Baker, N. Commonality in the determinants of expected stock returns [J]. Journal of Financial Economics, 1996, 41 (3): 401 – 439.

[121] Hong, H., Stein, J. C. A unified theory of underreaction, momentum trading, and overreaction in asset markets [J]. Journal of Finance, 1999, 54 (6): 2143 – 2184.

[122] Hong, H., Lim, T., Stein, J. C. Bad news travels slowly: Size, analyst coverage, and the profitability of momentum strategies [J]. The Journal of finance, 2000, 55 (1): 265 – 295.

[123] Hong, H., Torous, W., Valkanov, R. Do industries lead stock markets? [J]. Journal of Financial Economics, 2007, 83 (2): 367 – 396.

[124] Hou, K., and R. K. Loh. Have we solved the idiosyncratic volatility puzzle? [J]. Journal of Financial Economics, 2016, 121 (1): 167 – 194.

[125] Hou, K., Qiao, F., Zhang, X. Finding anomalies in China [J].

Working Paper, 2023.

［126］Hou, K. , Xue, C. , Zhang, L. Digesting anomalies: An investment approach ［J］. Review of Financial Studies, 2015, 28 (3): 650 – 705.

［127］Hou, K. , Xue, C. , Zhang, L. Replicating anomalies ［J］. The Review of financial studies, 2020, 33 (5): 2019 – 2133.

［128］Hou, Kewei, and Roger K. Loh. Have we solved the idiosyncratic volatility puzzle? ［J］. Journal of Financial Economics, 2016, 121 (1): 167 – 194.

［129］Hou, Kewei, Mo, et al. Which factors? ［J］. Review of Financial, 2019, 23: 1 – 35.

［130］Hu, G. X. , Chen, C. , Shao, Y. , et al. Fama – French in China: Size and value Factors in Chinese stock returns ［J］. International Review of Finance, 2019, 19 (1): 3 – 44.

［131］Hvidkjaer, S. Small trades and the cross-section of stock returns ［J］. The Review of Financial Studies, 2008, 21 (3): 1123 – 1151.

［132］Iqbal, J. , Azher, S. , Ijaz, A. Predictive ability of value-at-risk methods: evidence from the Karachi stock exchange-100 index ［J］. IUP Journal of Financial Risk Management, 2013, 10: 26 – 40.

［133］Israeli, D. , Kaniel, R. , Sridharan, S. A. The real side of the high-volume return premium ［J］. Management Science, 2022, 68 (2): 1426 – 1449.

［134］Jacobs, H. , Müller, S. Anomalies across the globe: Once public, no longer existent? ［J］. Journal of Financial Economics, 2020, 135 (1): 213 – 230.

［135］Jagannathan, Ravi, Skoulakis, et al. The analysis of the cross-section of security returns ［J］. Handbook of Financial Econometrics, 2010, 2 (2): 73 – 134.

［136］Jegadeesh, N. Evidence of predictable behavior of security returns ［J］. Journal of Finance, 1990, 45 (3): 881 – 898.

［137］Jegadeesh, N. , Titman, S. Returns to buying winners and selling losers: Implications for stock market efficiency ［J］. Journal of Finance, 1993, 48 (1): 65 – 91.

［138］Jiang, L. , Liu, J. , Peng, L. , et al. Investor attention and asset pricing anomalies ［J］. Working Paper, 2021.

[139] Jiang, L., Wu, K., Zhou, G., et al. Stock return asymmetry: Beyond skewness [J]. Journal of Financial and Quantitative Analysis, 2020, 55 (2): 357 - 386.

[140] Jiang, L, K, Wu, Zhou, G. Asymmetry in stock comovements: an entropy approach [J]. Journal of Financial and Quantitative Analysis, 2018, 53 (4): 1479 - 1507.

[141] Jiang, Ln, Wu, K., zhou, G., et al. Stock return asymmetry: Beyond skewness [J]. Journal of Financial and Quantitative Analysis, 2020, 55 (2): 357 - 386.

[142] Jones, C., Lamont, O. Short - sale constraints and stock returns [J]. Journal of Financial Economics, 2002, 66 (2 - 3): 207 - 239.

[143] Kahneman, D., Tversky, A. Prospect theory: An analysis of decision under risk [J]. Econometrica, 1979, 47 (2): 263 - 291.

[144] Kaniel, R., Ozoguz, A., Starks, L. The high volume return premium: Cross - country evidence [J]. Journal of Financial Economics, 2012, 103 (2): 255 - 279.

[145] Kelley, E. K., Tetlock, P. C. Why do investors trade? [J]. Working Paper, 2013.

[146] Kelly, B., & Jiang, H. Tail risk and asset prices [J]. Review of Financial Studies, 2014, 27 (10): 2841 - 2871.

[147] Kumar, A. Who gambles in the stock market? [J]. The Journal of Finance, 2009, 64 (4): 1889 - 1933.

[148] Kyle, A. Continuous auctions and insider trading [J]. Econometrica, 1985, 53: 1315 - 1335.

[149] Lehmann, B. N. Fads, martingales and market efficiency [J]. Quarterly Journal of Economics, 1990, 105: 1 - 28.

[150] Lemmon, M., E. Portniaguina. Consumer confidence and asset prices: Some empirical evidence [J]. Review of Financial Studies, 2006, 19 (4): 1499 - 1529.

[151] Leuz, C., Verrecchia, R. The economic consequences of increased dis-

closure [J]. Journal of accounting research, 2000, 38: 91 – 124.

[152] Lewellen, J, Nagel, S. The conditional capm does not explain asset-pricing anomalies [J]. Journal of Financial Economics, 2006, 82 (2): 289 – 314.

[153] Li, Ke, Xu, L., Zhu, W. Short – sale constrains and stock mispricing: The evidences from the margin transactions institution [J]. Economic Research Journal, 2014, 10: 165 – 178.

[154] Li, Z, Du, S., Lin, B. Short selling and stock-price stability: A natural experiment from the margin trading market of China [J]. Journal of Financial Research, 2015, 6: 173 – 188.

[155] Lin, Q. Noisy prices and the Fama – French five-factor asset pricing model in China [J]. Emerging Markets Review, 2017, 31: 141 – 163.

[156] Lintner, J. Security prices, risk, and maximal gains from diversification [J]. Journal of Finance, 1965, 20 (4): 587 – 615.

[157] Liu, J., Stambaugh, R. F., Yuan, Y. Size and value in China [J]. Journal of Financial Economics, 2019, 134 (1): 48 – 69.

[158] Liu, W, HXing, and X Zhang. Investment preference and the idiosyncratic volatility puzzle: Evidence from China stock market [J]. Chinese Journal of Management Science, 2014, 22 (8): 10 – 20.

[159] Liu, Y., Zhou, G., Zhu, Y. Trend factor in China: The role of large individual trading [J]. Working Paper, 2021.

[160] Lo, A. W., MacKinlay, A. C. When are contrarian profits due to stock market overreaction? [J]. Review of Financial Studies, 1990, 3: 175 – 205.

[161] Lo, A. W., Wang, J. Stock market trading volume. In: Ait – Sahalia, Y., Hansen, L. (Eds.), Handbook of Financial Econometrics: Applications [M]. New York: North Holland, 2010: 241 – 342.

[162] Ma, C., Tian, Y. Dividend yield, institutional investors and stock price crash (Translated from Mandarin) [J]. Syst. Eng. – Theory Pract. 2020, 12: 3019 – 3033.

[163] McLean, R. D., Pontiff, J. Does academic research destroy stock return predictability? [J]. The journal of finance, 2016, 71 (1): 5 – 32.

[164] Miller, E. M. Risk, uncertainty, and divergence of opinion [J]. The journal of finance, 1977, 32 (4): 1151 – 1168.

[165] Mohrschladt, H. The ordering of historical returns and the cross-section of subsequent returns [J]. Journal of Banking & Finance, 2021, 125: 106064.

[166] Nagel, S. Short sales, institutional investors and the cross-section of stock returns [J]. Journal of financial economics, 2005, 78 (2): 277 – 309.

[167] Nartea, G. V, Kong, D., J. Wu. Do extreme returns matter in emerging markets? Evidence from the Chinese stock market [J]. Journal of Banking and Finance, 2017, 76: 189 – 197.

[168] Nartea, G. V., Wu, J., Liu, H. T. Extreme returns in emerging stock markets: Evidence of a MAx effect in South Korea [J]. Applied financial economics, 2014, 24 (4 – 6): 425 – 435.

[169] Nartea, G. V., Wu, J., Liu, Z. Does idiosyncratic volatility matter in emerging markets? Evidence from China [J]. Journal of International Financial Markets, Institutions and Money, 2013, 27: 137 – 160.

[170] Nartea, G. V., Kong, D., Wu, J. Do extreme returns matter in emerging markets? Evidence from the Chinese stock market [J]. Journal of Banking and Finance, 2017, 76: 189 – 197.

[171] Newey, Whitney K., West, et al. A simple, positive semi-definite, heteroskedasticity and autocorrelation consistent covariance matrix [J]. Econometrica, 1987, 55: 703 – 708.

[172] Nguyen, H. T., and C. Truong. When are extreme daily returns not lottery? At earnings announcements! [J]. Journal of Financial Markets, 2018, 41: 92 – 116.

[173] Novy – Marx, R. The other side of value: The gross profitability premium [J]. Journal of Financial Economics, 2013, 108 (1): 1 – 28.

[174] Pastor, L., and R. F. Stambaugh. Liquidity risk and expected stock returns [J]. Journal of Political Economy, 2003, 111: 642 – 685.

[175] Poteshman, A. M. Underreaction, overreaction, and increasing misreaction to Information in the options market [J]. Journal of Finance, 2001, 56 (3):

851 – 876.

[176] Qiao, Fang. Replicating Anomalies in China [J]. Working Paper, 2019.

[177] Rachwalski, M. , Wen, Q. Idiosyncratic risk innovations and the idiosyncratic risk-return relation [J]. Review of Asset Pricing Studies, 2016, 6 (2): 303 – 328.

[178] Shanken, Jay. On the estimation of beta-pricing models [J]. Review of Financial Studies, 1992, 5 (1): 1 – 33.

[179] Sharpe, W. F. Capital asset prices: A theory of market equilibrium under conditions of risk [J]. Journal of Finance, 1964, 19 (3): 425 – 442.

[180] Shefrin, H. , Statman, M. The disposition to sell winners too early and ride losers too long: Theory and evidence [J]. Journal of Finance, 1985, 40 (3): 777 – 790.

[181] Shi, Y. , Li, Z. , Chen, W. The empirical research on trading strategies of Chinese security investors (Translated from Mandarin) [J]. Journal of Financial Research, 2009, 11: 129 – 142

[182] Song, Z. , Xiong, W. Risks in China's financial system [J]. Annual review of? financial? economics, 2018, 10: 261 – 286.

[183] Stambaugh, R. F. , & Yuan, Y. Mispricing factors [J]. Review of Financial Studies, 2017, 30 (4): 1270 – 1315.

[184] Stambaugh, R. F. , J. Yu, and Y. Yuan. The short of it: Investor sentiment and anomalies [J]. Journal of Financial Economics, 2012, 104 (2): 288 – 302.

[185] Stambaugh, R. F. , J. Yu, and Y. Yuan. Arbitrage asymmetry and the idiosyncratic volaitlity puzzle [J]. Journal of Finance, 2015, 70 (5): 1903 – 1948.

[186] Sun, Kaisi. , Wang, Hui, and Zhu, Y. Salience theory in price and trading volume: Evidence from China [J]. Journal of Empirical Finance, 2023, 70: 38 – 61.

[187] Thaler, R. Toward a positive theory of consumer choice [J]. Journal of Economic Behavior and Organization, 1980, 1 (1): 39 – 60.

［188］Tversky, Amos, Kahneman, Daniel. Advances in prospect theory: cumulative representation of uncertainty ［J］. Journal of Risk and Uncertainty, 1992, 5: 297 – 323.

［189］Walksh? usl, C. The MAX effect?: European evidence ［J］. Journal of Banking and Finance, 2014, 42: 1 – 10.

［190］Wan, X. Is the idiosyncratic volatility anomaly driven by the MAX or MIN effect? Evidence from the Chinese stock market ［J］. International Review of Economics & Finance, 2018, 53: 1 – 15.

［191］Wang, H. , Yan, J. , Yu, J. Reference – dependent preferences and the risk-return trade-off ［J］. Journal of Financial Economics, 2017, 123 （2）: 395 – 414.

［192］Wang, J. , A model of intertemporal asset prices under asymmetric information ［J］. Review of Economic Studies, 1993, 60: 249 – 282.

［193］Wang, J. , Wu, C. , Zhong, X. Prospect theory and stock returns: Evidence from foreign share markets ［J］. Pacific – Basin Finance Journal, 2021, 69: 101644.

［194］Wei, X. , Xia, W. , Sun, T. A study on the measurement of investor sentiment in the A – share market based on the BW model （Translated from Mandarin） ［J］. Management Observer, 2014, 33: 71 – 73.

［195］Wei, X. , Xia, W. , Sun, T. Research on the investor sentiment in the Chinese stock market based on BM model ［J］. Management Observer, 2014, 33: 71 – 73.

［196］Wen, Q. Asset growth and stock market returns: A time-series analysis ［J］. Review of Finance, 2019, 23 （3）: 599 – 628.

［197］Wiley. Barberis, N. , Xiong, W. What drives the disposition effect? An analysis of a long-standing preference-based explanation ［J］. Journal of Finance, 2009, 64 （2）: 751 – 784.

［198］Xing, Yuhang, Zhang, et al. What does the individual option volatility smirk tell us about future equity returns? ［J］. Journal of Financial and Quantitative Analysis, 2010, 45 （3）: 641 – 662.

[199] Yao, S. , Wang, C, Fang, Z. , et al. Max is not the max under the interference of daily price limits: Evidence from China [J]. International Review of Economics & Finance, 2021, 73: 348 – 369.

[200] Zhen, F. , Ruan, X. , Zhang, J. Left – tail risk in China [J]. Pacific – Basin Finance Journal, 2020, 63: 101391.

[201] Zhong, A. , Gray, P. The MAX effect: An exploration of risk and mispricing explanations [J]. Journal of Banking & Finance, 2016, 65: 76 – 90.

[202] Zhu, Y. , Zhou, G. Technical analysis: An asset allocation perspective on the use of moving averages [J]. Journal of Financial Economics, 2009, 92: 519 – 544.

[203] Zou, H. , Zheng, M. , Zhang, Y. Stock volatility and cross-sectional returns: An explanation of the mystery of trait volatility in China's stock market [J]. Journal of World Economy, 2011, 34: 117 – 135.

后 记

20 世纪后半叶，随着计算机技术的飞速发展以及 1973 年芝加哥期权交易所成立，将数学模型与程序结合起来的量化投资在美国华尔街大量涌现，盈透证券、大奖章基金等著名量化投资机构纷纷成立。时光飞逝，不知不觉间，量化投资已有半个世纪的历史。

在我国，量化投资起步较晚，在 2010 年以前，我国的量化投资基金主要以 ETF 套利基金为主。2010 年，沪深 300 股指期货上市，此后，量化基金的数量以及策略的种类日趋丰富。同时，高频交易也逐渐兴起。2019 年以来，量化基金飞速扩张，截至 2023 年末，总规模达到 2 万亿元左右，其中量化私募占 70% 以上，成为市场中一股不可小觑的力量。正如前文所述，量化投资从美国市场兴起，因此，美股是一个典型的市场。而 A 股市场在投资者结构、公司价值影响因子、因子有效性等诸多方面具有其特殊性。展望未来，随着国内国际市场的风云变幻、人工智能在各领域中的强势崛起，量化投资领域也将面临一系列变革。创作本书的目的正是补充量化投资策略，使其更加适应 A 股市场的特点，"为我所用"。